中國近代期刊彙刊·第二輯

國風報

五

第一年第二十期——
第一年第二十四期

中華書局

國風報

大清郵政局特准掛號認為新聞紙類
日本明治四十三年二月十三日第三種郵便物認可

每月三期逢壹日發行

年七月念一日

第貳拾期

定價表　費須先惠郵票照加

項目	全年三十五冊	上半年十七冊	下半年十八冊
報費	六元五角	三元五角	三元五角

零售每冊	二角五分
本國郵費	每冊四分
歐美郵費	每冊七分
日本郵費	每冊一分

廣告價目表

一面	半面
十元	六元

惠登廣告至少以半面起算如登多期面議從減

宣統二年七月念一日出版

編輯兼發行者　何國楨

發行所　上海福州路　國風報館

印刷所　上海福州路　廣智書局

分售處

北京桐梓胡同　廣智分局

廣州十八甫國事報館

廣州雙門底聖賢里　廣智分局

廣州十八甫廣生印務局

日本東京中國書林

國風報

各省代理處

- ▲直隸 保定府西大街 萃英山房
- ▲直隸 保定府 官書局
- ▲天津 府署東 原創第一家派報處
- ▲天津 浦東小關大街 公順京報局
- ▲天津 鄉祠南售報處 李茂林
- ▲天津 東馬路 羣益書局
- ▲奉天 省城交涉司對過 振泰報局
- ▲奉天 天圖書館
- ▲盛京 昌圖府北大街 振泰報局
- ▲吉林 省城板子胡同 文盛報房
- ▲山東 濟南府芙蓉街 維新書局
- ▲河南 開封府城北書店街 茹古山房
- ▲河南 開封府西大街 文會山房
- ▲河南 開封府西大街 大河書局

- ▲河南 開封府西大街 教育品社
- ▲河南 開封北書店街 總派報處
- ▲河南 武陟三官廟街 永亨利
- ▲河南 彰德府 茹古山房
- ▲陝西 省城內竹笆市 公益書局
- ▲陝西 省城 萃新報社
- ▲山西 省城翦子巷 文元書局
- ▲山西 省城 書業昌記
- ▲貴州 崇學書局
- ▲雲南 城東院街沙朧巷口 天元京貨店
- ▲安徽 廬州府神州日報分館 陳福堂
- ▲安徽 廬州四牌樓閱報館 於炳章
- ▲漢口 黃陂街 昌明公司
- ▲安慶 府龍門口 萬卷書樓

國風報

各省代理處

- ▲蕪湖 徽州碼頭 科學圖書社
- ▲四川 成都府學道街 輸文新社
- ▲四川 成都 正誼書局
- ▲四川 成都會府東街 華洋冬報總派處
- ▲四川 成都南紗帽街 安定書屋
- ▲湖南 長沙 羣益圖書公司
- ▲湖南 常德府 申報館
- ▲南京 城夫子廟 啓新書局
- ▲南京 城淮清橋 莊嚴閣
- ▲南京 城花牌樓 崇藝書社
- ▲南京 城花牌樓 圖南書社
- ▲南京 奇望街 神州日報分館
- ▲江西 省城洗馬池 開智書局
- ▲江西 廣信府文昌宮 益智官書局

- ▲江西 南昌萬子祠棲畫巷內 廣益派報社
- ▲福州 督署後 教科新書館 總派報處
- ▲廈門 關帝廟街 新民書社
- ▲溫州 府前街 日新協記書莊
- ▲溫州 瑞安太平石街 廣明書社
- ▲蘇州 圓妙觀西察院巷口 瑪瑙經房
- ▲揚州 古旗亭街 經理各報分銷處
- ▲常熟 常照派報處 朱乾榮君
- ▲常熟 寺前街 海虞圖書館
- ▲常熟 孚記書莊
- ▲星加坡 南洋總滙報
- ▲澳洲 東華報
- ▲金山 世界日報
- ▲紐約 中國維新報
- ▲香港 中環砵甸乍街 致生印字館

國風報第一年第二十號目錄

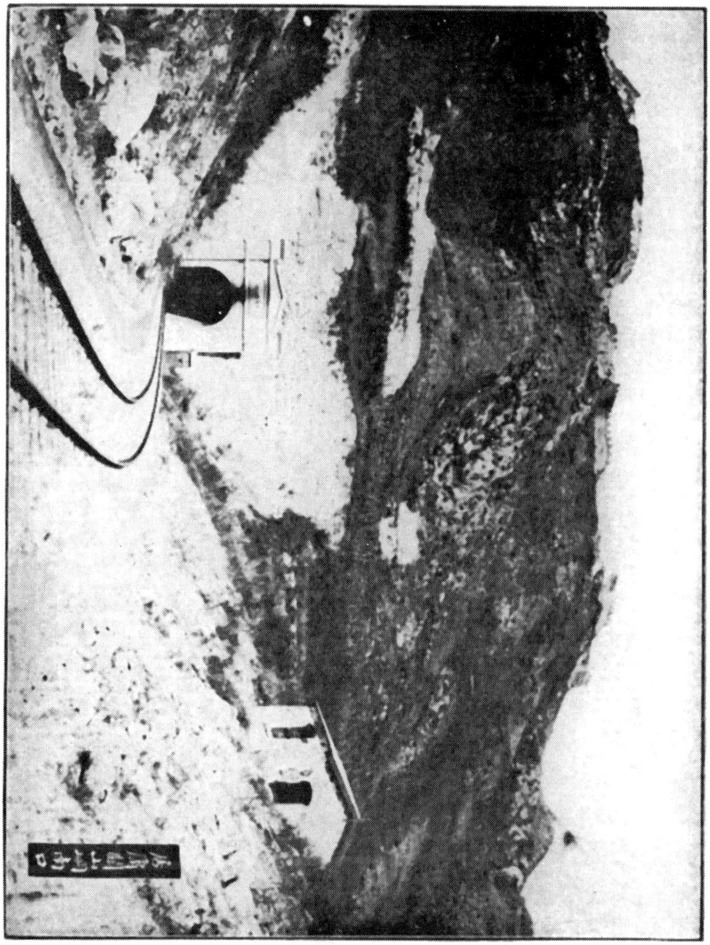

諭旨

七月十八日　上諭署甘肅提學使陳曾佑著開去提學使署缺以道員發往陝西差遣委用欽此　上諭甘肅提學使著俞明震署理欽此　上諭雲南提學使著葉爾愷補授欽此監國攝政王鈐章軍機大臣署名

十九日　上諭軍機大臣呈遞開缺江西提學使浙路總理湯壽潛來電據稱盛宣懷爲蘇浙路罪魁禍首不應令其回任請收回成命或調離路事以謝天下等語措詞諸多荒謬狂悖已極朝廷用人自有權衡豈容率意妄陳無非爲藉此脫卸路事自博美名故作危詞以聳聽其用心詭譎尤不可問湯壽潛著卽行革職不准干預路事以爲沽名釣譽巧於趨避者戒欽此　上諭張鳴岐奏考察屬員據實舉劾一摺廣西署思恩府事補用知府余炳忠署南甯府事試用知府廖廷銓署龍州同知請補歸順直隸州知州周易署富川縣事揀發知縣修承浩署永安州事揀發知縣操持署蒼梧縣事正任龍州同知金開祥署融縣事正任貴縣知縣張禮幹署柴蘭州事補用知縣陳廷傑署賓州事正任河池州知州馬振濱代理桂平縣事試用縣丞劉錫綸署貴縣事正

任隆安縣知縣林枚署隆安縣事補用知縣周光宇署寧明州事補用知州夏觀天署鎮邊縣事補用知縣許克襄既據該撫臚陳政績均著傳旨嘉獎奏留補用道莊蘊寬前充兵備道兼參謀教練處總辦經手款項多未報銷現在請假回籍延不來省著暫行革職勒令回省清理經手事件前署融縣事揀發知縣曾憲勳疏脫罪犯報多不實前署榜墟司巡檢試用府經歷姚傳驥擅受濫刑婪贓有據前署武宣縣典史試用府經歷楊景台串同劣紳演戲開賭沙子縣丞唐烈結交濫棍包賭擅受前署秦川司巡檢試用縣丞黃之華違例受詞傳押被告致令畏罪自盡前署潞城司巡檢試用縣丞高夔光縱子縱役索擾鄉民請補長安鎮巡檢王步洲志卑量褊昏玩牟利前署容縣典史試用從九品汪敬收受贓銀均着即行革職曾憲勳姚傳驥黃之華汪敬並著檢案查辦署陸川縣事補用知縣郭炳元失察戶書浮收稅契著交部議處又片奏署崇縣事試用知縣謝宗光徵收稅契加索小費並在縣署創設待質所規避四種冊報於命債等案人證任意拘押民怨繁興等語謝崇光着即行革職餘著照所議辦理該部知道欽此監國攝政王鈐章軍機大臣署名

二十日　旨科布多辦事大臣著恒瑞補授欽此　上諭山東萊陽海陽兩縣匪徒滋鬧一案前經諭令陳夔龍派員詳查具奏茲據查明覆稱萊陽則由紳民相仇積怨生變曲士文刦殺官兵圍困城池實屬罪不容誅海陽則因徵收錢糧搭配銅圓制錢前後兩歧致釀重案均係地方官辦理不善所致孫寶琦派兵彈壓實出於萬不得已等語所有此次辦理不善之萊陽縣知縣朱槐之海陽縣知縣方奎業經孫寶琦奏參革職並將登州府知府文淇開缺另補萊陽一案半由紳董斂怨而起自應擇尤懲辦曲士文與其弟曲桂舟均非善類曲士文尤爲此案罪魁著孫寶琦責成營縣嚴拿務獲按律懲辦一面飭由地方官親赴各鄉明白曉諭務釋羣疑海陽此次首犯一併擇要拏辦其餘兩邑被脅愚民概不得少有株連免致無辜受累餘着孫寶琦按照所奏體察情形分別妥籌辦理以靖地方欽此監國攝政王鈐章軍機大臣署名

二十一日　上諭法部奏請改補現任按察使爲提法使一摺前奉先朝明諭預備憲政本年爲改簡各省提法使之期除東三省湖北業經改設外所有直隸提法司著齊耀琳補授江蘇提法司著左孝同補授安徽提法使著吳品珩補授山東提法使著胡

建樞補授山西提法使著王慶平補授河南提法使著惠森補授陝西提法使著錫桐補授甘肅提法使著陳燦補授福建提法使著鹿學良補授浙江提法使著李傳元補授江西提法使著陶大均補授湖南提法使著周儒臣補授四川提法使著江毓昌補授廣東提法使著俞鍾穎補授廣西提法使著王芝祥補授雲南提法使著秦樹聲補授貴州提法使著文徵補授其各省道員有兼按察使銜者均著改爲兼提法使銜欽此　上諭甘肅新疆巡撫聯魁著開缺來京另候簡用欽此　上諭甘肅新疆巡撫著何彥昇補授欽此監國攝政王鈐章軍機大臣署名

二十二日　上諭甘肅布政使著陳燦補授欽此　上諭甘肅提法使著劉穀孫補授欽此監國攝政王鈐章軍機大臣署名

二十三日　上諭大學士鹿傳霖忠清亮直剛正不阿由翰林擢官知縣受　先朝特達之知迭膺疆寄洊陟兼圻實心任事不辭勞怨規畫要政慮遠思深所至吏畏民懷成效卓著前以率師入衛扈蹕兩宮定計決疑厥功甚偉擢任正卿進參機務協贊綸扉朕御極後眷顧老成優加倚任授爲大學士遞加太子太保銜歷中外五十餘年

一事不苟一語不欺公而忘私始終如一入直樞廷為時最久竭誠盡瘁贊助尤多前因患病請開要差迭經賞假並屢次賞給人葠方冀早日就痊長資輔弼遽聞溘逝悼惜殊深際茲時事多艱耆舊凋零倍增悽惻著賞給陀羅經被派貝勒載潤帶領侍衛十員即日前往奠醊並賜祭一壇加恩予謚晉贈太保照大學士例賜卹入祀賢良祠賞銀三千兩治喪由廣儲司給發任內一切處分悉予開復應得卹典該衙門察例具奏靈柩回籍時沿途地方官妥為照料伊子軍機處存記江蘇補用道鹿澊理著以四品京堂候補伊孫一品廕生鹿學槃著賞給郎中分部補用用示朕篤念藎臣至意欽此　上諭著派奎俊承修崇陵等四段工程欽此　上諭黑龍江提學使張建勳著留任欽此　上諭江西提法使著文炳補授欽此監國攝政王鈐章軍機大臣署名

二十四日　上諭着派大學士陸潤庠充禁煙大臣欽此　上諭湖廣總督瑞澂加恩著在紫禁城內騎馬欽此　上諭出使奧國大臣着沈瑞麟補授欽此　上諭劉玉麟現在出差外務部右丞著施肇基署理欽此　上諭直隸交涉使著王克敏試署江蘇交涉使著汪嘉棠試署湖北交涉使著熊希齡試署廣東交涉使著李清芬補授福建

交涉使著吳錡試署欽此　上諭湖南岳常澧道員缺着吳筠孫補授欽此　上諭江西廣饒九南道員缺着保恒補授欽此監國攝政王鈐章軍機大臣署名

二十五日　上諭著派徐世昌充實錄館總裁欽此　上諭世續著充國史館總裁欽此　上諭安徽皖南道員缺著趙上達補授欽此

二十七日　上諭成都副都統鍾靈因病奏請開缺一摺鍾靈著准其開缺欽此　上諭奎煥著調補成都副都統所遺鑲藍旗漢軍副都統著占鳳補授欽此監國攝政王鈐章軍機大臣署名

二十九日　上諭四川巡警道員缺着周肇祥補授欽此　旨塔爾巴哈台領隊大臣著額勒渾暫行兼署欽此監國攝政王鈐章軍機大臣署名

論說

節省政費問題

滄江

昔之治財政學者每日私人生計當量入以爲出國家財政反之當量出以爲入此說在十年以前舉世靡然從之近今學者則謂此不足稱爲財政上之原則蓋人民負擔力自有限度超此限度則民斂而國亦隨之也近數年來國帑所入不加於舊而政府託籌辦新政之美名增署增局增差增員冗費至於無藝於是度支部屢次奏議皆援引量入爲出之先訓以撙節經費爲言此種消極的理財策吾不敢謂僅恃此而可以拯危局然此爲今日救時下手之方則吾所同認也今則度支部對於中央各部地方各省核減經費之舉漸將實行矣而反對之聲亦漸蠭起反對者之爲公爲私姑勿論雖然度支部所以自處者不可不審也故吾竊欲進一言

欲節省政費而適得其當則必須先懸一標準焉以定「必要政費」之範圍其在此範圍以外者則其可省者也所謂「必要政費」者何謂國家非得此費則無以完其

職務者也然則其標準於何定之曰是有三

第一 以國家職務最狹之範圍爲標準

第二 以各種職務必要及有益之程度爲標準

第三 以辦理此種職務所需最少之勞費爲標準

第一 以國家職務最狹之範圍爲標準 國家職務範圍之廣狹古今學者言人人殊即並世各國亦往往相懸絕蓋國家施政本以國利民福爲目的而所以致國利民福者爲道非一於是有干涉主義者謂天生民而立之君使司牧之當纖悉周備代爲謀也有放任主義者謂聞在宥天下未聞治天下毋取代大匠斲也二者皆言之成理而各有所偏其是非且勿論要之放任主義則國家職務之範圍狹而政費減干涉主義則國家職務之範圍廣而政費增此事理之至易見者也雖然既已謂之國家則無論若何放任而必有萬不可謝之職務此種職務即職務之最狹範圍也而亦「必要政費」之第一標準也試列舉之

(甲)國家根本組織所必要者 如君主國之皇室費共和國之大統領費凡立憲

國之議院費及議員選舉費。乃至中央最高獨立官署若內閣若弼德院若審計院若行政裁判院諸費皆是。

(乙)爲國家自身利益及國民全體利益所必要者　國家自身利益。望文可知。國民全體利益。對一私人或一團體之利益而言也。凡事非關涉國民全體利益者。不能支國帑以興作。此財政學上規定國費之一原則也。雖然關於國民全體利益之事。其範圍仍廣漠無垠。故當更立消極的條件以限制之。

(子)凡事業之性質不能委諸箇人者當以國費支辦之　凡有公安事業。如軍備、司法、警察、刑罰、查封、徵稅諸務。非有絕對的命令服從之關係則不能行。欲委諸私權平等之箇人。在勢不可。故當以國費支辦。毫無疑義。

(丑)凡事業爲公益起見不宜委諸箇人者當以國費支辦之　此種事業。就其性質言之。非必爲箇人所不能辦到。然苟委諸箇人。則易於獨牟厚利。或舞弊長奸。致生種種妨害公益之惡果。故以國家獨專其權爲得策。如鑄幣、郵政、電報、鐵路、電車、小民貯金、小民保險等事業是也。　此財政學者普通之學說也。蓋以國家必不借此牟利必不舞幣作奸爲前提。然後此說得成立。若中國現政府。則此種職務。毋寧少辦一件。國民猶可受一分之害矣。

(寅)凡箇人所不欲辦之公益事業當以國家經費支辦之 此等事業其性質上非必爲箇人所不能辦卽私人辦之亦絕不至有妨公益而或以其事業之性質絕對的不能收支相償故私人莫肯擔任者如軍用鐵路、大學校、天文臺、圖書館、博物館、農事試驗場、等類是也或其收支雖將來可以相償而興作伊始需極大之資本且非有特長之技術閱歷則難以圖成以故私人相顧動色莫肯從事者如大鐵路大郵船遠洋漁業等類是也其種類太多不能枚舉。

以上(子)(丑)(寅)三項。或爲不能委諸箇人者。或爲不宜委諸箇人者。或爲欲委諸箇人而莫肯擔荷者。則皆宜以國家任之。此劃定國家職務範圍之標準也。雖然猶有一界線焉則國家與地方團體之分擔政務是已。以上所舉三項雖皆立於私人事業範圍以外然其中有可以委諸地方團體者 若(子)項下之警察及徵稅事務之一部分司法刑罰事務之一部分。(丑)項下之電車。鐵路小民貯金。(寅)項下之大學校天文臺圖書館博物館農事試驗場實業教育等類是也。有並不能委諸地方團體而必須由國家自專之者其必須由國家自專之事務即國家職務最狹之範圍也以吾國現象論之只有國家應踐之職務廢而不舉而過度之干涉溢出國家職務範圍以外者蓋甚希**故舉此以爲節省政費之標準直等於無標準而已**雖然亦非無一二可以淘汰別擇者我國政府雖非能采過度之干涉主義然政務軼出範圍外者亦往往有之而其動機亦有數端一曰由當局者好飾外觀而辦之以自炫者如一市之公園馬路等本宜由市之自治團體自辦而農工商部首設萬生園於京師桂撫張鳴岐在桂林首辦公園前江督鄂督張之洞所至必辦城中馬路而皆動用國帑是其例也二曰由當局者與民爭利而侵私人營業區域者如輪船招商局商辦已久農工商部忽議攘其權如郵傳部陸軍部各各設立銀行如前鄂督張之洞設織布局織呢局等等前粵督張人駿設火柴局等等其餘各省設立此種營利局所者甚多不可枚舉此等事業本非如前列(丑)項所謂委諸私人慮妨公益者而乃以國帑支辦之徒增糜費而阻該業之發達甚

無謂也三曰由當局者別懷私意而以國帑謀其私益者如前江督端方命其屬僚買收上海各報館以爲鉗塞輿論地步其他各督撫師其技者尚不少無論何國皆未聞有國家應辦報館之職務而獨於我創之又如各種民立學校民辦公司動借官督爲名派員以與其事又如各國留學生派無數之監督凡此皆不待國家之助力而已足者徒以位置冗員之故虛攬此種職務皆軼出範圍以外者也故卽懸此標準以糾正之而可節之冗費蓋已不少焉

第二 以各種職務必要及有益之程度爲標準 **此實今日言節省政費最有力之標準也** 請言其理前所舉第一標準謂此範圍內之政務宜由國家舉辦此範圍內之政費宜由國家供給也何以宜由國家舉辦供給以其爲國家自身所必要或爲國民全體之公益而又不可委諸私人自辦也雖然 **緣各國時代地位之有異同而一切政務必要及有益之程度不能無異同此絕非可執一而武斷也** 例如民智大開民

德大進之國其箇人之所以自爲謀者既甚周且密善不勞國家爲之顧慮則國家職務之範圍可以狹而政費範圍亦隨而狹反之若民智未開民德未進之國非有臨乎其上者以干涉督厲之民且不能自善其事則國家職務之範圍不得不廣而政費範圍亦隨而廣此猶父母之於子弟長成以後提命可減而孩提之際顧復當勤也又如民富充溢之國其公益之大舉事業疇昔爲私人所莫肯辦莫敢辦者今則競奮起而辦之則可以大分國家之勞而政務與政費皆緣此而減反是則政務與政費皆緣此而增又如自治習慣發達之國可以舉公共事業之一大部分委諸地方團體則國家中央之政務政費緣此而減反是則緣此而增又人類之向上無有已時而進步亦當有次第如彼文化未盛之國其所謂必要及有益之事業恒滯消極的性質故政費可緣而減文化日進其所謂必要及有益之事業愈益帶積極的性質前此可以暫置勿舉者今則必舉之乃始躊躇滿志故政費緣此而增凡此皆以言夫時代也若言夫地位則其差別益更僕難數如環海之國託命於海軍四衝之國託命於陸軍則此項之政費緣此而增不爾則緣此而減如水患之國當務

堤堰（如荷蘭及我國之黃河）火山之國當務防震（如意大利）瘴溼之國當務防疫（如南洋羣島）林藪之國當毆猛獸（如印度）地廣之國當務徠墾（如前此美國）人滿之國當務移殖（如歐洲諸國及日本）則凡此等項之政費緣之而增不爾則緣之而減略舉數端他可隅反要之國家政務及政費之範圍甲國與乙國決不能同一國之中甲時代與乙時代決不能同舉彼以例我無有是處舉昔以例今舉今以例後無有是處若夫審本國之時代與地位別擇某種政務政費與現時所謂必要及有益之程度適相應者此則事實上之問題非可一言而決也

復次即此程度略決定矣而國庫現在之實收入與國民現在之負擔力勢不能將應舉之政務而悉舉之則惟有將各種政務精細比較於必要中擇其尤必要者於有益中擇其尤有益者以其彼此相較緩急輕重之程度以為政費分配增減之標準此

則尤爲事實上縝密複雜之問題更非可一言而决也

吾請遵此學理而以吾管見所及之事實 以求中國現在 政費適當之標準一國之政費大率可分爲十類曰憲法費（憲法上規定諸機關之政費如皇室費議院費選舉費等是也）曰國防費（海陸軍）曰司法費曰內務行政費（民政部所屬）曰外交行政費曰教育費曰生計行政費（農工商部所屬）曰交通行政費（郵傳部所屬）曰財務行政費曰公債費（此非科學的分類但取易了解耳）以上十種吾國惟憲法費尚缺一部分其餘則皆與各國同者也而此十種中果以某某種爲必要及有益之程度甚强而某某種較弱乎請先以國防費言之現今列强中其國防費動居全歲出四分之一或三分之一趨勢滔滔莫知所底我國亦與之競走於是乎有練陸軍三十六鎮之成案而海軍處亦已設立將次第措施夫國於今之世而謂海陸軍爲不必要焉不可也謂其絕無益焉亦不可也雖然徵諸我國現勢其必要及有益之程度則何如夫海陸軍非以爲裝飾品也將以戰也而我國於最近之將來果能有與他國開戰之事乎此即必要之程度所由决也夫今日而妄

論說

言與人戰稍有識者既知其不可矣然則我國現時之養兵亦日以維持國內之治安而已準此以談則海軍其絕對不必要者也陸軍雖必要然多至三十六鎮則其不必要者也更就其有益之程度言之所謂有益者其積極的方面則所練之軍能達國家練軍之目的斯爲有益其消極的方面則毋以練軍之故而累及國家斯爲有益今以言夫陸軍國家練陸軍之目的既在維持國內治安而欲達此目的則一面改良巡警一面仿日本在臺灣所行保甲之制而練勁旅數鎮以備不虞最爲得策今徒鶩三十六鎮之美名而將校不敷指揮器械不敷分派則其結果將不能收一鎮之效不見乎一年以來新軍滋事頻仍而各處亂民蠭起新軍且不能奏絲毫戡定之功乎故使軍政一如今日則雖謂練軍絕無益爲可也若海軍則更有甚者海軍之目的在於與他國開戰欲與他國立於可戰之地則其力須能與他國頡頏苟不能頡頏則先立於必敗不如無有也然試觀現今世界數强國其海軍力之膨脹已達於何度乎他勿具論即如美國今年造兩戰艦每艦費三千六百萬打拉兩艦所費都爲我國一萬四千四百萬圓罄我國歲入之全部猶不足以舉之夫欲編

十

成一艦隊最少亦須戰艦二艘巡洋艦六艘砲艦六艘至十艘水雷艦驅逐艦各十餘艘水雷母艦驅逐母艦各一艘其器械資糧薪俸稱是如是則將於五年之內凡國家奉公之人上自 大皇帝下至府吏胥徒皆勺米不入口悉舉國帑以投諸海軍仍須各國不向我索外債本息則庶幾可見其成然此願能辦到乎不能辦到則歲分數百萬以造艦其所造者除送迎官眷之外不知更有何用而國民則既已疲於負擔力竭聲嘶而殖產興業之資從茲永絕矣由此言之則海陸軍費其必要之程度置諸他政費中比較的最爲薄弱也明矣又試以巡警費言之今日國中徧地伏莽觸機輙發每發一度則國家之財政及國民之生計直接間接受其損害者不知凡幾防患未然舍巡警何恃而一切行政法規欲使之得實施而普及尤非俟巡警辦理完善之後不能爲力是巡警費必要及有益之程度甚强也又試以生計行政費論之國民生計爲國家稅源所自出苟生計日以萎悴國庫安從取盈况其敝之所極能使全國人轉死溝壑或鋌而走險而國命遂以剿絕乎夫私人生計之業原非宜以國家而事事代爲之謀然在今世生計組織之下有種種必要之機關焉

苟此機關不具或雖具而不良則生計發育之機必緣此而窒而此種機關多有必待國家之力而始成立者（如確立幣制畫一度量衡之類）有必待國家之保護獎厲者（如我國現行之私立銀行及實業教育等）國家若憚勞費而不爲之則不惟民困無自而蘇而國帑亦終涸耳是此種政費必要及有益之程度甚强也試更以教育費論之今日所以日言新政而新政之效百不一舉者雖其原因甚多然最足痛者莫如任事之無人以舉國人常識缺乏至於此極雖至瑣末之事猶將不克舉況乎各種行政又莫不賴有高等之專門智識乎今之當局者於其本職所需之學識經驗空無所有而訑訑然自以爲如是已足且妒後輩之勝己故於教育事業益淡漠而摧鋤之殊不知今日之中國非別造一番人才使分任諸政務則未有能拯之於淪亡之淵者而普通之國民教育所以養一國之元氣使之萃而不渙奮而不偷有用而不窳者其爲切要更無論矣是教育費必要及有益之程度實較諸凡百政費而爲最强也以上不過略舉數端以爲例其他皆可類推凡此本非有甚微妙之理但使稍留心於事實之現象觀其會通以審其比例則未有不能別擇以求其是者孟子所謂權然後知輕重度然後知長短

度支部何以名爲度支亦在乎度之而已矣

今世諸立憲國無論何國之政治皆以編製預算案爲第一大事政府與議院之激爭恒於是其或政府辭職或議會解散大率因此問題此其故實我國大多數人所不甚了解也（政府諸公度尙未有一人能了解之）使如我國現在編製中之預算案（九年籌備案定以今年試辦各省預算現已循例開辦矣）僅將本年出入之項目照樣謄寫一通則編製預算案不過一鈔胥之勞何待有財政學政治學之智識而所謂國會議決預算權即爲監督政治權所攸寄者果何所取義也殊不知預算案者即一年中國家所行職務範圍之具體的表示也蓋政務之屬於必要且有益者其數量無限而人類之向上心復無有已時欲以國庫現在所收入之款項而將現在國家所應行之職務悉圓滿興舉無論何國皆所不能則惟有於各種政務中熟權其輕重緩急其急者則並力赴之其稍可緩者則暫置之削其輕者之所費以挹注其重者之所費各國政治家所以慘淡經

營於預算案而朝野政爭舉懸以爲鵠者凡以辨其所謂緩急輕重者之得當與否而已夫若何而爲得當若何而爲不得當此雖屬於各人之主觀的判斷然主觀的判斷終不能離客觀的事實抑明矣而欲得事實之眞相必須高懸眼光立於各箇事實以上而普徧觀察之苟限於一局部則必有所蔽夫任海陸軍大臣者必謂國事無視國防爲更重任外部大臣者必謂國事無視外交爲更重任學部大臣者必謂國事無視教育爲更重推之他部舉莫不然各欲攘奪別部之政費而擴充己部之政費此萬國之所同也而制國用之冢宰則必須大公無私目光四射上察國情下審民力有所斟酌損益於其間而使緩急輕重適得其宜所謂財政計畫者此耳**計畫有誤財政基礎猶將不免動搖若漫無計畫而謂財政基礎猶能存立吾未之聞也**夫以今日中國財政匱乏之一至此極苟猶不確立計畫而欲東塗西抹尅減涓滴其安有濟今也議節省政費而於爲數最鉅之軍事費不敢一置議乃獨於關係最重大之巡警費教育費等前此已

失諸太微纖者今復從而朘削之曾亦思雖舉全國之巡警教育悉行停辦其能紓司農仰屋之憂者幾何而將來間接之損失則豈可思議矣而其他一切重要行政類此者更何限今若將漏卮最甚之軍事費節省之而以其款分布於各行政則行政或有整理之時而不然者以今日之趨勢不及一年無論舊政新政悉皆廢絕試問軍政復何所罷而國家將誰與立也夫吾此言豈特爲軍政而發凡以見吾政府現在之舉措太不審輕重緩急之序舉此以爲例耳

第三　以辦理此種職務所需最少之勞費爲標準　能遵前述之第二標準則將國家歲入之全部比例於庶政緩急輕重之程度而畫分之使某項占幾分之幾其他某項占幾分之幾略有端緒矣然節省政費之能事遂盡於此乎未也財政學上所謂節省者以能適用「生計主義」爲期生計主義者何謂以最少之勞費得最大之

效果也。生計主義者。譯英文之 Ecoulamic Principle 德文之 Princip dcr wintschaftlichkeit 實生計學上最重要之原則也　故各國財政學者欲求財政上浪費與非浪費之區別常立四義以繩之。

(甲)有勞費無效果者則爲浪費　此最淺之理也。故凡有俸糈而無職掌之官缺差缺。皆爲浪費如我國之乾修乾薪等是也。其效果可以無須國家之勞費而能得之者。則所用勞費等於無效果。是亦爲浪費。如我國之漕運。徒欲致米於京師。然雖無漕運。商民必能致米於京師。故漕運爲浪費也。

(乙)可以無須儞許勞費而能得同樣之效果或更良之效果者則其額外所用皆爲浪費　如一局主任一員已足。而多立督辦總辦會辦襄辦隨辦坐辦等名。以咕嘬之。是其一例也。驛遞事務委諸官辦民辦之交通機關。其效果可以更良於現在驛站之制而歲歲坐費百餘萬以易此最微末之效果。又其一例也。一部之中既有司。又有局。僅存其一。而事已舉。乃兩置以養冗員。又其一例也。督撫同城。州縣之上。復有管轄地方之道府。又其一例也。

(丙)將以求大效果之勞費而用之以易小效果則爲浪費　國家所需其種類與

分量皆極廣衍欲一一而同時具足爲事實難故輕重緩急先後不可無所別擇而所以決定之者則以其效果之必要及有益的程度爲斷遺重而取輕急緩而緩急斯浪費矣例如移巡警之費以辦公園移學校之費以辦博物院夫孰謂公園博物院之絕無效果然以比諸巡警學校則大小不侔矣

(丁)當用此勞費時預計可以得若干之效果而後此乃反於其所期或絕無效果或雖有而不逮預計遠甚者則其所用皆爲浪費　此條有一例外焉若戰爭及天災地變其權不能由立此計畫之人所自操者固當別論若夫普通之政務其效果大半可以操券以求按圖以索用勞費而效果不能如其所期則必其所用之非人也辦理之不如法也無論爲故意爲失誤要之將國家勞費擲諸虛牝則一也故曰浪費也

此四原則者除第三條恰當前此所舉第二標準不必復論外其餘三條則皆此所謂『辦理此種職務所需最少勞費之標準』也**而持此標準以繩我國現行之政費則雖謂歲出全部悉爲浪費可也**　國家設官

之原則以人奉職而今也則以職參人故國家本可以不辨此事因有人欲辨以自參斯辨之矣辨此事本一機關而已足因欲借以自參之人太多則分之爲數機關矣一機關本以若干員當之而已足而待參之人不能徧則多爲其員額矣猶不能徧則別立名目以位置之矣當某種機關之人例應有某種之學識閱歷始爲合格而因待參之人並無此種學識閱歷則舉此格而豁除之矣是故今日之中國其所踐職務之範圍甚狹凡國家必應舉之職務闕而不舉者不知凡幾而勞費則已無藝而效果乃不一見**質言之則凡今日財政所支出者其什之八九則有勞費而無效果者也所餘一二亦以最大之勞費得最小之效果者也**夫如是則國帑安得不匱國事安得不壞國民安得不困國家安得不亡今日言清理財政節省經費而此積習絲毫不能革此所謂刮毛龜背終不成氈者也若欲行之則盡反其本矣

以上所論實爲節省政費問題最重要之原則苟非遵守之則未有能達節省之目的

者也雖然此譚何容易者苟欲行之則（第一）須有總攬京外統籌全局極強有力之一機關（第二）當此機關之人須有財政上政治上圓滿之學識經驗（第三）其人當有大氣魄不畏強禦有大精力能任繁劇（第四）其人須爲最高主權者所信任決無或爲流言所中（第五）其與此機關相輔之京外各機關雖未能悉完善亦必其稍異於今日（第六）此機關中分任各事之人皆須公忠體國而有相當之學識經驗六者缺一則此原則無從適用也夫以此六者望諸今日此如責卵於雄雞而索魚於喬木已耳然則此原則殆終無適用之時信如是也則國家破產之慘禍決不能逃避而且決

不能待諸三年以後者也逮國家破產則恃國家之職務以自豢者亦與之俱盡已耳譬諸鼠日穿墉墉破而鼠安託蝨日蛀木木腐而蝨安棲庸詎知其所自以爲智者正乃其大不智者耶嗚呼誰爲爲之孰令聽之

（附言）此文之性質本欲忠告政府然政府諸公必無人省覽即省覽之而亦斷不能行不待問也但今者既有資政院諮議局之兩機關此兩機關雖非能有完全之監督財政權而於財政事項未嘗不可以容喙竊願議員諸君稍留心以繹此原則（此原則非鄙人所能發明皆稗販各國學者之學說耳）而以系統的整理策責諸政府疆吏或能補救一二則亦國家之福也

時評

資政院章程質疑

滄江

資政院召集開會之期瞬息將屆去年九月資政院總裁會同軍機大臣所奏定之資政院章程即院中職權及議事規則所根據也竊嘗取該章程再三細讀見其內容條件所規定與原奏所謂欽遵　諭旨所決公論之精神多相反背吾當別爲專篇條辨之（參觀次號論說門「資政院果足爲立憲基礎乎」一文）本篇所謂質疑者專就該章程文義字句間之不可索解者剔出之求資政院議員之注意以爲質難修正之豫備云爾

凡法規之文在今日已別成爲一種專門之文體非可苟焉已也所以者何蓋今世國家以法治主義相尚每頒一法規則或人民之新權利新義務從此發生或國家機關內部之組織及事務範圍受其影響是故制定法規者不獨於實質上當折衷學理斟酌國情以期達福國利民之目的而已即其形式上（即文義上）亦當嚴守論理學之

法則力求明確然後官民始有所持循故英儒邊沁嘗以法律文體比諸精金粹玉其意蓋謂他種文雖詭異連犿或不爲病法律之文苟有瑕疵則其效力遂將減殺或且全喪失也法律文體之要件多端然其最要者（第一）當求意義正確所下字句樹義謹嚴毋或爲模稜騎墻之語以淆觀聽（第二）當求文義一貫無或與他種法律或本法律他條之文相矛盾此兩禁苟犯其一則法律不復成文也已矣我國近二三年來法如牛毛官民上下亦既窮於應接然什九皆成紙上具文者語其遠因雖由與法相維之機關種種不備語其近因則法律之不完善亦有以致之所謂法律不完善者則實質上之不完善居其半形式上之不完善亦居其半實質上之不完善則由立法者不通學理不審國情使然也形式上之不完善則由立法者不遵論理不識文體使然也近年來所頒一切章程皆不免此弊而資政院章程亦其一也今請專就本章程中之模稜者矛盾者條舉之

（其一）本章程第十四條規定資政院應行議決事件其第三款云『稅法及公債事件』其第四款云『新定法典及嗣後修改事件但憲法不在此限』此第四款

所列「法典」二字。當作何解釋乎。此資政院權限廣狹之第一大問題也。考光緒三十二年六月編纂官制大臣奏擬官制草案其資政院項下第十二條之條文規定資政院應議事件實爲本章程第十四條所本而彼文第二款云『新定法律事項』本章程則移作第四款而將「法律」二字改爲「法典」二字。何故必如此改作乎。實吾所甚不解也。以中國通行文義論之則憲典、令典、皆法律、之通名。故 大清會典、可以、 大清法規之意義解釋之。則法律與法典義蓋無擇雖然若就今世法學上通行之術語言之則法律與法典其範圍廣狹大相逕庭「法律」之語源本於羅馬語之「周士」Jus「法典」之語源本於羅馬語之「哥狄克士」 Codez 法律可以包法典法典不能包法律法典者與單行法對舉者也

編纂法典Codification一語。創自英之邊沁。即襲「哥狄克士」之名而名之者也。羅馬之周士的尼安帝。將前此種種單獨頒行之法律。輯爲一編。命曰「哥狄克士」。後此遂爲專名以別於單行法。單行法則英語之 CommenLaws 也。

故今世術語惟民法商法刑法民事刑事訴訟法法院構成法及成文之憲法以系統組織的方法編纂成帙者始命之曰法典其他皆

時評 四

不名法典今本章程所謂議決新定法典及嗣後修改事件者不知係指此種編纂成帙之法典乎抑指普通法律兼法典與單行法悉納其中乎若惟指編纂成帙之法典也據九年籌備案所列舉則法院搆成法於去年既已頒布新刑律於今年亦既頒布民律商律民事刑事訴訟律則宣統三年始行核訂**則今年資政院開院竟無一法律可資議決則參與立法權之謂何**不甯惟是除宣統三年以外後此各年則諸法典核訂已了資政院亦更無容喙之餘地矣（九年籌備案於核訂諸法典條項只寫憲政編查館修訂法律大臣同辦亦並無資政院字樣）信如是也則國家何貴有此資政院以爲裝飾品而所謂爲議院基礎者更何所取義也吾意當時擬此章程者其荒謬當不至是然則本條所謂法典解爲普通法律當無甚過雖然第二十一條第二十四條第五十二條皆有「法律」字樣同一事物名稱曷爲參差而他處皆言法律獨於此處言法典則又何也且本條第三款復云議決稅法及公債事件稅法亦法律之一種若第四款之法典與法律同義則稅法自包於其中何必更贅言之然則兩義

皆無一通也平心論之謂當時擬章程之人有意將舊章之法律改爲法典以剝奪資政院立法權之一大部分恐未必然特用字不知所擇耳殊不知坐是之故可以起他日無窮之爭論而資政院或且緣此而成爲廢物孔子所謂名不正則言不順者其此之謂乎嗚呼無使我不幸而言中也

（其二） 第十五條云『但第四款所列修改法典事件資政院亦得自行草具議案』此法典二字無論解爲編纂成帙之法典或解爲普通之法律然考各國議院法凡議員皆有提出法案之權所謂提出法案者兼原案與修正案言之也今據此則能提出者僅屬修正案脫欲提出原案其亦許之否耶夫議員雖提出議案經議決後然非得裁可不生效力裁可與不裁可權操自上議員即有此權何遽足爲政府之梗何必並此區區者而靳之彼擬章程之人若有意剝奪此權則其心可誅若曰行文偶爾缺漏也不知緣此缺漏之故而資政院損失已多矣

（其三） 第十六條云『資政院於第十四條所列事件議決後由總裁副總裁分別會同軍機大臣或各部行政大臣具奏請　旨裁奪』據此條文則資政院尚能單

獨具奏否耶萬一軍機大臣及各部行政大臣不肯聯銜則所議決不悉成無效耶

（其四）第二十條云『資政院於各衙門行政事件及內閣會議政務處議決事件如有疑問得由總裁副總裁咨請答覆』此條所規定根本於各國議院之質問權意至善也雖然各國所謂質問權者議員中任舉一人皆可向政府委員以口舌當場質問不必用公文尤不必經議決蓋凡議院開會時行政大臣或親臨會所或派員代表故議員對於政府政策有所懷疑自可以當場往復問難為勢甚順也今本條所規定限以由總裁副總裁咨請則議員對於莅會之政府代表不能面詰一辭世界各國議院豈聞有此辦法而所謂總裁副總裁咨請云者例必須經全院議決而後得行也考本章程第三十六條云『資政院自行提議事件非有議員三十人以上之同意不得作為議案』然則議員有欲質問政府者必須先求得三十人以上贊成提議再經多數議決然後得由總裁咨請明矣似此僕僕則一會期中所能質問者幾事**嗚呼是不啻剝奪資政院之質問權而已矣**

（其五）本章程第二十一條第二十四條第五十二條皆有「違背法律」一語其第

二十一條所規定則軍機大臣或各部行政大臣違背法律資政院得奏劾也其第二十四條所規定則各省督撫違背法律資政院得核辦也其第五十二條所規定則資政院議決事件違背法律得由　特旨諭令停會也此三者與資政院權限所關皆甚鉅其不可無一定之範圍甚明**吾不知此所謂法律者果以何爲範圍耶**　考今世諸法治國其所謂法律者皆經過一定之手續（手續者日本名詞也猶次第進行之意不得善譯故襲之）遵依一定之形式乃始成立蓋由政府或議員提出一經國會兩院議決二得君主裁可三以定式公布之四然後謂之法律此立憲君主國所大畧從同也今我國國會未開其手續雖不能如此完備雖然亦當指定一確實範圍凡具若何若何之形式者則謂之法律然後違背不違背乃可以有所據以爲評決若如今者各種章程則例條規等名紛歧雜糅或沿舊案或奉　特旨或由各部各館擬進或由各省督撫奏准棼然殽亂莫衷一是**無一可稱爲法律又無一不可稱爲法律**　其各種章程之效力孰强孰弱不可得指也不特此也

舊章程與新章程往往相矛盾同時所發出者而此章程與彼章程往往相矛盾甚且同一章程中而此條與彼條往往相矛盾不違背此者必且違背彼　**然則違背之界說究於何定之**　然則欲使此諸條所規定者能生效力非先明示法律之範圍不可欲示法律之範圍非先定法律之形式不可若一如今日現狀則此諸條必悉成具文否則亦緣此而生無量之爭議已耳

（其六）第二十一條又云『前項奏陳事件非有到會議員三分之二以上之同意不得議決』條文之意不知謂有三分過二之同意始得開議耶抑謂得三分過二之贊成始爲有効耶由前之說則須得三分過二之同意乃始列爲議案雖以各國改正憲法之提案且不至如此其嚴重由後之說則原文所規定其不辭亦甚矣此雖小節亦可以使人迷所適從也

（其七）第五十三條云『資政院有左列情事得由　特旨諭令解散重行選舉於五箇月以內召集開會』夫議院與政府互起衝突不能相下之時非政府辭職則

解散議院二者必居一此各國通例也資政院既云爲議院基礎則采此制誠屬至當雖然現今各國大率行兩院制遇有應解散時所解散者惟下院而上院則僅停會蓋以下院純由人民選舉故得借解散重舉以覘眞實輿論之所在上院多爲勳爵世襲或君主勅任故無取僕僕解散爲也今資政院議員雖無世襲之一種而欽選者實居三之一不知當解散時此　欽選之一部分同時亦失議員之資格乎抑其資格仍存在乎是亦一問題也

以上所舉皆末節耳 **資政院章程之最大缺點乃在其與各國議院共通之原則太相刺謬** 吾將別爲專篇以論之然即此末節而其窒礙不通既已如此其甚窮其弊已可使資政院成爲一臃腫無用之長物矣此實由擬章程者不解法律文體有以致之也夫資政院之爲物在政府本視爲無足重輕雖有極完善之章程原不過一紙空文何必斷斷與校且其實質上之紕繆方不暇指摘更何有於形式顧吾猶不能已於言者則以吾國人於立法上之智識太過缺乏而當

時評 十

立法之衡者又莫或肯以忠實之心將之徒取外國之法文東塗西抹苟塞篇幅而已故一篇之中其法理互相枘鑿者往往而有甚且以事實上所萬不能行者貿然規定之於法文之內謂其有意惡作劇耶殆未必然不過輕心以掉之耳近數年來法令如牛毛夷考其實大率皆此類也在立法者之意吾姑臚列數十條以炫人耳目內容良窳孰能糾我殊不思法律之爲物非以爲裝飾品也期於實行也一及實行而有不可行者在則立且閡窒廢置此如機器然全副事件有一缺損或枘鑿者則雖有良工無從運用矣則其勢必變爲裝飾品也亦何足怪西儒有言國之治亂亦於其人民習安法律狀態與否覘之而已夫必法律先使人有可習安之道然後習安乃始可期若騎墻矛盾之法文則其本身先自不安者也中國法治之效不覩其原因雖多端而此亦其一也吾故借端以論及之豈獨爲資政院章程言哉

著譯

中國國會制度私議（續第十九號）

滄江

第三章 國會之職權（承前）

第二節 參與立法之權（承前）

第二款 參與普通立法之權

第一項 參與立法權之範圍

第一目 各國範圍廣狹比較

各國國會參預立法之權。其範圍之廣狹。頗相懸絕。質言之。可分爲二大主義。一曰概括主義。二曰列舉主義。概括主義者。渾括言之。凡名爲法律者。皆須經國會之議決也。列舉主義者。將須經國會議決之法律條項。一一列舉之於憲法之中。其不列入者。國會皆不得議決也。普通之國家。皆采概括主義。惟聯邦國則采列舉主義。今舉一二國以示其例。

著譯　二

美國之制　美國以憲法規定國會之職務凡左方所列各件得有議決權。

(1)關於歲入之立法　凡合衆國徵租稅借國債等事其議決之權皆在國會。故租稅之項目、稅率、課稅方法、起債條件等皆得由國會任意決定之。但有二制限焉。(第一)不許課輸出稅。(第二)丁稅及其他直接稅等必須比例於人口。又間接稅輸入稅、物品稅等全國必須均一。

(2)關於歲出之立法　凡合衆國歲出之種類、數額、及其支用方法皆國會定之。

(3)關於外國通商之立法　與外國交通及貿易之立法歸國會所議決。但美國之制其大統領有締結條約權。或疑與國會此權相衝突。蓋大統領任意結約國會任意立法其條件或相矛盾也。然大統領之結約。須得左院之同意。故免此弊。

(4)關於國內通商之立法　聯邦各州相互通商及與紅印度土人通商。其規則皆國會定之。

(5)關於歸化之立法　外國臣民入籍於美國之各聯邦而得享種種公權。此事與國家政治關係頗大。其法律必須統一。故此權不屬諸各邦而屬諸中央國會。

(6)關於破產之立法

(7)關於貨幣及度量衡之立法　聯邦內各邦不得有鑄造貨幣之權。

(8)關於犯罪之立法　僞造合衆國通貨證券之罪。又於外海所犯海賊重罪及國際法上之犯罪。其法規皆中央國會定之。其餘各種刑法之立法權不在國會。

(9)關於郵便之立法

(10)關於著述及發明之立法 著述人及發明新器人其專利權之法。國會定之。

(11)關於設置裁判所之立法 合衆國高等法院。雖據憲法之明文。直接設置之。但其以下之裁判所。廢置分合之權。全屬國會。

(12)外交 美國國會有干涉外交一部分事項之權利。其詳細於本節第二款別論之。

(13)關於陸海軍制之立法 全屬中央國會。但各邦有募集民兵之權。

(14)關於合衆國中央政府領地之立法 所謂中央政府領地者。不屬於聯邦中之一邦者也。如(1)都城。(2)要塞、軍庫、造兵廠、造船所、造幣所等。其地雖在各邦之內。然已經中央政府買收者。(3)新領土之未編爲一邦者。如阿拉士加島及新領之菲律賓羣島等是也。

(15)發行政命令之權 別於本節第三款論之。

由此觀之。美國國會立法權之範圍。極爲狹隘。凡民法商法之全部。訴訟法之全部。刑法行政法之一大部分。與夫關於教育關於警察關於各地方財政關於經濟諸種法規。其議決皆不在中央國會也。

德國之制 德國國會之立法權。亦與美國同。以憲法條文列舉之如下。

著譯　四

第四條　屬於帝國監督及帝國立法之事項如左。

一　自由轉居本籍住居制度、公民權、旅行劵、及關於外國人警察之種種規則、又營業保險、及於外國殖民地遷徙諸規則、爲本憲法第三條所未渺定者（但巴威倫本籍及住居之事爲例外）

二　關於關稅及貿易之立法。又帝國政費所使用之租稅。

三　貨幣及度量衡法之規則。又不換紙幣發行之規則。

四　銀行規則。

五　發明品之專賣特許。

六　智能所有權之保護。

七　保護在外國德意志人之商業、航海、及其船旗。及定帝國所任命之領事制度。

八　鐵道規則。又爲國防及交通利便起見所設之道路及水路之規則。

九　於數邦公共水路所營之舟筏航行業及水路營籍之體裁。又其他水路稅及航海目標。

十　郵便電信制度（但巴威倫瓦敦堡有例外）

十一　民事裁判宣告之相互制行及關於申請處理之常則。

十二　關於公證及公正證書之規則。

十三　民法刑法及訴訟法之制定。

十四　帝國海陸軍軍制。

十五　衛生警察及獸疫警察規則。

十六　關於出版及結社之規則。

第三十五條　凡全部關稅法聯邦領地內收穫之鹽、烟草、火酒、麥酒、由胡蘿蔔及其他內國產物所製造之糖與糖蜜之租稅。對于密賣之各國消費稅之相互的保護。並共同關稅疆界之安全。關稅疆界以外地方必須之處置。其立法權皆專屬于帝國。

巴威倫、瓦敦堡及巴典。其本國火酒、麥酒之稅。法依其各自之立法權。但此三國對于此種物品之課稅。須力取同一之方針。

第三十六條　關稅又消費稅之征收及管理。限于各國從來相沿寔施者。于其領土內。仍委任之。

皇帝于得聯邦議院關稅租稅委員會之承諾後。置官吏于各國關稅租稅局及其直接官廳。以監督其寔遵稅法所定之手續與否。

關于共同法律(第三十五條)之施行。此官吏發見其缺點而報告時。應提出于聯邦議會而議之。

第三十八條　關稅及第三十五條所揭其他課稅之收入。應納于帝國國庫。但第三十五條所列舉各種課稅中。其非依帝國立法而依各國法以徵收者。不在此限。此收入額爲自關稅及其他課稅總收入中除去左記諸項而成者。

著譯 六

一 本于法律及諸規則之租稅返還額及減少額
二 不當徵收租稅之繳回額(原稱拂戾額)
三 租稅徵收及管理之費用
(V)關稅中。沿接于外國之疆界線。及于疆域地方內因關稅之保護及徵收必需之費用。
(B)鹽稅中。因徵收及監督于製鹽所所置官吏之俸給。
(C)蘿蔔糖及烟草稅中。時時依聯邦議會之決議因此稅應支給各國政府之管理費。
(D)其他租稅中。收入全額百分之十五。

在共同關稅疆界外之領土。應支出貨幣。負担帝國之經費。
巴威倫、瓦敦堡及巴典。不負担應納希國國庫之火酒麥酒稅。及前項一定之貨幣。

第四十一條 因德意志帝國國防及共同交通之必要所認之鐵道。其所通過之國雖有異議。然苟無害各國之主權。即依帝國法律。以帝國之經費敷設之。或許可于個人之企業者。且付與土地收買權。
原有之鐵道會社。負承諸設新線連絡之義務。但連絡之費用。屬于新設鐵道之負擔。
關于許原有鐵道會社對于敷設並行線或競爭線之拒絕權之法律。帝國概廢止之。但于既得權不能有妨害。且于將來之免許中。亦不得付與拒絕權。

第五十二條 前第四十八條乃至五十一條之規則。不用之于巴威倫及瓦敦堡。于此二國。用次之規則以代之。
郵便電信之特權其對于公衆法律上之關係。關于郵稅免除及郵便稅之立法。專屬於帝國。但關于巴威倫瓦敦堡兩國內部交通之規則及郵便稅不在此限。又定電信手數料（即打電費）之帝國法律亦依此限制。
定與外國通郵便電信之規則。亦屬帝國之權。但巴威倫瓦敦堡與不屬帝國領土之隣國直接交通不在此限。特適用一八六七年十一月二十三日郵便條約第四十九條之規則。
應納帝國國庫之郵便電信收入額。巴威倫及瓦敦堡不與其列。
第六十九條　帝國之歲入及歲出應每年立預算。製爲帝國歲計豫算表。帝國歲計豫算表于每年分開始之前。依左之原則。以法律確定之。
第七十條　充共支出之用者。爲前年分剩餘金、關稅、共同消費稅、及由郵便電信所生之共同收入。若以此收入充共同支出而不足時。于未設帝國稅之間。以照聯邦各國人口應出之分擔金額補充之。其金額于豫算之定額內。帝國首相布告之。
第七十一條　共同之支出。通常限于一年而承諾之。但于特別之時。承諾得涉于數年分。
第六十條所定期限內之軍隊經費豫算。惟提出于聯邦議會及帝國議會而爲參考。
第七十二條　關于帝國總入之支出。帝國首相爲解責任。須提出決算于帝國議會。

著譯　八

第七十三條　在需用常支出之際。依帝國立法之手續。募集公債。須以帝國負義務而作公債證書。

奧大利之制　奧大利雖非聯邦國。而其憲法中關於立法權。亦取列舉主義。其第十一條之文如下。

一　貿易條約及帝國全部或局部生負任。又命課務于國民。及帝國議會之代理諸王國及部屬。其疆域變更。所有國事條約之檢查及决行。

二　凡兵役執行。關于其方法及其規則期限之事件。就中關于每歲召集徵兵員之定規。及預備馬匹之賦課。兵士之糧食。屯營之總則諸等事件。

三　政府之歲計豫算表之規則。及諸租稅賦課之每歲决議。政府之决算表。並會計管理成績之檢查。新公債證券之發出。政府舊債之變替。官地之賣易。貸與專賣並特權之法律等。總通于全王國部屬會計諸般之事務。

四　關于金銀銅貨及銀行證券之發出之事務規則。稅關貿易電線驛遞鉄道運搬之事件。及其他帝國通運之方法。

五　證券銀行工業之特準。度量衡製造之模型。記章保護之法律。

六　業醫之業法律。及傳染病家畜疫病防護之法律。

七　國民權及歸化之法律。外國人取締法。路劵及人別點檢之法律。

八　各法敎之關係。集會結社之權。著刻才藝上之私有權保護之法律。公立小學校及中學校敎育原旨之例規。大學校之法律。

九　懲治罪裁判所違警罪裁判所及民法裁判所之法律。但州之布告及依此憲法爲州會之權任其事務之法律。不在此限。　商法兌換法海上法礦坑及藩建地之法律。

十　司法官及行政官構制之基法。

十一　國民之通權。大法院司法院行政權所關諸憲法執行須要之法律。

十二　各部互相之義務及關係總體之法律。

十三　與翁古利所屬諸部。認爲共通之事務其處分規程所關之法律。

以上皆取列舉主義者也。雖其所列舉之條件不同。其權之範圍。即有廣狹之異。如德國國會立法權之範圍。己廣於美國遠甚。細觀前件自明。而要之其權以所列舉者爲界。所列舉以外。絲毫不許容喙。則其權爲有限的甚明。

列舉主義。惟聯邦國宜采之。蓋聯邦國本由所聯之各邦以合意契約相結而成。先有各邦而後有聯邦。各邦爲其固有之舊國。而聯邦則其創建之新國也。當其制憲法以創此新國。則將舊國一部分之權利。讓而貢之。雖然所貢者非權利之全部也。故於其所貢者之外則各邦自留保焉其憲法不得不以列舉主義爲普通之原則皆此之由聯邦國之建國法。恰適用霍布士洛克盧梭輩所倡之民約說。但彼則謂人民相締約以成爲國。此則小國相締約以成大國耳。

奧大利非聯邦國而其國會之立法權亦取列舉主義似甚可詫雖然考諸彼國之歷史實由兼幷小國若干而成而所兼幷之小國舊影猶存故奧大利皇帝實兼有三王帕也米雅國王、大爾瑪西亞國王、嘎利西亞及羅多利國王。一公克拉阿義國公六侯撒爾布爾國侯、司齊利亞國侯、加林西亞國侯、喀耳尼窩拉國侯、修羅賓國侯、上下西利亞國侯、一伯齊羅爾國伯之名義此殆我中國人所難索解者。然在歐洲多如是。即如俄羅斯皇帝亦兼有王、大公、公侯、等十餘名。英王亦兼蘇格蘭王愛爾蘭王印度皇帝等名。每頒重要之詔勅、則盡列其頭銜纍纍如貫珠然。其國統一之基礎未堅實與聯邦無異且其國內種族分裂各地之習尚不同故奧國法制予其各州之州會以廣大之權與各國之地方議會純異其性質以故中央國會之權力其一大部分移於此等州會其不能與他國同其廣漠亦宜雖然奧國之取列舉主義終不得不指爲立法者之無識蓋雖分權於州會亦只宜將所分之條項列舉之其未分與者則中央國會留保之故州會之職權取列舉主義而國會之職權仍取概括主義斯爲得當矣今本末倒置若此其危及國家統一之基礎又何怪焉尤可異者奧國憲法於國會立法權既取列舉主義矣而於州會之立法權亦取列舉主義夫社會之情態萬變終非能以條文悉舉之而無遺漏也故據論理學之公例此方面以積極的列舉者他方面卽應以消極的而得概括如列舉甲乙丙等事項屬於此則甲乙丙等以外之事項自然當屬於彼也今奧制不然既列舉甲乙丙等權屬於國會又列舉丁戊己等權屬於州會而庚辛壬癸等權既不屬國會又不屬州會者則當何屬耶此則立法家之陋也抑其中或有他理由或別有留保權立於兩者以外則吾未專治奧律不能知之

除奧大利以外凡單一之立憲國（單一國對聯邦而言。）其憲法所規定立法權之範圍皆取概括主義其在共和國則國會獨行之其在君主國則君主與國會共行之（其憲法條文。或云君主與國會兩院共行之。或云君主以國會兩院之協贊行之。其事實之結果一也。）要之凡屬制定法律非經國會之議決而不為有効故其國會立法權之範圍廣漠無垠非如聯邦國之僅限於一部而已故學者或稱國會為立法機關良非無由

雖然國會立法權之積極的制限固惟聯邦國為宜有之若其消極的制限則無論何種之國家皆有之此又不可不察也夫法也者謂對於臣民而有拘束力之條規也然

對於人民而有拘束力之條規各國率皆以兩種形式發布之其一字之曰法律其他字之曰命令凡以法律之形式發布者必須君主與國會共行之其以命令之形式發布者則不必經國會而君主或行政官廳得專行之國會之參預立法者卽參預命令以外之條規也命令者國會立法權之消極的限制也故國會立法權範圍之廣狹與君主命令權範圍之廣狹成反比例欲明此義當先論命令之種類

凡命令可大別爲二種一曰行政命令二曰法規命令行政命令者規定行政部內所當遵守之條項而上級官廳對於下級官廳所發者也其拘束力雖及於下級法規命令者則公布國中對於一般人民有拘束力者也行政命令當我唐代之留司格法規命令當其散頒格（格者六朝唐以來一種法令之名也屬於曹司常務留存本司者爲留司格屬於天下所共頒行州縣者爲散頒格見唐書本志）行政命令之拘束力不直接及於人民與法律全異於範圍非此所當論專論法規命令

法規命令之種類有四

一 執行命令 執行命令者為執行法律而發布之命令也法律所規定往往僅舉犖犖大端至其施行時之細目不能毛舉故許由行政官廳於執行時便宜定之也此種命令純為法律附屬品其不侵立法範圍甚明

二 委任命令 委任命令者本當以法律規定之事項而以法律之明文委任行政部以命令權者也（乃法律所委任。非君主及上級官廳所委任。勿望文生義。）其與執行命令異者彼則專為所執行之本法之附屬品本法消滅則其命令當然消滅此則離本法而能存在也例如日本之裁判所構成法法律也判事檢事官等俸給令委任命令也（裁判所構成法第七十六條云關於判事之官等俸給及進級之規以敕令定之。第七十九條檢事之規定同。）其規定裁判所區域管轄等種種之敕令及司法省令執行命令也委任命令其命令權之淵源由法律來故亦不侵立法範圍

三 獨立命令 獨立命令者憲法許君主於一定之範圍內獨立以發命令毋須經國會之協贊者也如日本憲法第九條云『天皇為保持公共之安甯秩序及增進臣民之幸福得自發或使發必要之命令』此即離法律而獨立之命令也

但其効力次於法律一等者曰、不得以命令變更法律而已此種命令**除日本以外他國皆無之**有可以當其一部分者則各國之所謂警察命令是也蓋警察所應干涉之範圍其事項極瑣碎且複雜變幻不可窮詰終非能以法律而一一悉預定之故假行政官廳以便宜行事而委諸命令之範圍此各國所同也日本此條憲法彼中學者解釋各異有采消極說者謂卽與各國之警察命令同一範圍有采積極說者則謂凡關於保持秩序增進幸福者皆得以此項命令規定之決非徒限於警察命令而已夫如是則此項命令直與法律同其範圍除舊有之法律不許變更外其他皆得以命令行之也而此項命令則不須經國會之協贊者也**吾所謂命令範圍之廣狹與國會立法權範圍之廣狹成反比例者卽指此也**

四　緊急命令　緊急命令者謂當國會不能開會之時遇有緊要事件君主得發此種命令以代法律也此種命令其性質爲代法律故故與法律有同一之効力

可以之廢止變更舊有之法律而將來亦非以法律不能廢止變更之但有一限制焉曰下次國會開會時必須提出以求其承諾若不承諾則失其効力也此種命令權各國憲法多不許之其許之者則與大利普魯士及其他德國聯邦中之一二國與日本也而所許之範圍亦有廣狹今取普日兩國憲法條文比較之

普魯士憲法第六十三條　爲保持公共之安全或避非常之災厄有緊急之必要而不能召集兩院之時政府得以連帶責任於不觝觸憲法之範圍內發布與法律同効力之勅令但下次會期必須提出兩院求其承諾。

日本憲法第八條　天皇爲保持公共之安全或避其災厄依於緊急之必要於帝國議會閉會之場合發可代法律之勅令　此勅令於次之會期須提出於帝國議會若議會不承諾時則政府須公布其向於將來而失効力。

此兩條文大致相近其差異之點普國則於不能召集兩院之時乃得發之故雖議會閉會中苟可以召集仍須召集也日本則於議會閉會之場合得發之故閉會後雖能召集亦可以不召集也此種命令實爲以行政權侵立法權故共和國絕對不許之卽君主國許之者亦希英國之制當國家遇非常變故政府得負責

任以奏請發布違憲之命令事後則對於國會證明其必要之理由以求責任之解除雖然此其性質與普日等國之緊急勅令絕非相同普日之緊急命令憲法上之命令也英國則視爲違憲命令而求事後之免責也故憲法上許此命令權與否亦國會立法權範圍廣狹所由判也

由此觀之取概括主義之國凡在命令權以外之立法事項國會皆得參與故命令權範圍廣者國會參與權範圍從而狹命令權範圍狹者國會參與權範圍從而廣此至易見者也

除命令權以外而國會立法權範圍之廣狹尚隨一事以爲消長焉即憲法內容之詳略是已憲法雖亦立法事項之一種然其制定變更之手續大抵與普通立法不同故狹義之立法即指憲法以外之法此通稱也故憲法條文略者普通立法之範圍自廣憲法條文詳者普通立法之範圍自狹歐美各國往往有以單純之法律而入諸憲法之中者就中美國聯邦中之各邦爲尤甚其憲法之分量日增於其舊據一八七七年美國左院所編纂北亞美加憲法全集一書其維阿志尼亞邦憲法一七七六年之分

不過四葉一八七〇年之分增至二十一葉狄莎士邦第一次憲法一八四五年十六葉一八七六年之分增至三十二葉此何故乎不過將屬於普通立法範圍之事項逐年抽出以加入於憲法範圍而已例如近時美國各邦憲法所增加之條項、有關於禁止彩票者。有關於禁止販賣火酒者。有定刑罰執行之原則者。有定勞動日及休暇日之原則者。有定各種學校之詳細規則者。有定官俸者。有定鐵道公司特許之條件者。其他歐洲大陸各國之憲法亦多類是如奧大利憲法。將州會之選舉法。亦規定於其中。尤可笑者。瑞士聯邦新加入之憲法。有屠宰獸畜必當先使絕息之一條。此其規定之當否姑勿論要其所以如此者不外欲制限國會之立法權使之趨狹蓋章章也

君主國以命令由君主所發故則以擴張命令權範圍爲制限國會立法權之手段共和國以改正憲法往往須由人民總投票故則以擴張憲法範圍爲制限國會立法權之手段其手段之正當與否暫勿論要之除取列舉主義之國以外其國會參與立法權之範圍上之以憲法所未規定之事項爲界下之以命令權不能行使之事項爲界持此以校各國之憲法朗若列眉矣

第二目　我國所當采者

今請言我國所當采擇。（第一）我國爲單一國而非聯邦國。其必當取概括主義而不當取列舉主義。不俟論。（第二）憲法爲國家之基礎法。自有其體裁。不當以無關宏旨之條件入之。且致基礎法或以小故而搖動。況我國幅員太大。五方異宜。憲法尤當總攬大綱。匪可毛舉細故。其不應以憲法占法律之餘地又甚明。（第三）此外所餘者則命令權之問題是也。故欲語中國國會立法權範圍廣狹之程度。則尤當先論中國憲法上命令權廣狹之程度。今請平心以研究之。（但行政命令執行命令委任命令之三種。與立法權不相雜厠。不在此論。今所論者。以獨立命令緊急命令兩種爲範圍）

緊急命令。明以行政權侵立法權。揆諸學理。合應排斥。雖然國會非永年常開者也。有其期焉。期過則休。國家若有非常事變。不能待國會之召集。苟不假行政首長以便宜行事。恐事機一逸。貽國家以不可復之損害。故憲法許以此權。實有其正當之理由。況又有事後承諾一條件。以爲之限制。則立法權仍非全受其侵越。竊以爲我國固當采之。但其條文則普魯士較密於日本。我所宜師也。若慮政府濫用此權。危及憲政之基礎。此亦有防之之法。吾將於本節第二款論事後承諾項下別論之。

獨立命令。依日本憲法第九條所規定。殆與法律同其範圍。若衍積極論者之說。則雖取一切立法作用而盡納於其中可也。夫立憲政體之所以異於專制者。亦於其君權之有限無限判之而已。故立法權則君主以國會之協贊行之。行政權則君主以國務大臣之副署行之。司法權則以君主所任有獨立地位之裁判官行之。君主總攬三權。而一無所專。此立憲君主制之特色也。由此言之。則凡制定法規直接對於臣民而生拘束力者。皆須經國會之協贊。其理甚明。若以不須經協贊之命令而與必須經協贊之法律得活動於同一之範圍。則一切法規或以法律之形式制定之。或以命令之形式制定之。一惟君主之所欲。而君主及其大臣為自便起見。恒欲取命令之形式而不欲取法律之形式。人之情也。則所謂國會參預立法之權。將日被侵蝕。其不復返於專制者幾何哉。夫在專制國則無法律命令之區別也。孔子對定公問所謂余無樂夫為君。惟其言而莫予違。專制國君主之地位。蓋若是。故君主個人之意思。即為國家之意

著譯　二十

思君主一話一言即爲神聖不可侵之法律故我國舊稱雖有律格式等名與令制勅等若爲殊科但其範圍效力皆相等固可以律格式變更令制勅亦可以令制勅變更律格式兩者之性質殆無差異即歐洲諸國及日本當憲法未布以前亦皆有然質言之則凡皆以君主單獨行爲所制定者而已 及立憲政體發生然後此兩者畫爲鴻溝而不許逾越即凡對於人民有拘束力之條規皆謂之法律而執行法律時以便宜規令其細目者謂之命令前者君主與國會共行之後者君主得自行之憲政之大精神實在於此 今徵諸各國憲法所規定則

	比利時
關於法律之規定	憲法第二十條　立法權由國王與代議士院及上院共同行之
關於命令之規定	第六十七條　國王爲施行法律得發必要之規則及命令但不得以之停止或特免法律之施行

意大利	憲法第二條　立法權國王與元元老院代議院共同行之	第五條　國王及其官吏爲施行法律得發必要之規則及命令但不得以之停止或特免法律之施行
普魯士	憲法第六十二條　立法權國王與兩院共同之凡制定法規必須王與兩院協議同意	第四十五條　國王命法律之執行且爲執行而得發必要之命令及詳細之規則
德帝國	憲法第五條　帝國之立法權由聯邦參議院及帝國議會行之	第十七條　皇帝監督帝國法律之實施　第七條第二項　聯邦參議院爲實施帝國法律得議定必要之行政規則
奧大利	國會根本法第十三條　凡法律須以上下兩院之妥協決議及皇帝之認可而成	行政根本法第十一條　政府於其權限範圍內得發準據法律之規則命令
日本	憲法第五條　天皇以帝國議會之協贊而行立法權	第九條　天皇爲執行法律又爲保持公共之安甯秩序增進臣民之幸福得發又使發必要之命令但不得以命令變更法律

由此觀之除日本以外無論何國其法律與命令之界線皆甚分明命令者非徒其效力不得與法律並而已即其範圍亦不得與法律並質而言之則所謂獨立命令者徧

徵諸各國憲法條文絕無蛛絲馬跡之可尋而自我作古實創自日本夫日本憲法本以德意志聯邦中之諸君主國憲法為其淵源而取範於普魯士者尤夥而忽有此與母法絕不相應之條文者何也請不避詞費先述其所由來然後論其得失

日本伊藤博文之游歷歐洲考察憲法也左右之者實惟普魯士之格奈士德氏而格氏則德國學者中首倡命令獨立權之論者也格氏以專精英國法聞其立論即根據英制英國慣習有所謂樞密院令者與法律同時並行其軍事外交殖民之三大事業並教育事業之一部分宗教制度之一部分向不以入於法律之範圍皆以樞密院令制定頒布之爾來雖法律之範圍日以擴張樞密院令範圍日狹而餘影猶存又德國各聯邦中為行政便利起見往往有所謂警察命令者其制定之權往往委諸各地方官廳不盡用法律之形式而學者目為違憲攻論蠭起故格氏以諗伊藤謂不如將此權明規定之於憲法之中故日本憲法第九條云云全出於格氏之創意也

雖然彼英人以保守性聞於天下其法制半以習慣而成其習慣徐徐蛻化不見其嬗代之跡故常有實質變遷而形式猶留者即如樞密院令之為物就表面觀之固全非

待國會之協贊實則其發布全出政府之意而政府惟得多數於右院者尸之故一切命令實與經國會協贊無殊此惟英國爲然非他國所能學步也制定憲法而欲剌取英國慣習之一節以羼入條文之中未有不進退失據者

然則此獨立命令權於法理上亦別有其可依據之理由乎自格氏倡此說後德國學者羣起致難然亦有一二附和者其主張最力者則安德氏也而反駁最力者則安莎的士氏也安德與安莎的士前後舌戰之論文凡數十篇遂使此問題大喧於德國學界認爲憲法上最重要問題之一而其波直蕩於日本安德之言曰『君主國憲法與民主國憲法其精神全異在民主國其行政首長之權全由國民所新賦與之者故憲法無明文以賦與之卽當然無此權君主國不然未立憲以前一切大權本皆君主所固有立憲者則君主自爲限制而已故苟於憲法上無限制之明文者其固有之權自當留保之命令權者君主所固有也故除憲法上以明文規定專屬於法律範圍之事項始必須與國會共行之自餘一切其付諸協贊與否一惟君主之自由』安莎的士之言曰『憲法無限制之明文其固有之留保權當屬諸君主固也然所謂限制者非

必為列舉的限制但為概括的限制而已足非必為積極的限制但為消極的限制而已足如云「立法權國王與兩院共行之」則凡制定法規之事項皆概括焉可知如云「國王為執行法律得發命令」則除執行以外不能發可知（委任命令以法律明文委任者又不在此限」）辨論至此勢不能不就憲法之條文而解釋之安莎氏乃徧徵各國條文滔滔雄辯靡堅不摧其詳具見所著「法律命令論」中今不具引夫在德國其各國憲法文絕無認許獨立命令權之明文故學者祖其說者實屬少數日本不然既有此第九條之文以為此權後盾故贊成派實占形勝而反對派不得不取守勢當憲法初布時男爵伊東已代治已著「法律命令論」一書祖述格氏及安德之說學者靡然從之如博士種積八束、博士有賀長雄、博士清水澄其著者也其反對派如博士副島義一、博士美濃部達吉殆陷我四面楚歌之中僅恃解釋條文以持其說然新進之士表同情者漸多今已有占勝著之勢矣要之不名為立憲國則已耳既名為立憲國斯決不容獨立命令與法律有同一之範圍即按諸日本憲法全體之精神亦必非欲以此擴充君主之留保權以與國會爭席甚明觀其於君主之大權取列舉主義（第七條至第十六條）而於君主與國會共行之立法權取概括主義第五條第三十七條已足證明之而有餘然則其第九條云云在勢亦只能為委任命令之一種但逐事而委任之未免繁難故為概括的委任而已然以條文之規定不明瞭遂生爾許異說斯則起草者之責也

然則我國所當采者如何以學理論萬不容於普通立法權之外更許獨立命令權之存在苟其許之小之滋權限之爭議大之或招命令權之濫用而反於立憲之精神故憲法中關於命令權之規定除緊急命令不可廢外自餘之命令則仿各國通制以「為執行法律」或「遵據法律」等字樣定其範圍雖然於此而有一至困難之問題出焉以我國之大而各省社會狀態樊然不齊若取全國人民應遵守之條規皆由國會議決乃定之若所規定太簡畧則無以為遵守若所規定者太緻密則適於此者必不適於彼而法將為具文若非賦予行政部以廣大之命令權則事實上無往而不障礙此不可不熟審也吾於是因此問題而得一相連而解決之他問題

夫日本憲法所謂獨立命令者。即如其本文所示。以保持公共安甯秩序增進臣民幸福爲目的。要之不能從積極的解釋只能從消極的解釋。大率其範圍只能涉於警察行政與助長行政。故美濃部博士以之當各國之警察命令。殆可爲定論。信如是也。則各國先例。又有足引吾研究之興者。曰、此等命令權各國大率以許諸地方官廳爲原則。以許諸中央官廳爲例外是也。（德國博士查爾克瑪耶所著德意志國法論引例極博見東譯原著第七二〇葉）其所以爾爾者良以地方各有其宜。中央政府一一代爲謀之。勢不能周且適也。夫以歐洲諸國大者不過比我兩省。小者或僅比我一縣。（如德聯邦中小國）然其規定猶且若此。況我爲世界空前之大立憲國耶。若取一切立法權無洪無纖而悉納諸中央國會。是治絲而棼之也。則夫所謂保持公共安甯秩序增進臣民幸福之事項。必應有一大部分毋須經國會協贊而能規定者。殆無待言。然則此等事項即模範日本屬諸君主命令權之範圍可乎。夫君主不能周知各省之所適宜。其校國會抑更甚也。君主與國會共同行之。猶懼不蕆君主單獨行之。又安見其可。難者曰。凡所謂君主命令權者。非必君主躬自行之。得命其所屬之行政各官廳以行之。然則憲法以此權委任於君主。而君主復委任於地方官廳不亦可乎。應之曰。斯固然也。雖然。凡地方官廳以服從上級官廳爲原則而上級官廳又有監督之之義務。苟其所發命令有不當者則上級官廳當取消之或停止之。學者皆稱此等爲上級官廳之權利。然政治上之權利。同時即爲政治上之義務。此政治學上之大原則也。不爾者則上級官廳當任其責而以我中國之大重以交通未開中央之最高官廳果能舉監督地方官廳之實乎。果能常察其所發命令果爲適當乎。若其不能。萬一地方官廳假君主委任之名。濫用此廣漠無垠之命令權加人民以不正當之束縛。即不爾者或戾於立法政策。不能達所謂保持秩序增進幸福之目的。而一般人民對之。無可以求救濟之途。則其有以異於昨今之專制政治者幾何。**故以吾黨所計畫。謂宜於國會之下。置省議會而假之以稍廣之參與立法權。舉日本所謂獨立命令權之範圍。悉以畀之。**既省國會越俎代庖之勞。又免地方官廳狐假虎威之弊。此所謂一舉而數善備也。不甯惟是。省議會既立。即歐美日本各國所列於法律範圍之事項。即不許命令權侵入之事項尚可分出其一小部分之議決權以畀之。其所分與者雖

著譯

不必如聯邦國之多然要之使各省人民有便宜行事以規定其本省最適法規之餘地此實大立憲國與小立憲國不能苟同之政策也若夫以何者爲省議會立法之範圍以何者爲國會立法之範圍此當別著論言之此暫不及也

徵諸他國亦有與此類似之法例焉則日本在臺灣所施行之律令是已據日本憲法行政官廳只有發命令之權斷無制法律之權甚明白也故臺灣總督府有府令此與閣令省令府縣令道廳令郡令島廳令等同其性質無待細論然又以新附之地社會狀態與內國懸絕於是許其自制定各種可以代法律之命令名曰律令以施行於其地其立法之手續則以臺灣總督府評議會之議決經君主裁可公布斯爲有效此種律令其在臺灣與法律有同一之效力而毫無待於中央國會之協贊也其不予國會以協贊權者豈故有靳哉毋亦以臺灣之利病非東京國會議員所能審也我國之各省雖與日本之臺灣性質絕殊然地理上及其他種種事實亦則大有相類者故賦與之以稍廣之立法權使之能制定各種與法律同效力之條規以行於其省卽襲日本之名字之曰律令爲實至當不易之政策也

二十八

雖然有不能效颦之點二焉（其一）臺灣之律令以臺灣總督府評議會之議決爲成立之手續而其評議會之議員則皆官吏由君主任命者以總督爲議長對於總督爲補助機關非監督機關與國會對於政府之性質絕殊此無他焉日本不許臺灣士人有參政權故其議決機關不得不出於此也故彼中學者多謂臺灣爲未適用憲法之地誠哉然也我國若爾是仍與專制無異是故我各省之制定律令議決權必當屬諸省議會也（其二）臺灣既有律令以代法律故通行之法律非盡適用（其適用某法或適用某法之一部分別以勅令定之。勅令所不舉者。即其不適用者也。）坐是故律令與法律牴觸亦非所禁我國各省之律令則不能以之變更法律且不許與法例相牴觸蓋非此無以保國家之統一也

此外更有一相類似之例焉則奧大利州會之立法權是也奧大利州會之立法權以憲法規定之能制定與法律同效力之條規一如日本臺灣之律令而其州會卽以州民選舉成之一切須經其議決然後裁可公布此我所最當師者也雖然亦有不能效颦之點一焉則奧大利國會之立法權爲其州會立法之所限制蓋其憲法於國會立法權取列舉主義於所列舉者之外不許容喙此誤采聯邦國之原則以施諸單一國

其害國家之統一莫甚焉我國則惟當於省議會之立法權取列舉主義除所列舉以外其留保權皆存諸中央不甯惟是中央國會常得以法律變更省議會立法事項之範圍或廣或狹惟其所欲夫然後於單一國之原則有合也

綜以上所論則我國國會參與立法權之範圍從可决矣

一 除憲法所已規定之範圍外

二 除君主命令權之範圍外

三 除各省律令權之範圍外

其所餘者卽國會得參與之權也雖然尚有當注意者二事焉

一 命令權以執行法律或法律所委任爲界故其淵源實在法律

二 律令權爲法令所委任且得以法律隨時伸縮之故其淵源亦在法律

夫憲法既貴簡單多留餘地以待普通法律彼兩種權者又法律之支與流裔而法律則必須經國會參與者也則我國會所當有之參與立法權其廣大可概見矣此在凡單一之立憲國莫不有然而我亦匪能立異者也

歐洲之政局

璱齋

墺國政治之改觀

歐洲列強角立。機牙相錯。各擁重兵。如臨大敵。然卒能保和平之局者。賴勢力之均衡而已。然邇來歐洲之國際關係。轇轕紛紜。風潮大湧。其故何哉。昨春波士尼亞希質克拿二州問題之起也。俄國見詘於德。德墺之勢力大張。而法國之地位益危。於是歐洲之局勢一變。雖然、大局之轉移。與時勢之變遷。非莫之爲而自致也。必有人焉握其機而運其軸。至今日握歐洲政局之機而轉捩之者。莫不日墺國外相愛靈打。實則其皇儲腓治能大公。立於其後而爲之主動也。觀察歐洲之政局者。輒謂墺地利匈牙利爲極不統一之國。其老帝佛蘭施士苟有不諱。則必四分五裂。無可收拾。全歐禍亂。亦不旋踵。然此實皮相之論。闇於時局者也。墺國政權。實隱握於皇儲腓治能大公之手。彼長於外交。富於政略。剛毅果決。百折不撓。固一大材。盤盤之政治家也。徒以匿晦韜光。不自表見。日惟物色人材。以代表其政策。及得愛靈打。信任不疑。以實行其對外政策。凡所計畫着着成功。內得民心。外張國勢。不數年間。外交日有成效。民族之軋轢亦因以調和。由是國勢民情。遂煥然改觀而爲之一變。

墺國之利用德國

墺匈積弱。常爲德國所左右。此覘國者之恒言。吾人久已習聞矣。然考之實際。非獨不爲德國所操縱。且能利用之以遂行其巴爾幹政策。夫德國之於近東。日求土耳其之歡心。以博其信用。當墺國突然爲合併波希二州之宣言。而與土搆爭也。實令德國驚愕徬徨。手足無措。將欲助其同盟之墺國邪。則害土國之感情。若與墺爲敵。公然袒土邪。則又非其本願。故陽則棱模於兩可之間。陰則極力調停。冀其平和了結。然當德國進退維谷之時。俄國已聯合英法。決議起而抗墺。墺國深知德國之內情。熟權己國之利害。與土即開談判。許以賠償。爭議頓解。由是墺國對土之問題。一轉而爲對俄對英對法之問題。事已至此。德國雖欲不出而助墺而不可得。蓋至此則德雖助墺而亦無害於土矣。墺國遂利用其勢力以抗異己之國而達其目的。

俄軍之弱點與德國之威嚇

反對墺國占領波希二州之議。爲之主動力者俄也。德國不稍假借。要求俄人承認墺國之所主張俄國於此問題曾與英法約一切舉動須協商以定進止然德國之要求迅雷不及掩耳且挾武力盾其後恣爲威嚇遂令俄國無通告英法之餘暇忍氣吞聲勉殉其請是墺國外交歡奏凱歌之日即爲歐洲之政局根本動搖之始矣

德國當日之所要求雖屬外交上秘密之事莫知其詳然爲兵力之威嚇則固意中之事蓋俄國軍事上之點弱誠示人以可侮也夫俄國之所以防德者將於窪蘇特置最新式之砲兵壁壘森嚴器械精銳攻雖不足守則有餘然當日俄戰事之殷與德方睦遂調砲兵赴滿洲以供戰役及戰後召還則已窳敗不堪破壞殆盡且國庫空虛未遑恢復故將以防德國國境之砲兵遂成虛設德國諳其內情知其虛實故能聳之以利害迫之以威力致令俄國對墺之抗爭欲不退讓而不可也

俄國自見侮於德德俄軍事上之關係遂大變更此即動搖歐洲均勢之一大原因也

夫俄之對德爲取攻勢特於窪蘇屯集五軍團以備緩急德國亦時恐俄國拊其背而襲其後故有所牽掣不敢與法搆兵法亦明知其故有所恃而無恐然自昨春以來形勢一變俄國參謀本部知窪蘇五軍團之不足恃遂廢心併力以改革其戰畧舉對德

著譯　四

之作戰計畫改絃而更張之夫窪蘇之五軍團聲威本甚壯也德俄若有戰端則羽書相發大兵可夕搗德境然邇來德國軍備日益擴張即在平時此五軍團已相形而見絀若至戰時事更可知蓋德國之動員異常迅速而俄國適居其反故苟有戰事德墺之兵朝發夕至可自東普魯士及卡利西圍此五軍團而絕其糧道是俄國陸軍之精銳未及交鋒已陷困境而俄國之運命亦與之俱危聖彼得羅堡之參謀本部今知其然故苦心經營決行改革擬於戰時寧以波蘭全部委敵急率五軍團退守北方自莫斯科之南透至北鄙置第一防禦線蓋如此則進可以攻退可以守也此俄國軍事最新之計畫然德國遂得減其防備而紓東顧之憂

德法陸軍之實力

俄國既苦於德國武力之壓迫而法國之地位亦因之杌隉不安法國陸軍平時之數合之亞芝尼亞其軍團僅滿二十視德國擁有二十有三之大軍團勢已不敵然徒比較其數之多寡尚未足知兩國武力之優劣也若計兩國戰時可以調動之兵力則勢尤懸絕蓋德國於戰時可由二十三軍團擴張而爲五十有三法國則僅能由二十軍

團增四十有一耳。苟能知兩國兵力之孰弱孰強。即謂已探歐洲政局之秘鑰。當非過言也。

至德法之國防。則尤有令人注目者。德國以士多拉堡與麥都二要塞爲中心。屯以第十五十七兩軍團。常設半動員之戰備。羽檄一馳。旦夕之間。可以直搗法境。蓋德國之防備。非徒堅守堡壘以自固吾圉。固將以此兩要塞爲根據地。極其力之所能及。以取攻勢也。法國則三分其國境。遍置防禦。東部則自愛卑拿至比爾福。西部則自都羅至威但。遍築堅壘以資防守。其中央愛卑拿及都羅間。實爲進攻德國之孔道。廣約四十五英里。法國若取攻勢。此地雖利於行軍。然開戰之始。四面受敵。實爲最危極險之地。法以堅守此道之故。特屯其最爲精銳之第二十軍團於南治。常執半動員之態度以爲警備。且舉國陸軍。皆有援助之責。以爲死守之計。法人至名此軍團爲生堡壘。則其地之險要。可想而知。然法國調兵。後於德軍者約四十八時間。兵貴神速。今遲速之差乃至二日。則戰爭之結果。孰得孰失。自不待智者而知矣。

法國之同盟政策

著譯

德國既得墺爲援。以防俄之襲擊。復擁莫大之軍備。旦夕可以破法。然法國所恃之三國同盟則若有若無。緩急殊無可恃。故其國之政治家所日夜祈禱者。則爲俄日之相親。蓋謂俄國於極東苟無防日之憂。則可移其兵力於歐洲。德國將分其兵力以爲俄備。法之憂患庶可少殺也。夫今日法國所最信賴者厥惟英國。然英國之陸軍實不足以援法。故力誘日本結英法日俄之四國同盟。以制德國之跋扈。斯亦足見其不得已之苦衷矣。

曩者法國之政治家嫉視日本。於其一舉一動。皆信口雌黄。以爲日本於極東之法領。時懷野心。百計經營。求有以防日本之行動。遂使德國乘間抵隙。以售其離間日俄之謀。馴至今日。恍然大悟。固已窺見日本眞意之所在。且悟日俄交親爲歐洲新均勢必不可缺之事。於是朝野上下之外交政策。遂皆指此方向而進行。

德國之缺點

德國之陸軍。固已占世界之首座。而莫與爭衡。然仍瞻顧徘徊。未敢發難者。則以其國之海軍。尚屬幼稚。未達成長之時期也。近時戰爭。頗具延長性。日俄戰爭。其先例也。德

六

國不有供給之途。以支持長期之戰事。故兵力雖強。究不能達最後之目的。德壞兩國之糧不支一月。其勢不能不求之海路。然海上有英國海軍以爲之梗。失敗可以立見。故今日之德國竭其全力以攫奪海上之霸權。誠非得已。蓋彼於海上稱雄之日。即於陸上大試飛躍之時也。是故今日德國之所日夜經營不遺餘力者約有三事。一爲擴張海軍之大計畫。二爲謀與美國提携。三爲破英法日俄四國之和親。合而觀之。則德國之志願。亦可見矣。

英德海軍之新勢力

比年以來。英德製艦之競爭。其劇烈遠非昔比。兩國互相猜忌。凡軍艦建造之計畫。皆守秘密。即時有發表。然皆持虛者實之實者虛之之主義。未易知其確數也。今據精確之調查。計英國海軍所有之德列脳式軍艦。千九百四年所建造者二艘。千九百五年者四艘。六年三艘。七年三艘。以上十二艘。皆已竣成。其尚在建造中者。千九百八年二艘。九年八艘。都爲十艘。大約千九百十二年後即可告竣。此外尚在計畫中者。則二艘爲澳洲及加拿大所捐助。五艘製之本國。其完全竣工。則以千九百十三年爲期。故英國至千九百十三年。其德列脳式之軍艦。可得二十九艘。至若法國。則自軍艦革命以來。新式之艦。未嘗有一。今就其在建造中及計畫中者。約爲枚舉。千九百七年所起工之準德列脳式戰艦六艘。現皆未告竣。完成之期。須在千九百十一年七月。於千九百十年之豫算。則決造二萬三千四百餘墩之戰艦二艘。裝配口徑十二吋之砲十二門。期以千九百十三年蔵事。即法國至千九百十三年。可得八艘之新式軍艦。由此觀之。千九百十四年。即日美同盟再定繼續與否之年。英法兩國之新式軍艦。其總目可得三十七艘也。

德美之造艦計畫

至德國所造之德列脳式戰艦。千九百六年起工者二艘。七年者二艘。都爲四艘。皆已完竣。其在建造中者。千九百八年所起工者五艘。九年者四艘。皆限於千九百十一年十一月以前。全功告竣。至千九百十年所計畫之四艘。則期以兩年蔵事。此外於千九百十一年。更擬建造四艘。其告竣亦以兩年爲期。是千九百十四年。德國之新式軍艦可得二十一艘。加以墺國所有之四艘。則爲二十有五。雖然、英國於海上霸權之問題。

仍必合德美兩國之勢力。乃始可決也。美國於千九百六年所造之準德列腦式戰艦。僅得二艘。至千九百七年乃始造德列腦式之大戰艦。是年所計畫者二艘。八年九年。亦如其數。前之四艘皆已竣工。後之四艘。仍在建造。至千九百十年所計畫之二艘。則裝置口徑十四吋巨砲十門。十一年則更造三萬噸乃至三萬二千噸之巨艦。以上十二艘。悉限千九百十三年一律告竣。是千九百十四年英法所有之戰艦共三十七艘。而德美之海軍適符其數。兩雄必不容並立。況有國民之感情與國家之利害種種問題。必使之一決勝負而後已耶。

日英同盟之將來

歐洲均勢之搖動。與日英同盟之將來。有絕大關係。毫無疑義也。各國對此問題。雖意見各殊。然英國國民持論尤異。其在朝之政治家。雖不敢公爲異議。然代表輿論各機關。持樂觀之論者。實屬寥寥。夫英國海軍素持二國標準之主義。然至今日覩德美之擴張計畫。此主義之保持。恐成虛語。故英國海軍之希望。非無欲聯合日本以資臂助。然一般之輿論。皆謂今日之英國。日爲德國所脅迫。至瀕危境。然聞英國以何因緣受

著譯 十

如斯之痛苦其爲日俄戰爭之結果自不待言蓋日本得英以爲同盟至破俄國遂使德國無所畏忌勢力大張而英國反身受其害也。不甯惟是日美之關係日益危險然英國於經濟上人種上以至一切舉動皆與美國有密切之關係曩者英俄競爭於亞細亞之時爲圖英國之安全日英同盟誠爲當務之急今此時期已成過去此後若仍繼續則日本只爲英國之贅疣適增其負擔而已。信如斯言則日英同盟之前途將受歐洲新均勢之影響。致生變動。又可斷言也。

調查

津浦鐵路情形記

竹塢

▲沿革

津浦鐵路者。其先津鎭鐵路也。故欲語津浦之沿革。不可不先語津鎭。津鎭鐵路最初發起人。爲前江蘇候補道容觀察閎也。容君知此路之要。以爲我不急圖興築。他日必有人爲我代築者。至人代我築。則客主之形既異。而國權益不可問矣。然此路北起天津。蜿蜒經直隸山東江蘇等省。以南達鎭江。修築之費。非得資本千萬以上。終無濟也。容君雖知其難。而日以此强聒國人。其時吾國風氣未開。人多不知鐵路關係之重。鮮有應者。容君乃一變其方策。擬內外款並用。而以外款謀諸美國資本家。容君固久居美。且爲美文學博士。甚有聲稱。故事易就緒。因呈請總理衙門。言招股承辦此路之意。總署納焉。爲之出奏。光緒二十二年。得旨報可。以容君爲該路總辦。於是津鎭鐵路之名。始爲全國人所知矣。

容君既奉旨督辦百務粗整行且興工忽焉而反對者起此反對者爲何外之則英德兩國內之則張之洞盛宣懷二人也英國因一八九八年京漢鐵路借款爲比利時仙治潔特所獲而此仙治潔特名雖爲比實則俄羅斯故英國駐京公使意頗不平時向總署爭論謂宜照利益均霑之約必當以足與京漢相頡頏之路以爲償然可與京漢頡頏者莫如津鎭英人垂涎久矣今無端而落美國資本家之手英之不平益甚此反對之所由起也德則自租借青島後銳意擴充其權勢幾視山東爲禁臠不復許他人染指若此路尙用美人之資本必於其所經營者有窒礙此德人所以亦力排也而張盛兩人則以津鎭路成必影響及於彼所經畫之京漢故亦效顰外人而排擊不遺餘力也

當時津鎭鐵路一方面既有極强力之反對一方面美國因與西班牙戰後金融緊縮前此所約之資金籌畫頗不如意於是英德兩國得此千載一時各欲出資以謀承辦其競爭之烈幾釀大變其後幸彼此讓步相約由天津至山東南界歸德國承辦由山東南界至於鎭江歸英國承辦內爭既已乃協力以要求我政府謂宜與京漢鐵路同

一條件以津鎭鐵路修築權歸諸英德兩國仙治潔特光緒二十三年奉旨允准而容君之宿志盡歸水泡矣。乃別派許景澄爲督辦與英之怡和洋行匯豐銀行德之德華銀行訂草約三十五條聲明此路修築費必由此等洋行銀行承借先定出資七百五十萬鎊云。

其後該路不以鎭江爲終點改至南京對岸之浦口同時又廢津鎭鐵路之名改稱津浦鐵路而德人貪得無厭陰圖殖其勢力於揚子江沿岸以凌駕英國故必欲得津浦路全線修築權累與吾政府提議一面敦促英國使速行測量尅期興工且謂此七百五十萬鎊之資金可由德國全數承認無煩英人籌措議竟未諧吾政府亦極不表同意故德人終不能滿志躊躇以去也。

英德雖合力承認津浦路借款及承修等事然遲之又久迄未興工近年以來吾國朝野上下皆知利權外溢國本將枯而路權尤爲領土攸關不宜輕授敵國於是礦山鐵路收回自辦之義所在紛起而津浦亦賴此始有轉機。

收回津浦鐵路之議發端於光緒三十一年由山東江蘇直隸三省京官聯名奏請廢

約。留學生和之。天津紳商鼓舞之。政府得此後援。乃與英德交涉。德使堅持前約。而英則知此路不易興修。故反對不力。政府乃改派袁世凱為督辦。再三交涉。德失英助。遂亦無可如何。光緒三十四年。收回自辦之議。乃定僅約與英德借款五百萬鎊耳。故今之津浦鐵路。純為我國主權。除借五百萬鎊外。絲毫與外人無涉。此其大畧之沿革也。

▲工程狀況

(一)線路

津浦鐵路。原名津鎮鐵路。由天津至德州。經濟南府。過嶧縣。以入江蘇省境。復經銅山宿遷。以達於鎮江對岸之瓜州。此初辦時之計畫也。至英德承築之約成。乃變更線路。其最終點不在鎮江。而遷於南京對岸之浦口鎮。故改名津浦。前已畧陳其概矣。今考其所以變遷之故。厥有三端。

(一)南洋大臣駐劄南京。若津浦路成。則南北兩洋成一直線。其政治上之利益。不待多言。

(二)浦口地皮。既為程許等三姓所買。足敷鐵路驛站之用。

(三)津鎭鐵路南線有淮河大運河洪澤湖鹽河等湖沿之地雖平坦省工而水害多有且堙溝塡港修造鐵橋其工程至鉅不如津浦之省費有此三故則改以浦口爲終點亦云得宜今査此路分爲兩段一曰北段由天津至山東南境一曰南段由山東南境至浦口是也請得畧述之

北段以直隸天津爲起點經靜海靑縣滄州東光桑園而入山東省境至德州而經平原禹城以渡黃河達維口而取道西南抵山東省城濟南府以與德之膠濟鐵路接由此南行至泰安府則循山出天朋店經大汶口涉汶水以達兗州之東門折西而達濟寗迂回以至鄒滕嶧諸縣而抵山東南境之韓莊此北段驛程之大凡也南段所過之地其詳雖無由知然據袁張所奏大抵由山東省境之韓莊直南以入蘇省渡舊黃河而達徐州再南至宿州過鳳陽定遠經江浦而至南京對岸之浦口鎭與隔江之滬寗鐵路接此南段驛程之大凡也

津浦鐵路所豫定之線路大要如上所述其工程則由郵傳部經理之資本則借之英德又分爲中北段工程費由德人承借南段工程費由英人承借而北段工程則於光

緒三十四年業已開工。然忽有線路變更問題。由濟甯紳商提起。魯省京官復開會北京。以謀抵制。其大意謂李德順爲德人所利用。測量委員亦受李德順賄賂。故私改由兗州府向東北行。繞曲阜折行西南。而經鄒滕嶧三縣。以遂德人之私圖。於是濟甯紳商選舉代表。至北京與同鄉京官合力提出三大理由。呈請督辦大臣。請依原定線路。不宜輕事更張。其理由維何。請述其大意如下。

(一)由兗州折經曲阜與聖陵密邇。殊非敬謹之道。若依原議經濟甯。則此患自免。

(二)曲阜商務蕭條。物力匱乏。不如濟甯之商賈雲集。交通孔殷。而鐵路之收益實多也。

(三)若依前訂之津浦鐵路草案。凡在沿路二十哩內之礦產。德人有開採之權。今此路雖收回自辦。而礦權一事。今尚在爭論中。曲阜一帶礦質尤豐。久爲德人覬覦。若必改經此縣。則收回礦權更爲不易。不如取道濟甯。轇轕無自而起。

然當時曲阜一帶之地。經已購買。且正在興修中。何能中止。督辦大臣徐世昌乃婉却東省代表。謂如改經濟甯。糜費當在百萬元以上。當此財力窘蹙之際。更變實難自由。

惟可由濟甯設一支路以與韓路連絡庶得通商之便代表者無可如何嘿然歸里郵傳部乃確定支路之議派員測量先築支路待支路成後即由濟甯搬運材木以爲造幹路之用此法濟甯既得交通之利兗州曲阜亦無中止之虞事出調停良非得已然實亦兩地兼利而不兼害故其法尚不大乖也

津浦鐵路北段線路既已確定今正在工程忙擾中吾輩惟拭目以觀厥成耳

▲工程

津浦鐵路既分南北兩段其工程亦當南北並進以取速成然北段雖已興工而南段則未聞始事客歲之冬僅於浦口滁州間敷設枕木而已故南段工程實無可述請先述北段

北段工程頗有駸駸之勢光緒三十四年北段工程總辦李德順督辦大臣徐世昌舉行開工式顧德人德弗米列爲總工程師其工程共分六區區名於左

第一區線　天津德州間

第二區線　德州維口間

調查

第三區線　濰•口•濟•南•間•
第四區線　濟•南•泰•山•間•
第五區線　泰•山•兗•州•間•
第六區線　兗•州•韓•莊•間•

是也。請得略記每區之情況。第一區線之天•津•德•州•間。由陳唐莊至德州。共一百四十哩。今已開通。此路沿大運河而下。土地平衍。故工程無大艱阻者。今更錄站名里程。以供參攷。

站名	哩程
陳唐莊	一
郭家村	一二
良王莊	一六
獨流	一九
靜海縣	二四
雙塘	二•八
陳官屯	三•八

八

唐官屯	三九
馬廠	四•四
青縣	五〇
興濟	五九
姚官屯	六•四
滄州	七〇
撓地	七•四
磚河	七六
馮家口	八三
薛家窩	八六
泊頭	九四
南霞口	一〇〇
東光縣	一〇六
連鎮	一一三
安陵	二一二

桑園 德州

其德州及雒口之工程則因接黃河流域河水汎濫工程維艱故未能藏事且由德州至禹域修橋甚多而以渡河鐵橋費工尤鉅此爲北段工程之最難者聞黃河鐵橋長千三百米突與京漢鐵路橋全同經費須三百萬今已興工然德州至雒口恐非一二年內所能開通也若夫雒口濟南之工程則已完竣惟所行者爲搬運材木之貨車客車尚未通行也

至於濟南至泰安之工程則以泰山山脈餘波四出地勢崎嶇且由此等山脈所發源之河流其數至多故橋梁與隧道其功亦非易易今雖在經營中然亦非一二年內所能開通也泰山至兗州一段因有兗州曲阜線路變更問題工程中止要之此路地勢平衍雖宜修大汶河鐵橋然在大汶口附近河身甚狹水勢亦緩兩岸甚高沙不甚多比之黃河鐵橋其難易不可同日語也

兗州至韓莊一段其工程亦易由兗州至滕縣共百四十里先至鄒縣約五十里地坦

平。惟渡泗水宜有橋。然河幅亦隘。河底雖有岩石。急湍幽咽。不足憂也。且兩岸皆高。無洪水氾濫之虞矣。由鄒縣至曲阜滕縣之間。東方一帶山脈皆向南北走。然西則不覩坵垤。故地勢不惡由曲阜至五里舖。由五里舖至堺河。此二十里中。嶧山山脈。東西蜿蜒。非鑿隧道不可。由堺河至滕縣。亦平易無可憂者。其間雖有漷水、堺河、北沙河諸流。然水勢皆緩。架橋至易。由滕縣至嶧縣。共百二十里。大抵皆平原。雖有邱山而無喬嶽。雖有流水。而無波濤。由嶧至韓莊五十里。在大運河流域。地勢極平。此亦無難建築者。要之。北段工程。除德州至禹域一路。稍覺艱阻。餘皆平易。近人費工不鉅。故無他項事變。遲三數年。必能全路告竣耳。

北段工程既若彼矣。南段則又何如。請進述之。由韓莊至徐州一段。有大運河及黃河故道。必須架橋。由利國至徐州。雖多山岳。然由利國至柳泉三十里中。極目平蕪。無險阻者。惟由柳泉至毛村。里程三十。巒嶂重疊。有高六七百尺者。非多開隧道不可。此爲少難耳。由毛村至徐州。亦二十里。平地甚多。黃河故道。水不氾濫。有橋已足。聞此橋已開工云。

調查

徐州至宿州一段。共百五十里。由徐州過南三舖十五里舖以達桃山鎭。五十里中。丘陵起伏。然絕不峻峭。亦無河流。故工程亦不難。至南符離八十里。山有高五百尺者。山脈有二。平行向南北走。中繞平原。宜多開鑿。此則頗費人力耳。由此至宿州。不過十八里。盡平原矣。宿州鳳陽一段。共二百四十里。在淮河流域。平蕪茫漠。一望無際。董工事者。視此開顏。惟由宿州經靈璧以達臨淮關之對岸。則有澮河流派縱橫。橋工匪易。又至鳳陽。則有淮河。夏日恒氾溢。且地勢低窪。動有衝決之患。此非有極堅之橋梁。甚危殆也。

鳳陽定遠一段。約九十里。雖爲山巒之地。然由鳳陽南下至梁石崗二十五里中。地勢漸高。可無鑿隧道。又至段賈澗子。工程亦易。由段賈澗子至沙澗。共十五里。山甚峻。工亦稍難。由此至定遠城。深谷高山。往往而有。其爲辛難者矣。定遠至浦口一段。共二百二十里。向爲驛路。又爲揚子江之大平野。故無艱阻之可言。雖然。定遠滁州間。有岱山、皇甫山、常嶺等嶽。綿亘數十里。非隧道則不通。又有池河、小沙河、滁河等流。非橋梁則不濟。此亦未可輕易也。由滁州至浦口。坦坦平野。如履康衢。爲此路之尤易者矣。

十二

由此觀之。南北兩段。工程難易相等。而綜計全路。難少易多。美哉山河。眞中原氣象也。惟南段工程尚未大起。如欲全路開通。卽今速辦。亦非四五年不能成也。且聞北段五百萬鎊之借款。已糜費於天津德州一段。今又有借款之議矣。信如是也。則以五百萬鎊之資金。僅築成百四十哩之鐵路。平均三十萬金成一哩。鐵路之貴。恐無有過此者。此非蠹蝕泰半。何至如是。則雖有錦繡河山。徒供人分割已耳。人心如此。可不驚痛。然則此路工程雖易。果於何年告成。雖至聖不敢决也。

▲沿路生計情況

（一）直隸省

津浦鐵路在直隸省境內者。今已開通。考其所經之地。最重要者。爲天津、靜海、青縣、滄州、南皮、東光、吳橋、桑園。所謂長蘆鹽。卽產於此等地方。自昔知名。其產鹽之盛。蓋爲十八行省之冠。今試舉每年產鹽之額。則靜海七百六十引。（每引二百二十五斤）青縣五百五十二引。天津五百五十引。滄州三百二十三引。鹽山二百三十五引。交河一千二百十引。阜城一千二百八十七引。南皮二百六十一引。東光一千五百八十三引。吳橋二千零六十七引。寧津一千四百七十八引。慶雲二百三十五引。是也。加以灌溉之利。徧於全省。沃野盈望。田疇多闢。所產豆麥粱黍。亦爲大宗也。

諸縣所產鹽麥。向由民船溯大運河。以聚於天津。今有鐵路之利。轉輸益捷矣。夫天津爲北洋通商要地。凡北方貿易。必以此爲中點。由白河出海。與南方連絡。又有鐵路可通北京、營口、大連、奉天、哈爾賓等處。眞水陸之要衝。而商業之總滙也。以此之故。其貿易之額。年約六七千萬兩。可謂盛矣。若有津浦後。則由腹地以達江南。不獨政治上可成一直線。即商務亦將呵成一氣。其盛蓋未可量也。

（二）山東省

津浦鐵路所經山東省重要之都邑。爲德州、平原、禹域、濟南、泰安、兗州、曲阜、鄒、滕、嶧、韓莊等地。而附近之濟寧、齊河。亦要鬧之區也。

德州當山東水陸之要衝。由天津至濟南。由濟南至天津。舟楫上下。必泊於此。南有大運河以通江蘇。有衛河以接河南。故天津百貨。必經德州。然後分散於平原、禹域、齊河、濟南、陵、恩、臨邑、高唐、德平諸邑。此其所以重也。工有機器局。規模亞江南。軍器軌條以及鐵路用品皆製造焉。

濟南爲山東省會。地居中央。爲全省往來之孔道。故亦一要鎮。自膠濟鐵路成。與青島連絡。德人視爲商戰之根據地。甚可畏也。其南爲泰安府。當泰山之麓。土地肥饒。氣候和平。柞蠶甚多。亦大利所在也。兗州府則爲濟甯州曹州鄒縣、滕縣、與濟南交通之要路。產烟葉。而兗州綢尤有名。兗人泰半業此。鄒縣則商業無可述者。嶧縣在山東南端與江蘇安徽毗連。產鐵玉煤。而煤尤多。此山東省內沿路都市之大凡也。

要而論之。山東自大清河、小清河、汶河、泗水、運河外。支流繁衍。故有灌溉之利。且除泰山山脈外。皆平原廣野。其地味之佳。經德國地質學博士利希荷軒氏稱爲十八行省之冠。且氣候溫和。樹木繁殖。農物豐稔。鑛產尤富。過於雲南貴州。且爲世界所罕見。故德人以强力佔膠島。而復汲汲壟斷全境者。其謀發之。利希荷軒其人也。

(三)江蘇省

江蘇省中。津浦鐵路所經過之重要都邑。惟有徐州府而已。徐州府在江蘇省之北。沿舊黃河河岸。附近一帶。地味膏腴。農業鑛業。皆極豐饒。人口二十萬。亦一大都會也。

有工藝局。製造氈毯。然地僻陬。交通不便。故販路不能擴張。其農耕所穫。聞十畝之田年可得麥五六斗。落花生四十擔。高粱八十斗。則其肥饒可想矣。徐州附近。蠶業亦盛。有白蠶絲、黃蠶絲及土布等出產。且利於牧畜。飼羊者多。羊毛、猪毛、羊皮、牛皮等。亦頗盛。其鑛物則利國產鐵。徽山湖附近產石灰。蕭縣產煤。故徐州非獨沃壤而已。亦適於工業之地也。

（四）安徽省

津浦鐵道所經安徽省地。爲宿州、臨淮、鳳陽、定遠等大都邑。宿州雖非商務重要之地。然將來海州至開封鐵路。如能開通。則亦一重鎭也。又有臨淮關者。當淮河貿易之衝。經淮河以橫貫安徽北部。而入河南省。抵周家口。周家口者。全國五大鎭之一也。下經淸江浦以達鎭江。又由陸地可通定遠。經徐州以達南京。溯澮河則與宿州交通。眞四通五達之要區矣。其附近產西淮鹽。安徽之北。河南之南。民無淡食之虞者。賴有此也。外國貨物則經鎭江。過淸江浦。以集於此。然後分散各處。其內地輸出貨物。亦必經臨淮。歷淸江浦。以達鎭江。故商賈輻輳。帆檣林立。鳳陽定遠徐州。雖號稱商埠。然不及臨遠甚矣。

津浦鐵路所過安徽諸地。皆地味豐沃。農業饒足。其出產最多者。爲米、麥、粱、豆、棉花烟葉亦頗盛。聞鎭江每年所收買烟葉。數在七萬擔以上云。

▲津浦鐵路之影響

津浦鐵路者。經直隸之南部。貫通山東。沿江蘇之北。横絕安徽以南下者也。而此諸省者。皆我國富庶之區。人口最密之地也。如直隸人口約三千萬。面積十一萬五千方哩故一方哩之人口二百五十九人。其密度比於德奧矣。山東人口三千八百二十四萬面積五萬五千九百七十哩。故一方哩之居民數爲六百八十人。人口之密。列國無比。江蘇面積六萬七千九百四十方哩。人口二千六百五十三萬。故一方哩之人口約六百餘人。安徽省面積五萬四千八百十方哩。人口二千三百五十七萬。故一方哩平均四百四十人。本路經歷如此繁盛之四省。而連絡其名都大邑。沿路鑛產農工所在豐實則其全通已後。其影響豈可量哉。今請由生計政治兩方面畧述其概。亦國民所當急知者也。

（二）生計上之影響

津浦鐵路跨四省。涉六大河流。（大運河大淸河小淸河汶河滄河匯河楊子江也）所過皆膏腴之地。就中山東一省。經德人利希荷軒所考察。定爲中國第一。故沿路之人口物產。各國皆未見其比。昔日交通不便。往返動需旬月。縱有川河。而運費亦復昂貴。故百貨凝滯。百業衰萎。若津浦開通。則北由天津可與京漢京奉京張南滿諸道相連。南由南京可與滬甯滬杭甬諸道相接。又臨大江。水運亦便。四通八闢。未有過於此者。若是則農業必益盛。出產必益多。且蠶絲草帽邊等。今已爲世界必需之品。若有此路。省其輸出之時日。則銷場必倍於曩昔。可斷言也。不甯惟是。沿路礦產至豐。銀銅鐵錫水銀煤炭。所在不遑枚舉。而尤以煤爲無盡藏。然開採者。獨有嶧縣之煤。尙爲中德合辦者。亦以交通阻礙。銷售不廣。若此路既成。則嶧縣者不必論矣。其他各處之礦。皆可開掘。眞所謂天府也。

其次則此路與商業關係何如。其妙又有不可言者。何以言之。此路北起天津。南至南京。以濟南爲中樞。此三地者。皆內外貨物聚散之集中點。貿易之盛。不在上海漢口下也。況天津爲北洋大臣駐劄之區。南京爲南洋大臣駐劄之地。其間僅以兩日。便可相

通而又南北皆有他路可接交通之便至於如此豈惟利於商業實乃啓發文明其影響之大不可謂細也

（二）政治上之影響

前既屢言矣天津爲北洋大臣所駐劄南京爲南洋大臣所駐劄此二地者行省政治之中心點也有此路以溝通之則南北兩洋聯爲一氣一旦有事之秋兩日而達其利於政治上之統一者豈可言哉又近者匪亂頻聞以山東爲尤劇揭竿斬木大之欲爲陳勝吳廣小之欲效盜跖顏涿聚以上危國家下擾編氓者所在蠭擁此輩所恃皆以地偏道梗易於起伏故得逞其暴行耳若有鐵路以貫通其間昔爲山縣今爲繁市且調兵既易掩捕不難則雖有不逞之徒亦將歛戢而改行是其影響於政治內治者其利爲何如也

▲結論

前所述者津浦鐵路沿途之情形及其所影響於政治生計之大略也今更進論津浦鐵路本身之利益

調查

吾國北部交通向稱不便雖有河川皆東西流無貫通南北者故南北之隔絕尤甚昔人謂黃河以北天地異氣人民異俗蓋即爲此而儼若異國也自隋開運河南北之道始通然今大運河漸次湮塞舟行甚艱河長二千餘里今可行小輪者惟天津至德州之五百八十餘里與鎮江至清江浦之三百里耳且天津至德州冬季水淺凝氷雖有舟楫無能爲役其他河身亦狹水亦不深間有閘蓄水以利往來然開閉費時動輒延滯故由鎮江至天津二千二百餘里晝行夜泊順風則舉帆直上日可百里逆風則牽纜徐行日纔四五十里耳非一月不達其阻滯豈可言耶故今多改由海道然由鎮江至上海由上海至天津至速非一來復不達則較之鐵路抑亦遲矣且海上多險不如陸行之安故津浦鐵路開通後長江下流無論矣卽中部各地所有貨物之往來必取道於此者可斷然也然則此路之穫利其必不亞於京漢者又可斷然然也或者以謂京漢橫絕中原北接上京南據大鎮既有京漢而津浦適與之平行恐將爲京漢所壓更何利之可言不知京漢所通者中原腹地也津浦所通者東部也以相距數百哩之京漢鐵路何能運輸山東江蘇安徽之物產乎此可知所論者無絲毫之價値也

二十

要之鐵路者如人身之有血脈也血脈以通爲貴通則强鐵路以多爲貴多則便況以吾國幅員之廣南北東西相去數萬里若不徧通鐵路縮之使小則豈惟商貨阻塞即行政一事已無從著手矣山陬水涯尙宜有之況津浦所歷之通都大邑乎獨惜今者南段尙未大修北段糜費過鉅不知全路之通當俟若干年此則人心問題與津浦鐵路無涉也不觀中國任舉一地皆爲大地冠而吾竟爲環球中第一等貧弱國豈非人心敗壞有以致此耶

十年磨一劍
霜刃未曾試
今日把似君
誰有不平事

文牘

滇督李經義奏請飭部借欵辦理實業摺

奏為滇省實業關係甚大籲懇　敕部撥借款項興辦以救危亡恭摺瀝陳仰祈　聖鑒事竊維實邊之計在人聚人之計在財無人則邊虛無財則人散是故人心離渙人才消乏財源枯竭有一於此皆足致亡而外交之侵畧因之而起實邊聚人之計莫如興實業以實業救滇治病之本也實業注重礦產尤本中之本也以之治內則人心可結人才可練財源可濬以之對外則外交可固而皆以礦業實業為之中樞大辦則滇可存不辦則滇必亡請為我　皇上痛切陳之邊徼土夷雜處撫夷本較腹地倍難近來籌款繁興負擔更比從前加重兼以鴉片既禁內困益深鐵路已通外吸又至家有至寶而日日憂貧民無完膚而人人怨嘆比歲迤西邊地土族多被煽誘逃移緬界不下數萬淵魚叢爵可為寒心查滇中礦產已採者什一未採者什九既已貨棄於地非大力包舉末由冀風氣之開且當窮則呼天豈濫語拊循遂足慰雲霓之望計惟有廣

文牘 二

集鉅貲。先營礦業。並責成邊吏。一面講求農林種植。興辦蠶織。期有實效。多養貧氓。旣開百年莫大之利源。更生萬里無窮之忠愛。以國初神武所勘定之南服。累代湛恩所休養之民生。二百餘年籌防協助。所維持之全局。及今當阨而施。則前功不棄。設竟鋌險而走。則後患難言。臣所謂辦實業以結人心者此也。大凡人才與事會。兩相待實乃相因。世謂有人才而後能辦事。臣則謂由辦事愈可多造人才。滇省注重實業。自應先求實業專門。於事乃能有濟。第人才實難。或多方磨礪而後出。或歷經艱苦而始成。中國出洋學生。頗有秉資聰穎。用力勤劬。其在各國學堂。往往冠其儕偶。所惜者善於因而憚於創。渴於用而倦於求。則以歸國之後。無實地練習以試其才。無勝己觀摩以益其智也。前准部咨外洋卒業人員。礦業專門。寥寥無幾。且僅祗研究學理。並未親歷礦產處所。確有經驗等因。可見辦事之才。必資歷練。滇礦殷富。取之不盡。實爲中國練礦才絕好之地位。今若大辦。有技能者。知學問之無止境。以優絀易見而自竭心思。有資本者。知美富之無盡藏。以利害相關而愈增實力。開辦之始。必借才異地。先導以徑途。習練有成。則入室。他人不容於臥榻。臣所謂辦實業以練人才者此也。滇省財政。除丁糧鹽課以外。無獨立之收入。其他悉索以取。已是竭澤而漁。況預計九年籌備新政。應支之款。歲有增加。乃按各省協銀。舊有挹注之需。日形短絀。且爲國防至計。以後添兵籌餉測地購械等項。尤占出款大宗。不於此時另闢來源。以求實業之發達。而日日仰賴於協濟。事事責民以擔任。其不可倚恃。馴至束手召亂。有斷然矣。若別籌鉅項。大開滇礦。則遍地皆寶。莫非取山川不涸之源。財貨既豐。並可入國家經常之算。輸之上。而民不困。較租賦。已大有逕庭。取諸下。而政不苛。舉雜稅。可量從減免。不特此也。現在幣制。將定金類之需用尤多。各省路政漸興。煤鐵之銷場必廣。明以紓一隅之元氣。暗以增通國之母財。加以礦地多能成市。益助商業之流通。礦工悉用貧民。更屬無形之酌劑。臣所謂辦實業以濬財源者此也。以上三端。均隸內政。至論外交之政策。則尤以實業爲要。圖滇省交涉困難。莫如路礦。路之所到。礦即隨之。當國力强盛之時。外交以先發制人爲主。値時局艱虞之會。外患以不使加重爲先。空言何能抵制。實力乃見經營。自隆興公司立開礦合同。英法協以謀我。不待言矣。況因礦開而路線愈可展拓。因路便而礦產更易轉輸。始之殖英法之民於緬越。今將殖緬越之民於吾滇。外工環集。則人滿堪虞兵衛自招則民情更擾且彼於兩路而途並進西南已虞肩背之寒彼於七府州合力同謀中權更受腹心之疾得步進步防不勝防今惟籌款大辦滇礦以國力爲根本以民力爲枝葉疆圻以內我保我之權利條約以外彼守彼之範圍庶幾奮有寶藏不至盡付淪亡而於前定合同並可實行補救總之我能自辦則人心歸我人才屬我財源裕我實握外交之關鍵我不自辦則人心分散財源外耗更無交涉之可言臣所謂辦實業以固邦交者此也臣不敢謂礦一開而滇即不亡而確知礦不開則滇且必亡途已將窮時難再失雖一省不無富紳各埠且有華僑而築室道謀難於圖始緩不濟急勢若摶沙祇能望作漲溢後圖未可恃爲艱難先務與其脣焦舌敝乞憐於他人何如瀝膽披肝歸誠於 聖主臣查隆興公司合同股本以五千萬兩爲度滇省籌辦礦業斷非名號標占枝節經營所能濟事今從少數計算必須籌撥的款二三百萬兩一面另行招股方能大舉開辦明知帑藏匱乏之部庫艱難歷年補助滇邊已視各省爲優異借使興辦實業尚可稍緩須臾雖滇力不足自籌不妨從容計畫無如危機一髮稍縱卽逝滇省耗竭庫款自國初至今何止數千萬金際茲危急存亡之秋必不

惜此數百萬金。用以保巖疆而全大局。伏查光緒三十三年三月間。度支部會同各部議覆川督臣錫良等會奏籌辦邊務摺內。分別常年開辦兩項。撥款興辦屯墾開礦等事在案。滇礦亟應開辦。比之西藏同一迫切。且滇省他事需欵。皆有發而無收。若開礦。則以一礦計之。或有盈虧。合諸礦計之。必無損失。開辦之始。可以分期撥領。辦成之後。可以陸續歸還。有與常年接濟款無著落者不同。合無仰懇天恩。特眷危疆。 宸衷獨斷。敕部籌借銀二三百萬兩。以爲開辦基本。 恩綸一下。全滇皆將感泣。子文紓難卜式。助邊必有聞風興起者。臣仍當設法廣招商股。並擬捐廉變產。先行籌捐洋銀十萬元。以資官紳倡率。稍效涓埃。萬一。臣用人不當。辦理不善。或致折閱。請將臣立予罷斥。從嚴追賠。以重帑項。臣世受 國恩。一無報稱。憂憤所積。欲求死而有濟。伏冀熟權大計。破格矜全。俯如籲懇。俾得早日興辦。天下幸甚。大局幸甚。

按滇督此摺上後。聞度支部已允撥款一半。其一半即擬辦公債票。以足其額云。

編者誌。

文牘　六

憲政編查館法部會奏議覆內閣侍讀學士延昌奏行法官考試請飭改定規則摺

奏爲遵　旨議奏。恭摺仰祈　聖鑒事。宣統二年四月初八日。軍機大臣欽奉　諭旨。內閣侍讀學士延昌奏舉行法官考試。請飭改定規則一摺。著該衙門議奏。欽此欽遵。由軍機處鈔交前來原奏內稱憲政編查館奏准法官考試任用暫行章程原文尙多簡漏。有關於考試範圍頗滋疑義者。有關於與考資格不免流弊者。而法部續奏施行細則。亦復未經補定。愚慮所及。一地方審判檢察廳長。宜令一律與考。一與考之舉貢文職刑幕。宜分別加以限制。請于第一次考試時除　特簡請　簡各員官外。凡屬奏補之官。概令與考。所有各地方審判檢察廳長員缺已經補署者。酌量汰留。其懸缺待人者。照章考用。又凡與考之舉貢文職。必須在法政法律學堂有二年以內成績。領得修業憑照者。始准與考。刑幕一途。不拘現充。總以歷任在十年以上者爲斷。且須就幕衙門游幕省分之地方官。會同該同鄉京外官出具切實保結。在京由法部。在外由考官。先行甄別。始准與考各等語。臣等查該侍讀學士所陳各節。自係爲愼重司法人才起見。惟核之臣等先後奏定章程。及奏准成案。有範圍已明。而並不滋疑義者。有限制已定。而更毋庸加嚴者。謹爲我 皇上縷晰陳之。查臣館核准定法院編制法第一百六條。凡推事檢察官。應照章經二次考試合格者。始准任用。其所謂推事檢察官。實已包括地方審判檢察廳長在內。蓋地方審判檢察廳長員缺。照章應於地方推檢中擇尤升補。推檢既皆由考試錄取而進。則地方審判檢察廳長。即斷無不經考試之人。且臣部奏請各審判廳。俟考試後一律成立摺內聲明。除高等審判廳丞暨檢察長係請簡之官。暫由臣部及各督撫擇員預保外。其餘推事檢察各官。非經考試。不得任用。是地方審判檢官廳長。必應與考。意義甚明。原奏謂爲考試範圍頗滋疑義。係屬誤會。惟各國法官試驗。均係先由學習。以資經驗。審判之成立。關係籌備年限。刻難延緩。開辦伊始。或無此完全資格之人。勢不能以學習未滿之人。率予充補廳長等職。應由各該督撫擇相當之員。先行奏署。俟考核成績咨報到部。再由臣部照章奏補。庶新舊不至扞格。而任用益見周詳。所稱至各署經已補員。應酌量汰留。查臣館核定法院編制法時。即已奏准於今年舉行第一次法官考試。後將各衙門所有實缺候補調用各員補行考驗。分別汰留。屆時應由臣部認眞舉辦。惟查地方審判檢察廳長一職。有總理全廳事務之責。有監督所屬各員之權。責任實形繁重。欲求勝任愉快之人。不但學問當優。亦須富有才識。該侍讀學士專以考試爲主。猶是得半之言。現距省城地方廳開辦在即。如將來尚少歷級應升之人。擬由臣部於考試合格各員中飭由各該提法使遴選賢能拔尤請署。務求人稱其職。不僅恃一日之長。以期核實而昭愼重。又法官與考資格。外國本以法律科三年以上畢業者爲限。中國此項合格人才。於新律研究。誠有所得。然現行法律及訴訟手續。亦尙因文習慣。不得謂舊學中竟無可用之人。故臣館奏准定章。特於畢業生外推廣。及仍舉貢文職刑幕各途。俾令一體與考。於多其選以備甄擇之用。非寬其格以蓋冒濫之門。而臣部奏定施行細則。於開驗則以實官爲限。於刑幕則以歷五年以上而現充者爲限。既令將各員生履歷詳敘。又須有出結官爲之證明。其限制已不爲不嚴。該侍讀學士擬請於舉貢限以兩年修業憑照。於刑幕不拘現充。均以歷十年以上爲斷。並擬先行甄別。查舉貢一途。多年長闈修之士。而入學堂者較少。若必以此爲限。正恐應考者益隘其途。必至取材者立窮於用。至刑幕擬取十年以上。與部章所定五年以上者。不過均以辦事成績爲準。其用意正復相同。擬仍以五年爲限。原章復聲明由游幕就幕之衙門。或地方官出具印文申送臬司。先行切實考驗合格。方准與考。而又必以現充者爲定。是既以防其僞託。亦得以覘其新知。則品端學裕之士。自不難於所試科目。藉資表見。此關於與考資格。或不至濫滋流弊也。至原奏又稱廣西先行變通考試。宜隨後派員前往補行考驗一節。查廣西前以奏定審判廳開辦期迫。不能不將法官考試提前辦理。係由臣等會商奏明在案。然所變通者不過考官就近 簡派。又試期提前兩端。如關防科目及一切考試事宜。均飭遵定章辦理。並無絲毫假借。且法官學習期滿。倘有第二次考試。以備汰留。原奏擬令隨後派員補考。亦嫌繁複。臣等非不知審判之良否。視乎人才。人才之振興。係於考試。第原奏所陳各節。實早在臣等計慮之中。惟有於先後奏准定章。實力奉行。認眞經理。以冀仰副 朝廷鄭重司法慎選人材之至意。該侍讀學士擬令改正規則之處。應請毋庸置議。所有議奏緣由。是否有當。理合恭摺會陳。伏乞 皇上聖鑒訓示。再此摺係法部主稿。會同憲政編查館。辦理合併聲明。謹 奏。

湯壽潛呈軍機處電

(爲指斥盛宣懷事)

恭閱本月十三日電抄 上諭盛宣懷著赴郵傳部右侍郎任。幷帮辦度支部幣制事宜。欽此。查盛宣懷既爲借欵之罪魁。又爲拒款之禍首。光緒三十四年三月被簡。壽潛已冒昧有所陳瀆。蘇浙方被借款之累。有如焚溺。盛宣懷晏然回任。夫路事方受教令於郵傳部。朝廷垂念東南。蘇浙已躬被盛宣懷之累。復使受其敎令。忍乎不忍。內災外患。人心固結之不暇。而解散之乎。蘇浙奉旨商辦。非私辦。奉旨而復提草議。咎不在蘇浙。鈞處亦知蘇浙之拒欵。盛宣懷實誘之乎。其告浙撫與蘇浙之京官及兩公司均曰光緒二十九年四月四日曾函致英公司聲明杭州鐵路有他商請辦。勢難久待。自此函訂之日起。如六月之內。再不勘路估辦。則杭甬一路。及浦信一路。均作罷論。所有以前合同。一概作廢。此函去後。又逾兩年。則草合同本應作廢云云。訂議以爲可廢。蘇浙人不執。是以爭。是自負也。不但此也。三十二年二月盛宣懷奏案具在。所言皆同。明明蘇浙以廢議之鐵券。而蘇浙始拒款。是拒款之禍首。非盛宣懷其誰。既誘之矣。復食言而鑄成外務部借欵之錯。袁世凱號稱暴戾。顧猶以蘇浙人所執盛宣懷廢議之言。持之有故。而召盛以決之。是欵之借不借。決於函之復不復。方上海送行時。尚云英公司實無復函。蘇浙人正用自壯。及到京而爲敵圓謊。竟補一英公司之復函。有復函而匿之。無復函而補之。盛宣懷必居一于是。故蘇浙于外務部。但怪其不應抹閣熙禮爾所送無督辦無查帳無工竣後英工程司之借款底稿。爲倒戈自戕。而罪魁則人人不忘盛宣懷也。輪電礦政。國無寸效。徒以便盛宣懷之損中益外。假公肥私。其在上海甲第麗于宮殿。享用過于王公。豈尚有人臣之度者。朝廷不察而登用之。意以備外交一日之用。不知外交之失敗。皆爲此輩所釀成。以鬼治病。安有愈理。中國大勢。危象畢露。無可復諱。鈞處共國休戚。尤宜同民好惡。庶政公諸輿論。若好民之所惡。豈所以仰秉遺謨。弼成聖德。且鈞處爲政令所出。萬流競進。壽潛狂騃。輒有同異。害卽不顧。利何有焉。壽潛亦人耳。安有避官以爲榮。楞腹以爲樂。所以斷斷焉鍥而不舍者。蓋以商辦實奉特旨。遵先帝之明詔。重全省之公推。不專爲浙。不專爲路。國之强弱。是非而已。鈞處若以罪魁禍首爲非。似應奏請收回成命。或調離路事。以謝天下。若以罪魁禍首爲是。必以遵旨商辦爲非。亦求請旨嚴飭壽潛。勿令干預浙路。壽潛中國男子。得免俯首低眉。受罪魁禍首之敎令。爲幸大矣。竭蹶四年。不能大開風氣。集股僅逾千萬。杭滬通車。浙路僅三百三四十里。甬正開工。紹始購地。又不能善事郵傳部。即罪其辦理無效。尤敢誹謗大臣。懸壽潛之首於藁街。以謝盛宣懷。而爲遵旨商辦者戒。亦固其宜。壽潛蒙先帝殊知。未及抱龍髯而升。每自愧疚。今得從先帝於天上。亦算僥倖。急不擇詞。惶恐待命。浙路總理湯壽潛叩。巧。

浙江鐵路公司董事局致郵傳電稿

郵傳部沈大堂農工商部列堂鈞鑒伏讀七月十九日 上諭。湯壽潛著即行革職。不准干預路事。欽此。等因。恭譯 諭旨。並無撤銷湯壽潛浙路總理明文。 諭旨不准干預路事。或因湯壽潛指斥盛侍郎。牽涉路政。飭令以後不再干預。而湯壽潛因奉此旨。遂得遵旨脫卸路事。囑董事局遵照公司律。另舉總理接替。董事等竊維浙路公司完全商辦。一再奉旨。按照公司律。總協理之選舉撤退。權在股東。朝廷向不干涉。公司律

經　先朝欽定。我　皇上沖齡踐阼。無日不以法祖勤民爲念。斷不敢故違　先朝成憲。而奪浙路全體股東所信用。與浙省全體人民所仰望之總理。　諭旨紛傳。民情惶駭。除由公司知照各股東開臨時會外。應先電懇鈞部代　奏將湯壽潛不准干預路事　諭旨收回成命。或由鈞部明示界說。以釋羣疑。至於盛侍郎之是否爲蘇浙路罪魁。或將爲借欵功臣。天下臣民。自有公論。非湯壽潛一言所能汚衊。亦非政府數大臣所能迴護。即湯壽潛之因言獲譴。更無庸爲之辯白。董事等祇知路由商辦。總理由商舉。若使朝廷可以自由撤退。恐中國商辦公司。從此絕跡。商業盛衰。關乎國脉。朝廷日日以獎勵實業爲言。想不忍爲此引吭絕脰之舉。臨禀無任激切待命之至。浙路公司全體董事查帳等同叩。馬。

籌辦江蘇全省認捐事務所簡章

釐金一項。爲吾國弊政。舉國人士皆洞知其非。然卒未聞有起而革之者。則以國帑攸關故也。前數年湖北廣西兩省改辦統捐。本爲裁釐認捐之嚆矢。然成效未甚大著。各省倣而行之者絕少。今江蘇諮議局有裁釐認捐決議案。比者已組織一籌辦江蘇全省認捐事務所。茲覓得其簡章。爰亟錄之以爲整理財政機關之一助云。

編者誌

一本事務所。按照江蘇諮議局議決案。經全省商會聯合會之公決。組織成立。

二本事務所籌辦入手。先行調查全省各屬各業厘卡情形。暨商務情形。彙集研究。公訂認捐方法。報經諮議局之議決。呈請　督撫憲。核准公布。實行撤卡認捐。本事務所責任爲終止。

三本事務所分設寗蘇兩省城。寗曰籌辦江蘇全省認捐寗事務所。蘇曰籌辦江蘇全省認捐蘇事務所。

四本事務所以各總會總理爲所長。各分會總理爲評議員。

五本事務所設駐所幹事長一人。商承所長掌理事務所一切事宜。調查員二人。周歷各屬會同商會切實調查。書記兼會計員一人。掌文牘收支事宜。均由所長遴選委任。分別致送薪水。

六總會各設專任調查員二人。分會各設專任調查員一人。專任調查本地情形。商會各業董皆爲名譽調查員。分任調查本業情形。各按所定額限會同本事務所調查員。切實調查。除名譽調查員不支公費外其專任調查員如需酌給公費時由各總分會自行籌給。

七本事務所經費。甯蘇各約以三千元爲率。總會各認墊三百元。甯分會各認七十七元。蘇分會各認六十三元。俟認捐實行後。如數籌撥歸還。

八各總分會認墊經費。於本事務所成立之日先繳半數。其餘分期續繳。所認經費繳足後。設尙不敷。由總會設法籌墊。籌辦完竣。如有餘款按數撥還。

九本事務所籌辦事宜。悉任進行日期表辦理。不得逾限。(日期表另訂)

十本事務所各項調查表式。及調查方法。均由幹事長會同調查員擬經所長核定。卽送各總分會。按式塡寫。隨時報告。

十一本事務所開會時。於所長中公推一人爲主席。

十二本事務所開會時。評議員設有事故。不能到會者。得於本分會議董或職員中。舉人代理。予以委託証書。並完全職權。

十三本事務所調查報告。及研究結束。由幹事長。會同調查員編輯後。經所長核定。印送各總分會。開聯合會公決。

十四本簡章如有未盡事宜。得隨時增補。以期完密。

附錄籌辦江蘇全省認捐事務所進行日期表

一寧蘇兩處籌辦認捐事務所開辦（各職員應由所長先期委定到所任事）	八月十五日
二定調查表式及方法印分各商會	八月十六日至二十日
三調查員預備出發	八月廿一日至三十日
四調查開始	九月初一日起
五調查完畢	十二月十五日止
六編輯報告	十二月十六日至正月十五日
七兩事務所幹事長及調查員開聯合研究會	正月十六日至二十日（五日繼續開會）

八印分報告及預備開會研究事宜　正月二十一日至二月初五日

九全省商會開聯合會研究辦法並公決　二月初六日至初十日

（五日繼續開會）

十編訂聯合會公決之認捐實行方法報告諮議局　二月十一至十五日

籌辦至此爲一結束。兩事務所暫停辦事。俟諮議局公決。呈經　督撫核准公布後。籌設認捐公所分所成立。兩事務所責任終止。卽日撤銷。

文牘

蒼蒼落日時
鳥聲亂溪水
緣溪路轉深
幽興何時已

中國紀事

各省諮議局聯合會成立　各省諮議局議員在京組織聯合會。業於本月初六日開會一次。玆悉初八日午後二時。又在前門內西城根石橋別業。開第二次正式會。是日到會會員二十七人。聞其宗旨係在研究各省諮議局之利害及預備資政院之議案云。玆將到會議員姓名並提出各議案錄下。

議員姓名　廣西　吳錫齡（資政院議員）　蒙經　朱景輝　古濟勳　黑龍江　戰殿臣　山東　朱承恩　周樹標　江西　汪龍光（資政院議員）　四川　蒲殿俊　湖南　曹作弼　左學謙　河南　王佩箴　楊治清　廣東　陳壽崇　安徽　高炳麟　吉林　福裕　奉天　孫百斛　貴州　張光煒　四川　李文熙（資政院議員）　郭策勳　江蘇　楊廷棟　孟森　湖北　湯化龍　直隸　孫洪伊

議案　（一）預計地方自治經費。釐訂地方稅界限。應請開國會提議案。（江蘇諮議局提出）（二）變鹽法提議案。（江蘇諮議局提出）（三）改訂全國鹽法提議案。（四川諮議局提出）（四）照約速定裁釐加稅提議案。（江蘇諮議局提出）（五）改定官制提議案（安徽諮議局提出）（六）稅法改革提議案（安徽諮議局提出）（七）修改度支部酌加契稅試辦章程提議案（安徽諮議局提出）（八）鹽法改良提議案（安徽諮議局提出）（九）新幣制辦法改正案（安徽諮議局提出）（十）請停止學堂獎勵明定學位以正教育宗旨提議案（福建諮議局提出）（十一）請速開國會提議案（本會委任起草員張國溶提出）（十二）請迅定官制提前施行提議案（本會委任起草員孟昭常楊廷棟提出）（十三）請開國會公呈（安徽諮議局提出）（十四）請按新幣制速定丁漕劃一徵收方法提議案（安徽諮議局提出）（十五）諮議局章程變通詮釋提議案（會員高炳麟提出）（十六）請變通諮議局章程提議案（會員張光煒提出）

勸業會審查總長奏報開始審查　南洋勸業會審查總長楊侍郎士琦具奏云。竊查南洋勸業會之設。原以薈萃物產。招致農工。藉觀摩為精進之資。借激勸為振興之助。

此中關鍵端重審查。惟事屬創舉。期促務繁。以致開會之時。陳賽物品。固未運齊。即別館工程。亦多未竣。迭經催促。甫於本月一律完成。審查各事。方能著手。至各處出品。迭經飭令該會事務所各員。逐細檢查。凡非華商製作之品。概予剔除。其庋置未盡得宜。亦復重加釐正。現均各從其類。分別具陳。計江蘇安徽江西三省物產會。及各省協會。所有運賽物品。按照訂定綱目。別爲二十四部。曰教育。曰圖書。曰科學器械。曰交通。曰統計。曰經濟。曰化學工業。曰採礦冶金。曰染織工業。曰製作工業。曰土木建築工業。曰機械。曰電氣。曰農業。曰蠶業。曰茶業。曰園藝。曰水產。曰狩獵。曰林業。曰飲食品。曰醫學。衛生。曰武備。曰美術。計各館陳列之件。已經具有說明書可供審查者。不下十萬餘種。足徵中國土地蘊藏之厚。人民工業發達之機。現既旁搜博採。領異標新。萃集會場。互相比較。臣等奉命審查。自當博綜萬類。以拔精良。延攬通材。以供鑒別。所需審查人員。固以研精科學。雅擅專長者爲宜。而任事有年。富於經驗者。亦不可少。臣出京之先。即經臣部知會提調候補四品京堂蒯光典預爲物色。到寧後復多方遴選。陸續商調。計學有專門者居十之八九。素有經驗者居十之一二。現均陸續到甯。已飭妥擬規程。訂立辦法。定於七月初一日開始審查。臣惟有隨時督率各員。實力實心。敬慎將事。固不得以吹求苛例。失四方改良競進之苦心。尤不敢以充數濫竽。開後來運動賁緣之惡習。

七月十四日奉硃批知道

湘省又試辦袁世凱式之公債票　湘撫楊中丞。會同鄂督瑞制軍具奏云。竊湖南地方夙稱貧國。從前承平日久。用款無多。量入為出。尚可勉支。自庚子以後。奉派賠款鉅數。並與辦學堂。添練新軍。暨改撥鐵路各款。久已無米為炊。僅恃善後官錢兩局。輾轉騰挪。息借商款。為暫顧目前之計。今年三月。省城痞徒肇亂。各屬匪黨乘機肆擾。風警頻仍。錢糧既不能刻期集數。而急籌賑糶。添募防營。又不能不設法應付。現查各局歷年欠款。日積月累。共虧二百餘萬兩之多。昨經瀝陳困難。請停解各省協餉。並請自運蘆東鹽。整頓衡永寶三府官運。無非為救窮之計。現在亂萌甫息。瘡痍滿目。百端待理。來日方長。即所請悉邀議准。亦祇能稍補前虧。為經常出款之輔助。而應解之京餉賠款。及一切新政要需。并常德水災振糶各營月支餉糈。均屬急如星火。臣徬徨仰屋。再四思維。惟有援照直隸湖北成案。試辦募積公債票。查公債之能否收效。一視乎抵款之有無。湘省各屬礦務。辦理有年。漸著成效。而常甯縣水口山之鉛砂。尤爲地產出數大宗。現飭在事員紳。竭力擴充。一年統計約可得銀五六十萬兩。除去局廠關稅各用及工資運費。計可獲餘利三十萬兩左右。茲按照鄂省折半計算募積公債一百二十萬兩。即以此項售砂利銀作爲償還專欵本息。分攤六年爲滿。足敷抵撥。經責成官礦總處每年提出售砂利銀二十六萬五千兩。另欵存儲。以備按期照付此項公債本息抵款。無論公家如何爲難。不得挪移借用。所有遞年加息及收付辦法。一切酌照鄂省成現。飭湖南官錢局妥爲經理。當此時局阽危。移緩就急。驟集鉅金。稍紓隱患。舍此更無他法。仰懇天恩。俯准試辦。並請作爲定案。由臣督率該司道等實力遵行。遇有交會移交接辦。不得挪支更改。稍有違誤。七月十六日奉硃批度支部議奏

按此項公債。曾經本報力斥其非。（見十一號論直隸湖北安徽之地方公債）今湘省又擬舉辦。眞所謂往車既覆。來軫方遒者歟。頃閱贛撫發交諮議局議案內。亦言贛省財政支拙。擬試辦此項公債票。果爾則度支部日日言減節財政。而各疆臣乃爲是飲酖止渴之謀。究亦何裨於事也。　編者誌

鄂督籌款接濟災民開墾　鄂督致度支部電云。昨准奉天監理財政官熊京卿電云。鄂省飢民航海至營口者。將及萬人。扶老攜幼。情狀可憫。地方官及湖廣同鄉會商籌。擬移向黑龍江官地開墾。願往者約千戶。每戶均平五人。預籌本年至明年秋收止。各項費用。每人給洋百元。共需洋五十萬元。合銀三十餘萬兩。錫制軍允墊十萬兩。餘尚無着。擬請速籌接濟等語。查鄂省去歲大災。工賑糶三次。至今尚未結束。實屬挪墊俱窮。惟鄂民攜挈老幼。轉徙關外。既經錫制軍墊發安輯之款。並承湖廣同鄉會妥籌墾殖之方。本省官紳。豈容漠然坐視。茲經督同司道等悉心籌議。查來電所云。此項墾費。約須銀三十萬兩。除東省墊銀十萬外。尚不敷銀二十萬。現擬由官認籌一半。藩司。江漢關。道。各認銀四萬兩。鹽道認銀二萬兩。共湊成十萬之數。卽彙於賑款項下。作正報銷。仍由鄂省派員赴東。協同料理。不敷之銀。劄行諮議局集紳籌議接濟。除電復錫制軍熊京卿外。所有撥款緣由。敬祈迅賜核復。爲禱。瑞澂。禡。　度支部復鄂督電云。禡電悉。准在藩司鹽關各庫動撥。作正報銷。仍將動撥何項款目。分晰報部。咨核。度支部。有。

議准江西添辦七項常捐　贛撫馮中丞奏江西賑款。急須抵補。請援案添辦七項常捐一摺。茲經度支部議奏云(上畧)茲據江西巡撫馮汝騤奏稱。江省今歲米價昂貴。爲數十年所未有。各處開辦平糶。耗折甚鉅。又因雨多河漲。圩隄間有沖決。及時搶修。以工代賑。請援案添辦七項常捐一年。至捐免驗看一項。並請留撥賑濟等因。臣等查該撫所奏各節。自係實在情形。擬准該省援案添收七項常捐一年。俟限期屆滿。卽行停止。至收捐成數。卽應遵照臣部奏定新章辦理。所捐銀兩。均歸大清分銀行。核實兌收。以符奏案。再查佐雜各官。捐免驗看。向在部庫上兌。不准外省收捐。惟生員考職一途。曾經臣部變通辦法。准在外省捐免驗看。而其捐項。仍應隨時解部交納。不得擅行挪用。此次該撫奏請留撥濟用之處。應毋庸議。奉旨依議

報告春季各海關收入總數　總稅務使近報告度支部本年春季各海關之收入稅。比較如下。由本年正月至三月共收入進口稅五百七十萬零三千五百九十六兩（三月以後之收入數尚未造冊呈報）計大連收入三十七萬六千二百二十七兩。營口收入一萬零四百二十四兩。秦皇島收入五萬三千五百三十七兩。天津收入四十二萬六百八十九兩。煙台收入十四萬四千四百九十二兩。青島收入四十萬一千九

百八十三兩。上海收入二百八十六萬六千六百二十六兩。廣東收入七十七萬二千八百二十四兩。漢口收入六十五萬六千七百九十四兩。

學部奏定獎勵學務公所人員辦法　學部以各省學務公所。開辦已逾三年。在事各員。經營創始。贊助規畫。較之學堂教授管理各員。勤勞正復相等。前經奏准學務公所科長副長省視學。如無官者。均給予職銜。科長五品。副長及省視學均六品。亦第優其格於任事之。初尚未酬其勤於報最之後也。況科長各員。其中多係已有官階。即不便仍獎給職銜。近來各省以學務公所人員。辦事勤勞。奏咨請獎者。已有多處。若不明定辦法。誠恐漫無限制。擬請將學務公所人員。比照各省學堂教員管理員辦學請獎成案。其有實心任事不辭勞怨者。居滿三年。有職人員准其按照尋常保舉加銜無職人員參酌定章由該部咨明吏部給予六七品職銜如供差又至五年之久不論有無官職一律均照異常勞績請獎至三年居滿未經按照尋常請獎者如五年居滿亦准一律按照異常辦理惟請獎人員年限。應自學務公所成立以後起算。不得牽算從前學務處年月。並應於每學期。由提學使將供差及更調人員。冊報學部一次。以便稽核而杜冐濫。業已具摺陳奏。奉　旨依議矣。

吏部變通州縣改選新章　吏部日前通咨各省。略謂部選州縣。經已停止。所有各省州縣投供。亦截止在卽。各員中或有因事故羈身。難赴省者。自應准予變通。現擬凡供卷有名。無論何時。一律歸入改選班。其在任候選。仍須開缺赴部驗看。分發。始准歸入改選班。庶與分發候補辦法。不致牽混。希爲查照飭遵。

粵督電告洋商設立報館之違律　民政部昨接粵督袁制軍來電。略謂據廣東巡警道稟稱。按報律凡設報館。應將發行編輯印刷人姓名履歷各項呈報。並須保押費。現查西關沙基大街。有英人開設中西文合璧星期報。並未遵律呈報。已出版發行。該報主人名亞理。據稱已向英領稟准。不允向地方官呈報。及繳保押銀兩等情。查報律內並無准外人在通商口岸開設報館明文。且外人所開之報。若不遵律辦理。則華人報館必多冒掛洋牌。難以報律相繩。流弊甚大。現該英商所設之報。應否飭令停止出版。或令遵律辦理。以杜效尤之處。乞核示遵辦。部中得電後。當日肅邸與兩堂會商。決議電知粵督。嚴飭該報遵照中國報律辦理。如不服從。應卽勒令停止出版。以絕流弊。

美國實業團來華遊歷行程　駐京美使。將該國實業團來華游歷所擬旅行日期。單開送外務部。外部當即鈔單咨行經過各省督撫查照。通飭照料。並屆時優加接待。茲探得旅行日期。照錄於下。八月十三日到上海。二十日乘車赴蘇州南京。二十四日乘車赴江鎮乘輪赴漢口。二十七日到漢口。九月初二日由漢口乘車起程。初四日到京。初八日乘車赴津。十二日到煙台。十五日到福州。十七日到厦門。十八日到廣州。在廣州駐四日後即分散。

世界紀事

英國與西藏　英國貴族院議長克魯伯爵答蘭斯侯之質問。謂西藏形勢。頗爲危急。故印度政府决意調兵一大隊。駐紮邊界。以保護江孜及亞東兩處商務。并防不測。該隊內有步兵一營。過山砲隊一營。工程隊一營。此外尙有一小工程隊。調守交通路綫。此項兵隊。除必須保護英人外。並不越界。以干預華人與藏人之事。即不得已而入藏。待亂事平靖。卽行撤退云。

英國海軍之進步　英國海軍部擬造戰艦一艘。以汽油代煤。不須烟囱。亦無煤艙。此舉不特省費。噸數地位亦減。如此戰艦出現。則各國之德列腦式戰鬬艦將成無用。

排斥東洋人之運動　溫哥華勞働聯合會之代表者。請求加拿大首相。課中國人之人頭稅。可增至五百元。乃至千元。且此後一切立法。可依排斥亞細亞人之主義而制定云。

德國之財政　千九百零九年至十年德國歲入。較之預算。增收英金三百六十二萬五千鎊。是年歲費則較預算少支英金二百萬鎊。故籌抵國用不足之公債。可減借二一百三十萬鎊。

德國製艦計畫　陽歷千九百十一年德國之海軍豫算。擬建造戰鬥艦一艘。巡洋艦三艘。其製艦計畫。仍執從前之方針。絕無減縮之意。

德法軍備之關係　德國於萊因河左岸。增築要塞。且於比利時之盧森堡。敷設鐵道。法人對於此舉。頗滋疑慮。

法國與飛行機　法國陸軍大臣。自本年經費中。提欵若干。定製各種軍用輕氣五十具。且要求明年之經費。增加二百萬法郎。以組織飛行機隊。

比帝之訪布　比利時皇帝及其后。將以陽歷九月十四日訪問布加利亞國之皇室。且以公式。參觀該國之陸軍演習。

比京博覽會火災　比利時之萬國博覽會。因電綫損壞。致兆焚如。英法比三館皆付一炬。意大利館則延燒及半。中美德日俄墺西班牙各館。均未殃及。然所損失。已屬不貲。

國際自由貿易會議　國際自由貿易會議。會於比利時之晏滑開會。各國代表委員之與會者約六百人。比利時二百八十人。英國九十人。法國七十。意大利四十。荷蘭三十。德國二十。美國二十。此外日本土耳其等皆派員赴會。經於陽歷八月十八日閉會此次會議。雖無切實決議。然於保護貿易只利生產者之一小部分。却增人民之生活費及於國際上易生紛議等弊。皆已公認。

葡國改訂條約　葡萄牙擬將通商條約從新改訂。已與德國締結互惠條約。頃正與英國磋商新條約之內容。若該約不成。則葡國當自明年一月一日適用其國所定之賦課稅云。

俄國之鐵道會議　俄國此次開鐵道會議。已決於中央亞細亞速成兩幹路。其線路則由西伯利亞鐵路至薩瑪拉驛分支。南至鄂連布爾克。乃分兩路。一則東經他西堪特及噶那斯諾塞。與西伯利亞幹路相接。一則由他西堪特與噶那斯諾塞之間。從美盧布分路。以入噶西克而進阿富汗首府。此路竣工時。與英國之印度鐵路相接。東進南下。以臨波斯灣。於商業上及軍事上之價值甚偉云。

世界紀事　四

維持巴爾幹平和　列强通告布加利亞。謂馬基頓若有亂事。各國當即派兵前往。以保巴爾幹之平和。

美國共和黨內訌　美國共和黨中大統領塔虎脫所指揮之保守派。與屬前大統領羅斯福麾下之急進派。意見頗爲參商。此後兩者之懸隔。當日益加劇。近副統領沙孟公言今回紐育州共和黨大會之議長候補。羅氏至被否決。即現內閣勝利之據。華盛頓政界。皆以沙孟之言。實對羅氏宣戰云。

美國新關稅之成績　美國新關稅法實施以來。關稅總收入。增至六億七千八百九十五萬美金。此徵收額。實爲從前所未有。比之千九百七年。增收二千五百萬元。

日韓合邦問題　日韓合邦問題。駐韓統監與韓國內閣總理交涉。皆己就緒。最後解決之協約。行將發表。現韓國各地。警戒甚嚴。

日本水災詳誌　日本此次水災。計被灾之區。一府十五縣。斃命者九百零十人。傷者二百八十三人。查無下落者四百四十一人。民房之被水冲毀者四百四十一所。被水淹沒者。八千零十三所。現災民之待賑者。約四十一萬九千九百六十八人。

文苑

豹

堯生

花路逶迤見豹房。虎邊跧伏午陰涼。一闌春草留山氣。剪尾甘泉犯獵場。死後皮能傳志節。管中人喜論文章。世間何物金圜貴。犬子貛郎好自將。

柳花

前人

薄命東風只自嗟。年年飛絮滿天涯。馬頭春色人千里。笛外萍蹤水一窪。吟入謝娘空作雪。逐來張儉久無家。人生祇有秦關遠。豈獨漂零是柳花。

鐵華民部贈花戲謝

前人

春風喜鵲報檐牙。綠浥紅酣駐小車。一點香心猶帶露。入門仙女合當家。自慚貧相無金屋。誰道蕭齋異館娃。累我耽吟還病酒。連晨澆遍十盆花。

種柳和鐵華

前人

新種盆花活一庭。東風移夢柳條青。繞闌千遍澆春水。細雨初晴畫翠屏。睡後眉痕煙

文苑　二

綽約意中人影玉娉婷曉來記取鶯兒語早約陶潛帶酒聽。

巫山舟中　前人

香風三月時楊柳作春絲窕窈巫山色含情上翠眉桃花紅似酒燕子誤歸期綠水搖衣帶芳心人不知。

忠州道中　前人

山坳微見樹麥草綠平沙漸近南賓郭炊煙塔外斜粉垣圍綠竹衣桁是誰家不記何年泊曾看一樹花。

巳匡　前人

江邨多節物三月有黃柑縣古官如寄山靈僕共譚包陽留石峽唐代訪茅庵昔歲逢僧話花紅燕子龕。

霜葉飛 用吳夢窗韻　　乖庵

俊游陳緒疏鐘外依然紅暈凋樹翠微傳酒向離烟愁幻征帆雨訪敗壁詞流片羽風鈴鳴咽荒今古儘海角銷凝書舸罨珍柯夜夜照君鉛素　休問螿粉塵縑雞棲病策故人蕭瑟吟賦隴頭娟影擢冰姿雲凍春何語任別淚緣巾萬縷丹成當共三山去好寄將瀛洲譜不負斑騅亂鴉飛處

前調　　前人

泥人情緒愁絨唾相思江上千樹曉風催鬢怨山高腸斷行行雨笑淚擲墳橋倦羽紅牆銀漢相望古縱極浦抽帆在笥拭蟾華已是咽蟬羅素　休憶塵柄輕塵鴒根膩影履綦苔印墉賦分無青鳥到蓬山夢繫幽修語認鏡裏香絲萬縷將儂爲澤盤鴉去去隔年猶棖觸滿地梨雲淚痕銷處

鵲橋仙 贈園席間戲示張伯勤　　前人

文苑　四

五陵舊夢。五湖新約。併作天涯流淚。尊前檢點去年人。半經卷藥爐供養。　先生有道。

椶鞋桐帽。一笑都無我相。劇憐痟渴老文園。早玉露分來金掌。一作要料理金莖承掌末二句又作翠眉新作捧心顰空圖得遠山相向前斂容屏息而立。梅起迓之。彼即鞠躬爲禮。梅遜之坐。姚則仍然佇立不坐。趨前致辭曰。今蒙賜見。感荷良深。妾本不敢以瑣事冒瀆左右。實因一時經濟拮据。囊空如洗。遠在客次。無以自全。一切苦衷。昨已向衣士姑娘言之。未審曾達尊聽否。言至此。故低聲曰。妾所以致此者。實因吾國亂機已肇也。梅聞言躍起曰。果有是事耶。汝知之確乎。一種欣悅之色。形於眉宇。姚見之。已知梅心中常冀四處亂起。使與人首尾不能相顧。己乃可得志也。姚遂故作愁狀曰。已聞之甚確。妾即因此而受波及也。其中情況。吾請爲君詳言之。梅曰。姑娘可先就坐。再談。姚依命坐下。遂僞言其國內忽生變亂。所有財產。現已蕩然靡存。今銀行不特不肯見信。且從前之項。尚要追償。自念身世坎坷如此。不如早逝。姚言至此。竟嗚嗚咽咽假哭起來。因又言適與衣士梯梨叙述艱苦。爲鮑姥姥所聞。彼勸妾拜君爲師。藉全生命。鮑姥姥且謂妾於跳舞一藝。宿有根柢。若再加以練習。不久即可望成材。但君先已有言。不再收第二人爲徒。則落難之人。何敢妄希厠足門下。惟當此飄泊窮途。將塡溝壑。不得不厚顏求請。求君破格成全。未審肯賜允否。梅曰。姑娘不幸遭此困厄。吾聞之亦爲悽然。但師事之議。吾力有未能恕方尊命。姚曰。君有何難。而乃見拒之深也。此時若君不賜垂援。妾將見逐於逆旅主人。藐藐一身。不死且流爲乞丐。君素義俠。還祈看馬君提阿前函愛屋及烏。一賜援手。則恩同再造。已言罷號咷大哭。蓋姚恐其計不成。將受保沙無量之虐待。其慘必較餓殍爲甚者。故不覺哭之而哀。梅則念其曾與女協謀。私藏烟草過關。爲己嘗盡心力。則彼雖非同志。亦豈與奧人等儕。且自審各事均已安排妥貼。無有瑕疵。此外無庸措意者。是以一時不察。致墮彼術中。蓋篤于煦煦之仁。遂致偶疏防範也。梅見姚哭幾失聲。因止之曰。姑娘且罷休。儂歸故鄉。應聘之時。多在家之時少。實無暇晷課徒。殊辜負姑娘求學之意。姚曰。若得與衣士姑娘晨夕相依。藉以時聆訓誨。于願亦足。言罷仍啜泣不已。梅默念衣士梯棃獨居鮑宅。方苦岑寂。今若得彼爲伴侶。亦復良佳。但此人心迹。究未深知。萬一如諺所云引虎自衞者。奈何。因難之曰。吾固不欲授徒。亦無暇課汝。今汝既堅欲拜予門下。予亦難卻。但一切課程及約束之權。予皆轉託之鮑姥姥。汝須兩面具願書。皆稱弟子。而鮑姥姥性情嚴厲。督課無少假借。汝亦宜熟思詳審。毋致他時或有後悔也。姚見梅已有允意。心下暗思從來不持束修。爲人弟子。其苦自應較甚。但若能於數日之間。

探得其隱謀以告保沙。則二難俱脫。且膺上賞。又何妨暫耐一時之苦乎。因亟答曰。屬在窮途。倘蒙不棄。而賜收錄。實千萬之幸。雖師門嚴加督責。猶勝於歧路徬徨進退無據也。梅普那此時信步不停。正在籌思。及聞其言。又覩其惶急之狀。乃止步而言曰。吾勸汝且罷學藝之念。鮑姥姥執法甚嚴。恐汝難堪其苦。吾實憐汝。故諄諄勸汝。若汝旅資告匱。可持金去。暫爲自給。徐圖歸計可也。言畢。遂探囊取金錢盈握與之。姚亟起身辭曰。妾取非分。將來無以奉償。妾甯死不敢受。若荷收錄。當自矢堅苦。他日幸而藝成。不憂凍餒。則報恩有日也。梅見其堅却。亦無可如何。乃曰。汝志既若是堅定。吾祇得收汝爲徒。姚遂鞠躬敬謝曰。深感師恩。沒齒不能忘報。梅曰。清結旅邸之費。囊金尚敷用否。姚曰。不足之數僅數佛耶耳。梅即畀以二金圓曰。可速回寓。將各物檢齊。遷往鮑姥姥家。後再來見我。姚一一敬諾。瀕行。梅又囑曰。吾將請律師來立願書。專候汝畫押。姚即向梅辭行。執弟子禮甚恭。然後出門。閱一句鐘許。姚回至梅寓。見律師已在座。姚趨前與兩人爲禮。梅即命之坐於傍。未幾願書已繕就。律師命姚簽約畢。遂辭去。姚則侍立於梅側聽命。梅以爲彼眞遇難來投者。心甚憫之。乃故作好語以寬其心。曰。姚珍娜汝姿態不俗。身如弱柳。步履輕盈。將來於跳舞一藝。必能出人頭地。姚聞言故意取悅於梅。忽執梅手而吻之曰。吾若能恪遵師訓。功課不怠。當必得師善遇如衣士梯梨也。姚言甫畢。梅忽變色曰。此則汝殊錯想。汝與衣士梯梨。安可同日而語哉。彼就學於我。全修爲一萬五千佛郎。況彼與我爲戚誼。非尋常學徒可比。吾於汝則只師徒授受。欲培植成材。倘稍有乖忤。吾必執法相繩。不少寬假。汝其愼之。蓋梅以爲姚珍娜習見彼與衣士梯梨言論。致生狎侮之心。欲相倣效。故示以嚴威。使之震懾。而姚此時則俯首無語。深悔孟浪。梅亦恐其難堪。乃以他事掩之。曰。汝今且隨我來。吾携汝見鮑姥姥去。梅方欲出門。忽僕入告曰。蘇近蠶君來見。吾觀其貌。若有不豫色。然梅曰。乃士加拿劇塲之主人乎。即請可也。僕出後。梅即指隔壁事務室謂姚曰。汝可暫入此室迴避。此時彼女偵探甚欲少留。一聽客語。然師命既出。不敢不從。而心志灰懶。舉步遲徊。梅見狀急促之入室。旋鎖其扉。姚在內悵恨不已。旋轉念曰。早知如此。求則得之。亦何怒爲。吾得入此室。焉知非福。於是留神四面察看。希冀竊得些憑證。以爲陷梅地步。瞥見棄紙之簏。字紙堆積滿中。於是伏於簏傍。細細搜檢。閱視久之。皆係往來零碎賬單。及無關緊要函信。或邀飲者。或訂演藝者。大率類是。最後拾得一紙書。爲女子手筆。不大破碎。只擘破四角。尚可卒讀。姚閱一過。不禁暗喜曰。吾得此物。足以離間汝兩人矣。蓋此紙爲柯連士加手書。謝梅於星期一晚邀其赴宴。且約於是日午後。共乘馬車往遊公園者。此公園爲美倫第一名區。都人士暇日恒遊之地。姚暗思曰。星期一午後。吾若能誘得衣士梯梨。使往見梅柯二人同車出游景況。則吾事濟矣。姚于時喜不自勝。忙將此信藏於裏衣袋內。惟恐人見。未幾聞梅啓鑰。姚乃徐步出房。梅遽責之曰。姚珍娜。汝事事遲緩。怠于應命。鮑姥姥比我尤嚴厲。若長此不改。恐彼不能爲汝寬也。姚方纔已畧知梅之性情嚴厲。遂急忙謝過。梅曰。我今携汝往鮑姥姥處。遂相偕出門。同乘一馬車。兩人相對而坐。梅於途次謂姚曰。吾將舉一切告知鮑姥姥。囑其教汝速成。若衣士梯梨相呼汝時。宜即奔赴。如事我然。設有乖違。彼不訴之鮑姥姥。亦必訴之於我也。姚念今事事須低首於衣士梯梨。心頗不甘。然恨己貧困。亦無如之何。但恨梅則愈甚。而報怨之心益愈切。迨既抵姥姥家。相將下車。歷崇階而登堂。女自內聞聲趨出。攬梅之臂曰。吾得姚珍娜。如獲至寶。深謝師賜。旋又與姚爲禮。鮑姥姥聞姚至。亦趨出。梅具述命姚相師之意。鮑姥姥甚喜。立刻即請律師至。繕具願書。姚親自畫押訖。呈與鮑姥姥。遂行謁師禮。鮑姥姥執其手而慰之曰。汝今爲吾徒矣。吾必課汝以成材。今可登樓就此開課。以堅汝求學之心。言訖。挽姚之臂徑去。女與姚方纔一面。便被姥姥携去。意頗不懌。然亦只得與梅回轉房中。梅因語之曰。汝日中不宜與姚多談。須妨悞其功課。且汝亦自有學業。勿任意荒廢也。女應曰。然。裴仙梨師不久將至。吾與師語亦無多時矣。梅憶及帶來之報紙。遂探囊取出。畀之曰。此中載有新聞一則。甚有趣味。吾特携來與汝觀覽。隨以手指示女。女接而讀之云。有自英國歸客云。法王路易飛獵近偕砵他利士男爵夫人逃至英國。此夫人曾在國中犯案纍纍者。兩人俱易英名。王名威林士美夫而男爵夫人則易名比列傑鐘氏。女看畢。笑曰。世間竟有此無中生有之事。實吾豈能如世所謂有千萬億化身者耶。彼一萬佛郎之賞金。竟令人情顛倒如此。殊可笑也。梅因微笑相戲曰。彼一萬佛郎已落在吾手中。他人不能奪之矣。兩人復說笑一回。梅乃辭出。約五句鐘再來。當晚梅復至女處。方坐下。女曰。吾到此已久。未嘗一出門。今夕可否携我往劇場一觀演藝乎。梅曰。可。既而面有難色曰。今夕之劇。恐汝不樂觀也。女曰。

何哉。梅曰。吾恐汝不樂觀演劇之人也。女曰。吾知之。乃柯連士加耳。吾因知之。故欲見之。梅曰。若然汝可迅理妝。吾先往爲汝定下坐位。約六時半便返偕汝同去。女笑謝曰。吾無以酬勞。再奉一煙捲以爲報可乎。吾今且下湘簾。封門鑰。俟汝吸竟。然後將門窗洞啓。令烟氣盡散。吾因昨夕偶不經心。今早被鮑姥姥聞得煙味而大疑。悻悻然問曰。法女汝吸彼奧人之毒藥烟卷耶。吾應之曰否。或帕高利士偶一吸之未可知也。彼聞吾言。即怒罵曰。癡妮子。勿輕誣此大義士。彼斷不吸此也。吾見其信汝之深。乃暗笑不語。今免被其又察覺也。梅因一日未吸烟。聞言正投所好。忙吸竟一枚。亟往劇場定座。未幾。女已妝竟。梅亦回。梅曰。此士加拿劇場。地極寬廣。在意大利劇場中稱爲巨擘。汝欲觀之親切。非得望遠鏡不可。料汝未嘗帶來。言畢。遂取出一金鑲象牙柄之望遠鏡授女。女喜曰。此物乃與我者乎。何製造之精也。言時適鮑姥姥入來。女喜視之曰。鮑師娘汝看吾得此奇品。乃師與我者。鮑姥姥畧一視之。梅言將與女出觀劇。鮑姥姥遂自登樓去與姚閒話。及此。姚聞之且妒且惱。鮑姥姥既去。姚獨臥於房中小榻上。悽然長歎耳。聞車聲轔轔。倏然馳去。既而翻然曰。惱之何爲。吾正欲小妮子一見其勁敵。然後從而慫慂之。令彼醋海翻波。與梅反目。彼時不免將梅之密謀宣洩。即是我大功告成之時。何必與彼爭競目前之冷熱耶。言罷。遂自小憩。却說衣士梯梨旣偕師至劇場門外。見觀客如蟻。燈光如晝。不覺欣喜逾恆。梅自扶女下車。劇場觀客見之。一如未睹。與前時一見卽免冠握手。備極歡迎者。情景迥殊。大有傲然不理之態。迨與女同登樓時。行至梯邊。聞一婦人嗤曰。此人今亦入奧黨矣。言際隱含無限惋惜意。梅是時聞言意興蕭索。容狀怏怏。而女不會其意。以爲師之不樂。殆因己來睹彼舊日情人。心中不無芥蒂也。于是故意作欣悅之色。於劇場內上下凝盼。手指口問。以冀其師釋然於己心之無他也。旣至座位坐下。縱目徧覽看客。梅遙指二人曰。此萬施沙利士高伯爵及其夫人。皆熱心愛國者。現正入場者。爲賈薩提君。乃吾之好友也。汝見彼樓上之少年方還扇與一身著藍紗衫。下繫銀色紗裙之女郎乎。其人卽萬那拿君。堪稱少年英俊。豁達多智者。至場中之看客。亦多吾之素識。言至此。忽喧闐之場。頓然肅靜。旋有一長官入。梅指曰。此卽奧督辣地士奇也。女睨老將儀表非常。昂然直入官座。端坐場中。諸婦女見之。皆回首他顧。以示深惡其人。不屑一覷之意。至於辣地士奇大將。雖然兩鬢如

謹贈書目提要

函索卽寄　不取分文

上海商務印書館出版

和文書類

漢譯日本辭典　近刊

和文讀本入門　二角

日語讀本 四冊　共一元四角

和文漢譯讀本 八冊　共一元

東文法程　五角

日本文典　七角

華法文書類

華法啓蒙初集　五角

二集　七角

三集　七角

華法中學讀本　一元

法語陟遐　五角

英法尺牘譯要　七角五分

華德文書類

中德字典　一元二角

德文法程　七角五分

嚴又陵先生譯著各書

英文漢詁　一元二角

羣己權界論　八角

社會通詮　一元

訂正羣學肄言　一角五分

天演論　一元

孟德斯鳩法意 前三冊　共一元六角

第四冊　五角

五六冊　各六角

政治講義　三角五分

耶方斯名學淺說　六角

各種雜誌

東方雜誌 每冊三角　全年十二冊　三元

外交報 每冊一角六分　全年三十二冊　四元五角

教育雜誌 每冊一角　全年十二冊　一元

外交報館今遷四馬路書錦里口

庚戌年　**外交報**　十年紀念　增刊兩册

本館延定留學外洋法政專家撰著國際法學論說並於正月臘月各增一册逢五發行全年三十四册自辛丑至庚戌適屆十年共三百册預訂全年本埠四元五角外埠五元二角外國六元零售每册一角六分補購辛丑壬寅癸卯甲辰百册減爲十元外埠加郵費八角陝甘雲貴四川等省郵費加倍補購壬寅全份本埠四元外埠四元五角癸卯全份本埠四元三角外埠四元八角甲辰全份本埠四元外埠四元五角乙巳全份本埠四元二角外埠四元八角丙午丁未戊申每年各全份本埠各四元五角外埠各五元己酉全份本埠四元八角外埠五元五角外國六元二角歷年零册一角六分

●上海外交報館　在四馬路書錦里口商務印書館內

●第十八號即二百八十四期七月初五日出版　要目列下

●論說　論歷史上中日兩國之交際（留學日本中央大學法科大學部無錫孫觀圻撰）

●譯論　論英德關係與美國　論英德交戰傳聞之不確　論土耳其立憲後之情形

●外交大事記　路政交涉　礦政交涉

●世界大事記　東洋之部　日俄聯絡滿洲鐵道之草約　西洋之部　俄之殖民新策　法之對摩　匈議會開會　班國紛爭　秘赫恐將失和　墨國選舉總統　美俄協謀遠東之政見

●外交事證擘要（續二百八十二期）

●德國霍亨洛親王日記節本（續二百八十期）

●日本明治四十一年史（續二百八十三期）

●韓國三十年史（續二百八十三期）

●第十九號即二百八十五期七月十五日出版　要目列下

論說　論條約與會議協贊法案之關係（留學日本中央大學法科大學部無錫孫觀圻撰）

●譯論　論世界政局之大勢　論美國政界之變象　論義大利殖民事業　論波斯形勢

●外交大事記　使事紀聞　禁烟交涉　藏事紀聞　要事彙誌

●世界大事記　西洋之部　德殖民大臣告退　土國擴張陸軍　土國對於革島最近之舉動　土之對希　列強之對革　土相宣言革事　德奧助土　回人得列革島議會　芒尼納洛國自主　義國報告日本移民之實情　尼加拉瓜亂

●新任印督查爾士傳畧

●日英外交小史

中國六大政治家

第一編　管子
第二編　商君

吾國大政治家首推管子商君二賢生於二千年前其所措施己與今日歐美諸國現行之法制暗相符合後世耳食之士鬨然詆爲雜霸遂使偉人之政略湮沒而不彰良可歎息梁麥二君條取其書之政畧比附以今日之法理學說疏通而證明之其法治之精神經國之偉畧皆足爲今日之模範匪但爲前賢訟直也至其文章之美海內久有定評崇拜英雄者當必先覩爲快　第一二編合册定價大洋七角布面精裝一元

上海四馬路廣智書局發行

梁任公先生著 **中國六大政治家** 第五編 王荊公

王荊公道德功業學問文章皆卓絕千古雖當時極與反對之司馬溫公亦深敬其人而朱陸兩大賢推崇尤至近儒則顏習齋李穆堂皆極力表揚惜宋史成於元代陋儒之手動挾意氣妄加誣詆致此偉人之眞面目不顯而吠影吠聲之俗論猖獗者垂千年任公先生生平最崇拜荊公特著此傳於其所行各新法皆一一參證以東西各國之政治學說而論其得失如靑苗法與國家銀行之比較保甲法與徵兵制度之比較凡此之類莫不推本窮源苟讀此編非惟於荊公一生之治續功罪了然卽政治上之學識亦當增進又遠稽當日時勢推原荊公所以不得不變法之由而論其變法所得之結果至如俗史誣詆荊公之言爲之參考年月推度事理用漢學家考據之法爲之辨明千載冤辭一旦訟直使人拍案叫快又荊公之文學震爍古今此編亦能擷其菁英下適當之批評示學者以津逮全書十餘萬言著者生平得意之作也精裝（每部一元二角）常裝一元

上海廣智書局發行

何翽高外部藻翔著 藏語

每部大洋八角

碩德何翽高外部學問經濟卓絕流輩張大臣蔭堂電聘入藏**充參贊**規畫宏遠洞中窾要怵於事勢抱負未竟什一凡諸設施著之日記**命曰藏語**為張大臣所擬電文奏稿條約函件皆具其中**藏約對待**之艱窘及唐大臣駐印**議約始末**亦略具焉**經歷山川詩歌聞作**雄深博厚超絕時流**山川道里考據精詳**前無古人可稱奇作全書十餘萬言欲知西藏情形者不可不讀

上海四馬路廣智書局印行

散原精舍詩集

是編爲義甯陳伯嚴先生著專學宋人鎔鑄萬有氣象雄渾意境沈著有黃河奔流千里一曲之概誠今時詩中之大家也

每部二本大洋八角

廣智書局寄售

剏辦合肥惠政學堂王君揖周讚証自來血有自服

自效之神功

五洲大藥房主人鑒僕體素健任事不畏煩難不辭勞苦丁未之冬創辦私立惠政學堂距今已歷四學期去歲秋因伏暑致病月餘始起覺精神遠不如前四肢酸軟私心深慮不能勝任後常至鉅康隆周君斗青處聚談遇友人李君德三來購尊製自來血大瓶一打并稱道其靈效不可比喻復見北鄉高塘集務本學堂壽春孫琴舫君致斗青書託其轉謝尊處函中盛稱自來血功效之神且速無異仙芝僕遂深信即於鉅康隆購取小瓶半打每日照服果然未及旬日强健如初樂甚噫海內古今補品其於斯爲盛矣特肅蕪箋以鳴謝忱手此順頌 利祺 合肥王揖周頓正月念六日

小瓶一元二角 每打十二元
大瓶二元 每打二十元
託局函購原班回件諸君光顧請認明商標全球爲記每瓶內附有精工五彩認眞券一張方不致誤

總發行所上海四馬路老巡捕房對門五洲大藥房抄登

人造自來血乃人身之活寶

人生百體所賴以生長者血也如血多則百體強壯血少則百體衰弱設遇血盡則百體自枯是故凡人不能無血

血者誠乃人身之活寶也然吾人欲究身壯力健之術者必以多血爲適宜若近今之衛生家雖常服各種補品而未得十分健壯者何也其故因我國理化未精藥物一道素鮮研究故自古迄今絕未發明不知以多血爲要義噫

此即吾身不強之由來也邇者神州睡獅抖擻初醒努力鼓盪我同胞之熱血奮振我同胞之精神無庸疑義速請嘗試**能壯民力強國勢之人造自來血已經及時出現**故再行謹告同胞凡有心虧血虛破金吐血面黃肌瘦頭暈眼花耳聾腎虧陽萎精枯四肢無力手足酸軟身虛腳腫胃弱脾薄以及婦女經水不調白帶赤帶頭痛腰酸五勞七傷諸虛百損之症者服之自然**壯心經多血液**請將下列服法試驗之自能奇功立見幸勿輕視蓋其中實有絕大之能力也我同胞凡購服自來血**須先試驗究有功效若何**可用小針刺破皮膚出血一滴滲在白紙上待服過七日之後再用前法將前者滴血之紙與七日後滴血之紙兩相比較後者之色必紅於前此則**最易最明之確證也**倘能多服**則血愈紅而人之體力愈健**又如腎虧耳鳴眼花者連服數日眼目自覺清爽耳鳴耳聾自可並除此即顯明有補腎之功效又如年老血衰或壯年勞傷過度體質虛弱面無血色者自必畏寒驟遇冷風即發寒噤者服之半月之後**血氣漸充體質自固**雖遇箭風**亦不覺寒冷矣**又有明見之確證如久患爛瘡而不易收口者自服自來血之後則瘡內之**肉刺日漸增紅**如能常服收口亦易如婦女之經淡白者服到一月經水當即增紅**如患冷經痛經亦能並除**凡患破金吐血者服之補血則可以之止血則不可然患吐血之人血愈虧少若不培補則體質愈弱病勢日重尤宜常服以補之當時雖無止血之功然久服之心經壯**而吐血之患可以除根也**如腳氣水腫者步履蹇滯亦血虛不充之故須連服旬日則腫自消而步自健矣又**如患瘧疾者**服之旬日**立可除根**不發以上一切功效皆最易試驗者也

●小瓶一元二角大瓶二元**每打**小瓶十二元大瓶二十元託局函購原班同件海內諸公如蒙惠購請認明全球商標爲記內附五彩認眞券一張值洋一角方不致悞

●總發行所上海四馬路老巡捕房對門靑花石三層大洋房五洲大藥房幷南北兩京以及各埠大藥房均有經售

血薄氣衰身體虧弱爲癆瘵之朕兆

鎮江婦人因及時韋廉士大醫生紅色補丸而獲奇效

世有許多婦女每患諸般疾痛因含羞之故緘默忍受不敢明告醫士者比比皆是今本藥局將卓小村夫人之症錄之以表韋廉士大醫生紅色補丸實於婦科大有奇效焉卓君小村爲太古洋行之買辦近向本局代表人述說其夫人前爲血薄氣衰所俘虜而至身體虧弱之極頂後閱新聞紙所載有患甚酷烈之血薄氣衰爲韋廉士大醫生紅色補丸所治愈者故勸其妻亦試服之竟得十分全愈是蓋全賴韋廉士大醫生紅色補丸生血之功也茲將其所述之言錄左云○余妻體本強健二年前因患白帶淋漓不絕以致身體轉弱胃口失調飲食無味稍食硬物胃痛嘔吐漸至精神萎弱不能料理家務受此痛苦一年之久莫知酣睡之味然猶不喜明告醫士惟服諸多有名丹方終無效驗肺管受損呼吸艱難正在無可奈何之際偶閱新聞紙載有韋廉士大醫生紅色補丸治疾之奇功遂決意令余妻試服之數瓶之後漸覺身體強健心機活潑大有興趣是蓋激其有久服之心也從此耐心再服胃口強健飲食有味未幾身力復原遂能起而料理家務今者停服韋廉士醫生紅色補丸雖逾數月其病未嘗復發身甚強壯心殊快愉余因感激是丸之奇效願將實情登諸報牘凡患同病者亦知韋廉士大醫生紅色補丸實爲婦科之無上聖藥也

鎮江卓小村夫人爲韋廉士大醫生紅色補丸所治愈

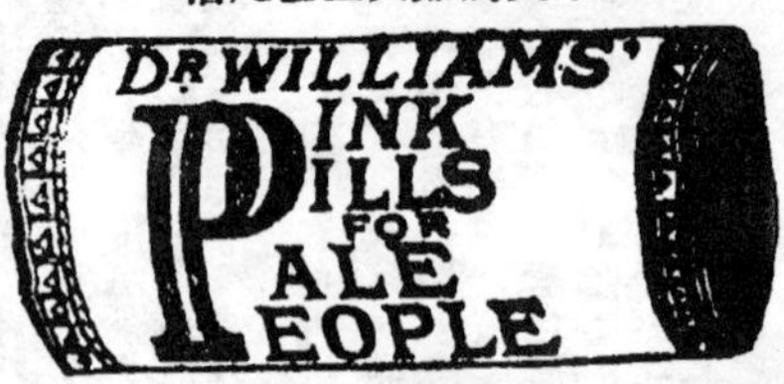

丸藥眞樣謹防假冒

韋廉士大醫生紅色補丸所造稠濃鮮紅之新血饜飫如飢如渴之血管使凡血薄氣衰與血毒不潔所起之各症而得治愈若在寰球中己不知凡幾矣即如身體衰殘　胃不消化　肝經各病　腦筋失調　頭痛頭暈　山林瘴氣　筋系疼痛　左癱右瘓　陽萎不舉　風溼骨痛　腎虧痿痛　脚氣衝心　乾溼癬癩　皮膚諸症　以及婦科諸症是也　中國各處商店藥房凡經售西藥之處均有出售務祈購者留心細察切勿購買隱戤假冒之物須要認明每包內有韋廉士大醫生紅色補丸完全之藥名倘有疑惑可直向上海四川路八十四號韋廉士醫生藥局中國總發行或向四川重慶白象街分行函購亦可　價銀每一瓶大洋一元五角每六瓶大洋八元遠近郵費一概在內

上海四川路第八十四號韋廉士大醫生藥局啟

國風報

大清郵政局特准掛號認為新聞紙類
日本明治四十三年二月十三日第三種郵便物認可

每月三期逢壹日發行

宣統二年八月初一日

第壹年第念壹期

定價表	項目	報資
費須先惠逢閏照加	全年三十五冊	六元五角
	上半年十七冊	三元五角
	下半年十八冊	三元五角

零售每冊 二角五分
本國郵費 每冊四分
歐美郵費 每冊七分
日本郵費 每冊一分

廣告價目表	
一面	十元
半面	六元

惠登廣告至少以半面起算如登多期面議從減

宣統二年八月初一日出版

編輯兼發行者 何國楨

發行所 上海福州路 國風報館

印刷所 上海福州路 廣智書局

分售處

北京桐梓胡同 廣智分局
廣州十八甫國事報館
廣州雙門底聚賢里 廣智分局
廣州十八甫廣生印務局
日本東京中國書林

國風報

各省代理處

▲直隸	保定府西大街	萃英山房
▲直隸	保定府	官書局
▲天津	府署東	原創第一家派報處
▲天津	浦東小關大街	公順京報局
▲天津	鄉祠南售報處	李茂林
▲天津	東馬路	羣益書局
▲奉天	省城交涉司對過	振泰報局
▲奉	天	圖書館
▲盛京	昌圖府北大街	振泰報局
▲吉林	省城板子胡同	文盛報房
▲山東	濟南府芙蓉街	維新書局
▲河南	開封府城北書店街	茹古山房
▲河南	開封府西大街	文會山房
▲河南	開封府西大街	大河書局
▲河南	開封府西大街	教育品社
▲河南	開封北書店街	總派報處
▲河南	武陟三官廟街	永亨利
▲河南	彰德府	茹古山房
▲陝西	省城內竹笆市	公益書局
▲陝西	省城	萃新報社
▲山西	省城豁子巷	文元書局
▲山西	省城	書業昌記
▲貴州		崇學書局
▲雲南	城東院街沙騰巷口	天元京貨店
▲安徽	廬州府神州日報分館	陳福堂
▲安徽	廬州四牌樓閱報館	於炳章
▲漢口	黃陂街	昌明公司
▲安慶	府龍門口	萬卷書樓

國風報

各省代理處

▲蕪湖 徽州碼頭 科學圖書社
▲四川 成都府學道街 輸文新社
▲四川 成都 正誼書局
▲四川 成都會府東街 華洋冬報總派處
▲四川 成都南紗帽街 安定書屋
▲湖南 長沙 羣益圖書公司
▲湖南 常德府 中報館
▲南京 城夫子廟 啓新書局
▲南京 城淮清橋 莊嚴閣
▲南京 城花牌樓 崇藝書社
▲南京 城花牌樓 圖南書社
▲南京 奇望街 神州日報分館
▲江西 省城洗馬池 開智書局
▲江西 廣信府文昌宮 益智官書局

▲江西 南昌萬子祠棧畫巷內 廣益派報社
▲福州 督署後 教科新書館總派報處
▲廈門 關帝廟街 新民書社
▲溫州 府前街 日新協記書莊
▲溫州 瑞安太平石街 廣明書社
▲蘇州 圓妙觀西察院巷口 瑪瑙經房
▲揚州 古旗亭街 經理各報分銷處
▲常熟 常照派報處 朱乾榮君
▲常熟 寺前街 海虞圖書館
▲常熟 孚記書莊
▲星加坡 南洋總滙報
▲澳洲 東華報
▲金山 世界日報
▲紐約 中國維新報
▲香港 中環砵甸乍街 致生印字館

國風報第一年第二十一號目錄

唐山煤井

諭旨

八月初二日　上諭清銳奏因病懇請開缺回旗調理一摺江寗將軍清銳著准其開缺回旗調理欽此監國攝政王鈐章軍機大臣署名

初三日　上諭廣東南韶連鎭總兵員缺著楊忠義補授欽此監國攝政王鈐章軍機大臣署名

初四日　江寗將軍著鐵良補授欽此　上諭前任察哈爾副都統魁福由披甲從征江南湖北山東直隸山西陝西甘肅新疆等省曾著勞績賞給納恩登額巴圖魯名號洊升副都統前因患病准其開缺茲聞溘逝軫惜殊深加恩著照副都統例賜卹任內一切處分悉予開復應得卹典該衙門查例具奏欽此監國攝政王鈐章軍機大臣署名　上諭吏部奏道員迴避姻親請旨簡調一摺吳筠孫着調補湖北荆宜道湖南岳常澧道着卓孝復調補欽此監國攝政王鈐章軍機大臣署名　上諭本日引見之法部候補主事貴胄學堂畢業生劉祖蘭着以陸軍正軍校用欽此監國攝政王鈐章軍機大臣署名

諭旨

初七日上諭度支部奏請簡奉天清理財政正監理官一摺奉天候補道榮厚着賞加四品卿銜充奉天清理財政正監理官欽此監國攝政王鈐章軍機大臣署名

二

論說

中國國民生計之危機(續第十八號)

滄江

其在商業。我國數千年來。不以此爲重。其發達原屬幼稚。自今以往。將並其萌蘗而牧之矣。請言其故。

商業也者。立乎生產者與消費者之間。而爲之介者也。生產者爲供給貨物之人。消費者爲需求貨物之人。而運此地所不需求之物。以致彼地貯現時所罕需求之物以待他時。於地差與時差之間。而取其利。則商業之職也。由是言之。則欲一國商業之發達當有兩前提。爲一曰先求一國生產力之發達。二曰先求一國消費力之發達。所謂生產力者何。農工礦林諸業是也。此諸業之供給者既豐。則其託商人爲媒介者自多。商業自隨之而興。此諸業中。其最能助長商業之發達者。惟工與礦。若農業則比較的與商業之關係稍淺者也。蓋農家大半自耕自食。生計學者名之爲自足生計。我國鄉居之民。大半未脫此狀態。夫在自足生計時代。商業未有能發達者也。我國鄉居之民。雖不能稱之爲純粹的自足生計。然農夫糶其餘粟。易取他品。不過赴鄰近數里之小市集耳。蓋我國農產物。除茶豆兩項外。其交易之範圍。大率皆限於百里內外。故與商業關係較淺也。我國過去現在之生產力以較他國本已極形薄弱而自今以往尤必日趨萎悴蓋可豫想也蓋一國生產力所以能增進者一在其經營技術之精一在其挹注資本之雄我國兩者皆缺而與兩者皆備之他國相遇百業皆為所追擊而無術以自存前所固有之業今且中廢遑論新業生產之萎悴今既有明徵矣生產愈萎悴則資本愈涸竭資本愈涸竭則生產力愈彫瘵以至於無**中國此種現象蓋計日可待**夫生產力既彫瘵以至於無則商業更安所麗以存也所謂消費力者何人類之欲望本自向上而有為之節者凡人欲得一物必先須有能購買此物之資力否則過門大嚼無當也故國民富力日充實者則其生活程度必日趨高華而國中所消費之物品日加國民富力日憔悴者則其生活程度必日趨穀薄而國中所消費之物品日減此消費力之說也而消費之物品恆藉商人為之懋遷故消費力强之國則商業盛消費力弱之國則商業微此一定之理也夫所謂一國之消費力者萬不能以少數豪侈者為標準也而必當以中產以下之家日用飲食所需平均之程度爲標準我國中紈袴駔儈其以奢靡相尙而歲費無藝者豈曰乏人顧微論此種爲不正當之消費其在一國生計主體中爲有害而無益也即舍此勿論而一國中能爾爾者果得幾人而一般人之生活程度其觳薄可憐蓋萬國罕見其比也歐美人之爲勞傭社會請命者摹寫其顚連之狀以爲地獄幻相於現世顧以吾經遊地所覩聞者驗之覺以吾國中人之家與彼勞傭校而有生之樂時或不逮彼蓋彼中凡能賃一廡以居者則地必敷毯牆必施紙室中必有食具能饗十客以上每來復休暇必能舉家御新絜之服以謁禮堂而游公園試問吾國人能得此者幾何蓋號稱小康者猶望此若仙等而下之則鶉衣菜色室若雞棲而食同豕牢者蓋什而七八也此其故何耶蓋國民消費力與國民所得成比例所得豐則消費力不期强而自强所得嗇則消費力欲强進之而勢不可得吾昔嘗游美見吾民之餬口於彼者或業澣衣而每來復可得十七八打拉（一打拉約當我二圓）或業庖人而每來復可得二十餘打拉蓋吾國官吏教習之薪俸未或逮之也賤業如此等而上者可知歐洲日本之勞庸雖視美差薄然要皆歲有增進而又以工業發達之故雖婦女兒童皆有業可執故人各自養而生活程度日引而向

上蓋國民消費力之日漲實現今文明國共同之現象也若我國人則何有焉全國勞庸最高之地莫如上海與廣州其所得者僅足供饔飧而已而衣服居住之費已苦不給教育費更勿論自餘則沿江一帶雖至勤者已僅得半飽而腹地交通愈窒者並半飽猶不得矣凡國民正當之消費其最小之限度則供一身及家族之衣食住費及償其本身前此之教育費且給其子弟之教育費是也所得不足以給此則未有不趨於彫落者

消費力之憊一至此極雖復百貨闐肆民祇得過門大嚼而何力以自致故前此本國生產之貨雖少然懋遷外貨以灌注則居間轉運之商人猶可沾其餘瀝自今以往將並此而無之矣

我國前此固有之商業僅小販耳在今世商業中已成附庸其裨補於國民生計者原至有限而其號稱最大之商業蓋有三端一曰壟斷業二曰厚息舉責業三曰賭博業壟斷業者如鹽商及前此各省承辦膏捐諸商等是也蓋國家許以特權而不許他人

與之爲自由競爭也厚息舉責業者如當鋪及山西票號等是也其外形雖與他國之金融機關略相似而精神乃極相反蓋金融機關所以增加全國資本之效力而厚息舉責業則蠹全國之資本以自肥者也賭博業者如廣東之闈姓番攤山票諸商各省之彩票商是也本非商業而冒商名也若於中國而求大商則不出此三者矣而此三者則皆以不法之行爲弋不當之利益其於國民生計全體有損無益正孟子所謂賤丈夫而今世文明國所懸爲厲禁也雖使能繼續發達抑已非國之福況彼輩所恃者原在吸他人之脂膏以自封殖夫必尙有脂膏然後吸之之技乃得施若舉國悉成枯腊又安從而吸之如食木之蠹木盡而蠹亦槁必矣故自今以往並此等商業亦歸彫謝也

以現今全世界生計之趨勢論之獨立之商業幾於無所麗以圖存何也商業也者本居於生產者與消費者之間執周旋之勞而受其償者也而今則生產者與消費者日相接近故居間周旋之業漸至失其所憑藉矣所謂日相接近者何也就生產者之一方面言之自近年各種大公司及託辣斯之興凡各種製造廠所出之物品前此批發

於各行號託其代運代售者今則將此權攬回於己到處自立行號自行販運於是生產者自進以與消費者直接而商業之範圍見蝕其半矣就消費者之一方面言之近今有所謂消費聯會者盛行於各國消費聯會者。譯英文之Coopenative Stores 德文之Konsumgenossen Ghabtenoder Kons umuene In日本人譯爲消費組合者也凡各人日用所需之物品及小資本家企業所需之原料皆各聯合爲一會自向各製造廠或原料出產地購買之不復以託諸居間者之手於是消費者自近以與生產者直接而商業之範圍又見蝕其半矣故自今以往欲營大商業者必須從生產方面有立脚處否則亦須從消費方面有立脚處若兩者無一則必歸於淘汰之列殆無可疑**而今日我中國人之眼光尚無一人能見及此者更安望其應時勢以趨之**故衡以此等事實我國之商業斷無術以免於淩夷衰微也必矣

此種趨勢在今日之歐美其銳洶已不可當然在我國苟商業界及今有人其地位猶未遽全墮落也蓋中國天產極豐而言語習俗素與外人隔絕無論外國之生產者消

費者其自進以與我直接也皆不易故仍不得不假於居間商業之一階級我商人苟稍有能力則憑藉此便利之地位與外商爭而勝之實事理之至當者也**而無如我國之商業家無一人能有生計學上之常識無一人能諳近世企業組織之方法以至與外人遇無往不敗**他且勿論卽如絲茶兩項我國生產品之最大宗也數十年來殆立於無競爭之地位全世界之需求此物者殆無不仰給於我（近二十年來爲人侵略情形大變姑勿論）而試問我國商家曾有一人能自設一行棧於各國市場而與彼之消費家稍相接近者乎蓋轉輸之於外以獲奇嬴者皆在外商而我商不過爲外商之輿臺沾其餘瀝已耳又如近數年來東三省之豆各國需求者驟加販運於外所得可以不貲我國人有一焉能自占此利者乎無有也又如外貨每年輸入者常在四萬萬圓內外試問其經我商之手販諸生產地而致之我市場者果能有幾**質而言之則我國現存商業不過爲外**

商之補助機關而已。其傭於洋行爲之買辦及其他職役者。固彼之補助機關也。即自立一行號代彼採買或分販者。亦彼之補助機關也。夫補助機關。不過餕人之餘。就令能繼續常存。本已味同雞肋。況乎位置之能保與否。其權又操諸人。彼前此以不諳我言語習俗之故。不得不藉我之補助。今則必需補助之程度。日漸減矣。不見夫茶業豆業。外商皆已直接向我農家采辦乎。不見夫日本之小販業。日瀰蔓於我內地乎。循此以往。更閱數年。竊恐我國人除列攤挑擔外。更無一商業容我插足於其間也。

工商業之立足地。剗滅無餘。旣已若此。其所餘者則農業而已。我國人民。業農者什而七八。但使農業常能保持滋長。則吾民固可賴以無餒。而試觀我國農業之現狀及其將來之趨勢。則又何如。

凡農業有純然以天產物爲財貨者。吾假名之爲狹義的農業。有將天產物再加工製然後成爲財貨者。吾假名之爲廣義的農業。今中國人所能繼續從事者。惟狹義的農業耳若廣義的農業不惟未有者末從發生即已有者殆亦同歸澌滅矣試舉一二例以明之即如茶業固農業之一也自與俄通商以來二百年間全世界之茶皆仰給於我及今而爲印度茶錫蘭茶臺灣茶侵蝕過半矣又如種蔗製糖亦農業之一也近十年來香港兩製糖公司起臺灣一製糖公司起而國中無復一磚一粒之糖爲我所自出矣蓋疇昔長江一帶及福建之業茶者廣東福建之業糖者其數合計蓋在千萬人以上而今則皆失業矣此言乎舊有之業也若其未開之業例如種樟熬腦亦農業之一也日本以區區臺灣而樟腦專賣歲獲利千數百萬我國宜樟之地過臺灣數倍我民莫能經營也種橡熬膠亦農業之一也近兩年來南洋此業驟興大利震全世界我國上海之官紳緣投機此業而喪其資者且不知凡幾矣然我國宜橡之地至多我民莫能經營也此不過略舉數端其他類此者更僕難盡要之我國人**企業上之技能缺乏過甚稍有待於人工之事業皆非所能舉**故廣義的農業今殆已無復可望所足置論者惟狹義的農業而已

狹義的農業。即樹藝五穀果蓏之屬者是也。此實我國五千年來固有之恒業。而全國大多數人所恃以託命也。而今後國中農民之位置則何如。

凡人之執一業也。必須其每歲由本業所得之收入。除供本身及一家衣食住費之外。尚小有贏餘。得儲之以爲來年復營此業之資本。然後其業乃可以持久。而我國現在之農業。則其決不能得此者也。夫我國之農。自古本爲至觳之業。大抵平歲差足以養事畜。一遇旱乾水溢。則有菜色矣。故歷代明王。罔不汲汲務保農。而凡有虐政。則農之受其禍也亦獨烈。今也以種種惡政之結果。以致百物騰踊。小民日用飲食所需。其價皆視十年前兩倍。農民非僅恃食粟而他無所待於外也。衣服居室器用蔬饌之費。牛種糞漑之費。兩倍於昔。必所入亦兩倍。庶足以全其軀命。米價雖以同一比例以俱騰。旣苦不給矣。而米價之爲物。國家又常以特別之政策壓制之使其騰落不能悉劑乎供求之率於是農益病然猶不止此也凡租稅制度之組織分配影響於民業者至鉅此財政學之通義也故各國善理財者咸察各階級人民之負擔力孰強孰弱而均劑之斷不肯畸重於一業我司農既闇於此理舉國家凡百經費悉以責諸農民之仔肩農民負擔之重既已爲世界所無國中新學家。動言我國負擔租稅甚輕。此大謬也。凡負擔之輕重。不能據表面上之數目字遽爲武斷。當比例於人民所得以爲衡。甲國人民。歲入千金。而納租稅百金。乙國人民。歲入百金而納租稅二十金。論數目則乙僅納甲五分之一。論實際則乙重於甲一倍矣。故我國民負擔租稅。實已視他國爲重。而農民又其尤甚者也。然猶未也現在國庫每歲入不敷出者已逾萬萬後此將更益甚勢固不得不取盈於租稅而司會諸公又絕非能遵守學理別求正當之稅源以彌其闕也只有因襲原有稅目而增其率耳而原有稅目則舍朘削農民外無他術也其或新創稅目則亦不過將各種國產而課其消費稅其負擔仍轉嫁於農民也不甯惟是城鎮鄉則辦地方自治府廳州縣則辦地方自治自治經費無非取諸附加稅而負擔此種種附加稅者亦農民也**究其極也罄農民一歲所入以償租稅而猶不足**更安所得事畜之資者更安所得牛種之資者農民終歲勤

論說　十二

勤其結果乃不過爲政府作牛馬普通之牛馬主人猶豢養之而農民之牛馬於政府者乃不免厓瘠以底於死亡則良懦者有束手待死而驍桀者有挺而走險耳故循今日之政治現象而不變則我祖宗五千年來世守之農業不出三年必全滅絕何也民皆廢田不耕農業斯不期絕而自絕也夫豈民之好惰國家政令迫之使不得不然耳

夫以今日農民之境遇本既己歲暖而號寒年豐而啼飢矣則稍遇災祲益以速其槁餓此五尺之童所能知也然以今日之政治現象則災祲祗有歲增又可斷言也或疑災祲之來出於氣數非人力所能抵抗則亦非人力所能召致今併以此府罪於政治毋乃太刻雖然苟一察因果相嬗之律則當有以證吾言之不誣也凡地力用之太勤則菁華耗竭必須有所以休養而培補之否則良田可

變。爲瘠壤。此稍諳農事者所能知也。夫雍冀之地。昔稱厥田上上者。今乃強半不毛。正坐是耳。農民既饔飧不給。更無餘力以從事於改良土壤。豈惟不能改良。必過用之以趨於敝耳。則是雖無天災地變。而所收歲嗇。固已爲事勢所必至。況乎水旱之爲物。苟非其大且劇者。則未始爲人力所絕對不能抵抗。若造林浚井以防旱。築堤疏濬以防水。凡農國莫不務之。即吾民亦豈皆見不及此。然事業無論大小。舉之皆賴資本。其利害範圍廣而工程大者。政府既漠不置意矣。即下之本爲私人之力所能逮者。而以租稅煩苛。負擔太重。物價騰踊。生計不給之。故民更無私資本之可投。以自衛其產。則安得不俛首以聽造化之虐。今勿徵諸遠。即如前年之江北水災。苟能濬淮。則安有是。昨年之廣東水災。苟能濬新興江。則安有是。今年之湖南水災。苟能浚洞庭湖。則安有是。其他准此可推。是知災變不能盡諉諸氣數。而強半由人事使然也。**而現在之政治現象。則直接間接以導災變之發生者也。**循此不變。則災變必日益頻仍。農民必日益顛沛。而廢田不耕者。乃不得不日益多耳。

生計學家之類別生產業。大率不外農工商礦林牧之六者。礦業林業。我國所本未嘗發達者也。牧業則本非今世之主要業。而我國本部諸省。尤不恃以爲重者也。故皆可勿具論。所餘最重要者。則惟農工商三種。而其一切衰落澌滅。則既若是矣。

由此言之。我國產業。尚有一存焉者乎。我國人民。尚有遲焉足以自聊其生者乎。自今以往。他更何有。恐慌耳。破產耳。災變耳。飢饉耳。盜賊耳。屠殺耳。此即吾民於今後二三年間所受之果報也。富者就貧。貧者就死。因窮召亂。因亂益窮。四百兆人。何一能免。直至外人艷我財政。爲我設種種產業機關。盤據而自運用之。則其現象蓋必有異於今日。而享其樂利者。固別有人在。我喪亂孑遺

之子孫則男爲人臣女爲人妾伺主人之嚬笑而幸得一飽者也嗟夫嗟夫人生到此天道寗論我后我大夫我父老昆弟甥舅其忍而與此終古也

（完）

（附言）此文本分三段其第一段論國民生計衰落之原因其第三段論救治之策以篇幅太長恐讀者生厭故別標題更端以論之當以次續著也　著者識

知人者智　自知者明
勝人者有力　自勝者强
老子語

政治與人民

滄江

國家之有政治。其目的安在。曰、一以謀國家自身之發達。一以謀組成國家之分子（即人民）之發達。斯二義盡之矣。雖然、斯二義者。形式雖異。而精神則同。蓋人民若瘁。則國家決無自而榮。故為人民謀利益之政治。同時即謂之為國家謀利益焉可也。若夫有時為國家生存發達之必要。不惜犧牲人民利益以殉之。就外觀論。似國家與人民利益相衝突。庸詎知非惟民瘁而國不能榮。抑國不榮則民亦必旋瘁。犧牲人民一部之利益者。凡以為其全體之利益也。犧牲人民現在之利益者。凡以為其將來之利益也。故國家之利益。雖時若與人民一部及現在之利益相衝突。然恆必與人民全體及永久之利益相一致。信如是也。則雖謂國家利益與人民利益常相一致焉可也。然則凡一切政治。莫不與人民有不可離之關係。其以謀人民發達之故而行焉者。其直接關係於人民者也。其以謀國家發達之故而行焉者。其間接關係於人民者也。政治之於人民。其關係既若是深厚。則人民之對於政治。宜如何者。蓋可思矣。

日本進步黨前總理大隈氏嘗有言。『政治者余之生命也』。一時傳為名言。吾以

論說 二

爲政治也者。寧獨政治家之生命而已。實一切人民之共同生命也。

凡人飢而求食。渴而求飲。寒而求衣。勞而求息。初無待父詔兄勉師督友勸。而自能勤求焉。且求而期必得焉。何也。彼食也飲也衣也息也。其生命也。獨至於良政治。而不知求。即求矣。而不期於必得。則未知政治爲一切生命之總源泉。而良與不良之間。即吾儕生死所由係也。嘻、甚矣其蔽也。

常人之情。見近而不見遠。知末而不知本。當其飢也。知食爲生命。曾亦思非耕胡以得食。是知生命所係。在耕而不在食。當其寒也。知衣爲生命。曾亦思非織胡以得衣。是知生命所係。在織而不在衣。然戀戀念衣食。盡人不學而能。孳孳務耕織。則有待於詔之者矣。則直接間接之差別。而理解之有難易也。政治爲人民生命。其理由本非甚邃。徒以重重關係。間接稍多。中人以下。驟涉焉而不見其樊。則其漠然視之。亦固其所。今請舉最淺之例證以說明之。

飢而不得食。則無生命。此盡人所能知也。然還問何道以得食。曰、有粟則得食。何道以得粟曰、有金則得粟何道以得金曰、有業則得金何道以得業曰、有良政治則得業請言其理夫業之種類不一而農工商其最大也人民之欲得田而耕者亦夥矣而能得者十無一焉謂田之不足於耕似也然還觀地球各國其每方里平均人口密於吾國二三倍者蓋有之焉胡不聞其以田不足於耕爲病彼其政府汲汲講求農政改良土壤同一面積能使所產倍蓰於昔時故雖地不加廣而其穫實與加廣無異我則數千年來術不加精土不加饒欲研究其技術而政府無學校以教我或藉經驗小有所得而獨力不能舉而政府莫爲我助因循廢弛以至今日他國同一面積之地能食十人者我則食一二人猶不足故益以人浮於地爲患則政治之不良使然也旱乾水潦天然之災非有私於一國也然所貴乎人類者人類所貴乎有政治者以其能戰天然之力而勝之也歐美各國百年以前以天災而召大饑饉者史不絕書今雖未敢云絕然其數視昔則爲一與百之比例耳豈天薄於其昔而厚於其今曰、有人事以戰勝之其所以能戰勝之者非恃箇人之力而恃政治之力爲大計畫興大工事非國家及國家所屬之地方團體莫能任也我則政府置若罔聞一任天行之暴而莫或代人民以

論說 四

謀抵抗一國之大一年之久告災數四災區動輒亘數千里雖有廣土徒擁虛名則政治之不良使然也其在他國以境內人口有疏密耕地有廣狹故其政府常爲內地移民之業損有餘補不足而能劑其平我有滿洲蒙古新疆西藏數萬里耕牧之地荒而不治而本部之民爭呴沫於丈尋之濆欲往從之則無機關以嚮導我於現在無法律以保護我於方來坐是株守一隅束手待斃則政治之不良使然也他國地既不足於耕則謀所以殖之於外政府則爲之啓土宇設種種方便以先之於其所往我則非徒無此而已祖宗傳來之土地變爲他國殖民之區而政府曾不思所以抵抗卽我民爲飢所驅餬其口於海外者所至見迫害而政府熟視無睹以致進退皆無所可而凍餒相屬於路則政治之不良使然也地上之產能養人者爲農業地中之產能養人者爲礦業我國礦產之富甲於大地而人民欲從事者政府隨在加以壓抑其間有以私人資格不能從事必賴政府之提倡保護者曾未聞其一我應不籌惟是舉其最饒者次第竊售於外人以故數千年久扃之寶藏被胠篋以歸於烏有則政治之不良使然也直接利用土地以生產者曰農與礦間接利用土地以生產者曰工地既不足於耕則

當以工業爲之尾閭處今日之勢非增興各種新工業不足以拯民於水深火熱之餘而以比年現狀觀之非惟新工業未嘗一開其途卽舊工業卽次第盡墐其戶疇昔民之恃十指而能贍其孥者今且不給於自養何以故外國工業品紾其臂而奪之食故欲圖抵抗決非私人之經畫所能爲力而國家又旁觀焉而不爲之援手則政治之不良使然也商業亦然大利悉朘於外商我則幸而僅得餕其餘外人以國家之力挾其日日新發明之商業政策以相臨設種種商業機關於我國中以盬吾腦我以私人之力萬無術足以相禦而政府曾不思所以爲之計反以無數虎狼擇肥以噬吾業日被破壞無所控愬則政治之不良使然也此特舉其一二言之也若欲悉數之則更數僕而不能盡要之吾民以不得良政治故而因以不得業以不得業故而因以不得食以不得食故而因以不得生命

此其事理至顯淺雖中智以下苟一覆勘焉而當能索解者也

本爲良民因爭奪而相殺則性命失焉曷爲而爭奪大抵以不足於食也不足於食其

論說 六

原因既在政府則政府之殺之者此其一矣然使有良法制以維持社會之秩序則猶能治之於標而使爭奪之不時起並此而無焉則政府之殺之者此其二矣皆政治不良使然也盜賊橫行於途見盜者喪其積蓄而因以失生命爲盜者觸法網而亦因以失生命曷爲而有盜賊以不足於食也不足於食其原因既在政府政府之殺之者此其一矣復以行政機關不備使盜賊孳乳寖多而無以遏其流則政府之殺之者此其二矣皆政治不良使然也內亂一度起則人民之失其生命者動以數萬計內亂何以起大抵以不足於食也進焉者則爲政治上之不平也不足於食其原因既在政府則此萬數人之殺於政府者此其一矣政治上之不平皆政府釀之則此萬數人之殺於政府者此其二矣而復以軍備廢弛諱疾忌醫常常予內亂以可以竊發之途則此萬數人之殺於政府者此其三矣皆政治不良使然也我殷斯勤斯以求得食有紾吾臂以奪之者而吾莫敢誰何則將失其生命夫盜賊則其一端也而有禍烈於盜賊者則地方之豪右常能以勢力相壓而使我無可控愬夫在法治國則無貴無賤同生息於平等法律之下彼惡得爾令所以使我無所控愬者政府無可以爲控愬之後援也則

政府之殺之者此其一矣不寧惟是豪右之奪我食禍既烈於盜賊官吏之奪我食禍又烈於豪右吾所恃以避禍者乃即爲主禍之人更何冀焉則政府之殺之者此其二矣皆政治不良使然也此亦舉其一二端言之也若欲悉數之則更數僕而不能盡準此以談**則不良之政治非惟不能間接而保我生命抑且常直接以奪我生命** 此其事理至顯淺雖中智以下苟覆勘焉而當能索解者也

更推而論之癘疫時行則同時而喪失生命者或以數萬計然在今世文明之國癘疫何以不能蔓延彼其獨猖披於我國中者以衞生機關之缺乏耳則亦政治不良使然也行路艱難却曲風波在在可以損生命使交通機關整備而安有此則亦政治不良使然也犯罪而麗於刑又喪失生命之一道也使教育普及自其幼時能使之去莠而即良則犯罪者何至不絕於路今囹圄之數埒於廛肆皆政治不良使然也無故株累獄以疑成此生命之喪於最慘酷者也使確有法律爲權利之保障而裁判悉根於正義天下曷從而有寃獄今若此則政治不良使然也無學問無常識無技能則無所得

職業卽偶得之恆失敗以終無所得職業及失敗於職業皆足以喪生命然學問智識技能必有所受無授之者則終不能以發達故近今各文明國咸以教育爲國家事業今我民學問智識技能無一不在人下以致被淘汰於物競之界非我民自欲之而政治不良使然也此亦僅舉一二耳若悉數之又更數僕而不能盡要之無論從**何種方面觀之而凡人民之生死榮瘁蓋無一不繫命於政治**此其事理至顯淺雖中智以下苟覆勘焉而當能索解者也

綜以上所述而畧說明其理由則人民生命之安全恆恃社會秩序以爲之保障而社會秩序必藉法律之制裁而始成其能爲法律之制裁者卽國家也而善其制裁者則政治也人民苟離國家政治以外而欲各自以獨力生出制裁秩序以保障其生命其道無由此人民生命所以不能不全繫於政治焉者一也人類以共同生活爲天性苟非如魯敏遜之漂流孤島則其資生不得不仰給於身外緣是種種共同之機關不得不興所謂共同機關者謂夫以一人之獨力萬不能舉者也或雖勉舉之而以極大之

勞費不能得相當之結果者也此其數不能枚舉世運愈進則公業之範圍愈恢而私業之範圍愈殺凡此之類必假手於國家以政治行之而不然者雖以釋迦孔子之仁聖末由別闢一途以保生命之持續此人民生命所以不能不全繫於政治焉者二也

夫政治之關繫於人民者既如此其親切而重大也而今日我國之政治則何如其影響於人民者則何如舉國四萬萬衆强半無所得業乞丐相屬每値冬春之交其餓殍轉於溝壑者恒百萬計孰死之不良之政治死之其稍强悍者謂等是死也毋甯鋌而求生於須臾乃聚萑苻以爲盜良民之蒙其害者既歲以萬計而政府則取而草薙禽獮焉歲亦數萬孰死之不良之政治死之爲盜不已積而倡亂亂之所經其所鹵掠與夫政府之所鋤刈赤地動數州縣死者自數萬以至數十萬而告亂之區歲恆數見孰死之不良之政治死之水旱偏災一起數千里爲墟焉以最近一二年計之而江淮之間死者若干萬贛粵之間死者若干萬湘鄂之間死者若干萬孰死之不良之政治死之癘疫一襲人不自保比年以來滇黔桂粵靡歲不見計其總數歲平均亦數十萬孰死之不良之政治死之畧舉其概夫既若是自餘以展轉間接蒙不良政治之影響而

冥冥以死者歲尙不知其幾何萬也由此言之**彼不良之政治歲恆殺千萬人以上**我國民雖富於生殖力其何堪此操刀以夷刈之者日臨於其上也嗚呼使我國民飢而不知求食寒而不知求衣也則吾亦何言夫於衣食則既知求衣則何不思政治之於國民乃其衣食也乃獨於良政治而不知求此吾所不能解也以上所言猶就政治之直接關係於人民的方面言也抑吾固嘗言之矣政治之目的一以謀人民之發達一以謀國家自身之發達而其所以謀國家自身之發達者亦其間接而關繫於人民者也故人民非徒爲其一己之生命起見不可不求得良政治抑且爲其所屬國家之生命起見不可不求得良政治蓋國家之生命苟不保則一己之生命決無所附麗也而不良之政治實爲斲喪國家生命之斧斤旦旦而伐之者也其在疇昔舉宇內未嘗見有構造十分完全之國家無論何國其政治大抵皆不能甚良故彼此相遇而優劣勝敗之數無甚決定之可言重以我國擁此厖然之廣土衆民而超然立於國際競爭圈外故無論政治若何腐敗亦僅能影響於一朝一姓之生命而

不至影響於國家之生命。今也不然。構造已完之國家。六七相率而膨脹於外。其構造未完之國家遇之則死。當之則壞。往而不返者。既已項背相接。今乃睽睽萬目咸集吾旁。臥榻之側。鼾睡者猥籍焉。合多數之孟賁烏獲以搏一病瘵之夫。其在理勢。決無所幸。而吾人既託命於此國家。國家失之則末從再造。堂傾大廈。燕雀與王謝同淪。水淺蓬萊。魚鼈偕蛟龍並盡。言念及此。何以爲懷。而撲厥所由。則皆此不良之政治。陷我國家於九淵。而不克自拔。**故夫國家之生命與吾儕之生命實相依而不可離。而惡政府之生命與國家之生命實相尅而不並立。國家者吾之父母也。而惡政府者吾之仇讐也。日見吾仇讐戕賊吾父母。而無所動於中焉。其可謂無人心也。**

我國民毋亦以爲此不良之政治。雖歲殺千萬。而所殺者或幸不及我。而因以卽安焉。

雖然實生不云乎抱火厝之積薪之下而寢其上火未及然因謂之安此中智以上知其不可者也夫彼之被殺以去者可無論矣而今之未見殺者亦直需時耳以此大勢推之苟良政治不發生則不二十年全國且爲灰燼覆巢之下安有完卵我國民知哀人而不知自哀豈得云智也嗚呼吾又有以揣吾國民之心理矣**其不知良政治之當求者尙屬少數其不信良政治之可以求而得之者乃屬多數**夫是以忍氣吞聲不求焉以迄於今日也嘻、又甚矣其蔽也夫飢而求食寒而求衣亦誰敢謂凡有求焉而必有得焉而從未聞有疑於得不得之數而輟其求者謂其求之之理由實有所不容已也我國民而能信政治之切於己慮與衣食毫釐無擇乎則求其良乃實不容已而豈以得不得之問題容疑點也而況乎政治之爲物則又與他異**國民不求其良焉則無道以即於良國民誠求其良焉則亦無道以即於不良**聞者而猶疑吾言乎請更述其理夫政治之爲物不能自現而行之也必以人人類之普通性趨於下流其道易勉而向上其道難一私人之德業苟無父兄師友之督責而能緝熙於光明者蓋寡焉況乃今之持政權者沿歷史上久習之積威假法制上無上之權力傫然自恣而無人甚乎其旁其良也而勢力不緣以加崇其不良也而地位不緣以喪失則不良焉者項背相望而良焉者累千載不一遇固其所也 **故欲求政治之能良莫急於有監督機關以與執行機關相對立**執行機關者何政府是也監督機關者何國會是也**故國會者良政治之源泉也**今世立憲國惟知此義也故一切政治非得國會多數之贊許者不能施行坐是而執政之人非得國會多數之後援者不能安於其位夫國會者以人民之選舉而成立者也其性質既已爲代表國民之意思而申其利益矣重以國會既立則政黨不得不隨而發生政黨之性質則標持一主義以求其實行而對於與此主義相反之政治則認爲政敵而加以排斥者也而凡一政黨所標持之主義則又未有不以國利民福爲前提者也何也政黨之所

論說

以成立而有勢力其道不外得國民多數之同情然苟所標持之主義不爲國利民福則國民之同情決無自而得然則其國中苟無足以稱爲政黨者斯無論矣既有足以稱爲政黨者則遵其所標持之主義以行政治必能近於良政治此國會政治之所以可貴也夫國中而有政黨則必非惟一也而常在兩以上各黨所標持之主義勢不能無異同既有異同矣以常理論之則其一爲是者其他當爲非而吾乃謂凡遵政黨所標持之主義以行必能近於良政治則又何也蓋所謂國利民福者多角多面各就其人之觀察而各得其一端或有以其直接之利爲利者或有以其間接之利爲利者或有以其現在之利爲利者或有以其將來之利爲利者此政黨之主義所以雖常若有衝突然其必以國利民福爲前提則無以易既採用以國利民福爲前提之主義以行政治則其必爲良政治而非惡政治可斷言也於此而其政府爲政黨之政府耶則一黨在朝而他黨之在野者常監督之苟其所標持之主義而不實行或實行矣而於國利民福之程度不見增進則在野黨必向於國民而評之國民多數之同情既去而其黨遂不復能以立於朝夫如是則彼雖欲不兢兢於國利民福焉安可得也其政府而

爲不黨之政府耶則凡諸政黨皆共監督之苟其所行政治而與各黨所持主義咸相反背各黨咸認其不爲國利民福則必合力以共訐之於國民而無論何時無論何事決不能得國會之贊許其何道以一朝居夫如是則彼雖欲不兢兢於國利民福焉又安可得也　由此言之則凡無國會之國其政治決無術以進於良凡有國會之國其政治亦決無術以墮於不良何以故以政治之良否恆監督之者之有無故而監督政治之實非國會莫能舉故然則人民而欲求得良政治也亦曰求得國會焉而已矣

嗚呼今國會第三次請願已爲國中一部分志士所提倡矣我國民其奮起爲之後援耶抑默認此惡政治而自卽安耶願我民自審處之

(附言)本文曾登某報因某報出版未久旋卽停印海內見者甚少同人慫恿謂宜再錄以警告國民故畧爲點竄錄之　著者識

俗人通患　無事時得一偷字
有事時得一亂字

劉蕺山語

著譯

中國國會制度私議（續第二十號）

滄江

第三章　國會之職權（承前）

第二節　參與立法之權（承前）

第二款　參與普通立法之權（承前）

第二項　參與立法權之効力

第一目　各國効力強弱比較

凡立法事業。大率經三種之手續而成。一曰發案。二曰議決。三曰裁可。國會參與立法權之作用。全在其議決。此易知者也。議決之方法。各國無甚異同。故其効力強弱無比較之可言。其與議決之効力相消長者。實爲發案權與裁可權。而裁可權所關尤鉅。今次第論之。

第一　發案權

著譯 二

凡立憲國法律之發案權必國會兩院各皆有之雖然有此權爲國會兩院所專而其他機關不許有之者亦有國會兩院與第三機關共有之者其第三機關即國之元首及其所屬之行政部是也大抵君主國以三機關共有爲原則以國會兩院專有爲例外共和國以兩院專有爲原則以第三機關共有爲例外今舉數國以示其例

(一)德國 德意志帝國之議案惟國會兩院得提出此其憲法第七條第二十三條所明定也德國爲君主國而其皇帝乃無發案權此實驟聞之而頗難索解者也雖然德國聯邦參議院(即左院)之發案權非其議員各自行之實代表各邦政府之意思而行之(憲法第七條渤爲明文) 參議院中有普魯士議員十七人其發案權即普王之發案權也而普王即德國皇帝也故皇帝於法理上無此權於事實上則有之質言之則皇帝以皇帝之資格雖不能直接有發案權然以普魯士王之資格得間接有發案權也

(二)美國 美合衆國之議案惟國會兩院得提出蓋美國絕對的取三權分立主義務使立法權與行政權不相雜廁則此權之不許旁溢也亦宜雖然據其憲法第二

條第三節所規定。大統領所認爲必要且有益之政策。得述其所計畫於國會兩院以請其審議。而所謂述其計畫者。當用何形式。憲法無明文。在法宜聽大統領之自由。故實際上大統領雖以議案之形式移文國會。固非所禁。但不能逕認爲議案。必俟兩院中有一院。采之以爲議案耳。兩院采之與否。屬於彼之自由。故其移文在法理上蓋無効力。雖然不采者實希也。

(三)法國。　法國雖共和國。然其大統領與兩院共有發案權。與君主國同。

(四)瑞士。　瑞士聯邦之議案。國會兩院及聯邦評議會得提出之。而大統領無明文。實則瑞士以聯邦評議會爲行政部之首腦。由國會議員互選七人任之。而大統領副大統領爲其中之一人。故瑞士之元首。非獨裁體而合議體也。聯邦評議會有發案權。卽與各國之元首有發案權無異。

其他諸國。皆君主與兩院共有發案權。不必枚舉。夫所謂君主之發案權者。豈必君主親自發之。不過委其權於政府而使發之耳。故凡在君主與兩院共行立法權之國。其政府提出議案之權。皆憲法所明認也。在昔孟德斯鳩倡三權分立之論。一時風靡天下各國立憲制大率循此大原則以行以嚴格論之立法事業宜絲毫不許行政部之容喙者也雖然此極端的分立主義果能施諸實際而無所於礙乎（第一）制定法規草案須有深廣之經驗及專門之才藝專委諸人民選舉之議員果能適任乎（第二）政府當施行法規之任使法規全成於局外之手當局者果能如其所懷抱以實行乎（第三）議員於法律之適否不負責任一切法案全委諸無責任之人得無畸於空想陷於輕率乎坐此之故議決權雖歸兩院而發案權則兩院不得專之而必分以與政府此事勢上不得不然者也豈惟如是而已今世各國其現於國會議事日程之法案大抵政府提出者十而八九各院自提出者不過十而二三即以墨守分權主義之美國而其法案大率由兩院之委員會發之而委員會則先與行政部協議且泰半用行政部之原案者也然則此權不當專屬諸國會而當使國會與行政部共行之甚明

惟關於財政之議案獨政府得提出之而國會兩院不得提出之此為英國之慣例他國或著諸憲法或否要皆循此慣例以行此則法理上別無解釋之理由惟實際上必

如此乃爲便利耳。

第二　裁可權

裁可權者謂法律議決後必須經元首之裁可乃爲有効也國會立法之作用在其議決君主立法之作用在其裁可故曰君主與國會共行立法權也有必須經裁可之國非裁可則雖國會議決之法律不爲有効也有不必經裁可之國國會議決之法律即爲有効也夫既有裁可權則裁可與不裁可聽其自由**故國會參與立法權効力之強弱與裁可權之有無及其強弱成反比例**

凡君主國之君主皆得完全以行其裁可不裁可之權其無此權者惟德國皇帝耳故德國法律但通過於國會兩院斯爲有効者也雖然有當注意者二點焉（第一）帝國陸海軍制度及租稅之議案遇聯邦參議院意見參商時則依普魯士代表議員之意見而決（第二）參議院各邦投票可否同數時依普魯士代表者之投票而決夫普魯士代表議員受命於普王而普王即德帝也由此觀之德帝雖名爲無裁可權而其裁可權實甚強也

著譯　六

法國之大統領無裁可權故其法律但通過於兩院斯為有效雖然亦有一當注意之點焉其通過兩院之法律必須移呈大統領大統領則於一月以內例須公布之其緊急決議則三日內須公布之若大統領認所決議為不當得陳所見而返其議案命兩院再議兩院有必須再議之義務其議決以普通之方法但再議而所決者仍一如其前則大統領雖反對亦無効矣由此觀之此命再議權與不裁可權略同其性質然効力之強弱相去遠矣

美國之大統領有裁可權雖然亦有當注意者二點焉（第一）議會通過之議案必牒移於大統領大統領若同意則署名裁可之若不同意須以十日內返諸國會逾期不返則認為默許之裁可但於此期內議院閉會不能牒返者不在此限（第二）大統領將議案牒返國會時兩院有再議之義務其再議各院皆須以列席議員三分之二以上之同意乃得通過既以此法通過時則大統領不裁可亦為有効由此觀之美國大統領之裁可權乃制限的而非絕對的實則與法國大統領之命再議權無異特法之再議以通常手續而議決美之再議以特別繁重之手續而議決故美大統領命

再議權之効力强於法而法國會立法權之効力强於美也

瑞士則絕對的無裁可權議案通過兩院効力立生雖然亦有一當注意之點焉其憲法第八十九條所規定凡通過兩院之法律苟非須緊急施行者若有有選舉權之人民三萬以上或聯邦二十二邦中八邦以上提出異議則須以付諸人民全體投票若反對之投票多數則其法律不生効力由此觀之此人民投票之制其性質與他國元首裁可之制正相當其裁可權不在一人而在多數人也夫法律爲國家意思之表現裁可則國家意思最後之決定也君主國以君主爲國家最高機關故決定最後意思之權宜屬諸君主共和國以全體人民爲國家最高機關故決定最後意思之權宜屬諸全體人民瑞士則行共和制而能貫徹之者也但其制以兩院通過即生効力爲原則以付諸人民投票爲例外故其變體的裁可權亦非甚强

自餘各君主國其君主裁可權皆明著諸憲法不枚舉

夫裁可權爲國家意思最後之決定苟不裁可則國會所議決全屬徒勞君主得用此種以箝制國會殺其効力然則有裁可權之國其國會之立法權宜極薄弱而不確實

著譯

而無裁可權或有之而其權較微之國其國會之立法權宜極完滿而且得專橫矣乃徵諸過去現在之事實非惟不爾而適得其反英國君主之不裁可權二百年來未嘗一行之日本君主之不裁可權自明治二十三年開國會以迄今日亦未嘗一行之其餘歐洲諸君主國大率類是就中屢行之者惟一比利時耳反之如美國自一七九一至一八九二凡百年間其大統領不裁可之法律多至四百三十三件雖據其憲法所規定苟再議而仍通過則不裁可亦爲有効然此四百三十三件中緣此而有効者僅二十九件耳二十九件中又有十五件實起於一八六五至一八六九年間則由當時大統領約翰遜氏濫用此權致之準此以談則裁可權之爲用最廣爲力最强者乃不在君主制諸國而在民主制之美國而比利時者又世所稱共和的君主國也而此權之屢行則亦與其他諸君主國異果何爲而有此奇異之現象乎或曰全屬習慣非有理由（德國伊陵尼博士說）吾則以爲美國采極端的分權主義行政部與立法部難於融洽而諸多數之立憲君主國則反是也此更於次欵詳之

美國所以限制國會立法權之効力者於大統領不裁可權之外尚有一焉曰裁判官

八

有宣告法律無効之權是已美國裁判官適用法律時有認爲違反合衆國憲法或各邦憲法者有宣告其無効之權利且有應宣告之義務裁判官之實行此權者甚多數見不鮮近年尤甚此權之強弱亦與國會立法權効力之強弱成反比例甚明美國取極端的三權分立主義而結果乃適得其反此亦其一端也若他國之裁判官則只有對於法律而自由解釋之權利無消滅法律効力之權利

第二目　我國所當采者

發案權當以政府與兩院共之此各國通例無俟再論裁判官得消長法律之効力惟美國以特別理由許之非他國所宜學亦不俟論今惟於最重要之裁可權附一言或曰今世各君主國名雖有此權實已廢而不用則留之何爲此大謬也夫君主之當有裁可權非徒就法理上論君主國體應如是也即就政治上論亦有其極正當之理由焉夫欲制作最善良之法律果由何道而得達此目的乎此有史以來迄今數千年未嘗解決之問題恐亦爲永不能解決之問題也無論何途皆不能絕對的有利而無害則亦權諸利取其重權諸害取其輕而已專制之國立法權全在君主旣已不勝其敝

於是乃謀移諸國民移諸國民宜也雖然歐洲中世有恒言曰「察民意者當以其量而不以其數」孔子亦言「衆好之必察焉衆惡之必察焉」孟子亦言「左右皆曰不可勿聽諸大夫皆曰不可勿聽國人皆曰不可然後察之見不可焉然後去之」夫今世之代議政治萬事憑多數以取決謂多數者必爲是而少數者必爲非此決非論理學上所能許也而今世諸國相率用之者則以舍此實無他途苟出他途弊且滋甚不得已而姑卽安耳然多數壓少數之弊近今歐美學者已囂然羣起而鳴之謂苟無以濟其窮則多數黨之專制代君主專制貴族專制以興等於以暴易暴而其所謂救濟之法不外使少數之機關有可以與多數之機關互保平衡之力而已兩院對立之理由君主有裁可不裁可權之理由皆根於是而與孔子所謂必察焉孟子所謂然後察之之言正有合者也夫以君主任察之之責其果適當與否雖不敢言然舍此亦更無其途況今世之君主有責任大臣及樞密顧問以左右之其察之之能力亦不可謂無此裁可權之所以不能廢也夫今世各君主國之於此權雖閣置勿用然既爲憲法所規定則一旦遇事勢所必要得隨時用之而無待外求非如民法上之權利罹時效

而消滅也。告朔餼羊。猶且存之。矧其爲用。不僅餼羊之微末者耶。問者曰。君主若濫用不裁可權。以殺國會議決之効力。將何以待之。應之日。斯則視國民之政治能力何如耳。夫二百年前英國之君主。常濫用此權。而近二百年乃不一用者。豈前主皆桀。而後主皆堯哉。則其故可以思矣。

（本節已完本章未完）

著譯

天下眞才望　出於眞操守
未有操守不謹而遇事敢前者
劉蕺山語

調查

我國之陸軍

竹塢

一 總說

吾國改練新軍。發端於庚子前後。其最初改練之地。則南京直隸湖北三省也。自光緒三十年。乃立全國陸軍統一之計畫。雖訓練日淺。然光緒三十一年在河間府所舉行之北洋軍大操。其明年在河南所舉行之北洋湖北兩軍大操。及前年在安慶所舉行之兩江兩湖軍大操。成效甚著。即外人參觀者。亦驚其成就之速。至設立軍諮處後。管理大臣濤郡王。復以貴胄元戎。歷聘各國。將欲取彼他山。成此勁旅。發揚國威。甚盛事也。雖然。竊聞道路流傳。則有新軍徒具形式。實乏精神。恐一旦有事之秋。緩急終不可恃。此固非事實乎。然證以廣東之變。則李準賴巡防隊之力。乃幸得無事矣。長沙之亂。則新軍一籌莫展。坐令釀變矣。夫國民竭其財力以効之國家。國家竭其財力以供養軍。軍士亦冀其進可以捍外患。退可以靖內憂耳。今禦侮之功。固不可知。而鎮亂之效。既已。如。此。則吾儕小民。所爲䌵䌵過慮者。亦因其所。此眞國命攸關。竊願有軍政之責者。亦少留之意也。

今吾國陸軍。其注重者雖在新軍隊。然舊軍如八旗綠營。頃猶未能盡廢也。光緒三十年頒布軍制。三十三年分全國爲三十六鎭。限五年編成。今將及期。猶尚未得其半。此則因財政困匱。有以梗之。然此新軍一日不能完成。則舊軍一日不能盡撤。每歲費國帑無算。其病國傷民。豈復可道。因不避繁蕪。先述舊軍。次及新軍。以資參攷。若夫後此軍政宜如何改良。士卒宜如何訓練。將帥宜如何養成。如何而可循名責實。如何而可靖亂安邦。想濟濟多才。自有成算。無煩記者爲之代謀。況事涉專門。記者雖欲獻議而苦於無知。故所論者。不過新舊軍組織之大凡耳。

二 舊軍

舊式陸軍。可分四種。一曰八旗。二曰綠營。三曰營勇。四曰團練。請得分述之。

(一) 八旗

八旗者。滿洲兵也。初爲黃白紅藍四旗。後乃增而爲八。其初四旗曰正黃。曰正白。曰正紅。曰正藍。增設四旗曰鑲黃。曰鑲白。曰鑲紅。曰鑲藍。　太宗時復增蒙古八旗。漢軍八旗焉。　世祖定鼎燕京。以八旗分駐各要地。故復有京旗駐防之分。

京旗兵數約萬九千餘人。分滿蒙漢二十四旗。每旗設都統一人。副都統二人統之。每旗分數甲喇。參領統之。每甲喇又分數牛彔。佐領統之。一牛彔之旗丁。約百五十人。京旗所組織之軍隊。則有侍衞親軍、前鋒營、護軍營、步軍營、驍騎營也。

各省駐防旗兵。總數幾何。無由確知。然總在十萬以上。各駐防皆以都統、將軍、副都統爲之長。總計都統二人。將軍九人。副都統二十三人。駐防之地。其在近畿者曰熱河。（都統）曰察哈爾。（都統）曰密雲。（副都統）曰山海關。（副都統）其在各省者曰山東青州。（副都統）曰山西綏遠城。（將軍）曰江蘇江寧。（將軍）曰京口。（副都統）曰浙江杭州。（將軍）曰乍浦。（副都統）曰福建福州。（將軍）曰湖北荆州。（將軍）曰陝西西安。（將軍）曰甘肅寧夏。（將軍）曰涼州。（副都統）曰四川成都。（將軍）曰廣東廣州（將軍）曰伊犁。（將軍）曰塔城。（副都統）其在東三省者。則有奉天、開原、鐵嶺、遼陽、鳳凰城、熊岳城、錦州、吉林、寧古塔、琿春、伯都納、三姓、齊齊哈爾、墨爾根、呼蘭城、黑龍江等。四十餘處。而以將軍三人。副都統十二人分統之。自改官制後。今所存者惟盛京興京兩副都統。以總督兼三省將軍而已。

國初旗兵驍勇。所向無敵。故能統一寰宇。撫有八區。其後泰平日久。慓悍之氣衰。而驕惰之習長。且八旗生齒日繁。糧餉歲增。國家養無用之兵。旗兵無生產之路。兵國交敝。其苦可知。自經髮匪中日庚子諸役。而旗兵之腐敗不可用。益暴露於天下。故變通旗制。爲目前一大急務。光緒三十年之編定軍制也。三十三年即下裁撤八旗之諭。其明年復設變通旗制處。以謀八旗子弟生計之方。不數年後。將盡停旗餉。雖因時制宜。事非得已。然無善法以處之。必不能得圓滿之效果也。

(二) 綠營

綠營者。吾國之常備兵也。總數約六十萬。近年以來。因改練新軍。漸次裁減。今所餘實數若干。實不能詳。

綠營之屬總督者曰督標。屬巡撫者曰撫標。屬提督者曰提標。屬總兵者曰鎭標。總兵所統。則一鎭也。一鎭之兵。平均五六千人。全國七十餘鎭。（水師在內）分駐要地。總兵之下。有副將、參將、遊擊、都司、守備、千把總等職。鎮分數營。營則參將統之。其營之大者合二三營爲協。副將統之。
提督節制數鎮。統轄所屬標營。其直轄之兵。平均萬二千。各省皆置提督一人。惟山東、山西、河南、安徽、江西則巡撫兼之。江蘇提督三。廣東提督二。蓋兼水師而言也。故今之提督。全國總計十七人。
巡撫直轄之兵。平均一二千。其兼任提督者。有節制其省內各鎮之權。固不待論。即不兼任之巡撫。鎮兵皆歸其節制也。
總督節制督標撫標鎮標。其直轄之兵。平均四五千人。
綠營與八旗。皆吾國前此之干城也。八旗之不可用。前已言之。不幸綠營亦復狃於承平。軍紀廢弛。積重而不能返。自經嘉慶教匪及洪秀全兩役後。朝廷乃恍然於綠營之不可恃。自曾文正以湘勇定大亂。於是有練勇練軍之分。練勇者。卽募之民間而加以訓練。髮逆之功。即賴此輩而克有成也。但募勇非國家經制。故更以綠營略加整頓。淘汰老弱。增補精銳。大致仿之練勇。此即所謂練軍也。而練軍之嚆矢。亦起於曾文正之直隸練軍。後此各省多仿行焉。

雖然。綠營積弊。既已深入膏肓。非整頓所能奏効。而國家歲費千萬。養此無用之兵。其爲非計。何待多言。故自光緒十一年以來。屢下裁汰之諭。至光緒二十七年。更申前命。但許其精選若干營。教以新法。即今日巡防隊之濫觴也。故此種兵實由綠營蛻變。與今日之稱新軍者。固自有別。意者三十六鎮一旦成立。然後綠營乃能永絕於中國乎。

(三) 營勇

營勇者即上所謂練勇也。本朝兵制。除八旗綠營外。無有勇之一名目。有之自福安康征臺灣林爽文之亂。募義勇兵與官軍並用。始後此各處皆有鄉勇之號。而嘉慶教匪時。湖南鎮筸鎮爲最著名。咸豐時、髮匪之變。綠營兵望風潰敗。大局幾不可收拾。其時江忠烈曾文正諸公。乃募湘勇而訓練之。後卒賴湘軍以定大難。是爲營勇之最有名者。同治初年。李文忠所募淮軍。亦以驍勇有稱於時。後此匪變頻仍。綠營既不可恃。各省皆爭募勇丁。以爲防剿之用。蓋營勇之統領營官。本非實缺。隨時皆可撤換。量能授職。不拘資格。而綠營各官。其稍大者。每遇更動。輒須奏聞。不便莫甚焉。故爲整頓軍政計。為便於督撫節制。計舉無有優於營勇者。無怪各省紛紛仿傚。是亦優勝劣敗之公理耳。

營勇之數。全國約十萬。然自練新軍後。亦漸裁汰。非久將與綠營同絕於天壤也。

（四）團練

團練非國家定制之軍。實鄉黨自治之義勇團耳。然團練之制。唐宋明皆有之。本朝則自嘉慶以還。匪變頻起。故各處皆有團練。以謀自衞。咸豐三年。後朝廷屢降諭旨命全國舉行團練。則可知當時之重視其事矣。

團練之制。古今不同。隨地而異。語其大要。則實由保甲來也。保甲之制。十戶為牌。十牌為甲。十甲為保。保有保正。甲牌亦各有長。團練者。即由此保甲中。合其二三保或數保以為一團。各戶皆出壯丁。平時則訓練。有事時則互相保衞。法甚善也。

團置團總一人。團副數人。以司本團守禦及與各團聯絡之事。各甲各牌。皆設一長。即由本團本牌之人公舉。凡團總以下。至於壯丁。平時各務生業。絕不因被選為團總。或當團丁後。不能經營私計也。團費則由人民負擔之。國家不撥公費也。

團練之制如此。大亂之際。雖不適於遠征。然防土匪。靖鄉曲。以補官兵之不逮。其功有不可沒者。故咸豐時屢派督辦團練大臣。而以道臺知府爲帮辦。其後弊害滋生。漸成尾大不掉之勢。至光緒二十四年。重申各省盡行團練之　命。然實行者稀矣。

三　新軍之沿革

欲溯新軍之源。實濫觴咸豐之世。初、髮匪之變也。勢如燎原。席捲天下之半。國家所賴爲捍衛之八旗兵。所至輒破。而六十萬之綠營。亦望風披靡。時則有孤軍起於上海。橫行於江南各地。卒與湘軍同立戡亂之大功者。則常勝軍也。其練此軍者。則戈登也。而爲之帥者。則李文忠也。此軍既連戰連捷。於是吾國人乃深信洋操之善。李文忠尤留意於此。故吾國新軍。實由此啓其端緒。當時李文忠爲江蘇巡撫。部署各營。悉改洋操。又於上海設江南機器局。同治九年接曾文正直隸總督之任。卽將直隸練軍。改爲新式訓練。復設天津機器局。其後又築大沽、威海衛、旅順等處砲台。購軍艦、派學生。又設水師武備等學堂。各省亦多取法焉。甲午戰事之始。人皆以賀勝者在我。誠以吾國水陸兩師。皆久經訓練。且器械多新式者。非日本之敵也。而卒不爾者。則亦以徒具表面之形式而已。此其言軍政者。所宜懲前毖後也。

自甲午一役後。袞袞諸公。僉知兵事之不可不亟講。時署江督張文襄首練自強軍。募土著鄉民。聘德國將弁三十餘人。爲之教習。營制一切仿之德國。全軍兵士二千八百餘名。又兼辦陸軍學堂。以爲儲養將才之地。後袁世凱復練新建軍於天津。二者皆純採仿歐。可稱爲新軍之嚆矢也。

張文襄歸湖北本任後。亦於武昌開練新軍。大致與江南自強軍相仿。其後乃改用日本將弁。而軍制亦改倣日本。今湖北各軍。其規模皆張文襄所定也。

自江南湖北改練新軍後。浙江安徽四川亦相繼踵起。爭聘日本教習。雖心追力摹。然終不及江南湖北之成績爛然。故光緒二十八年諭令北方諸省。派員就學武備於天津。南方諸省。派員就學武備於武昌。則當時兩省所練新軍。仰邀 天眷。亦可知矣。自時厥後。各省皆紛紛改易。卽所謂常備軍是也。而將弁學堂、速成學堂、附屬陸軍師範學堂。及武備小學堂。亦所在設立。啓其端者。亦北洋也。然向來專兵柄者。惟一兵部。而兵部所管者。則舊式之軍也。今各省既盡改新軍。非別有一機關。以爲之統率。則軍政

調查 十

無由統一也。於是光緒二十九年。袁張兩督連名奏請別設練兵處。以別於兵部。推慶親王爲總理。而袁張爲會辦大臣。徐世昌鐵良爲襄辦。焉鐵良又別募八旗子弟。設立京師常備軍。後以駐京恐仍沾染驕惰之習。乃移屯保定云。

光緒三十年練兵處乃奏定新陸軍營制餉章。行之全國。以立新軍統一之基礎。至日俄戰事起。吾國守局外中立。時袁世凱督北洋。慮守備之不足。乃增設北洋六鎮。以鐵良所統者爲第一鎮。袁世凱所統者爲第二鎮。其經費則募集四百八十萬之公債以充之。以北洋舊有之自強右軍。淮軍。皆解散之。而元字營則專充鐵路守備。光緒三十一年春第三鎮成。（今爲第四鎮）其年秋四五六三鎮亦成。是爲今日全國陸軍計畫之始。

光緒三十二年七月改官制之　諭下。其年九月以兵部改稱陸軍部。合併練兵處太僕寺歸之。擴張其權限。以謀軍政之統一。不似前此之兵部。所掌者徒有黜陟武吏而已。惟留練兵處之軍令司。改爲軍諮府。蓋如日本之參謀本部也。

光緒三十三年由陸軍部議定全國共練三十六鎮。按省配分限年編練。其明年秋。擬於安慶大操。而忽遇　兩宮賓天之事。因罷不行。然此後新軍計畫。着着進步。未嘗少休。覩於澹䴡王之管理軍諮處。赴東西洋考察陸軍。而知朝廷之夙夜汲汲於此也。

四　新軍將來之計畫

依陸軍營制餉章所定之三十六鎮。其分配之地如左。

近畿四鎮

畿輔拱衛京師。宜有大兵以居中馭外。故鎮數特多。

直隸兩鎮

山東一鎮

直隸山東之三鎮。屏蔽畿疆。瀕臨渤海。故宜相聯以固神京之右輔。　山東一鎮限三年編成。

江蘇二鎮

該省當江海之衝。督撫分治蘇寧。均稱要地。故宜有重兵屯之。亦限三年編成。

江北一鎮

清江浦當山東河南江蘇安徽四省要隘。扼東南孔道。故宜別有一鎮以守之。限四年編成。

安徽一鎮

江西一鎮

河南一鎮

湖南一鎮

此四省者居中原腹地。故宜各編一鎮。平時足資鎮攝。有事時可出境協助也。限四年編成。

湖北二鎮

該省居全國之中。宜厚集兵力。以資策應。限三年編成一鎮。

浙江一鎮

福建一鎮

閩浙兩省。地接海疆。宜一氣聯絡。以固東南門戶。限兩年編成。

廣東二鎮

廣西二鎮

兩粵為海陸邊防重地。須協力一致。以固南服之藩籬。限五年編成。

雲南二鎮

該省控制西南。宜速集兵力。以資防守。限五年編成。

貴州一鎮

該省尚為腹地。有一鎮之兵。資分布足矣。限五年編成。

四川三鎮

巴蜀居長江上游。與雲南西藏接壤。其饒富亦過他省。經費易籌。故鎮數稍多。亦無妨也。限三年編成。

山西一鎮

陝西一鎮

秦晉地近西北。據山川形勢。古所謂天府也。故各宜編一鎮。分扼要區。限三年編成。

甘肅二鎮

新疆一鎮

兩省爲西北門戶。宜呵成一氣。以控邊陲。限五年編成。

熱河一鎮

熱河爲京畿外輔。控制蒙旗。故宜專設一鎮。以資阨守。限四年編成。

奉天一鎮

吉林一鎮

黑龍江一鎮

東三省地方遼濶。宜速各設一鎮。以資分布。限兩年編成。

以上二十五處。共三十六鎮。其經費則近畿四鎮。由陸軍部任之。餘皆責成該省將軍督撫。故比年督撫於籌措政費外。復有此一層負擔。其拮据之狀。所以不可以言語形容也。

五　新軍軍制

光緒三十年練兵處所奏定營制餉章。實爲吾國陸軍之基礎。今撮其大要。分條述之。

（一）分軍制畧

分軍制略者。服役制度之意也。分爲常備、續備、後備、之三種。常備軍者。選有籍貫家屬而又合下述募兵制略所定之資格者充之。月餉四兩餘。服役以三年爲限。續備軍者。以曾服常備軍者充之。亦限三年。月餉較常備軍減四之一。時時召集演習也。後備軍者。以曾服續備軍者充之。服役以四年爲限。年中演習兩次。其餉額較續備軍減半。滿期之後。苟無特別之志願。仍欲留軍中者。則歸田爲民。

（二）常備軍制畧

甲 平時編成

鎮

步隊二協	一協二標	一標三營	一營四隊	一隊三排	一排三棚
砲隊一標	一標三營	一營三隊 以下與步隊同			
馬隊一標	一標三營	一營四隊	一隊二排	一排二棚	
工程隊一營	一營四隊 以下與步隊同				
輜重隊一營	一營四隊	一隊二排	一排三棚		

右所圖者。一鎭之內容也。合兩鎭乃爲一軍。

一排之兵十四名。一鎭之將校。與同將校相當官軍屬等。共七百四十八名。兵一萬四百三十六名。夫役一千三百二十八名。總計一軍。以萬二千五百十二名爲定員。

乙　戰時編成

戰時常備軍。其編成之法。可臨時變易。惟宜依下所規定者。

步隊　每排可增三棚。卽加至一倍也。其所加之兵丁。雖徵之續備軍。然正副目宜由常備軍中拔擢。

礮隊　砲備六門之外。兵丁不增加。惟彈藥及其他運送人員。可於定員之外。徵之續備軍。不足則更徵之後備軍。

馬　隊
工程隊　此二者訓練甚難。故宜於平日卽預備足敷戰時之用。不可於倉卒之際。妄事增加。

輜重隊　臨機增加。不必預定。惟徵之續備後備而仍不足者。則可雇用夫役。

(三)　續備軍制畧

在各州縣之續備兵。宜受地方官及駐劄該地下士之統率。此項下士。凡有續備兵百名之縣。即設一人。不及百名者。則兼兩縣而設一人。如續備兵甚多者。則設下士數人。其在續備軍之兵士。可任意經營生理。每年十月。由管轄軍之統帥。派人往所屬州縣。操演續備軍。駐縣下士。宜先期召集。而地方官則應兵數之多寡。請領軍服軍器以分給之。其操演期限。大抵一月。此一月中所給兵餉。與常備兵同。至下士之職務。其最要者。爲發給續備兵餉項。募集新兵。管理軍械。如遇匪變。則會同地方官。傳集兵士等是也。如續備兵有居住外省者。則在外省會操。其離本籍千里以內者。仍歸本籍會操。此續備軍制之大畧也。

(四) 後備軍制畧

各州縣之後備兵。每二百名置下士一人。以資統率。若在百五十名以內。則由續備兵下士兼管之。自退爲後備兵之第二年及第四年。爲會操期。充滿四年後。如年在四十五歲以下。仍欲從軍者聽。如服兵役滿十年。而又無過犯者。準其試驗。試驗及格者。任以千把總。分駐各州縣。專管續備後備等軍。

（五）督練制畧

各省將軍督撫。皆有教育監督兵士之責。然或因政務煩多。不能專務軍事者。則凡有新軍一協以上。可設督練公所。以專責成。

（六）補官制畧

排長以上各軍官。全用武備學堂卒業生。如用舊日武弁。則宜詳加試驗。勿俾濫竽其間。

（七）募兵制畧

各省督撫。酌量該省各州縣之人口、面積、遠近。以及交通之難易。定一檢查期。而將兵士資格。榜於檢查所之門外。派府縣官以選定之。其資格如左。

一　年在二十歲以上。二十五歲以下者。

二　身長官尺四尺八寸以上。惟南方人酌減兩寸。

三　五官齊全。身體强壯者。

四　百斤之重。可平舉者。

五　有籍貫家屬者。並記三代履歷。

六　不吸鴉片烟者。

入營後三閱月。即將餉項扣留若干成。每半年一寄其家。其有操練優等者。則仿綠營馬兵之例。免稅三十畝。以爲勤愼者勸。

（八）　軍器制畧

凡軍隊所用之軍器。宜全國一律。今定採用小槍口徑七嵩里米突以下。初速度六百米突以上。命中二千米突以上。野戰砲口徑七仙梯米突以上。初速度五百米突。命中四千米突以上。山砲口徑與野戰砲同。初速度三百米突。命中三千米突以上。皆用無烟火藥。然欲各省軍器。驟然改爲一律。實非易事。故暫定各軍所用。不許參差。而漸次與新式交換。自新軍建設後五年。必宜一律云。

（九）　督練處制

督撫　東三省及駐防旗軍。則由將軍兼之。各省由督撫兼之。職在管理處務。整飭軍紀。

督練處分左三司

(一)兵備處　考核章制及各營之功過賞罰籌備糧餉軍械醫務等。

(二)參謀處　贊襄帷幄。並考查中外地圖形勢。

(三)教練處　專管訓練軍隊及武備學堂課程等事。

三處各設總辦一人。其帮辦、提調、委員、文案等無定員。

(十)階級

階級	官職
將	
正都統	總統官等
副都統	統制官等
協都統	統領官　總參謀官等
正參領	統帶官　正參謀官　總軍械官　護軍官
校	
協參領	管帶官　二等參謀官　副軍械官　參軍官
正軍校	隊官　督隊官　三等參謀官
副軍校	排長　掌旗官
協軍校	司務長等

副參領　教練官　一等參謀官　中軍官　正軍械官

下士卒

正目棚長　正兵

副目　副兵

六　陸軍教育

吾國陸軍計畫。已定全國爲三十六鎮。將來將校之材。需用實繁。而所以儲養此將校者。究不外乎學堂。以今之陸軍學堂言之。則有正則者有變則者。其正則之學堂。則有陸軍小學、陸軍中學、陸軍兵官學、陸軍大學四種。其變則者。則有速成陸軍學堂速成師範學堂之二種、所以應新軍之急而設者也。此項學堂之外。復有專授將校專門之學者。如步騎砲兵專門學堂、各將校學習武備之講武堂等是也。

今以光緒三十年練兵處所奏定之陸軍學堂辦法。畧陳其概。以供參考焉。

（一）陸軍小學堂

陸軍小學堂者。教授普通學及軍事學之初步。而養忠愛武勇機敏馴服之性質。以植軍人之根基也。在京師及各省設之。而荆州、福州、察哈爾三駐防亦設焉。學生定額因地而異。京師及大省。定額三百名。小省二百十名。駐防九十名。通國計之。每年入學生約二千人。三年畢業後。入中學者。以九成計。當約千八百人。中學畢業者。亦以九成計。可得千五百名。故吾國軍事教育。苟能完備。則每年可得一千五百名之初級將校。當能數各鎭之用也。此項學堂。今各省皆設。幾於普及矣。

（二） 陸軍中學堂

陸軍中學者。教授高等普通學。及重要之軍事學。而以堅志節守紀律行實地練習擴張軍人之智慧能力爲目的也。今直隸、湖北、陝西、江蘇、四省設之。凡由陸軍小學堂畢業者。皆可赴考焉。兩年畢業。畢業後當入軍隊。以資實習。

（三） 陸軍兵官學堂

陸軍兵官學堂。以教實行的兵學。分講堂、操塲、野外三處教授演習。養成初級將校爲目的也。於京師附近設立之。一年半畢業。畢業後入軍隊學習。學習半年。可補隊官等職。

（四）陸軍大學堂

陸軍大學者。教以高等兵學。使具統御指揮之材。以養成可充參謀及其他要職之武官爲目的也。入學資格。須陸軍兵官學堂畢業生。而在隊二年以上。材質最美者。乃爲合格。限兩年畢業。今於京師附近設立焉。要之正則之軍事教育。爲日尚淺。故收效仍少。今日所恃者。反在速成諸學堂也。

（五）速成陸軍學堂

速成陸軍學堂。以養成士官爲目的。學生定額八百名。修學兩年。教以普通學及軍事學。畢業後學習半年。可補隊官等職。此學今在保定府。

（六）速成師範學堂

速成師範學堂者。以養成各省陸軍小學堂教授爲目的。特於直隸武備學生中。挑選百名。加教師範課程。而以一年爲限也。

（七）新軍之現狀

（1）禁衛軍專司訓練大臣所管

軍名	步兵		騎兵	砲兵	工兵	輜重兵	屯在地
禁衛軍	第一協	第一標 第二標	一標（二營）	一營	一隊	一隊	北京、西直門外

（2）陸軍部所管

軍名	步兵		騎兵	砲兵	工兵	輜重兵	屯在地
第一鎮	第一協 第二協	第一標 第二標 第三標 第四標	第一標	第一標	第一營	第一營	北京、北苑
第五鎮	第九協 第十協	第十七標 第十九標 第二十標	第五標（缺一營）	第五標（缺一營）	第五營	第五營	山東省、濟南府 步第十七標及騎兵一營屯濰縣
第六鎮	第十一協 第十二協	第廿一標 第廿二標 第廿三標	第六標	第六標	第六營（缺一隊）	第六營（缺一隊）	北京、南苑

（3）直隸總督所管

軍名	步兵		騎兵	砲兵	工兵	輜重兵	屯在地
第二鎮	第三協 第四協	第五標 第六標 第七標 第八標	第二標（缺一營）	第二標	第二營	第二營（缺一隊）	直隸省、保定府 步第三協屯永平府 騎第二標屯撫寧府
第四鎮	第七協 第八協	第十三標 第十四標 第十五標 第十六標	第四標	第四標（缺一營）	第四營（缺一隊）	第四營	直隸省、馬廠

（4）兩江總督所管

第七鎮	第十三協	第廿五標 第廿六標	一營	第七標（二營）（山砲）	第七營（二隊）	第七營	江蘇省、清江浦
第九鎮	第十七協 第十八協	第卅三標 第卅四標 第卅五標 第卅六標	第九標	第九標（內二營山砲）	第九營	第九營	江蘇省、南京 第十八協司分部及步第卅五標屯鎮江同三十六標屯江陰
混成協		一標	二隊				江蘇省、南京
第十二鎮	第廿三協	第四十五標 第四十六標	二營	二營（山砲）	第十二營（一隊）		江蘇省、蘇州
第十四鎮	第廿七協	第五十三標 第五十四標	一營	一營（山砲）			江西省、南昌 步第五十三標（缺二營）屯九江同第二營屯萍鄉同第三營屯南昌
第十六鎮	第卅一協	第六十一標 第六十二標		一營（山砲）	二隊	一隊	安徽省、安慶

（5）湖廣總督所管

第八鎮	第十五協 第十六協	第二十九標 第三十標 第三十一標 第三十二標	第八標	第八標	第八營	第八營	湖北省、武昌
第十一鎮	第二十一協	第四十一標 第四十二標	一營	一營（山砲）	一隊	一隊	湖北省、武昌 步第四十二標屯漢陽
第十三鎮	第二十五協	第四十九標 第五十標		第十三標（二營）	第十三營	一隊	湖南省、長沙府

（6）閩浙總督所管

第十鎮——第十九協——第三十七標一
　　　　　　　　——第三十八標一
　　　　　　　　——第三十九標（二營）
　　　　　　　　——第四十標（二營）
——營一——營（山砲）第十營（二隊）一——隊——福建省、福州

混成協——第二十協——第一標（二營）一
　　　　　　　　——第二標（二營）一
——隊二——隊二——隊——浙江省、杭州

（7）河南巡撫所管

第十五鎮——第二十九協——第五十七標一
　　　　　　　　　　——第五十八標二
——營——第十五標（二營）一——隊——河南省、開封

（8）四川總督所管

第十七鎮——第三十三協——第六十五標一
　　　　　　　　　　——第六十六標（一營）一
——隊一——隊（山砲）一——隊——四川省、成都

（9）山西巡撫所管

混成協——二標一——營一——營（山砲）一——隊一——隊山西省、太原

（10）陝甘總督所管

混成協——二標一——營（二隊）一——營（山砲）——陝西省、西安

混成協——二標一——營一——營——甘肅省、蘭州

（11）兩廣總督所管

混成協		第一標、第二標、第三標(一營)	一營(二營山砲)	一營	一營		廣東省、廣東
混成協		二標(四營)		一營			廣西省、桂林

（12）雲貴總督所管

第十九鎮	第三十七協、第三十八協	第七十三標、第七十四標、第七十五標、第七十六標	第十九標(二營)	第十九標(二營)	第十九營	第十九營	雲南、
		一標		一營(山砲)			貴州省、貴陽

（13）東三省總督所管

第三鎮	第五協、第六協	第九標、第十標、第十一標、第十二標	第三標	第三標	第三標	第三營	吉林省、長春
第二十鎮	第三十九協、第四十協	第七十七標、第七十八標、第七十九標、第八十標	三營	二營(山砲)	一隊	一隊	奉天省、奉天
混成協		第三標、第四標	一營	一隊	一隊	一隊	奉天省、奉天
	吉林步隊	第一標、第二標					吉林省、吉林
黑龍江新軍	第一協	一標	二營				黑龍江省、齊齊哈爾

（14）熱河都統所管

熱河常備軍		第一標（二營）	第一營（一隊）	—	—	—

（15）新疆巡撫所管

第十八鎮	第三十五協	第六十九標	一營	一營（山砲）	—	新疆省、迪化

（16）伊犁將軍所管

混成協	一	一標	一標	一營	—	伊犁、惠遠城

（17）合計

二十鎮 九混成協	三十三協	二百二十六營	百七十五隊	百四十五隊	五十八隊	五十隊

（完）

法令

外務部奏定各省交涉司章程

第一條　凡有交涉省分每省設交涉使司交涉使一員辦理全省交涉事務　第二條　現在安徽江西湖南廣西等省暫不專設交涉使所有各該省交涉事件除由本省巡撫督飭關道辦理外其應與兼轄總督會商者即由該總督所駐省分之交涉使稟承辦理　第三條　交涉使擬定爲正三品位在布政使之次提學使之前　第四條　交涉使任用之途擬以外務部所屬人員及各省曾任交涉之實缺道員由外務部揀選預保存記聽候　簡放各督撫亦可將辦理得力著有成績之相當人員出具切實考語咨送外務部由部查核相符一體預保　第五條　外務部丞參及出使各國大臣遇有交涉使缺出亦可因材　簡任惟丞參使臣原係　特簡大員擬無庸由部預保　第六條　交涉使由外部丞參出使大臣實缺道員　簡放者作爲實授由出使大臣改任請仍留原銜其原官爲郞中候補道員者擬照從前編檢充提學使之

例一律作爲以道員署任　第七條　交涉使照各省藩學臬三司例爲督撫之屬官歸其節制考核一面由外務部隨時考查不得力者卽行奏請撤換　第八條　交涉使所辦事件除隨時詳請督撫咨報外務部外仍於年終造冊彙報外務部以備考核如遇重要事件一面稟報督撫一面報部　第九條　交涉使自到任之日起每三年作爲俸滿屆時督撫將其平日所辦事項細咨部由部查核分別殿最量臚列奏聞

第十條　交涉使就所駐地方設立交涉公所督率委員每日訂時入所辦事公所分設兩科曰秘書科曰繙譯科由交涉使酌擬辦事細則詳准督撫施行並報外務部立案　第十一條　交涉司酌設委員分隸兩科其員數事繁省分不得逾七八員事簡省分不得逾四五員　第十二條　交涉司委員應用歷辦交涉及通曉各國語文人員以業經到省及由外務部發往差遣者爲合格由交涉使選遴詳請督撫札派亦可不拘原官品級酌量差委仍將各該員履歷詳報督撫咨部備案其應領薪水酌照省舊時洋務該人員薪水由交涉使詳請督撫核定　第十三條　交涉使除列支俸銀外每年額支養廉公費及外交經費應由督撫酌擬奏定此外建修衙署公所及所

屬員役薪工公所費用等項均由督撫酌籌的欵以規久遠　第十四條　交涉司委員之下應設書記生其人數視事之繁簡爲定皆開支工薪不作缺底公役亦宜限定人數　第十五條　各口岸交涉向歸關道辦理者本爲交涉分司職任一切仍舊惟所有上詳督撫之件均應分咨交涉使查核　第十六條　所有舊時由藩學臬三司會詳督撫之件交涉司應一體會詳並一切關於各司通例者均與各司一律　第十七條　各省俟交涉使簡放到任後所有原設之辦理洋務局所即行裁撤將一切案卷移送交涉司以其經費併入交涉司經費　第十八條　以上各條將來如有增添删改之處隨時察度情形請　旨辦理

陽氣所發　金石爲開
精神一到　何事不成
程明道語

文牘

直督陳夔龍奏遵旨詳議行政經費摺

奏爲遵　旨併案詳議。恭摺臚陳。仰祈　聖鑒事。竊臣先後接准內閣咨開。宣統二年四月十九日。欽奉　諭旨御史趙炳麟奏請飭議確定行政經費一摺著在京各衙門各省將軍督撫將九年籌備單內所開各條某年某事需款若干從何籌定分年列表詳議具奏等因。欽此。又六月初二日欽奉　諭旨湖北布政使王乃徵奏籌備憲政酌分緩急一摺著在京各衙門各省督撫歸併御史趙炳麟條陳一併詳議具奏欽此。並鈔印原奏各摺。咨行欽遵辦理。前來。臣謹悉心尋繹。審其要端。如趙炳麟原奏意在因事量財。乃徐責依次進行之效。如王乃徵原奏。意在就款辦事。遂力言同時並舉之非。雖敷陳恉趣。略有不同。其緦緦於近時支絀情形。引爲深憂切慮則一也。臣竊伏念先朝特詔。定期預備立憲。毅然與天下更始。我　皇上乾惕震厲。首以　纘承立憲之志爲功。此則國是早定。無可遲回審顧。乃比年以來。中外大小臣工。兼營並騖。日不暇

文牘 二

給。而時事之阽危。衆情之牴觸。幾倍蓰於曩昔。而未知其所終極。良以規章稠疊。觀聽紛歧。或數人數十人所分任之事。雜舉而畀之一手。或數年十數年所應辦之事。牽連而發之一時。上之督責愈嚴。下之補苴愈甚。無怪其非粉飾即滋擾。繁費無等。敷衍目前。而帑藏之艱窘萬端。且有非建言諸臣所能盡悉者矣。臣愚以爲此時但當擇其事之直接關係預備立憲者。專精畢慮以赴之。其餘關於行政之事。惟當嚴覈名實。隨時酌量施行。庶足紓財力而罄 皇猷。不至漫無條理也。夫東西各立憲國。不外立法司法行政三權分立。中國既當實行預備。必先知審端致力之方。按諸奏定九年清單。其最有直接關係各節。舉如清釐財政。編查戶籍。各省遵章調查歲出入總數。試辦預算決算。調查戶口總數。彙報戶口數。節經分投舉辦。所費本非甚鉅。當不至誤限期。至於釐訂京外官制。編纂各項法典。所關尤重。定限綦嚴。在館部諸臣。協力殫勤。必可尅期蔵事。現在疆臣亟應措注。而需款較繁者。惟籌設外省各級審判檢察廳。改良各處監獄爲最著。籌辦各地方自治次之。查天津高等審判檢察各分廳。成立在先。其建築開辦等費。早經核實支銷。現可册膚列算。計自本年至宣統八年。籌設全省各級審判檢察各廳。共應需開辦常年各費銀七百九十餘萬兩自宣統三年至八年。應改良省城及各屬監獄。共應需改良及常年各費銀六十五萬餘兩。其原經指定的款。並預計各該廳所收印花狀紙等項。每年不過十萬兩左右。所短約七百餘萬爲數頗鉅。但係事關司法獨立。不能稍逾年限。而性質既屬國家行政。又實難於就地攤派。臣自當分年切實規畫。儘力勉任其難。如本省委係無從指撥。即隨時咨商法部度支部統籌兼顧。奏明請　旨遵行。斷不敢畏難諉卸。又查籌辦地方自治經費。自宣統元年至六年。全省自治會。一律成立。共應需銀六十一萬餘兩。其中尙未籌定者。共銀三十四萬餘兩。近來各屬因籌學警等欵。羅掘殆盡。若更舉此項經費。悉數責之地方。小民實有未逮。而籌辦自治要需。萬難延誤。現擬飭藩司勉予設法。每年暫由公家撥款補助。以紓民力而利推行。一面體察地方情形。畧爲變通定章辦理。所有繁盛城鎭。仍飭設立議董事會。其實在貧瘠各地方。卽飭先設廳州縣上級自治。城鎭鄉再圖推廣。庶人民稍寬負擔。而實際並無妨礙。凡此兩事。皆臣所謂直接關繫立憲。當專精畢慮以赴之者也。此外如直省教育。本年應需經費。畧已籌有端緒。以後照章應行開辦擴充各項學堂。

文牘　四

一切用款。迭經飭由學司撙節估計。自宣統三年至八年。共應需銀二千二百二十五萬餘兩。內計公款未經籌定者。共約一百九十二萬餘兩。而地方款竟須加籌四百一十六萬餘兩。巡警則直隸開辦較早。現在每年應需經費出入約可相抵。而規模亦大致完備。此後若再按照清單。逐年推廣。計自宣統三年至八年。共應需銀一千二百七十餘萬兩。內除先經籌定各款。實尚短銀二百七萬餘兩。是學警兩項待增之款不少。當此民生彫敝。深恐難支。似應斟酌情形。徐圖進步。總之事關內部行政。無論立憲以前。立憲以後。均應視其國力以爲設施。初不必劃歸預備範圍之內。可斷言也。至於振興實業。誠爲今日根本至計。財政雖極困難。亦不能置爲緩圖。直隸業經奏設勸業道。自當飭令認眞經理。第查照農工商部奏定事項。無一不需鉅款。竊謂公家所籌辦者。各局廠學堂試驗塲陳列所等類。不過藉資提倡。終以廣興民業爲主。顧欲廣興民業。全視國民經濟能力之厚薄。知識程度之高下。庶幾得尺得寸。逐漸擴充。此實業一項。又當分別籌議者也。微臣忝膺重寄。適際多艱。夙夜旁皇。罔知攸濟。固不敢遲延以誤事。亦何能輕率以縻財。惟有倡導紳民。整飭僚屬。罄其智能之所得。鼓勉其職分之所當為申明應行預備事宜。直追急赴。以期仰副　朝廷勵行憲政。綜核度支之至意。除分年列表咨送軍機處憲政編查館查核外。所有遵　旨併案詳議緣由。理合恭摺具陳。伏乞　皇上聖鑒訓示。謹　奏

魯撫孫寶琦奏遵旨詳議行政經費摺

奏為遵　旨詳議山東行政經費。分別籌計。恭摺仰祈　聖鑒事。竊本年四月十九日欽奉　諭旨。御史趙炳麟奏請飭議確定行政經費一摺。著在京各衙門各省將軍督撫將九年籌備單內所開各條某年某事需款若干。從何籌定。分年列表詳議具奏等因。欽此。又於六月初二日欽奉　諭旨。湖北布政使王乃徵奏籌備憲政酌分緩急一摺。着在京各衙門各省督撫歸併御史趙炳麟條陳一併詳議具奏。欽此。均准內閣刷印原奏。恭錄　諭旨。先後咨行到臣。仰見　朝廷注重憲政。博採羣言。於實事求是之中。寓量財制用之道。欽佩難名。查九年籌備事宜。凡清單所臚列。及各部院所奏定。無一事不為要圖。無一事不需鉅款。自非統權並計。預事籌謀。恐物力之盈虛。既窮於酌劑。即籌辦之緩急。難協乎時宜。是必提挈要綱。通盤策畫。迺收次第成功之效。而無施

行窒礙之處。就應行籌備各事而言。以法務警務學務需款最爲繁重。誠有如御史趙炳麟所云者。司法一項。就狹義而言。惟有組織法庭。就廣義而言。尚應兼籌獄制。按照籌備清單。省城商埠各級審判廳。應於本年成立。現已籌辦就緒。先設六廳。以後分年籌備。全省擬設地方廳十二所。地方分廳五十二所。初級廳五十一所。鄉鎮初級廳二十所。並將監獄羈所。一併改良附設。預算各項經費。類別有四。一爲各廳建築開辦常年等費。一爲監獄建築開辦常年等費。一爲提法使辦公行政等費。一爲調查設置事宜經費。計宣統三年。需款十四萬五千餘兩。宣統四年。需款一百五十五萬餘兩。宣統五年。需款一百九十五萬六千餘兩。宣統六年。需款二百十八萬四千餘兩。七八兩年。每年需款二百零三萬五千餘兩。本年應設六廳。需常年經費七萬六千餘兩。已由東海關裁併項下籌撥。其餘各款。一時尚難籌定。列邦司法經費。多寡不同。德與多支出於國家。英日多征取於訴訟。現當國費支絀。似可採取英日制度。加收訟費。不足再由國家補助。免占財用鉅額。然究竟應需補助若干。從何籌撥。難以預卜。此籌議法務行政之大畧也。警察爲內務行政。山東省城警務公所。及城鄉商埠鐵路各區。已設官警二千六百二十員名。本年應需經費二十三萬餘兩。由藩庫籌定。及其他收入。共有二十一萬三千餘兩。宣統三年以後。尙須酌量擴充。約每年不敷銀十一萬兩有奇。至省外各屬巡警規模粗具。並待推廣經營。擬將全省州縣。釐爲三等。分酌官警額數。計分上等十五屬。本年額定巡警七十名。由宣統三年至宣統六年。每年各推廣一百名。中等二十七屬。本年額定巡警五十名。由宣統三年至宣統六年。每年各推廣八十名。下等六十五屬。本年額定巡警三十名。由宣統三年至宣統六年。每年各推廣六十名。分年籌辦。需款多寡不等。統計約需九百九十餘萬。現在各屬已籌之款。每年約共十五萬七千餘金。不敷甚鉅。如何籌定。殊無把握。此籌議警務行政之大畧也。學務一項。籌備清單。僅列簡易字塾。學部奏案。並舉四項。教育所定師範實業專門普通各類。皆助長人民知識之事。爲教育行政當務之先。自籌備第一年。以至第九年。已設者加意擴充。未設者次第籌辦。合計九年需款總數。約在二千零四十五萬餘兩。歷年事實繁簡不同。爲之約畧勻計。則每年必需二百數十萬金。其各屬小學及勸學所教育分會。屬於地方自治。應由紳民就地籌辦者。尙不在此數。現在已經籌定。由司局撥發。及各屬

文牘

認解之款。每年約有四十九萬六千餘兩。由各府州縣自行籌定者。每年約三十七萬兩有奇。其餘不敷之款。尚少撥濟之方。此籌議教育行政之大畧也。以上三項需款最繁。飭據該管司道。各將應辦事宜。力從儉約。列表預計。粗具概要。勻計每年應籌經費。約須五百萬金。此外清單所列地方自治一事。範圍甚廣。現僅試辦城區。其鄉鎮府縣。應俟籌辦年期。察酌地方財力辦理。改定官制一事。所需俸給公費。决非舊日已有各款所能相抵。應俟館部釐訂章制。再行籌議。陸軍部奏定添練陸軍一事。查照憲政編查館覆核摺內。原有酌核財力辦理之語。現在編製預算。不敷尚多。自無餘力辦此。農工商部奏定提倡實業各事。造端宏大。應視財力爲衡。一時亦難懸擬。以上各項均無從列表擬辦。至欲事事完備。需款並屬不貲。計亦須四五百萬鉅欵。乃能展布。是山東一省。按照館部奏定事宜。每歲約須添籌一千萬金。迺可濟事。東省全年歲入。雖在一千萬左右。而協撥認解之欵。居其大半。其留作本省行政經費。實已無多。近年興辦要政。煩費蕭然。釐剔紛蠹之方。罔已不遺餘力。撙節財用之法。幾已窮於所施。如湖北布政使王乃徵所陳核減冗費等事。山東早已實行。源既無從遽開。流亦無可再節。公帑

入

支絀僅就現辦各事而言。尚少挹注補苴之法。此後按年推廣。安有著手之方。是籌之於國家經費者。誠難再事擴張。若云就地妥籌。則情事尤多阻滯。東省各州縣學警兩項。現由民間擔任者。統計不過五十餘萬金。本年籌辦自治。亦僅添籌十餘萬金。分任幷不爲重。而抗拒時有所聞。民智之不開。物力之不給。責孱夫以負鼎。則有臏絕之虞。樂爰居以鼓鐘。則有驚竄之慮。必興實業以紓困斂。廣教育以化顓愚。亦須久道而化成。殊難急切以求效。是籌之於地方經費者。尤不可以預期。夫憲政事宜。何等重要。而財政困難。必不足以副之。與其習爲隱飾。轉致名實之難符。如何稍事變通。以祛施行之窒礙。御史趙炳麟。以分別輕重緩急。次第施行爲請。湖北布政使王乃徵。以酌分緩急。變通成案爲請。按之近今時勢。實有不得不然者。大抵憲政要端。祇在明大權之作用。設統治之機關。今資政院成立。即爲將來國會基礎。已具參預立法規模。其餘改定內外官制。設立審判各廳。則於行政司法事宜。亦無不權限分明。綱維備舉。是憲政急務。固已次第設施。以後按年進行。自可漸臻完備。至巡警教育。祇爲行政之一部。進步本無止境。急切難以圖功。但責成主管官司。實力經營。似不必限定如何成績。强萬有不齊之衆。就一定不易之規。論其經費。則各國於下級巡警普通教育皆由地方負擔。應俟自治各會。按期成立。責以量力籌任。此時預算決算尚未製定。國家稅與地方稅尚未劃分。而預取數年以後地方應辦之事。爲之分年籌定。將來文物之進化。情勢之推移。正未可料。無論多取寡取。與日後社會情形。皆恐未能脗合。似應從緩籌議。稍寬程督之期。此則施行緩急之間。誠有不能不變通計議者也。除將表冊咨明政務處查核外。所有遵議山東行政經費分別籌計緣由。理合恭摺具 奏。伏乞 皇上聖鑒。謹

奏

直督陳夔龍奏查明山東萊海兩縣滋事情形據實覆陳摺

奏爲查明山東萊海兩縣滋事情形據實覆陳恭摺仰祈 聖鑒事。竊臣承准軍機大臣字寄宣統二年六月十二日奉 上諭叠據山東巡撫孫寶琦奏報山東萊陽海陽兩縣匪徒滋鬧。匪首曲詩文逼脅多人。開槍拒捕。經派省城馬隊星夜前往。派協統葉

長盛登州鎮李安堂帶隊陸續前進。及委員分路勸諭。旋因匪勢甚盛。累次攻城。官兵遂與接仗。匪勢大敗。奪獲槍械無算。匪首率衆入山等語。又據御史王寶田奏稱官逼民變。撫臣處置失宜各節。此次山東萊海兩縣愚民。究竟因何起事。是否地方官辦理不善所釀而成。曲詩文平日是否安分。抑如所奏。實係土棍。不數日間聚衆至萬餘人。何以甘心從逆者如是之多。且奪獲槍械甚夥。果係從何而來。有無暗中接濟種種情形。殊難遙揣。着陳夔龍派委明白曉事妥員。密赴該兩縣詳細訪查。務得確情。據實具奏。孫寶琦累次所奏各件。並王寶田原摺。著鈔給閱看。將此諭令知之。欽此。當經遴派存記補用道袁祚廙前往山東萊海等處詳細密查。茲據查明稟覆前來。謹將一切情形。爲我皇上縷晰陳之。查萊陽幅員遼闊。俗尚强悍。紳民交惡。已非一日。近年舉辦新政。假手鄉紳。更不理於衆口。積怨已深。久思尋釁。該邑永莊社社長于祝三。素倡反對新政。抗不納捐之議。村民多歸附之。曲士文即曲詩文。乃其同志。向居邑之西北旌旗鄉。與伊弟曲桂舟柏林莊。平日皆不安分。在縣纏訟有案。本年正月間曾在唐家菴地方糾衆五十餘人。拜盟立會。蓄意與官紳爲難。適知縣朱槐之辦理調查戶口一事。由

文牘　十二

士文遂乘間布散謠言。謂人口物畜均須納稅。並捏造各種稅章。到處傳播。又謂倉穀被官紳變價侵吞。於是遠近村民。咸爲煽惑。四月十三日。以索倉穀爲名。聚衆數千人。擁入縣署滋鬧。要求多款。迫令當堂寫給示諭。始各散去。又春間朱槐之籌辦地方自治研究所。以廟產年捐不及十分之一。議捐三成。以免另向民間籌款。乃各僧道聞曲士文滋事。亦復生心效尤。聚衆千餘人。於十五日入城。接踵滋鬧。毆傷縣署廚役。自携免提廟產諭稿。逼官照鈔用印。翌日朱槐之調附近防兵數棚。捉拿僧道十餘名。擬辦首要以示儆。曲士文聞之。復嘯聚土棍賭徒。及沿海鹽匪。陰相結合煽亂。官旣無備。亦無術以解散之。亂黨益肆無忌憚。初僅聚集二三百人。嗣以到處威脅。不數日間。數卽逾萬。五月初五初六日。復焚燬所怨紳富王景嶽高玉峯陳玉德數家。火光燭天。四境騷動。旋經鄉長姜爾綬營汛王鳳苞率同合城鋪商往返調停。力保此事官不深究。並允其挾制停辦地方自治。清算倉穀。及各廟捐停免。戲捐革除。紳董各款。給與蓋印執據。始勉將大衆遣散。而曲士文之死黨百餘人。仍復聚集各村。意存觀望。其時撫臣孫寶琦已將朱槐之撤任。另委知縣奎保接署。並派道員楊耀琳馳往查辦。該二員相繼至縣。於念二日出示解散脅從。嚴拏首要。曲士文恨官之反覆。禍將及身也。遂復各處傳帖糾衆。並以奎保所出解散告示指爲仍索各種苛捐。愚民無知。羣相疑忌。計先後被脅不下二萬餘人。抬運槍砲。預備大舉。念六日曲士文赴馬連莊呂保璜家。令其幫招鄉民。並索供應。呂保璜潛赴縣署報信。派兵掩捕。該匪黨當場格拒。開槍邀擊。並擄去馬弁一名。自是聲勢日盛。以九里河爲巢穴。分途設卡。晝夜攻城。擊斃守城警兵砲役。並慘殺偵探馬兵四名。初四日協統葉長盛登州鎮總兵李安堂率大隊駐紮委山。出示解散。旋據水溝頭紳商請兵彈壓。乃先發枝隊前進。行抵水溝頭莊外沙河邊。適遇餘匪先行開槍。該隊亦即還擊。傷匪一名。旋散。初六日大隊行抵水溝頭。即於是夜赴援縣城。黎明行至距城十餘里。遇該匪率衆萬餘。分路來撲。先被擊斃官兵一名。遂在馬山埠地方開砲還擊。轟斃匪黨二三百名。始向西北方竄散。官軍尾追。沿途搜剿。焚燬匪巢六七處。搜出曲士文僞檄及大小土砲子彈鎔爐生鐵無算。城圍遂解。惟首犯曲士文迄今逃匿未獲。此查明萊陽滋事之情形也。海陽壤地褊小。定章征收錢糧。銅元制錢各半完納。旋以制錢缺乏。改爲制錢三成。而民仍苦之。前年該邑東鄉南洪村監生宋煊文。率衆具稟。籲懇概納銅元。已經前任知縣允准。迨去年知縣方奎到任。以銅元價賤。不敷徵解。仍勒令規復三成制錢。否則每兩加徵三百文。以致民間嘖有煩言。宋煊文屢次投函詰問。抗不交納。方奎乃飭提宋煊文到案。科以抗糧之罪。四月間登州府知府文淇按臨該縣。宋煊文之子宋壎吉代父求恩。致激官怒。遽請監禁十年。併下之獄。鄉民咸抱不平。適該縣籌自治研究所經費。責令各鄉捐錢八千緡。民益大譁。有王林高啓望二人爲首。糾衆數十人。於四月二十九日蜂擁入城。要求釋放宋煊文父子。并要挾多款。逼官出示。始各散去。五月初旬。復有黨與嘯集。搶掠村民二十餘家。事主呈控。亦未拿辦。現在王林高啓望匿山內。宋煊文父子已釋。闔境一律安靜。此查明海陽滋事之情形也。綜查兩縣肇事緣由。萊陽則因紳民相讎。積嫌生變。雖各項雜捐及侵吞倉穀。詳查尙無其事。而承辦新政經手款項之紳董。假公濟私。擅作威福。誠有結怨於民之處。曲士文以一鄉曲無賴。竟敢假託公義。暗報私讎。迹其威脅鄉愚。私置槍彈。劫殺官兵。圍困城池。種種情形。實屬罪不容誅。然使地方官早爲覺察。撤紳董於物議沸騰之時。懲匪黨於歃盟要約之日。消患未萌。其禍當不至此。辦理不善之咎。誠無可辭。至匪衆烏合雖多。除死黨百餘人外。餘皆鄉愚無知。被其裹脅。一經懾以兵威。俱各瓦解。當非甘心從逆。其奪獲器械。僅有洋槍二十餘桿。餘均舊時土式槍砲。或係平時購置。或係鬍匪携帶。查無接濟實據。海陽則因征收錢糧搭配銅元制錢。前後兩岐。公家已失信用。宋煊文及其子宋壎吉原非謹守本分之人。惟此次抗繳制錢一案。該府縣不分輕重。概予禁錮十年。亦未免辦理失當。激成衆怒。至山東撫臣孫寶琦調兵彈壓。係出於萬不得已。設當時不派兵隊。則萊陽之變。將有不堪設想者。似不得以輕聽張皇責之。現在萊陽縣知縣朱槐之海陽縣知縣方奎。業經孫寶琦附片奏參奉旨先行革職。登州府知府文淇並經該撫奏明開缺另補各在案。而萊陽一案。半由紳董斂怨而起。亦非擇尤懲辦。不足以昭平允而服羣情。曲士文與其弟曲桂舟均非善類。而曲士文尤爲此罪案魁。且該處愚民惑於該犯揑造苛稅之說。方陰感其仗義而傾心嚮之。尤宜一面責成營縣嚴拿務獲。按律懲辦。以免漏網貽患。一面飭由地方官親赴各鄉明白曉諭。務釋羣疑。海陽滋事首犯。亦宜擇要拿辦。其餘兩邑被脅愚民。應一概免其株連。沿海鬍匪。則須會同奉省設法防勦。此外善後事宜。大抵不外緩撤軍隊。暫資鎮懾。籌辦平糶。速濟民食。而正本清源之計。尤在分別新政緩急。以求實際。速定州縣公費。以免浮收。以上各節。相應請旨飭下山東巡撫臣孫寶琦體察情形。分別妥籌辦理。以靖地方而紓宸廑。所有查明山東萊海二縣滋事情形。是否有當。理合恭摺具奏。伏乞皇上聖鑒訓示。謹奏

特別紀事

日本合併朝鮮始末記

長輿

嗚呼吾觀朝鮮之亡國乃知今日之以新法滅人國者其計至狡其術至工其處心至爲狠鷙而其手段又至爲和平也乃者日韓合幷之舉旣已公布韓國之號撤矣韓皇之位易矣韓人之社屋矣然其詔書條約固謂確保東洋之和平增進韓人之康福是實必不得已之舉鄰國之報章亦從而和之曰確保東洋之和平增進韓人之幸福是實不可以已之舉征誅之局行以禪讓曾無亡矢遺鏃之費攻城畧地之勞而二千餘年箕子之遺封已淪胥而從琉球之後矣嗚呼日本之經營朝鮮二十有餘年矣明治初年初有征韓之議野心乃始萌芽甲午敗我而勢力始張乙巳敗俄而勢力大定然其時載之條約公布各國者則猶曰扶助韓國之獨立保全韓國之領土也數年以來兎起鶻落時機旣熟落實取材今日收受韓國統治之主權者固即曩者扶助獨立之人也今日幷兼韓國全部之土地者固即曩者保全領土之國也狡焉思啓何國蔑有

亦復誰能以此責日本吾特恫乎待人維持受人保全者至於鐘簴已移國社已屋乃始憬然大悟而噬臍之悔已無及也語曰前車覆後車鑑朝鮮已矣請述其亡國之歷史以爲未來之朝鮮鑑焉

日本之得染指於朝鮮蓋自江華灣條約始也當同治之季年朝鮮大院君攝政堅持鎖國政策日本屢遣使通好皆拒不納日人大憤於是有征韓之議然其時國力綿弱固未能耀兵以示威也廷議紛紜議卒中輟未幾江華灣砲擊雲揚艦之事起日本派黑田淸隆爲全權大臣赴韓會議且與訂約修好光緒二年遂與朝鮮全權申櫶訂立江華灣條約我國不諳國際法主國對於屬國之權利任朝鮮自與外人締結條約坐視而曾不過問外人遂漸謂朝鮮爲獨立自主之國我國浸失保護朝鮮之資格而我國憒然未之知也條約既定日人遂派花房質義爲駐韓公使朝鮮旋有兵變韓京大擾亂兵犯闕日本使館亦被燬花房逃歸長崎日本立調軍艦三艘載兵八百馳往問罪我國聞變已遣吳長慶將兵四千往定韓亂丁汝昌亦奉命率北洋艦隊赴援日艦至見我兵已先至且勢盛懾不敢動馬建忠討治亂首執大院君送之天津袁世凱將

兵五營紮駐朝鮮辦理通商交涉事宜當是時我國猶能舉保護屬國之實日人勢未得逞也兵亂已定朝鮮派全權與花房重訂條約於濟物浦許日人屯步兵一大隊於韓京且聘二人爲政府顧問日人在韓之計畫已漸得所藉手旣而甲申之變起日本派伊藤博文至天津與李鴻章訂定條約是所謂天津條約也約文謂『嗣後朝鮮有事中國當發兵前往先咨照日本日本派兵前往亦必咨照中國』固明許日本有共同保護朝鮮之權矣日人旣得此約爲根據在韓之勢益張

然朝鮮固我國藩屬也日人覬覦朝鮮必使先離我國而獨立曩者國力未充尚隱忍而不敢遽發也逮甲午東學黨之亂起我國派兵往援總署照會日使謂按照撫綏藩屬之例然日本旣有天津條約爲口實遂悍然不復承認日使小村之照會總署也曰本國歷來未認朝鮮爲貴國之藩屬此次派兵前往一係按照日朝兩國在濟物浦所訂之約一係按照中日兩國在天津所訂之約妥愼辦理藩屬非藩屬之爭固非口舌所能解決矣然日本初議之所要求不過兩國協同干涉朝鮮內政耳其外部照會我國公使曰

亂事既定所有朝鮮內政亟應代爲修整兩國擬各簡命數大臣前往朝鮮同心稽察各弊其分應整頓俾朝鮮日起有功者如國庫出納欵項如遴選大小官吏如募練彈壓內亂陸兵等皆是

我國堅拒不許日人乃悍然變計訴之干戈更思攫朝鮮而置之獨力保護之下其外部第三次照會我國公使曰

查朝鮮王常蓄陰謀致釀禍亂大爲敝國之害乃其自主之力又太薄弱不足以膺重任(中畧)敝國萬難坐視(中畧)且妨敝國之榮名是以決計代爲設法以保太平之局

由此觀之日本始欲公同保護朝鮮者繼乃直欲獨力保護朝鮮其處心積慮昭然共見矣戰端將啓日使遂脅朝鮮逐去我國牙山之兵而與日本訂立攻守同盟條約及中日議和我國承認朝鮮爲完全無缺獨立自主之國韓王誓廟亦首宣布獨立於是我國盡失保護朝鮮之資格朝鮮遂脫離我國而入於日本之手此爲日本經營朝鮮第一時期

然而我國之勢力雖盡俄國之勢力新增前門拒虎後門進狼日人固未能晏然撫有朝鮮也甲申六月俄派威巴為駐韓公使始結通商條約威巴漸得朝鮮宮廷之信任勢力浸盛中日和議既成威巴聲言朝鮮問題不能任日本一國任意處置兩國勢力日相軋轢韓廷俄日兩黨亦互相激爭日黨擁大院君以清君側而戕閔妃俄黨旋挾韓皇及其太子幽之俄使館當是時俄人勢力驟漲凡監督財政訓練軍隊採伐森林設接電線之權次第入於俄人之手明治廿九年五月日使小村乃與俄使威巴訂立協商之約逾月山縣有朋赴俄賀加冕更與俄外部訂立協約然二約之成不過承認俄人在韓之勢力置朝鮮於共同保護之下日人固無所甚利也既而俄人陰結韓廷詭謀百出一切權利幾盡入俄人之手日人圖韓之謀有所格而不能復進遂有黃河奔注千里一折之勢明治三十一年日廷乃與俄使羅善訂第二次協約

第一條日俄兩國政府確認韓國之主權及其完全獨立且相約於其內政不為直接干涉

第二條若韓國將來有向日俄兩國求助之時苟非經日俄兩政府先行互相妥商

特別紀事

不得以一國擅爲處置

協約既定俄人勢力稍受限制然日人經營朝鮮心力交瘁甚至賭以國力乃奪之於中國之懷必不肯拱手讓人任俄人鼾睡於臥榻之側也三十五年春遂與英國締結同盟條約英國承認日本在韓有政治上及工業上商業上之特別利益不得不干涉之時得執行必要不可缺之處置日本既得此有力之後援其經營朝鮮之策乃進行而無復畏懾而勢力日益恢張雖俄人壓迫北韓不肯稍讓然日人萃全力以爭朝鮮雖決裂而有所不惜日俄戰事未啓之先日本外部照會俄使曰

夫韓國原爲我國防禦線最緊要之前哨故于其獨立爲我國之康寗及安全計實最爲必要者且我國在韓國所有政治上及工商業上之利益與勢力實卓絕於他國而此利益與勢力我國爲自己安固起見斷不肯交付於他國或分與於他國者也

日本謀韓之野心至是遂明目張膽而無復諱飾矣利害衝突卒與俄人至啓戰端宣戰旬日日使遂與韓國外部訂立日韓議定書雖猶標揭保障獨立保全領土之主義

六

以塗飾耳目。然第一條。謂政治上之改革。韓國當確信日本。皆聽從其忠告。第四條。謂韓國倘有事變。日本執行必要之處置。韓廷許以便宜行事之權。至是朝鮮遂爲日本之朝鮮。他國莫之與爭矣。此爲日本經營朝鮮第二時期。

中俄次第失敗。障礙盡撤。日人可以爲所欲爲矣。戰事方殷。日人對韓政略。未及措施。而忽有長森墾荒案之紛議。長森案者。日人長森藤吉謀壟斷全韓荒地。以從事開墾。日政府爲之代表。提議以要求韓廷。韓人大憤。舉國譁然。排日運動。接踵紛起。日人乃實行軍事警察。逮捕倡議排日之人。又復禁止集會。干涉言論。以嚴重之壓制。平靖擾亂。彼脆弱之韓人。勢固不能抵抗矣。然日人亦知生摘之果不適於口。且支節圖之。徒害韓人感情。而無裨大計也。乃撤回長森案。而先舉對韓政策之要綱。明治三十七年八月十二日。日使林權助謁見韓皇。提出內政改革案。凡二十有五事。其最重要者。則

第一條。設財政監督。以日本人充之。

第八條。設外部顧問。永由日本政府推薦。

第九條。韓廷將所有一切外交事務。及保護海外韓人之事。皆託諸日本政府。俟此

特別紀事 八

約實施後即將前此派出紮駐各國之公使領事盡行召還
第十條韓國召還公使之時各國派來駐韓公使亦同時撤退
第十一條前此全國二萬之兵額當減爲一千內外

財政行政外交行政軍事行政皆國家最要之機務也三者盡奪其權而握之日人之手朝鮮遂立於保護國之地位而日本二十年所求之大欲已償矣此案提出韓廷不敢有異議二十二日遂先發布設立財政顧問外交顧問之約既而學政參與之約警務顧問之約通信機關委託日本之約韓國沿岸自由航行之約次第成立三十八年九月日俄之和約成十一月遂命伊藤博文爲遣韓大使十七日謁見韓皇集韓廷大臣爲御前會議是日夜中日使林權助遂與韓外部大臣朴齊純結立新日韓協約日本遂盡收韓國之外交權而置之於保護國韓人至是始不勝亡國之恫人心洶洶皇駭震鑾而日人大計既定遂公布統監府及理事廳制授伊藤博文以韓國統監之任日本之經營朝鮮也竭二十年之力僅乃得之僅置之保護之下猶慮其地位之或有動搖而朝鮮且有死灰復然之一日也未幾適有海牙密使之事起日人相顧錯愕益

慮保護地位之或有動搖而朝鮮果有死灰復然之一日也於是乘此時機厲行其進行之策自統監設立以來韓人刦於積威窮無復之大痛在心積怨發憤七月一日海牙府開萬國和平會議韓人李相卨李瑋鐘李俊以代表韓皇之名義請求與會訴日本之橫暴請各國仗義公斷援韓之厄是所謂海牙密使事件者也日人聞之且驚且憤十七日日政府決定善後策令外部大臣林董銜命赴韓迫韓皇下詔讓位二十四日日韓新協約遂成於是廢止各部顧問解散韓國軍隊朝鮮之政權遂直接盡隸於日本雖欲立於保護國之地位而且不可得矣大功告成伊藤過日日人迎以凱旋之禮至是而朝鮮盡亡僅存者國號與皇位而已此爲日本經營朝鮮第三時期

日本既舉亡韓之實猶惡爲天下所指目不欲遽尸亡韓之名也虛與委蛇者二年伊藤被刺韓國一進會上書請願首建合邦之議合邦者滅國最新之代名詞也日廷心許之矣然日韓人士紛紛藉藉討論合邦之得失日廷不動聲色解曾禰統監之任易以陸軍大臣寺內正毅嗚呼韓亡久矣今日經營合邦之舉直如發蒙振落一舉手之勞耳寺內涖任未及一月事已大定日韓合併協約遂於二十二日成立二十四日通

牒各國二十九日舉行正式之禪讓自茲以往世界遂無復韓國之名號二千餘年之古國遂亡今具譯其禪讓之公文於左與廢之間讀者其有唇亡齒寒之感乎

韓帝讓國詔勅　朕德薄能淺紹承大業曆茲重寄御極以來雖旰食宵衣力圖改革然積弱已深疲敝尤極百計經營無裨萬一夙夜憂懼不知所措自念國家阽危已至此極與其束手無策坐視民生之塗炭不如委任强鄰克奏維新之偉業故朕深自省悟乾綱獨斷舉韓國之統治權讓與素所親信之大日本皇帝陛下外以鞏固東洋之平和內以保全八域之黎庶爾大小臣民當深察時機內維國勢勿得紛擾各安其業以服從日本帝國之新政共享文明之幸福須知今日此舉朕非忘爾有衆實欲與爾有衆同登衽席共享太平也爾臣民等其咸體朕意

日本併韓詔書　朕爲永保東洋之平和保障帝國之安固早思韓國爲禍患之源故特命朕之政府與韓協定置韓國於帝國保護之下俾杜絕禍源確保和局惟受託以來四年於茲朕之政府銳意改革與韓更始成績非無表見然韓國之制度紛若亂絲且名不正則言不順人民常懷疑懼以致泯泯棼棼民不安堵殊非

十

所以維持公共之安寧增進人民之福利也。朕與韓國皇帝陛下有鑒於此。知非舉韓國以合併於日本帝國不可。故專爲此事。特訂條約。自今以後。韓國永遠合併於我帝國至韓國皇帝陛下及其皇室各員。雖合併之後。仍享相當之優遇。其國人民。則直受朕之撫綏。以增進康福。朕特置朝鮮總督。俾承朕命。以統率海陸軍。總轄一切政務。百官有司。其威體朕意。恪謹將事。庶東洋平和。基礎益固。薄海臣民。共慶昇平。朕有厚望焉。

韓國合併條約 日本國皇帝陛下。及韓國皇帝陛下。爲鑒於日韓兩國關繫之密切。欲增兩國人民之幸福及保遠東之平和。深信非日韓合邦。萬難達此目的。故決定意計訂立合邦條約。日本皇帝陛下。特簡統監子爵寺內正毅。韓國皇帝陛下。特派內閣總理大臣李完用。爲議訂條約全權大臣。所協定之條約如左。

(一)韓國皇帝陛下。將管轄韓國全境之一切主權。永遠讓與日本皇帝陛下。

(二)日本皇帝陛下。已允受納前款所讓與之主權。并允韓國全行歸併於日本帝國。

(三)日本皇帝陛下。准與韓國皇帝陛下。太皇帝陛下。皇太子殿下。及其后妃嗣子等。各以相當之品級尊稱。幷與以保持此品級尊稱之充足歲費。

(四)日本皇帝陛下於第三款所載以外之韓國皇族。及其後裔。亦與以相當之名譽及禮遇。幷與以維持之歲費。

(五)日本皇帝陛下。將以爵位恩金分賜於合邦有功之韓國勳臣。

(六)自實行合邦以後。韓國一切政務。均歸日本政府管理。幷由日本政府擔任保護遵守現行法律之韓人之生命財產。及增進一切韓人之幸福。

(七)日本於韓國一切政務。需用人材時。凡韓人之誠意忠實。尊重新制而有相當之資格者。日本政府概與錄用。

(八)此條約經日本國皇帝陛下及韓國皇帝陛下認可。即自公布之日實行。

協約公布。乃撤去韓國之國號。封韓皇爲李王。嗚呼。勸進之表。禪位之詔。山陽公歸命侯之封。拜我國魏晉六朝間禪讓之舊儀。不圖今日乃於日韓交涉重見之矣。若夫朝鮮臣民。已易新主。一切制度。皆當變革。其王族大臣。別編制令。列爲朝鮮華族。亡國大夫不得齒上國之勛舊勢固然矣至於韓民則大赦減稅之外惟置參事於地方網羅地方之有力者爲地方行政諮詢機關參政之權謂俟總督調察他日徐定制令今日戶籍之法未行市町村之制未定不能與日本臣民享同等之權利即使移居日本苟非有日本之原籍者無法令之制定亦不能享日人之權利嗚呼亡國之遺民而欲爭戰勝者之權利是猶墦閒乞人求與王公會食天下寧有是事哉遠觀印度近驗臺灣朝鮮人之參政權不待言而可默喻矣

嗚呼吾今乃知以新法滅人國者之巧妙也日本無攻城野戰之勞朝鮮無死亡捕虜之慘雍容揖讓晏然不驚至於外論尤翕然無復異議蓋歐美近日之公論咸以開進蠻野不治之國增進人類之幸福實爲强國之義務甚者乃謂大國對於小國當全握其監督權能以關係最切之一强國專其權而統治之尤爲最善之政策然則日本今日之并合朝鮮固人道之正義而强者應盡之義務耳外人且以幸福增進爲韓人慶幸寧有一人爲之致亡國之哀所惻然痛傷不能自已者宜惟有亡藩之舊主耳然而無厭之求狧糠及米河上之曲同病相憐竊恐亡藩之舊主固將自哀之不暇且不能

特別紀事

復。哀。朝。鮮。也。悲夫。

中國紀事

度支部提出豫算案之猶豫　度支部對於試辦豫算問題。有主張今年提出者有主張不提出者其主張提出者爲財政處人員因費一年之心力欲提出之以表示其成績其主張不提出者爲該部所派之政府委員素未與聞恐一提出毫無頭緒無以應議員之詰問於是有調停二派者則謂今年只須提出一豫算大綱如軍政一門某省需款若干之類。但計明其總數。不必明示其綱目。若有要求細目者。再行請　旨辦理。聞贊成此說者甚多。故於前日特開大會議。以期解決。

新刑律草案之大辨駁　第一次新刑律草案。爲京內外大員駁議後。法律館又加修訂。日前在憲政館會議此事時。勞乃宣與沈家本意見大忤。勞力主將大清律中。種種破碎條文。加入於新刑律中。於干犯禮教一條。夫妻相毆一條。特別從嚴處罰。至於何物確爲名教何事乃爲干犯禮教勞亦不能指出其所謂妻毆夫之罪。加等處罰。法律館草案。原是如此。勞猶欲加重。故沈大作駁議洋洋數千言非徒侈談東西法理且語語根據經典足以折服新舊兩學之心理勢所爭辯者。無非託言禮教問題以籍人口沈林一又隨聲附和以助其談鬨辯駁最力者。爲編制局局長吳廷燮首先提出法權問題謂中國是否欲收回領事裁判權收回領事裁判權是否宜改良法律以期中外人皆可適用若勞所持異論爲極不人道外人豈能承認此種刑律因此中國領事裁判權亦永無收回之一日而勞已聞言氣沮。最後有謂禮教根於道德若勞所持爲不道德便可謂之非禮教而楊度則謂禮教有國家主義與家族主義之別中國今日究竟宜採用何等禮教若採用家族主義則編纂新刑律可謂多此一事採用國家主義則沈子敦侍郎以數十年之舊律研究數年之新律討論彼反對者所持一二膚淺之議蓋可從根本以取消其謬說也至與之逐條辯駁者。尙枝葉爭持云。

中央行政官廳派出資政院代表員　資政院定章。中央行政各衙門。本應各派委員。代表本衙門長官。於開院時陳述政策。并答覆議員之質問。現在距資政院第一次開院之期已近。以故各該衙門。均已先後派定委員。咨報資政院存案。茲彙錄其銜名如下。（憲政編查館）寶熙劉若曾達壽李家駒曹汝霖章宗祥（兼民政部）吳廷燮楊度陸宗輿顧鼇陸夢熊許寶蘅（軍機處兼憲政編查館）華世奎劉穀孫（外務部）高而謙曾述棨周自齊吳錡沈瑞麟饒寶書（民政部）延鴻（度支部）傅蘭泰曾習經陳錦濤樓思誥（學部）林灝深戴展誠彥德恩華王季烈范源廉彭祖齡（陸軍部）易迺謙文華唐寶珶蘇錫第李盛和羅澤暐（法部）曾鑑善佺羅維垣劉鐘琳吉同鈞尤桐馮巽占王恩衍（郵傳部）梁士詒陳毅院中樞龍建章馮元鼎周蕃堯（農工商部）周學熙魏震邵福瀛單鎮（理藩部）舒志吉章扎拉芬特屯存德

資政院議員練習會議之演說詞　資政院議員。借石橋別業。爲研究議案之所。每月開會三次。逢五爲期。上月二十五日。又値會議之期。是日至四時三十五分鐘。主席始搖鈴開會。宣告有提議者。請卽提議。須臾主席就坐。滿堂寂然。主席力促某君起述所見。某君就演席。陳述大旨。在預備本年資政院議案。計擬題六條。內有淸理財政與鐵道國有二條。餘四條未悉。繼又有某君演述資政院之性質。大旨謂資政院卽國會外間請開國會者。實未讀資政院章程之過。其主張資政院卽國會之理由一。就組織立論。以欽選議員。卽各國之上院。各省民選議員。卽各國之下院。所以但合爲一院。而不分爲二者取德意志聯邦議會之制各省之諮議局即德聯邦之參事院也一就本身之權限立論以各國議會議決權重要者在立法預算兩事資政院得議決預算議決法律與各國議會無異外間學人謂院章恭候聖裁與議會性質相反實不通之論無論何國議會所議決者無不待君主或大統領之裁可院章之所謂聖裁即各國之所謂裁可也惟有須注意者資政院有議決法律之權憲法之議決則不在此限章程明定斷不可踰越蓋吾國國體。同於日本。院章即採自日本。日本憲法。由君主欽定議會并未過問吾國憲法亦當欽定資政院自不當議決惟討論研究則非法律所禁耳演畢時有某君起言。資政院議決法律。限於通行法典其單行法規不在議決之數即如礦律爲一事而設資政院即不應置議衆僉然之。繼又有某君蒞演席發言。以會場秩序最宜注意。將來開院。恐有外人參觀。宜稍練習。免貽訕笑。并謂預備整理財政議案。宜採外國金庫制度且須整頓大清銀行云云演畢散會。時已五時二十五分鐘矣。

諮議局聯合會上書質問法律館

諮議局聯合會日前爲禁止翻印法規一事。上法律館書云。近日京外報章。咸載鈞館咨行各省。凡編訂各種法典。均禁止翻版等語。此項咨文。不見於政治官報。斂局等不敢信爲實事。然國民法律知識。方如饑渴之望飲食。有此風聲。商家不敢翻印。遂必須以極貴之價購買官本。於促進國民程度之本意。實屬相背。謂一字之訛。可以害事。則大淸律例。亦嘗聽民印刷。法官如爲矜愼起見。儘可購置官本以供校讎。商肆出版之善否。自關銷路之暢滯。似與鈞館無涉。或疑鈞館上承朝命。下享民膏。而又以其職務所存。爲專利之計。此誠以小人之腹。度君子之心。如果本無此事。請速宣布虛誣。若實有之。則請速取消前命。無任屏營待命之至。

奏准限制京署官電　向例京內各衙署往來官電。概給半價。由外務部在出使經費項下撥支。近年來各使館。因用度浩繁。將有不給之患。而各衙署官電費。每年竟至三四十萬元（從前不過十萬左右）之多。察其原因。皆由各署堂司各官所發私電及戚友之私電。皆混爲官電一例開銷。故每年增至此數。刻下外部堂官。以出使經費總數不過一百二三十萬。而都中官電費即去其四分之一。若不嚴定限制。必致出使經費。僅足供官電之用而後已。特於上月十四日奏請。嗣後京內各衙署。除軍諮處軍機處憲政編查館外務部仍准用官費電報外。其餘各署電報。概由本署自籌經費給付。不得仍在出使經費項下開支以節費用而便考核。奉旨允准。業已通咨各部院。自八月初一日起。一體遵照辦理。

蒙藏新疆設置郵政情形　京師大清郵政總局。前爲推廣邊疆郵政起見。擬在西藏蒙古新疆等處。逐次創設局所。開始遞送信函等項。以便通信。已自上年春著手籌辦。現在已有眉目。日昨京總局。接有藏蒙新疆等處郵局報告。大旨謂西藏郵政先在亞東拉薩二埠設置分局各一所以通信件所有由兩局與本國間來往信件托由印度郵政局遞送而其郵費按照美國郵政章程所定之率黏貼郵票新疆郵政則由前設之甘肅涼州府起經肅州安西至新疆迪化府設行省總局更於焉耆庫車溫宿疏勒伊犂塔爾巴哈台等處各設分局辦理郵務而所貼郵票須較內地行省郵票加倍並有一路即經西比利亞鐵路與該各局來往信件之郵費仍照萬國郵政章程貼票蒙古郵政則由前設之張家口起經庫倫至哈克圖更由庫倫至烏利亞蘇台科布士每埠設置分局亦經西比利亞鐵路由克圖可以來往信件而其郵費即與新疆辦法同但蒙藏新疆等處。僻在邊徼。地大人稀。又因人民未悉郵局之靈便。故郵寄信件。尚未見多。近由各該局督飭員役。認眞辦理。故近來郵務。比往日似略有進步。

粵桂滇電綫聯絡辦法 陸軍部中人云。頃粵桂滇三省大吏。前因屬下民變迭告。此伏彼起。有礙治安。該三省互籌妥協辦法。遂議定籌設軍事電綫一項。已經詳咨本部。及郵傳部在案。現由兩部咨覆。核定三省軍用電線。西綫自滇省騰越起。至臨安府爲中綫。至開化府爲東綫。且與桂省歸順州西線相連接。東方自粵省之廉州起。中經靈山縣欽州等地方。西方與桂省之南甯府中綫相連絡。而南甯因爲三省軍用電綫之中心點。南方至龍州府邊界。達於粵省西南境。北方至歸順州邊界。達於滇省東南境。其間又共設電綫分局。計滇省之臨安開化。桂省之龍州南甯。粵省之廉州欽州等八處。分局共計河口東興等十六處。准照所開列册報備案矣。

旨准開礦招募外股 上月初七日軍機大臣欽奉 上諭。朕維貨藏於地。富國之道。礦政爲先。我國地大物博。礦產饒富。近年各省漸有開採。而成效總未昭著者。或以財力未充。或以運售不易。甚有欺詐之徒。藉集股以圖鉅騙。遂至股實紳商。虧折於前。不復踴躍於後。有利不興。殊爲可惜。現在百物待舉。總以開濬利源。爲第一要義。凡有產礦之區。該都統督撫等。當於平日派員查勘。設法興辦。無使利棄於地。其風氣未開者。多方以勸導之。資本富有者。竭力以鼓舞之。動以歆羨。破其疑慮，果能盡集華股。固屬甚善。倘力有不足。亦可附入外股。惟須妥擬條款。慎防流弊。隨時咨送外務部詳核方准實行。凡茲興利大端。亟應設法提倡。著農工商部會同各都統督撫等。調查詳悉。熟籌辦法。將來有關於集股籌款等事。並著咨商外務部度支部。會同辦理。將此諭令知之。欽此。

出入口貨之增加　近據稅務處中人云。我國去年一年之外國貿易。據海關所報告。較前三年為優。不特收入之額增加。而出口之貨。亦甚發達。輸出入之總價額為七億五千七百十五萬八百八十一兩。就中入口額四億一千八百十五萬八千六十七兩。出口額為三億三千八百九十九萬二千八百十四兩。

世界紀事

英國貿易額　英國昨年度由各殖民地輸入之貨物。計值千七百萬鎊。自各國輸入者千五百萬鎊。至本國之總輸出額。計三億七千八百萬鎊。

英人間諜被縛　德人於北海之波爾克島以要塞撮影之嫌疑。捕獲英人二名。人心大搖動。咸謂英國心懷叵測。於其國防上之重要地。時放偵探。當嚴加防備云。

德帝之演說　德帝在康尼斯卜爾演說。頗招物議。以該演說之末有謂朕者上帝之手足。凡事自以爲可行者。朕即行之。不必採用他人之意見。只力求進步。保全治安。與人民同心協力。以圖進取云云。保守派均以此言。失之輕率。至社會黨則謂德帝已忘昔年蒲爾親王所勸不宜向國民輕言政務之忠諫。故當召集帝國議會。以明定憲法上德帝權力之限制。

德國海軍之利器　德國海軍現造一自動機航駛之大戰艦。以抵制德列腦式戰艦。該艦速力甚大。甲板甚矮。裝卸自由。艦中可安置十六寸口徑之大砲二尊。其彈力可洞穿德列腦式艦之鐵甲。至該艦鐵甲之厚。可使十二寸口徑大砲。無所施其技云。

墺意之妥協 墺國皇帝已於伊斯魯會見意大利外相。至鞏固土耳其國以維持平和一事。墺意兩國相互之意見。已十分妥協。至贊助巴爾幹各國之發達。兩國亦均一致。

西班牙之戒嚴 西班牙爲國中宗教上之紛爭。與同盟罷工問題。特布戒嚴令。

葡國之總選舉 葡萄牙共和黨之運動。日益加劇。其總選舉雖已平和蔵事。然共和黨之投票。比前大增。

三國同盟擁護 意國外相與墺國外相於伊斯魯協議。蓋因近來外交界有薄弱三國同盟之議。故特籌固結之法。

俄國再興海軍 俄帝急欲興復海軍。特派員調查海軍造艦所之行政。乃帝室造艦所之製艦力。且從速編纂條例。

俄相之極東視察 俄國首相斯律賓將作極東旅行。視察西伯利亞殖民地。及黑龍江鐵道情形。

俄國大疫　現俄國疫癘盛行。一星期內患疫者七千人。死者三千人。

俄國之來年豫算　俄國千九百十一年之豫算案。其經常費頗覺餘裕。

希臘修訂憲法　希臘國會擬修訂憲法。現正選舉議員。國民對於此舉。尙無異議。

土國之抗議　土耳其通告保護克列特島之列强。抗議克列特島民之參列希臘國民大會。且要求豫防開戰之危機。

土國之海軍政策　土耳其政府決議。以稅關作抵。借英金十兆鎊國債。以供振興海軍及一切要政之用。

克列特問題　克列特島之在野黨領袖威尼直士。得大多數被選爲希臘國議會議員。保護該島之列强。對土耳其政府。確證威氏之當選。於克島之現狀維持。絕無影響。

羅斯福之志向　美國前大統領羅斯福於芝加哥各埠演說。謂當以公明正大之手段。實行其政策。故咸謂羅氏此言。實希望得爲第三次大統領候補者。西部各州。深以羅氏志計既決爲喜。

保守派與羅斯福　羅斯福對共和黨之保守派。已博勝利。故保守派之首領。對羅氏布告宣戰示最終反抗之決心。

智利大統領崩逝 智利大統領馬溫特因心臟痲痺病猝然崩逝。

非洲境界問題 亞非利加洲東方英德比利時各國之湖領界問題。已全解決。

韓國合併協約 韓國合併協約。以陽歷八月二十三日畫押。二十四日由日本政府通告各國之代表者。以二十九日發表。

韓國合併與外論 韓國合併協約成立。英德兩國於政治上初無反對之意。惟於韓國將來之經濟狀態。及關稅制度頗懷疑慮。

日本之土地人民 日本合併韓國後。領土人口大爲增加。從前日本領土面積一億七千四百三十三萬平方里。合併後計有二億五千六百三十三萬平方里。其現有人口共五千二百五十一萬八千五百十八。合併後計有六千三百三萬七千五百十八人。其領土現可與歐洲之墺地利葡萄牙相頡頏。至人口則已逾德國矣。

叢錄

江介雋談錄

野民

朝鮮李氏世系攷

朝鮮李氏建國。始于明洪武二十五年壬申。終于　國朝宣統二年庚戌秋七月。爲日本所滅。凡五百十九年。傳二十一世。二十七君。海門周彥升徵君家祿嘗游朝鮮。攷其世次。取而譜之。曰朝鮮世表。迄于乙未改國號曰韓而止。茲益以改號後兩主事實。綜厥終始。俾覽者有所攷焉。

康獻王旦　姓李氏。原名成桂。高麗全州人。仕高麗王氏。官至門下侍中。明太祖二十五年壬申。廢高麗王瑤而自立。改國號曰朝鮮。三十一年傳位子曔。以成祖永樂六年薨。

恭靖王曔　明洪武三十一年戊寅嗣位。惠帝建文二年。旦長子芳遠立。曔以永樂十七年薨。　按曔之事實。明史闕焉不載。殆因靖難師起。南北阻絕。貢使不達之故歟。

叢錄　二

恭定王芳遠　曾仕高麗王氏官至密直司代言。明建文二年庚辰即位。永樂十六年傳位子裪。二十年薨。

莊憲王裪　明永樂十六年戊戌嗣位。代宗景泰元年薨。子珦嗣。

恭順王珦　明景泰元年庚午嗣位。三年薨。子暐嗣。

魯山君暐　明景泰三年壬申嗣位。六年裪次子瑈廢暐自立。暐以英宗天順元年卒。

惠莊王瑈　明景泰六年乙亥即位。憲宗成化四年傳位子晄。是年瑈薨。

悼襄王晄　明成化四年戊子嗣位。五年薨。瑈孫娎立。

康靖王娎　瑈世子追封諡懷簡王暲之子。明成化五年己丑奉惠莊妃尹氏命即位。

孝宗宏治七年薨。子㦕嗣。

燕山君㦕　明宏治七年甲寅嗣位。武宗正德元年娎次子懌廢㦕自立。㦕旋卒。

恭僖王懌　明正德元年丙寅即位。世宗嘉靖二十三年傳位子峼。是年懌薨。

榮靖王峼　明嘉靖二十三年甲辰嗣位。二十四年薨。無嗣。懌次子峘立。

恭憲王峘　明嘉靖二十四年乙巳即位。穆宗隆慶元年薨。懌孫昖立。

昭敬王昖　懌子德興大院君岹第三子。明隆慶元年丁卯奉峘遺命嗣位。神宗萬歷三十六年薨。子琿嗣。

光海君琿　明萬歷三十六年戊申嗣位。熹宗天啓三年昖孫倧廢琿自立。琿以莊烈帝崇禎十四年卒。

莊穆王倧　昖第五子追封謚恭良王琈之子。明天啓三年癸亥即位。國朝世祖順治六年薨。子淏嗣。

忠宣王淏　順治六年己丑嗣位。十六年薨。子棩嗣

莊恪王棩　順治十六年己亥嗣位。聖祖康熙十三年薨。子焞嗣

僖順王焞　康熙十三年甲寅嗣位。五十九年薨。子昀嗣。

恪恭王昀　康熙五十九年庚子嗣位。世宗雍正二年薨。焞第四子昑立。

莊順王昑　雍正二年甲辰。以世弟卽位。高宗乾隆四十一年薨。孫祘嗣。

恭宣王祘　昑世子追封謚恪愍王緈之子。乾隆四十一年丙申以世孫嗣位。仁宗嘉慶五年薨。子玜嗣。

宣恪王玜　嘉慶五年庚申嗣位。　宣宗道光七年子昊代理國政。十四年玜薨。昊前卒。昊子奐嗣。

莊肅王奐　玜世子追封謚康穆王昊之子。道光十四年甲午以世孫嗣位。二十九年薨。無嗣。昑四世孫昇立。

忠敬王昇　昑曾孫全溪大院君壙第三子。道光二十九年己酉奉宣恪妃金氏命即位。嗣玜後。　穆宗同治二年薨。無嗣。昑五世孫熙立。

韓主熙　昑四世孫興宣大院君昰應次子。同治二年癸亥奉康穆妃趙氏命即位。嗣昊後。　德宗光緒二十一年乙未。熙爲日本所脅稱自主之國。改國號曰韓。稱帝。建元曰光武。丁未秋七月爲日本迫禪位於太子坧。熙稱太上皇焉。

韓後主坧　熙長子。閔妃出也。光緒三十三年丁未秋七月爲日人所迫受禪。尊父熙爲太上皇。　今上宣統二年庚戌秋七月坧以韓國版圖獻日本。日人封坧爲李王。韓亡。

野史氏曰。朝鮮。中國之屏翰也。其俗崇文秉禮。其王恪奉中朝。虔詐胥捐。歷年五百。盛矣。前古所未聞也。雖當前明之世。歷廢三君。咸獲終其天年。不聞有弑虐之事。中朝熟視無覩。本邦匕鬯不驚。厥故果獨何歟。蓋自康獻以忠厚開基。廩故王瑤以終身。貽厥孫謀。遂成仁俗。抑明代廢君立君。儼成故實。詩曰。黽勉同心。不宜有怒。故相喩於無言爾。迨入　本朝。朝鮮武備愈弛。國勢益孱。適逢李熙庸質。司晨柄政。惟知善鄰之美。而不治軍旅。徒慕通商之利。而不度國力。上下泄泄。燕巢危幕而不知。宮廷嘻嘻。火炎崑岡而罔覺。倚強鄰而稱帝。引虎爲援。詠哲婦之傾城。鋤蘭爰及。（乙未秋韓國內亂閔妃爲日人所戕）馴至政由甯氏。獨傳禪子之文。圖入咸陽。孤擁讓皇之號。終我五百。永作虞賓。嗟何及矣。儻使興宣居攝之日。早以熙也無慧而黜之。提挈重器。更立英賢。則亦安至是哉。於戲。固人謀之不臧。亦運會之使然也。

唐維卿方伯軼事

友人爲予言灌陽唐維卿方伯（景崧）逸事云。公爲人慷慨有大志。工詞章。以翰林散館授吏部主事。久官京師。脫略不羈。好與博徒游。貧益甚。一日有友過談。公曰。秋菊始花。霜螯正肥。願留君一醉。呼僕出市蟹。僕顰蹙曰。廚中正乏米。安所得蟹乎。公亟亂以他語入室攫小兒帽上銀飾易錢市醬。與友人痛飲歌呼。以爲笑樂。其豪邁如此。甲申越南事棘。公上書寶佩蘅相國。願孑身赴越南說越南義士劉永福出奇攻法軍。寶壯之。未行而病。京班中有青衣日余紫雲者。來視疾。私餽五十金。公乃成行。至越南。徒步入萬山中說劉永福。爲規畫拒法兵策。紙橋之捷。宣光之戰。義聲塞天地。爲世所稱。是時張文襄督粵。奇其才。令領一營。疏薦。旋授臺灣道。擢臺灣布政使。甲午日本戰事起。公署臺灣巡撫。乙未歸。初寓上海。賃居西園。余紫雲自京來視之。公贈二千金以酬其夙惠。時議者謂公挾臺灣貲數百萬歸。公笑而不辨。回廣西。益起大宅。顏曰五梅堂。宅內有花園有戲臺。公日以徵歌爲事。間與鄉人飲博。數年而公復一貧如洗。竟客死廣東。賴友人經紀其喪。始克歸葬。於是毀公者默爾息矣。予前已紀公事。茲以言者較詳。更泚筆紀之于此。

觚齋題圖詩

比見俞觚齋提學近作。題爲陳善餘徵君撰西石城風俗志復繪橫山草堂圖徵題。橫山即西石城徵君隱居地。感賦十六韻歸之。云。先生愛鄉土。日飲橫山綠。橫山有草堂。

先生此耕讀。初民知有羣。風化基親睦。樂生送死情。節之成禮俗。聖者導所趨。豈曰新耳目。至味在人倫。持此馴百族。子學富九州。約之一邱足。躊躇進化理。瑣屑有實錄。此義今無聞。蒼茫寫林谷。遙知手一編。溫溫對樵牧。着意羲皇間。甯爲世所牿。嗟余志四方。動與時抵觸。六合新制作。謂可幾一蹴。還驗居游人。冥然自歌哭。子非耽隱者。類情返眞樸。從知避世人。甘心友麋鹿。是作勃窣爲理窟。秀健處亦何減柳州。

寄禪上人詩

敬安上人。字寄禪。本姓黃氏。湖南湘潭人。家世業農。幼孤。年十八出家。滌明禪理。遂得乾慧。爲詩輒工。專宗唐賢。而五律尤勝。 國朝詩僧當推巨擘。頻年卓錫甯波天童寺。士夫嚮風。若晉之支遯惠遠焉。著有八指頭陀詩集。茲錄十首。暮秋茹峯山閣晚眺云。高閣凌霄漢。登臨見大荒。輕烟凝遠樹。疏雨澹斜陽。江淨寒潮白。秋高木葉黃。憑闌不欲去。明月照衣裳。訪陳啓南云。微雨睡初醒。扁舟入渺冥。潮連蟹浦白。山接馬鞍青。細草迷幽徑。閒花落廣庭。主人能好道。薄醉聽談經。秋日登伏龍山云。鷲嶺鬱崔嵬。登臨亦壯哉。秋聲生遠樹。落葉掩荒苔。海闊孤帆度。天空一雁來。故山不可見。愁絕暮猿哀。

焦山云。焦公棲隱處。落日獨經過。帆影懸青嶂。鐘聲出碧蘿。潮生京口濶。山赴海門多。昔人不可見。惆悵此巖阿。登金山留玉閣云。高閣一憑眺。蒼茫太古情。天疑入海盡。潮欲挾山行。芳草金陵渡。斜陽鐵甕城。鄉關渺何處。向晚客愁生。送友人入蜀云。草綠長沙渚。淒然送汝行。微官休自恥。萬里且孤征。日落黃牛峽。江流白帝城。到時應有淚。不獨異鄉情。望湘樓晚眺云。雨後雲猶濕。高樓望若迷。亂帆湘渚北。落日橘洲西。獨鶴棲難定。饑烏晚更啼。憑闌何限意。惟見月淒淒。國清寺云。樵路行忽盡。青蓮擁化城。水迴雙澗曲。雲截五峯平。不見寒山子。空聞智者名。余生獨何晚。懷古一傷情。陳曼秋還湘賦贈云。日暮千門靜。天空一雁飛。那堪異鄉客。復送故人歸。建業孤帆遠。楚江秋雨微。禪心本無住。何事欲沾衣。對雪書懷云。四山寒雪裏。半世苦吟中。鬢易根根斷。詩難字字工。心肝徒自嘔。言論有時窮。寂寂平生事。蕭然傳夜鐘。又斷句。游麓山寺云。野花寒更發。庭樹葉先秋。秋夜云。道心寒皎月。書味澹秋燈。過楊山人居云。春風不到處。枯樹自生花。均有意味。

正誤　本報第十九期江介雋談錄缶廬詩石苔青刺屝句苔誤苫更正于此

文苑

朝鮮哀詞

滄江

時運有代謝。人天無限悲。哀哀箕子祀。惻惻黍離詩。授楚天方醉。存邢事盡疑。蒼茫看浩劫。絕域淚空垂。

自昔四夷守。惟聞我武揚。玄菟開漢郡。圭冕廓明疆。高廟初膺籙。東藩首椅裳。山川不改舊。懷古倍悽惶。

卅五年前事。搶攘啓禍門。覽鐘秦客賤。擁篲漢公尊。比戶無安堵。西鄰有責言。誰令一星火。熠熠竟燎原。朝鮮之禍起於前王李熙之父大院君昰應熙即後此之太皇帝今次日本封爲李太王者也系出支孽昰應結託女謁遂使入繼大統乃自專政大戮耶穌教徒萬餘人兼及外國傳教師且稅斂煩苛民不聊生法美皆嘗興師問罪以吾爲之解紛得無事

王迹何年熄。人臣有外交。樓蘭方貳漢。鄭伯不朝周。歃血迎蕃使。攻心誤廟謀。豈聞典屬國。空自責包茅。光緒元年朝鮮與日本結條約其第一條有朝鮮爲自主之邦與日本平等等語非徒大悖國際法法理即與我國經義中人臣無外交之訓亦不相容當時政府不察貿然聽之實爲後此中日戰役之禍胎及戰事將起我交涉文牘尚云朝鮮爲中國屬國天下所共知朝鮮爲自主之邦亦天下所共知持義矛盾騰笑全球

文苑

上相能憂國持籌亦苦辛護羌馳校尉訊醜獻陪臣勢偪成爭鄭謀疏失縣陳六州誰鑄錯愁絕問蒼旻光緒八年李文忠以兵襲朝鮮俘大院君以歸命吳武壯率師駐漢城其時日本內憂正劇必不敢與我啓衅我之兵力實足以收朝鮮爲郡縣則禍機可永絕計不出此而光緒十一年與日本結天津條約反有彼此出兵互相知照之語朝鮮遂成中日公保之邦自茲益多事矣

禍猰滔上國

赫怒命元戎嘶馬關山黑翻鯨海水紅伐謀怯蜂蠆養士付沙蟲痛絕殽函路秦師不復東甲午敗後我遂撤漢城戍兵認朝鮮爲獨立平等國

奇福無端至天貽受命符夜郎能自大帝號若爲娛誓廟絲綸誥交鄰玉帛圖千秋萬歲壽朝野正驩虞乙未和議成朝鮮即以獨立宣告萬國自稱皇帝誓太廟作大誥以李成桂篡位之歲爲開國紀元

古有殷憂啓時危亦可乘豈無憂曲突其奈錮甘陵瓜蔓抄何酷蝗蝻錄竟成非賢誰與立流涕說亡徵朝鮮二十年來屢興黨獄前後以國事獲罪逋逃於外者百餘人錮於獄者六百餘人雖流品不齊要之多愛國之士

虵龍騰陸起燕雀處堂安恩澤傾丁傅蕭牆鬩范欒爛羊名器賤使鶴國防單剝骨誅求盡民生亦苦艱朝鮮二十年來外戚擅政世族相軋女子小人雜進宮禁政以賄成民窮財盡

梃擊何公案蛾眉泣馬嵬召戎有貴胄靖難乏長才南內埋荊棘行人庇葛藟旄丘瑣

尾子早晚好歸來光緒二十一年日本公使三浦梧樓與朝鮮宮中失勢者相結露刃入宮戕其妃閔氏朝皇走避俄使館數月乃出

振海風將至軒然乍起瀾有鼯嚇腐鼠得虎衛窮山贏負成孤注笑啼兼二難息肩何日是長夜正漫漫自中日戰役後至日俄戰役十年間朝鮮爲日俄競爭之鵠國中亦分日黨俄黨

旅雁悲胡越連雞鬭趙秦諸侯兵在壁四海水揚塵地險崇朝盡天驕受命新捧盤戴書定良會最酸辛日俄戰起日軍首自仁川上陸旋破俄海軍於黃海圍攻旅順即與朝鮮締結日韓議定書朝鮮主權之一部移於日本矣

干戈漸蘇息尊俎轉頻繁得主通東道勞師管北門指囷鄰誼重守府主權尊微管吾安託深深再造恩菩玫瑪士約既定俄人認日本在朝鮮有宗主權日人遂置統監於漢城筦其內政且以一師團戍焉又使第一銀行貸巨金與朝鮮政府助之清理財政日人自謂此戰專以保朝鮮獨立爲主千古之義戰也

覆水誰能挽王風已不雄軍容燒越甲疆理易齊封持節皐華落譏關夜士空多艱何足道東溼太匆匆日本既置統監以次解散朝鮮軍隊撤退來往使節將皇室土地收諸國庫筦其警察權裁判權

聞說葵丘會聲容盛海涯由來興廢絕應不汝疵瑕好事無皇戊陳情負子家噬臍更安及前事臏堪嗟朝皇派密使求援於荷京之萬國平和會列強目笑存之

文苑 四

已憐同縛虎況復漏多魚否德傳於子多凶疚在余列戴移興慶騰書愔右渠宮娥垂淚對此別意何如海牙密使事發日人迫韓皇退位禪於其子號之曰太皇帝

廿載逋亡客歸來馬角生急應求燭武今始識眞卿具位徒觀變勤王不好名空聞宋謝朏挾璽臥前楹韓太皇讓位之前一月始赦還國事犯朴泳孝任以宮內大臣變起盈廷諾諾伺統監顏色獨泳孝佩宮內大臣印綬隨扈前皇不肯交出卒辭職泳孝爲人心術如何不敢知茲舉殊見氣骨也

三韓衆十兆吾見兩男兒殉衛肝應納椎秦氣不衰山河枯淚眼風雨闕靈旗精衛千年恨沈沈更語誰韓亡之前一年韓義民安重根狙擊前統監伊藤博文於哈爾濱斃之旋被逮從容就死韓亡後三日忠清南道金山郡守洪奭源仰藥死

末劫興人妖行尸愧鬼雄黨爭牛李劇容悅趙胡工賣國原無價書名更策功覆巢安得卵嗟爾可憐蟲合併之舉日人雖處心積慮已久而發之者實爲朝鮮之一進會一進會者假政黨之名欲以獵官者也主之者爲宋秉畯李容九會員十餘萬人與現內閣李完用一派不相能獻媚日本欲取而代之李完用派亦工諛固寵一進會不得逞乃倡合併論冀同歸於盡今茲事成一進會首領及現內閣員皆欣欣然拜爵新朝矣所謂國家將亡必有妖孽此輩是也

地老天荒日圖窮匕見時猿蟲消並盡牛馬應何辭濤咽仁川水雲埋太極旂只應舊時月曾照漢官儀

乘傳降王去傷離應黯然行宮花自發故國月長圓幸免牽機藥遑論少府錢飛鳥啄大屋留取後人憐日本既併朝鮮將朝皇降爵爲王安置東京給以歲費而籍其皇室財產

昔有死社稷今聞樂禍殃賜酺百戶酒建極萬年觴公合名安樂人疑別肺腸由來國自伐不信有天亡合併協約以陽歷九月二十四日議定畫諾韓人以二十八日爲今皇即位四年紀念日請行祝典後乃發表日人許之是日舉國懸旂稱慶翌日則國旂與皇冕同時澌滅矣而韓民方謂自今進爲一等國民欣欣相告

弱肉宜強食誰尤祇自嗟幾人爭失鹿是處避長蛇殷鑒何當遠周行亦匪賒哀哀告我后覆轍視前車

槁餓還憂國奇愁欲問天遷流觀物化孤憤託詩篇夢斷潮空咽神傷月悄然勞歌雜涕淚今夕是何年

清明日遊萬柳堂並袁督師墓　石遺

偏尋萬柳堂卻至拈花寺頗疑旁積水雨打新荷地野雲將松雪疎雨亦連轡逢僧一問訊雷塘有題字元代盛上都東門萬車騎城東多杏花嶽廟春光媚飛英墜杯斝名園邵菴記明君飾西苑下直乃易位西涯占一角十剎列水次翌朝開文囿挹取西山

文苑　六

翠御溝引玉泉暢春駐七萃京僚聚宣南江亭足高會寒食茲出遊處處紛野祭督師
埋骨地鄉人猶涕淚良無曲端旗頗有符離潰北平固有恨殯璧何脅饋可憐熊江夏
功罪稍同異國事若奕棋不亡天亦醉千古貉一邱夕陽又西逝

雪。而美髯飄拂。雙目炯炯。奇氣颷舉。不減壯年風概。實其歷史。亦堪稱當世之人物。弱冠從軍。與土耳其戰。嘗大破之。中年將輿軍。屢與拿破侖戰。拿皇之敗於滑鐵盧也。辣將軍亦與有力焉。以故勳績爛然。昭著人口。其督意大利以來。指揮鎭定。謀猷夙裕。大有不容意人跳梁之勢。其隨從將弁。亦軍中健者。有糾糾桓桓之風。腰懸長劍。身懷短銃。備足子彈。咸列坐兩傍。以爲護衞。女只以遠鏡微窺之。卽注意於舞臺。蓋是時幕已高捲。絲竹雜奏。意固不在將軍也。未幾乃有釋義者。先出將劇中意義演說一遍。後則柯連士加緩步出臺。上下爲之寂然。萬目睽睽。咸注其身。衣士梯梨見之。亦心下暗驚。謂果然名不虛傳。但見柯連士加身衣白羅半臂。皎皎如月宮仙子。腰繫短裙。長不及膝。花容豔冶。藝擅專門。始則翩翩作羽衣舞。旣而娓娓度白雪歌。一曲甫終。闔座無不拍手稱妙。女亦爲之歎賞。謂我見猶憐。無怪師之鍾情於此人也。而梅那看至入神。默默以兩女互相比較。殊覺難分高下。殆可稱爲雙絕。但恨當時所定一夫一妻之制範圍過狹。不能作左挹浮邱袖右拍洪崖肩之希望。爲可憾耳。先時曾以女之故。毀其肖像。心中亦若毅然置之。今旣見其人。則又依然愛根發生。不能鏟除淨盡。此殆世間男子之通病。不能獨執此以疵議梅也。柯演畢。復有數名角繼之。一幕已終。觀者於是交相評論。女忽聞背後一人呌曰。梅君幾時來者。吾於家叔傍見令師徒矣。今乘片時之暇。來一晤談。梅起身讓坐。其人因顧女曰。女郎顧而樂之否。女見是辣公子。因起應曰。甚佳。又指官座問曰。彼老將軍即令叔耶。年齡想在古稀外矣。辣曰。家叔今年七十有三。女曰。如此高年。想不堪苦戰矣。辣曰。是何言。叔年雖老。而精神矍鑠。尚能馳馬打鎗。何云不堪一戰乎。雖古名將。亦不過如是也。女曰。今夕帥駕蒞止時。座中婦女。皆背而他顧。帥意得無不悅歟。辣曰。能將百萬之衆者。又何介意於婦女之見背乎。女爲此問答。蓋欲於無意中藉以探悉老將軍之爲人。而辣故未知也。彼猶以小女子視之。乃戲言曰。不見兩日。何驟爾長成如許。豈意大利之風土特奇。纔一日便可轉童女爲及笄少女耶。女聞之。赧然笑答曰。君之此言。殆謂吾裙幅畧長耶。此爲新製者。師以吾功課勤。特賜此爲奬勵也。君他日午後閒暇時。幸過我聽歌。辣曰。固所願也。今幕已再捲。柯連士加又將出臺。吾且暫辭回座。煩寄語梅君。彼何日招飲。吾盼甚。方辣與女共話時。梅偶然離座他往。故辣未及面言。特託女代述。不意女聞此語。滿腹猜疑。何師宴辣而未嘗告我知耶。辣纔行數武。適遇梅返。兩人旣相見耳語久之。其聲甚細。不可猝辨。女但畧約聞得辣云星期一晚甚善。柯氏已諾乎。梅又作數語。辣乃道謝。匆匆別去。女此時將辣公子前後之言。互相印證。決知爲師與柯私會有意瞞已。心益憤恚。迨梅返座。乃强作歡容謂梅曰。吾終日攻苦。勞倦殊甚。今覺疲困思歸寓安息。師能送我歸乎。梅曰。可。汝回寓畧憩。仍可再來聽柯連士加演唱也。女曰。吾歸寓與姚珍娜兩人淸談亦佳。吾不欲再來矣。梅見適間遭衆人白眼。亦覺意興索然。女不再來。恰如其願。蓋意人初聞人言辣迎梅於車站。情誼敦篤。有未經目睹者。猶以爲妄。今於劇場中目睹其事。足證前說之非虛。故梅頓爲人所不禮。觀劇中人。惟賈薩提與萬那拿對梅不惟敬禮無懈。且情好愈深。蓋彼二人與梅素稱莫逆。深信其爲足以相與捍患禦侮之人。且又曾獨肩密運軍火之鉅任。能爲人所不能爲。故益爲彼等所敬佩。故交情獨摯也。萬亦曾爲此事。避人忠告於梅曰。君乃吾之良友。吾願獻一言。君與辣公子交。失衆心甚矣。辣縱爲長者。今或無他。然不日兵戎相見。彼此各忠其國。公私勢難兩盡。君何愛於此人。不肯絕交。甘犯衆怒。余竊爲君不取也。梅曰。不然。在公言公。在私言私。其道截然不紊。亦並行不相悖者。何必拒人太甚。且吾與之委蛇而羈縻之。行將或有用彼之處。亦未可知也。—。萬曰君此言得毋涉于幻想。汝欲與總督之猶子。代汝爲奸細作內應耶。此語殊令人索解不得。梅曰吾意別有所在。君特未及知也。耿耿此心。可誓天日。但期無悖于公義耳。梅嘗與萬共談如此。今既送女歸入房。女將燈剔明。梅於室隅衣櫥抽屜內取出一小白銅匣。置于桌上。此匣乃適間初次攜來者。封鎖甚牢。因探囊出鑰開之。女曰師乎。此乃贈我者乎。曰然。此上層乃貯約指釵環之屬者。至於下層。乃別貯他物者。言時以指略按彈機。其間格之版即躍然自起。女見其中滿貯法金圓。詫甚。但瞪目視梅而無言。梅知其意。乃曰。再閱數日。此地安危未可預料。而吾之禍福。亦殊不可測。今將此一萬佛郎還汝。以備不時之需。於是携女手而言曰。將來戰若不利。致有馬革裹尸之事。此固男兒報國之常。然將何以處汝乎。女曰。君方欲圖大事。何遽出此不祥之言。以自餒英雄之氣。梅曰。吾若有不測。汝可往投棘公子。蓋我敗則彼必勝。彼爲長者。深感吾恩。且重以吾之託。彼無不庇汝者。女見梅說此傷心語。爲之容顏黯澹。若帶雨之梨花。少頃乃曰。君定能一戰成功。何必說此語。徒亂人意。梅曰此不過爲豫防最後之一著而言耳。設吾無恙。固不必見諸施行也。汝何悲戚。爲女聞言稍抒愁結。乃問梅曰。此箱甚重。將如何處置。吾力不能勝。奈何。梅曰。吾代汝安置。於是將箱重行鐍固。鑰匙交與女手。然後代携置于衣笥之內。收藏妥貼。女强笑曰。吾此番無物以酬勞。當以烟卷三枚奉報。即取出授梅。梅遂坐下緩吸。女亦就坐於其傍。默思頃間還金一段言辭。遂將柯連士加之事。忘却不問。倘彼於此時向梅質問。梅乃爽朗之人。必將細情剖白。使兩人心中了無纖翳。又何至他人得以進讒言乎。乃梅吸罷烟卷後。遂辭女逕自歸寓。

第十三回　巧言如簧清宵肆讒譖　奇謀韞櫝義士受譏訶

梅善那去後。衣士梯梨岑寂無聊。徙倚窗前。閒歌一曲以自遣。歌罷方欲回房。忽暗中閃出一人。女驚視之。則姚珍娜也。女曰。汝驚我矣。汝匿于闇陬。悄無聲息。幾令人疑爲賊也。姚急辯曰。吾來此適聞歌聲。故佇立悄聽。恐阻清興。故未相呼耳。女曰。更闌人靜。無可遣悶。今得汝來閒談甚好。姚曰。吾聞姑娘自劇場歸。誠恐寂寞。特來相伴。今晨曾經梅師吩咐。姑娘如需妾時。謂任便呼喚也。女聞而憐之曰。我兩人同爲學徒。何必有階級之見存。如不見棄。永爲良友。固所願也。姚僞遜曰。妾豈敢妄自僭越。妾非師恩收錄。窮途幾無立足所。安敢與姑娘比乎。況師有明命。得備驅使之列。願亦足矣。女曰。雖師命如是。彼此總須忘形。姚謝曰。渥荷姑娘摯愛。妾感泐不忘也。原來姚珍娜潛來竊聽梅與女二人作何語。故匿跡暗隅。惟恐人見。此時女歌罷。方始走出。至女前巧言欺飾。女信以爲眞。又見其卑謙自收。益喜曰。得汝爲伴。吾心良慰。此間牀榻甚寬。可即在此同眠。不必回去。爲竟夕之談。可也。姚猶豫曰。未得姥姥允諾。得毋見責乎。女曰。勿慮。明日吾爲汝言之。姚正愜中懷。喜出望外。遂允諾。兩人復談笑良久。至夜深。始各解衣就寢。衣士梯梨於枕畔。將在劇場中情事畧述一遍。姚珍娜遂乘勢以言挑之曰。當時帕高利士在場中。左顧姑娘。右盼柯氏。意固甚樂。未識能將舊時意憐取後來人否。女聞言。以爲誚己。不悅曰。汝何饒舌。汝數在吾前。謂師非篤愛我。吾甚不願聞也。姚曰。戲言耳。庸何傷。女曰。吾勸汝今後勿更作此言。汝忘師之嚴訓耶。姚曰。吾未嘗忘師訓。吾事姑娘若主。姑娘既不許言。吾自當恪守訓誡。不然。有所觸忤。聞於鮑姥姥。明日之責。不能當也。於是長嘆一聲。自怨自艾曰。吾過矣。吾過矣。不能自量。妄攀人爲友。其見叱

空前之古文大選本

涵芬樓古今文鈔

侯官吳君曾祺舊有古今文鈔之選以家貧乏書久而未就本館近得名家藏書數十萬卷庋置涵芬樓中吳君因而補輯乃卒成之上自三代下迄國朝同光之間凡二千餘家爲文萬篇分十三類二百一十三目侯官嚴幼陵先生序言稱爲藝苑鉅觀非虛言也

（本書特色）

●●一搜羅宏富可供國文教員之教材

●●一分類精密可供學者作文之模範

●●一圈點明瞭可供初學自修之誦讀

●●一合裝兩箱可供行旅四方之攜帶

本書用中國連史紙精印分訂一百册定價二十八元預約十八元先付八元即交收條一紙憑券取書全書告成續付十元

附刊文體芻言作爲樣本欲閱者可向本館及分館索取遠地函寄郵票二分當即寄贈

論辨類 論 設論 續論 廣論 駁 難 辨 義 議 說 策 程文 解 釋 考 原 對問 書 喻 言 語 旨 訣 附錄 **序跋類** 序 後序 序錄 序略 表序 跋 引 書後 題後 題詞 讀 評 述 例言 疏 譜 附錄 **奏議類** 奏 議 駁議 謚議 册文 疏 上書 上言 章 書 表 賀表 謝表 降表 遺表 策 摺 劄子 啓 牋 對 封事 彈文 講義 狀 說 露布 附錄 **書牘類** 書 上書 簡 札 帖 劄子 奏記 狀 牋 啓 親書 移 揭 附錄 **贈序類** 序 壽序 引 說 附錄 **詔令類** 詔 即位詔 遺詔 令 遺令 諭 書 璽書 御札 敕 德音 口宣 策問 誥 告詞 制 批答 教 册文 謚册 哀册 赦文 檄 牒 符 九錫文 鐵券文 判 參評 考語 勸農文 約 牓 示 審單 附錄 **傳狀類** 傳 家傳 小傳 別傳 外傳 補傳 行狀 合狀 述 事略 世家 實錄 **碑誌類** 碑 碑記 神道碑 碑陰 墓誌銘 墓誌 墓表 靈表 刻文 碣 銘 雜銘 雜誌 墓版文 題名 附錄 **雜記類** 記 後記 笏記 書事 紀 志 錄 序 題 述 紀 附錄 **箴銘類** 箴 銘 戒 訓 規 令 語 附錄 **頌贊類** 頌 贊 雅 符命 樂語 **辭賦類** 賦 辭 騷 操 七 連珠 偶 附錄 **哀祭類** 告天文 告廟文 玉牒文 祭文 誄祭文 哀詞 弔文 誄 題 祝 祝香文 上梁文 釋奠文 祈 謝 歎道文 齋詞 願文 醮辭 冠辭 祝嘏辭 賽文 贊饗文 告文 盟文 誓文 青詞 附錄

上海棋盤街商務印書館發行

外交報館今遷四馬路畫錦里口

庚戌年

外交報 十年紀念 增刊兩册

本館延定留學外洋法政專家撰著國際法學論説並於正月臘月各增一册逢五發行全年三十四册自辛丑至庚戌適屆十年共三百册預訂全年本埠四元五角外埠五元二角外國六元零售每册一角六分補購辛丑壬寅癸卯甲辰百册減爲十元外埠加郵費八角陝甘雲貴四川等省郵費加倍補購壬寅全份本埠四元外埠四元五角癸卯全份本埠四元三角外埠四元八角甲辰全份本埠四元外埠四元五角乙巳全份本埠四元二角外埠四元八角丙午丁未戊申每年各全份本埠各四元五角外埠各五元己酉全份本埠四元八角外埠五元五角外國六元二角歷年零册一角六分

●上海外交報館 在四馬路畫錦里口商務印書館內

●第十九號即二百八十五期七月十五日出版 要目列下 論説 論條約與會議協贊法案之關係（留學日本中央大學法科大學部無錫孫觀圻撰） ●譯論 論世界政局之大勢 論美國政界之變象 論義大利殖民事業 論波斯形勢 ●外交大事記 使事紀聞 禁烟交涉 藏事紀聞 要事彙誌 ●世界大事記 西洋之部 德殖民大臣告退 土國擴張陸軍 土國對於革島最近之舉動 土之對希 列強之對革 土相宣言革事 德奧助土 回人得列革島議會 芒尼格洛國自主 義國報告日本移民之實情 尼加拉瓜亂 ●新任印督查爾士傳署 ●日英外交小史

●第二十號即二百八十六期七月二十五日出版 要目列下 圖畫 軍機大臣毓貝勒朗肖像 ●論説 論國際上之仲裁裁判（留學日本中央大學法科大學部無錫孫觀圻撰） ●譯論 論對中國民之外交 論滿韓統一 論駐韓統監之更易 論英國陸軍之改良 ●外交大事記 界務紀聞 要事彙誌 ●世界大事 東洋之部 日本議會閉會 日韓合邦之計實行 日本將改訂商約 西洋之部 各國新軍艦之確數 萬國隔兌會成績 德英比對於剛果交涉已結 法美商約成立 俄議會議決芬蘭合併案 學生謀殺波斯尼亞總督 匈國國債 瑞士大水 波斯將聘外人爲顧問 尼加拉瓜冒險隊援革命黨 ●比王里奧波爾多第二傳畧 ●國際法 日本人歸化權與訂立條約 ●日英外交小史（續二百八十五期）

人造自來血乃人身之活寶

人生百體所賴以生長者血也如血多則百體強壯血少則百體衰弱設遇血虧則百體自枯是故凡人不能無血**血者誠乃人身之活寶也**然吾人欲究身壯力健之術者必以多血為適宜若近今之衛生家雖常服各種補品而未得十分健壯者何也其故因我國理化未精藥物一道素鮮研究故自古迄今絕未發明不知以多血為要義噫**此即吾身不強之由來也邇者神州睡獅抖擻初醒努力鼓盪我同胞之熱血奮振我同胞之精神**無庸疑義速請嘗試**能壯民力強國勢之人造自來血已經及時出現**故再行謹告同胞凡有心虧血虛破金吐血面黃肌瘦頭暈眼花耳聾腎虧陽萎精枯四肢無力手足酸軟身虛腳腫胃弱脾薄以及婦女經水不調白帶赤帶頭痛腰酸五勞七傷諸虛百損之症者服之自然**壯心經多血液**其中實有絕大之能力也我同胞凡購服自來血請將下列服法試驗之自能奇功立見幸勿輕視蓋**須先試驗究有功效若何**可用小針刺破皮膚出血一滴滴在白紙上待服過七日之後再用前法將前者滴血之紙與七日後滴血之紙兩相比較後者之色必紅於前此則**最易最明之確證也**倘能多服**則血愈紅而人之體力愈健**又如腎虧耳鳴眼花者連服數日眼目自覺清爽耳鳴耳聾自可並除此即顯明有補腎之功效又如年老血衰或壯年勞傷過度體質虛弱面無血色者自必畏寒驟遇冷風即發寒噤者服之半月之後**血氣漸充體質自固**雖遇箭風**亦不覺寒冷矣**又有明見之確證如久患爛瘡而不易收口者自服自來血之後則瘡內之**肉刺日漸增紅**如能常服收口亦易如婦女之經淡白者服到一月經水當即增紅**如患冷經痛經亦能並除**凡患破金吐血者服之補血則可以之止血則不可然患吐血之人血愈虧少若不培補則體質愈弱病勢日重尤宜常服以補之當時雖無止血之功然久服之心經壯**而吐血之患可以除根也**如脚氣水腫者步履蹇滯亦血虛不充之故須連服旬日則壓自消而步自健矣又**如患瘧疾者**服之旬日**立可除根**不發以上一切功效皆最易試驗者也

● 小瓶一元二角大瓶二元**每打**小瓶十二元大瓶二十元託局函購原班回件海內諸公如蒙惠購請認明全球商標為記內附五彩認真券一張值洋一角方不致悮

● 總發行所上海四馬路老巡捕房對門靑花石三層大洋房五洲大藥房并南北兩京以及各埠大藥房均有經售

背骨疼痛之由及其調治之法

檳榔商人自述三年痼疾治無良法迨服韋廉士大醫生紅色補丸而獲全愈

大抵背骨疼痛之由多爲腦筋衰弱所致腦筋強健則背骨自無疼痛之患矣然醫治腦筋衰弱之聖藥莫妙於天下馳名補血補腦大英之韋廉士大醫生紅色補丸所以是丸亦可謂醫治背骨疼痛之良方也檳榔支那街一百零三號門牌美安店東翁邱清瑞君爲南洋著名之商人嘗承來函自述腦筋失調背骨疼痛如何覓試多方如何始得全愈等情如左云〇余病

邱清瑞君玉照

初起時背與兩脅殊覺疼痛行路時其痛更甚常須休息如此疼痛纏綿日久腦筋漸衰夜睡不甯屢被惡夢驚醒身顫心忡胃不消化食惟些許胸常飽悶頭痛欲裂如受酷刑太陽穴跳痛不啻針刺其痛之患晨興即發勢甚可畏余受此痛苦又乏滋補所以身殊輭弱體日羸瘦三年之久雖經醫士六七人服藥調治終無效驗後承友人力勸試服韋廉士大醫生紅色補丸余因厭苦服藥疑慮莫信姑購一瓶試服之不料此區區一服之藥所賜之益竟有如是之多哉蓋余自服盡此瓶之後背骨頭痛之患居然大減爰再多購數瓶接連服之使我痼疾全消永不復發迄今身壯力健步履安詳胃口增進所有一切頭痛失睡惡夢等患俱無自覺胸襟暢快仍如強健之少年人矣全體筋絡衰殘爲男女之大患若輕忽不治必將成爲癱瘓以致喪生者然推其致病之由皆爲血中滋補之汁不足或因其血輭弱衰薄之故治之之法惟使其血稠濃而有滋補之力而已韋廉士大醫生紅色補丸己曾醫治無數由血不潔或腦筋輭弱所起之各症就其所治愈之疾中即如血薄氣衰 少年斲喪 陽萎不舉 胃不消化 肝經失調 筋系疼痛 跳舞瘋病 風濕骨痛 左癱右瘓 以及婦女經水不調各種他症不勝枚舉莫不皆有藥到病除之妙也中國各處商店凡經售西藥之處均有出售如內地無購買或直向上海四川路八十四號韋廉士醫生藥局中國總發行處函購或向重慶白象街分行函購亦可 價銀每一瓶大洋一元五角 每六瓶大洋八元 遠近郵費一律不取

治愈其疾之韋廉士大醫生紅色補丸

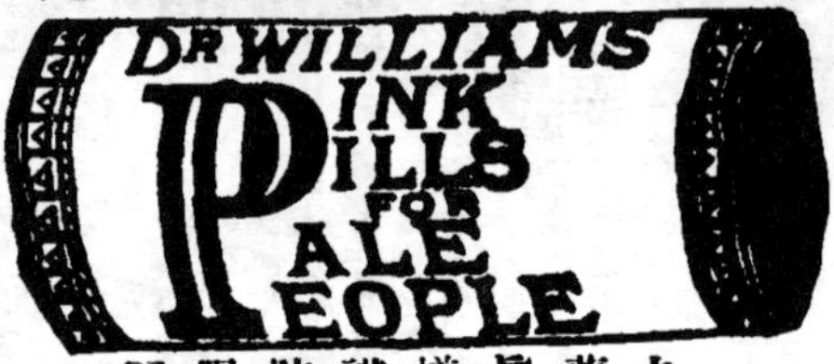

丸藥眞樣謹防假冒

上海四川路第八十四號韋廉士大醫生藥局啟

國風報

大清郵政局特准掛號認為新聞紙類
日本明治四十三年二月十三日第三種郵便物認可

每月三期逢壹日發行

二年八月拾一日

第壹年第念貳期

定價表	項目	報費
報費須先惠逢閏照加	全年三十五冊	六元五角
	上半年十七冊	三元五角
	下半年十八冊	三元五角

零售每冊	二角五分
本國郵費	每冊四分
歐美郵費	每冊七分
日本郵費	每冊一分

廣告價目表	
一面	十元
半面	六元

惠登廣告至少以半面起算如登多期面議從減

宣統二年八月十一日出版

編輯兼發行者 何國楨

發行所 上海福州路 國風報館

印刷所 上海福州路 廣智書局

分售處

北京桐梓胡同 廣智分局

廣州十八甫國事報館

廣州雙門底聖賢里 廣智分局

廣州十八甫廣生印務局

日本東京中國書林

國風報

各省代理處

- 直隸 保定府西大街 萃英山房
- 直隸 保定府 官書局
- 天津 府署東 原創第一家派報處
- 天津 浦東小關大街 公順京報局
- 天津 鄉祠南侮報處 李茂林
- 天津 東馬路 萃益書局
- 奉天 省城交涉司對過 振泰報局
- 奉天 圖書館
- 盛京 昌圖府北大街 振泰報局
- 吉林 省城板子胡同 文盛報房
- 山東 濟南府芙蓉街 維新書局
- 河南 開封府城北書店街 茹古山房
- 河南 開封府西大街 文會山房
- 河南 開封府西大街 大河書局

- 河南 開封府西大街 教育品社
- 河南 開封北書店街 總派報處
- 河南 武陟三官廟街 永亨利
- 河南 彰德府 茹古山房
- 陝西 省城內竹笆市 公益書局
- 陝西 省城 萃新報社
- 山西 省城鼓子巷 文元書局
- 山西 省城 書業昌記
- 貴州 崇學書局
- 雲南 城東院街沙膽巷口 天元京貨店
- 安徽 廬州府神州日報分館 陳福堂
- 安徽 廬州四牌樓閱報館 於炳章
- 漢口 黃陂街 昌明公司
- 安慶 府龍門口 萬卷書樓

國風報

各省代理處

▲蕪湖　徽州碼頭　科學圖書社

▲四川　成都府學道街　輸文新社

▲四川　成都　正誼書局

▲四川　成都會府東街　華洋冬報總派處

▲四川　成都南紗帽街　安定書屋

▲湖南　長沙　羣益圖書公司

▲湖南　常德府　中報館

▲南京　城夫子廟　啓新書局

▲南京　城淮情橋　莊嚴閣

▲南京　城花牌樓　崇藝書社

▲南京　城花牌樓　圖南書社

▲南京　奇望街　神州日報分館

▲江西　省城洗馬池　開智書局

▲江西　廣信府文昌宮　益智官書局

▲江西　南昌萬子祠後畫巷內　廣益派報社

▲福州　督署後　教科新書館總派報處

▲廈門　關帝廟街　新民書社

▲溫州　府前街　日新協記書莊

▲溫州　瑞安太平石街　廣明書社

▲蘇州　圓妙觀西察院巷口　瑪瑙經房

▲揚州　古旗亭街　經理各報分銷處

▲常熟　常照派報處　朱乾榮君

▲常熟　寺前街　海虞圖書館

▲常熟　孚記書莊

▲星加坡　南洋總滙報

▲澳洲　東華報

▲金山　世界日報

▲紐約　中國維新報

▲香港　中環砵甸乍街　致生印字館

國風報第一年第二十二號目錄

英新皇佐治第五與后梅麗之像

諭旨

八月初九日　上諭此次朝考錄取優生考列一等之劉道鏗江椿余肇湘范惲桂來壯濤王貴昌歐陽蘇張著謙張言昌汪鳴璋陳心源何沅梁家駿嚴寅旭褚廣瀛謝世崇劉世衡阮其沅張錦書楊德培張德潤周鴻襄劉沭堯張在田葛昌楣黃寶麟王學庸巢功常趙因培朱馳範邢殿元張福臻任曜楯宋梓董贊垣均着以七品小京官分部學習胡溶張炳邦黎溥湯肇曾楊祥鳳洪澧鄧毓怡龐士俊郭壽翼徐秉衡崔蘊瑛游昌甲郭萬英朱樹勳何恩湛易象離孔慶誠王仁溥林适周積墉李聯杰朱名焯林絨廷臧鼎祥馬良翰許樾李桂一馮名燦費廷璜江炳猷唐藩劉家鬯周登善王春奎宋敬臣劉榮椿張澍棠王耀奎甘權冉光咸涂同軌姚百琴鄧廷芑鄧士元丁惟音許翼紀澤蒲唐穀曾魯達張問節張效翰欒鳴盛樊顯緒闞毓岷孫大鵬賈其元李光焱江震鼇吳文瀾楊仲芹謝海鰲陳寅亮劉寶廉高壽恒黃鳳龢何寶琦趙士鵬陸祺劉樹人林心恪蕭雲亭吳晉福鄭鍾祺彭承苞郭青焦汝霖吳丹朱毓駿秦一臣韓品三阮性傳涂慶澍方松年陳鍾璵張樹德劉維藩劉廷祺田澤勳孫乃祥王頤盛同枝謝

驤墀戈寶森馮曦李芳蔡郕孫翰儒褚士億李永庚張勝懿高登甲江志鴻誠勤吳學海王景沂盧維嶽李國華車之鑿江祖芑榮瓚均著以知縣分省補用取列二等之劉僧晉譚善述王曦癸何鳳閣曹振勳李鶴林陶文觀陳鼎亨王業昌黎錦文孫培升乇藻彭振聲劉翼巡張賜康辛爲梁羅綱程明棟旭翱李端棻李自辰陳執熾王中李拔超張蔭棠童魁楓鍾煥光余權劉淦丁元鼎劉茂寅全祺周恩緒楊瑞莘劉炳辰金兆鵬陳煥文朱鄂基得培孟鳴皋郭曾量周仲庠魯鼎祺鄭人瑞余炳臣吳含章裕然王式訓潘金城謝潤鴻葉玉森楊懋卿趙鎮蕭瑞輯葉士仁李清來王殿璋陳法祖林樾磐舒曜南邸以謙雷演雲牟圻金昌黃蔣登第張之漢方鑄金璧劉觀光陳獻斌劉景向李鴻奇程功偉徐文瀾周承烈張敬業徐讓鄭業琨穆錫侯袁仲垣歐陽健姚文壇黃書球龔士口袁文修周家駟吳宗慈李景漢稍汝楠趙鴻書康世華包文心甘德芳嵩勳章友文李玉華鄭鑊淦琦楊鑒唐周德鎏田榮光王汝弼和渭濤趙雲椿施國樑沈正陽馬服騏陳昌士海鵬運楊得春劉桓湘王麟劉閣成章游明徵杜和聲雷德基鄭崇膺李鴒聲魏謙光扎拉豐額劉培極張樹梅溫敦書姜起磻王紹周劉澤林李鐘

元董增恒鐘聲鏗朱邦彥羅讓廉張超宗徐臣翼劉鉦劉元丞沈誦清任丕振鄒言揚戴裕忱王自禹王永清李廣濂黃錫祺李如璋初兆聲楊祖蔭連承基馮芙昌張晉周家縠粟和聲傅良弼姚秉均湛復日鄧家瑆趙之藩呂欽臣李鴻毅盧濬思馮齡延丁希知黃祖勳楊文燦席毓棠黃展雲趙紹芹葉春城邵作榮漆會梓楊光錫均著以鹽運司經歷散州州判府經歷縣丞分省補用欽此

十一日　上諭雲南迤西道員缺著耿葆煃試署欽此監國攝政王鈐章軍機大臣署名　上諭沈家本著充資政院副總裁欽此　上諭雲南楚雄府知府員缺著宋聯奎補授欽此監國攝政王鈐章軍機大臣署名

十三日　上諭廣西右江道員缺著歐陽中鵠補授欽此監國攝政王鈐章軍機大臣署名

十四日　上諭出使英國大臣著劉玉麟補授欽此　上諭外務部右丞著施肇基補授欽此　上諭山東提學使著陳榮昌補授欽此　上諭廣西桂林府知府員缺緊要著該撫於通省知府內揀員調補所遺員缺著舒志補授欽此監國攝政王鈐章軍機

大臣署名

十七日　上諭荊州將軍聯芳因病奏請開缺一摺聯芳著准其開缺欽此監國攝政王鈐章軍機大臣署名

論說

朝鮮滅亡之原因

（參觀本號著譯門日本併吞朝鮮記）

滄江

嗚呼而今而後朝鮮名實俱亡矣而今而後中國以東日本以西突出於黃海與日本海間之一半島更復何有無復有國家無復有君主無復有政府無復有民族無復有言語無復有文字無復有宗教無復有典章文物制度舉二千年所有者一切隨鴨綠江水滔滔東逝以盡惟餘穢亂腥臊陰慘黑闇狼狽恥辱之史跡長點污白頭山之雪色而不可湔拔以此思哀哀可知矣昔漢陸賈作新語意在推論秦之所以亡以爲漢戒一時方聞之士若賈山賈誼董仲舒其所著述指引秦事詞並危切漢世鑑之賴以小康竊附斯義次論朝鮮滅亡之原因以告我　后我大夫百執事暨我邦人諸友

古人有言與治同道罔不昌與亂同道罔不亡　我　后我大

論說　二

夫百執事暨我邦人諸友試一內省焉其亦有一二與朝鮮同道者乎如其有之也則吾恐不暇爲朝鮮哀也

朝鮮滅亡最大之原因**實惟宮廷**今世立憲國君主無政治上之責任不能爲惡故其賢不肖與一國之政治無甚關係惟專制國則異是國家命運全繫於宮廷往往以君主一人一家之事而牽一髮以動全身致全國億兆悉蒙痛毒徵諸我國史乘其覆轍若一邱之貉而朝鮮則其最近殷鑒之顯著者也朝鮮所謂太皇帝者（即前皇也以四年前讓位於其子稱太皇帝）在位垂五十年上則見撓於所生內則見制於哲婦下則見脅於貴戚豪右見熒於左右近習政出多門舉棋不定而國家之元氣遂斲喪以盡韓之亡實韓皇亡之也（朝鮮宣布獨立後改國號曰韓本文或稱朝鮮或稱韓隨行文之便又此所稱韓皇者即指亡國時之太皇帝非新皇也下仿此）韓皇系出庶孽其父大院君貧不能自存以子入繼大統遂因緣女謁得專政而二十年間大院君之攝位與韓皇之親政相爲嬗代主權不出於一韓政之亂實基於是大院君者其天性刻薄人也其陰鷙之才舉韓廷無出其右惟驕汰而卞急多猜忌無君人之器其攝政伊始李朝

本久已中衰。彼不思所以整飭紀綱。而惟土木游觀之是崇。朘全國之脂膏。以修一景福宮。前後亘五年。其所以苛歛於民者。非言語所能殫述。至有所謂結頭錢願納錢者。名目百出。竭澤以漁。雖秦之阿房。隋之迷樓。不足以喻其汰也。民力之瘵。於茲始矣。我國曾有類此者否又不度德量力。欲舉區區之韓。與天下萬國爲敵。時天主教徒在朝鮮者已逾十萬。大院君忽命軍隊。圍而殲之。死者萬餘人。哭聲震天。血流成渠。坐是得罪天下。卒脅於要盟。與諸國結約。而權利遂棄擲無量。我國曾有類此者否故大院君之爲人。雖敢於任事。有斷制。遠非韓皇所能逮。而論亡韓之禍首。彼實尸之矣。且一國中而有二尊。亂之所階也。大院君之專。韓皇若守府然。父子之間。觖望斯起。其後大院君避位者三次。奮起而再居攝者三次。羣小日煽搆於其間。宮黨院黨。動成水火。蕭墻之內。殺氣屢伏。人人有自危之心。外國得居爲奇貨。因而援繫以弋奇利。韓自茲蓋不國矣。然使韓皇果有中主之姿。憑藉其勢位。未嘗不可以弭禍於方來。然而韓皇之爲人也。葸懦而不自振。多疑而寡斷。好聽讒言而闇於事理。多內嬖而昵宵小。喜行小慧而計常拙。倚賴他人而不自立。好爲虛飾而不務實。此諸德者。有一於此。其人固不足以主社稷。而韓皇乃具之故閔妃擅政豔妻煽處舉國中知有君之妃而不知有君者殆二十年則晉惠帝之受制於賈后也（韓皇之生母亦閔氏閔妃卽其姪女也閔族之專閔太妃亦與有力焉）坐是與大院君搆釁使小人乘之則唐肅宗之惑於張良娣也女謁盛行雜進宮掖則漢安帝之寵王聖也諸閔布滿朝列苞苴公行數年之間閔氏起家百萬以上十餘人其金趙諸后族稱是則漢之田竇王梁不是過也甲申以降執政者無半年得安其位朝綰金紫夕橫路衢則明莊烈之十六年易五十六相也屢興黨獄作瓜蔓抄愛國之士族誅瘐死者相屬其竄逐於外者尚百數則漢之黨錮明之東林也甲午以後亡徵盡顯而鉤黨尚興不已則明福王之偸息南都逮治復社也大國之使者咆怒唾辱於其前帖耳而莫敢校且恬然不以爲怪則石敬瑭之求人容我爲君也投以甘言則歡忭委信如小兒得餅則楚懷王之受欺於張儀也見偪於此則求助於彼不思自立惟引虎自衞則宋理宗之約元滅金而不顧己之隨其後也事變一生蒼黃無主任人播弄望門投宿則漢獻帝之見挾於李傕郭汜樊稠張濟也舉事失當不負責任而動諉罪於受旨奉行之臣下則唐文宗之責李訓鄭注也日日創法立制以爲美觀而無一能實行則王莽之法周禮也且假

之以爲殃民之具則宋徽宗之用蔡京而侈言紹述也强鄰壓境命在旦夕而色荒禽荒不聞少減則齊東昏之作無愁天子也蓋歷代亡國之君之惡德韓皇殆悉備之然其他皆可云小節**獨其無定見而好反覆怙威權而憚負責任多猜忌而不能舉賢自佐此則膏肓之病雖和扁不能以爲治**以如此之人爲之君雖使國中濟濟多才而四郊無纖芥之警其國猶將岌岌不可終日況朝鮮之植基本薄而所遭爲前代未聞之變者哉

失德之君國家代有苟其下有人焉亦未始不可補救范蔚宗論晚漢朝局謂傾而未顚決而未潰皆出於仁人君子心力之爲誠篤論也**若朝鮮社會則又亡國之社會也**朝鮮貴族寒門之辨至今日而猶甚嚴有所謂「兩班」者國中政治上社會上生計上之勢力咸爲所壟斷非兩班則不得爲官吏非兩班則不得從事學業非兩班則私有財產不能安固質言之則朝鮮國中有自由意志者有獨立人格者惟兩班而已而兩班則萬惡之藪也彼其兩班之人皆養尊處優驕佚而不事事

惟以作官爲唯一之職業故他國之設官以治國務朝鮮之設官則以養無業之人（我國何如）其官吏專務繁文縟節一命以上儼從如雲（我國何如）呼蹴人民等於禽畜人民生命財產無一毫法律上之保障任官吏予取予携各種租稅納於國庫者不及其所取諸民者三之一（我國何如）以故官吏爲朝鮮最有利之營業全國趨之若鶩喪名敗檢以求得之非所恤也（我國何如）然欲爲官吏者之數總浮於官吏員額之數求過於供勢固不給乃出於相傾軋相攙奪以故朝鮮最多朋黨而好爲陰謀（我國何如）百年以前即有所謂南宗北宗老論少論諸派者以依附排擠爲事至晚近而益盛**而其所謂黨派者又非有一共同目的也各借黨以營私利而已故朝握手而夕操戈不以爲怪**（我國何如）故朝鮮爭奪政權之劇烈視各立憲國議院中之政黨殆遠過之而其人皆恣睢闇昧不知世界大勢爲何物不知政治爲何物又無論也近十餘年來留學於外國學成而歸者固亦不乏人然皆假所學以爲獵官之具及其欲獵官也則自有宦海之專門科

學以何術而攀援以何術而傾軋非棄昔之所學者而學之不得也朝鮮所謂有新智識之人士其精神皆斂於此間而不復遑他顧以故海外卒業留學生將千人而至今不能辦一完全之學校至今無人能著一書且並譯本之少可觀者而無之（我國何如）其人最能趨時而變前此以頑固著名之人及甲午以後則日滔滔談改革前此之中國黨不數年忽變爲日本黨不數年又變爲俄黨旋又變爲日本黨惟强是視惟能庇我者是從蓋全世界中箇人主義最發達之國朝鮮其首矣（我國何如）朝鮮人最喜談二三人相遇輒喋喋終日而外人稍知朝鮮人性格者謂其所言固無一由衷也（我國何如）朝鮮人易怒好生事一受侮則攘臂而起然其怒不崇朝而息一息則薾然若已殭之蛇撥之不動也（我國何如）朝鮮人對於將來之觀念甚薄弱小民但得一飽則相與三三兩兩煮茗憩樹陰清談終日

不復計明日從何得食倘然若義皇上人也其宦達者亦然**但使今日有官有權勢明日國亡固非所計**故自日本設統監以後盡人皆知朝鮮命在旦夕朝鮮人自知之與否吾不敢言惟見其爭奪政權醰醰然若有至味視晉爲尤劇也此次合併條約之發表鄰國之民猶爲之欷歔泣數行下而朝鮮人酣嬉自得其顯官且日日運動冀得新朝榮爵栩栩然樂也夫以朝鮮一千萬人中若安重根其人者亦未始無一二吾豈敢一律蔑視雖然此種人固億萬中不得一二即有一二焉而亦不見重於社會匪惟不見重且不能以自生存**蓋朝鮮社會陰險無恥者常居優勝之數而貞潔自愛者常居劣敗之數**其人之爲惡殆非必出自天性而强半由社會現象迫之使然也我國何如

西哲有恒言政治者國民心理之返影也以如此之宮廷以如此之社會則其**政治現象**之所表見豈待問矣朝鮮於四十年前已知練兵之爲急嘗改革兵制謂外國

人爲教習矣而其所發軍餉乃至雜以泥沙故所練者不久旋潰（我國何如）甲午以後韓皇嘗率羣臣誓於太廟頒布洪範十四條矣考其條目視我之憲法綱領九年籌備案尤爲體大而思精也而一誓之後其君若臣即已渺不復記憶（我國何如）嘗大改革官制矣建所謂一府八衙門者名稱悉仿日本日本政府所有之機關無一而缺也而據當時游韓者所紀載惟見有巍巍廣厦若干所矗立漢城中大榜於門曰某部某部而其中乃無一文牘大臣會議則惟圍坐一桌菸氣瀰漫游談無根無一語及政務也（我國何如）畧舉數端他可隅反夫他事猶可假借獨無財不可以爲悅朝鮮之**財政**則何如當日俄之既戰也日本政府派目賀田種太郎者爲朝鮮財政顧問目賀田種之報告書曰人皆言韓國財政紊亂以吾所見則殊不足以當紊亂二字彼蓋無財政之形也噫嘻、此可想像得之矣（我國何如）然則朝鮮十數年來所以叅此蠹國之官吏者究何所出曰、種種惡稅其名固不可殫舉矣然朝鮮官吏之取於民非必據法定之租稅也其所欲者則掠奪之而已然直接掠奪亦已至於無可掠奪然數年前尚有間接掠奪之道焉曰、

鑄惡幣朝鮮嘗取日本之貨幣法譯而頒之號稱改革幣制然主位幣未嘗鼓鑄一枚惟鑄所謂五錢銅幣者無量數（當日本之五盤銅貨當我銅元之半）又以警察機關不備外國私鑄輸入者滔滔不絕以致此種惡幣充溢市場百物騰涌民不聊生（我國何如）朝鮮民本已婾惰不事生產而政府復朘削之不已農民終歲勤動無所得食以故舉國之田悉廢不耕草萊彌望（我國何如）其官吏則懸缺而沽公然不諱沽缺不足益以科第一進士定價爲二千五百圓（我國何如）其**外交**也喜弄智術日言縱橫捭闔**常商摧於聯某國以抵制某國**而實則割臂飼鷹舍身施虎鷹虎未飽身肉已糜然而至死不悟也（我國何如）蓋朝鮮政治之棼亂不可理臭腐不可嚮邇雖罄南山之竹不能述其萬一一言蔽之**則厲精圖亂發憤自戕而已矣**

眉山蘇氏之言曰滅六國者六國也非秦也族秦者秦也非天下也日本雖處心積慮以謀人國乎日本雖養精蓄銳有能亡人國之實力乎顧何以不謀他國而惟朝鮮之謀不亡他國而惟朝鮮之亡使朝鮮而無取亡之道雖百日本其如彼何不見乎瑞士

荷蘭比利時其幅員戶口皆遠在朝鮮下而以歐洲數大强國莫能亡之乎此猶曰藉國際法上之永久中立以幸存也不見乎前此以至强之法蘭西欲亡德意志之二十餘小邦而不可得乎不見乎前此以至强之奥大利欲亡久衰之意大利而不可得乎不見乎赫赫英國以獅子搏兎之力加諸杜蘭斯哇僅乃克之猶不能收其地爲直隸殖民地而卒聽其自設政府乎。**是故亡朝鮮者朝鮮也非日本也**夫朝鮮人既自樂亡亦何足恤然以彼之故釀中日日俄兩次戰爭戕三國百數十萬之生命絞三國人民血汗所出之貲以爲戰費日本人之得之也其代價固已不菲而尙有蒙大損失而永世不可復之兩國從旁以贊其葬禮嗚呼其不祥之國哉

嗚呼而今而後朝鮮已矣皇室之威嚴何在官吏之權勢何在兩班之門第何在朘民膏以成之景福宮何在三淸洞中諸閔壯麗之邸何在南宗北宗老論少論之派何在一進會大韓協會何在賄賂之纍纍於腰槖者何在頤指氣使一呼百諾於前者何在其四紀天子惟有揮涕乘傳車以作歸命侯於昔日之與國仰主人恩賜以餬其口其舊時王謝幸者則得微祿足以代其耕不幸者則降爲皂隸不免飢寒其假虎威以自

覆其宗者則亦鳥盡弓藏惟長留一賣國奴之名於史籍供萬世之笑罵回憶數十年來事費幾許鉤拒以相軋出幾許拳勇以相屠作幾許不可見人之聲音笑貌以求一命之榮用幾許不可質天地鬼神之手段以自殖其筐篋而今也舉灰飛燼絕音塵響滅尋思諦觀卻爲誰來**然而朝鮮人固非至今日不寤也嗚呼**

種桑長江邊　三年望當采　枝條始欲茂
忽値山河改　柯葉自摧折　根株浮滄海
春蠶既無食　寒衣欲誰待　本不植高原
今日復何悔　（陶詩）

時評

行政綱目評言

志毅

吾國行政機關。複雜紊亂。頃年日事維新。而叢脞百仍者。大都職此之由。今者政府欲秩而理之。由憲政編查館釐訂行政綱目。有　旨飭下各衙門。限兩月商定咨覆。到館詳訂覆奏。降　旨實行。偉哉斯舉。吾十餘年寤寐以思。禱祀以求者。今胡幸一旦而得此。吾國自今其庶有豸乎。其百務。理而庶政。康乎。吾儕小人。方拜手誦禱之不暇。夫何間然。雖然、茲舉也。爲頃年新政最偉之壯猷。改革最要之良圖。事旣關乎至鉅。理必不厭求詳。吾人於行政綱目一編。其不能無疑者尙夥。用敢供其一得。以作芻蕘之獻。當亦非政府所厭聞也。

吾人讀行政綱目。而欲加以評判。當先據政府此舉之意爲前提。而定是編之界說如左。

一是編爲期吾國現在之實行的。非行政學之侈談學理。屬將來之希望的。

一是編爲統籌吾國行政部之改革。屬全局的。非執一枝半節以圖補救。屬一隅的。此界說既定。吾人敢舉是編之大端。一先下斷語於此。

一是編於現在吾國事實上。頗多抵觸。實行甚難。恐終不免屬於理想。

一是編頗詳於政目之分科。而畧於政綱之統一。

推其致此之由。似政府於吾國全局進行方針。尚無眞確定見。故不免游移出入。以成斯弊。茲將一一徵引其失。並供吾人之所主張。而尤不能不先於憲政編查館原奏一致吾詞。

原奏立法權將操縱行政權一段文義。或起草者偶爾不檢。或主稿者別具苦衷。原可無容置辯。惟吾國新政伊始。憲政之經驗未富。君民之感孚未洽。原奏云云。實足啓上下猜忌之心。貽憲政前途之累。不可不一言以正其悞。原奏有云（議院政治之國則議會操縱政府大權政治之國則政府操縱議會）斯言也。異哉。所聞十九世紀下半以來。果孰可指爲大權政治國者。吾人惟知三權之上。有所謂統治總攬者。憲法上有所謂大權作用者。從未聞判其一國可爲大權政治者。必曰有之。則惟吾與俄耳。俄非。

吾所樂效矣法美民主於吾弗類則將指英爲大權政治國乎英爲議會最發達之國必非指英其將指德爲大權政治國乎則請觀總攬大權之日耳曼皇帝德皇於立法上無直接發案權對於法律無不裁可權法律之施行惟能對各州行政主長而監督之諸州行政主長有違命時雖得依據憲法强制之而必先得參議院之決議故學者謂日耳曼帝位特一官職耳非主權之所在蓋德之主權不存於德皇而存於聯邦參事會則德非大權政治之國可知然則所謂大權政治國者殆將指吾鄰邦日本乎夫日本制定法律必經議會協贊改正憲法雖獨天皇有發案權然必得議會之決議緊急勅令亦必得議會事後之承諾財政種種事務須得議會之協贊日憲條文不遑具徵其憲法之序文非彼邦人所視爲憲法之大體精神者乎其中有曰、朕念親愛之人民依其協贊共扶國家之進步又云、制定憲法朕謹率由是日皇固必依日本人民協贊矣必謹率由憲法矣天皇如此執政者可知謂日皇大權較廣於他國之大權可也謂日本即大權政治之國不可也捨此而外環球東西果孰可指爲大權政治國乎且即假定今世界有所謂大權之國然亦斷不能謂有政府操縱議會之事日本即所謂

時評 四

大權較廣者然幾會見日政府能操縱其議會甲午以前彼政府曾有此操縱議會之心干涉選舉賄賂議員爲一時人心之累貽伊國憲政之羞然欲求政府黨員之多於民黨而卒不可得彼國家元勳聲望隆赫之伊藤博文尙不能不退自廟堂結在野黨以自固政友憲政二內閣雖暫而不久然出於兩黨之內閧非阨於政府之操縱甲午以還彼政府且深知非與民黨相提携不足以謀國是之進步其操縱議會之心久已春雪入夏消融無跡此稍讀彼邦近世史者所悉知也日尙如此他國可知且徵諸大權政治國邈不可尋卽議院政治國亦惟求之歐西徵諸古史中庶可見其一二一機關專橫全國其不聽存立於今之世界也亦已久矣今卽假定有大權政治國有議會政治國有議會政府相爲操縱之事然亦不能謂立法權操縱行政權（姑仍原語義實未妥）君主立憲主旨遂因之破壞有如原奏所云者原奏（我國憲法既採大權政治主義則於議院政治決不相容故造端之始三權機關必須同時設立不可偏廢否則立法之基先具既有以磨厲其才增進其識而行政機關襲故蹈常不能相副雖有人才無從歷練優劣相形勢必成以立法權操縱行政權之局而君主立憲宗旨將破壞而不可收

拾矣）當今議會最發達之國莫如英英、君主立憲國也大權最廣之國莫如日日政府未嘗不破壞也英之議會至能建造政府其內閣至以議院最多數黨派起而組織之原奏所謂能操縱政府者英殆近似然未聞英之君主立憲遂礙其主旨也日本自有議會以來內閣顛覆者已十次未聞日本大權卽隨以十次破壞也吾人得奉吾君如英君之尊榮穩固不可謂不忠矣吾國憲政得如英之憲政巍然爲立憲母國亦可以躊躇滿志矣胡得謂立法部權稍重遂破壞君主立憲主旨哉大權自大權行政自行政政府自政府君主自君主烏能混而一之議會卽果操縱政府於君主大權固無關也原奏不引吾　欽定憲法大綱乎　君上有統治之大權凡立法行政司法皆歸總攬以議院協贊立法以政府輔弼行政以司法遵律司法綱目總論解釋此義尤爲明瞭曰、所謂政府者乃君主行使大權所設機關之一所謂君主無責任也茲何忽謂操縱政府卽爲破壞君主立憲主旨其解憲法大綱何其明其對議會何其暗也原奏又謂「立法之基先具有以磨厲其才增進其識行政機關襲故蹈常人才不出優劣相形必成立法權操縱行政權之局君主立憲主旨遂因而破壞」斯言也吾人雖阿

時評

其所好亦不能不謂之智者之失夫吾國果使議會人才輩出豈非吾國之大幸吾君所大樂同爲一國之民同爲一王之臣有何差別而相畏如此今日之議員安知不他日入政府而執政政府之賢良焉知不他日爲議員以立法方今國勢阽危時事日非亞雨歐風迫我甚矣合吾君臣上下萬衆一心臥薪嘗膽盡智竭忠尚未知果足濟此世變否忍於憲政萌芽之初而即開內閧之端倪於此以吾國行政機關之秩序紊亂處二十世紀競爭劇烈之場國亡其能倖免乎故欲起吾國於九死整頓行政機關實不可須臾緩國會不開遂將長忍而與此終古耶今主持者不外是患而內爲憂時際艱難雖胡越亦正同舟等勸國是非晉楚何勢衷甲讀兄弟鬩牆之詩起草者其能無動於心乎原奏及綱目指陳吾國行政機關紊亂之弊與改革之宜語語契我肺肝詩所謂實獲我心者獨惜奏章之首冠之以此有萬不可不辯者以上所陳義本膚淺豈主持者尚不知之當亦別具苦衷耳夫代議制之上利於君中利於臣下利於民久已昭信於全球其稍須徘徊審慎者十八世之上半紀未曾經驗時則然耳彼果具有苦衷者盡舉代議制之善誠告吾君期早開國會或於具苦衷之微旨不相枘鑿乎

六

何言乎斯編於事實上頗多牴牾斯編總論有曰釐訂官制清理財政制定法令皆視是編爲準而資政院諮議局權限亦可因此而定吾人於此有最大之疑點二

一曰清釐財政之疑

(甲)以吾國直省疆域之廣徒以地方經費充之果足振興百務乎編中財政分配表田賦司按語擬以田賦耗羨改充地方經費下注曰(即各省行政費)稅課司按語(圖稅法改良以厚中央之財力留其有餘以充地方行政之用)將來以何者爲附加留若干之餘剩雖不可知而除地方經費外固別無所謂直省行政費在夫吾國一省恒駕歐洲一國卽以四川論之疆域之廣甲於日本人民之衆倍日一半日本行政歲費不五萬萬餘乎川惟減海陸軍及外交費耳內務行政必倍於日本始克藏事今乃徒以地方經費充之以求百務之振理是何異求人之康彊而先絕其飲食也斯編未行以前中央固不名一錢一絲半縷皆賴疆臣之貢獻前乎此者中央病斯編果行以後必直省不名一錢一絲半縷皆賴中央之給與後乎此者直省病所病之地不同而爲吾國之病則同也難者曰是奚不可厚積地方經費之實

時評

胡必省行政費之是名應曰、然則胡不可擴張地方官治之實而必間接官治是名曰、以疆域廣漠故曰余亦正以疆域廣漠故此財政上之大疑點者一

(乙)國庫收入統屬諸直接官治矣地方經費應屬諸地方官治矣行中央之政者有中央之費行地方之政者有地方之費獨握一省最高權之間接者不仰賴於中央則俯仰於地方妙手空空不名一錢焉編中雖有間接官治經費統由國庫支給明文然不便孰甚且吾國政費之徵收各省大異其性質將來中央租稅之則必取性質之整而同而遺其零與異此整以同者附加之而劃其有餘其足適吾地方稅之性質乎此不待問而知其不適何編中無一語計及此難者曰、此自詳將來釐訂租稅制曰、然則現在是編已遺漏地方稅此財政上之疑點者二

(丙)地方經費可假以厚積其實矣中央支給無所謂不便矣行政機關則用大國法設間接一級財政劃分則用小國法遺直省政費均一一假定其無害唯問當今吾國廿二行省之督撫一旦令其不名一錢一絲半縷皆仰給於中央此事能乎不能吾人嘗見吾國直省財政往往事可質諸衾影人無愧於惠連而上下相蒙矯誣

八

詐偽行盜跖之行此由無明定直省行政費勢出於不得不然也今之清釐財政意非不善然不過向以其偽造冊籍彙至部中核算者今持至清釐財政局就近核算之而已事勢所在不能強也今當疆臣積重之勢直省庶政之繁一旦而欲其不名一錢故謂是編爲近於理想者此亦一端也此財政劃分之最大疑點也

一曰資政院及諮議局議事權限之疑

(甲)諮議局之權限　不問而知是編所定諮議局議事之權視地方官治所轄爲準今而後間接官治之督撫將永永無制限之機關前之疆臣無制限猶爲事實之疏濶後之疆臣無制限將爲法定之明規夫當今議會之制謂之曰立法機關勿寧謂之曰監督機關學理事實昭然若揭前世政體多委此監督者於官吏今世政體則委此監督者於國民此立憲國之精意代議制之所以善也乃我之中央方將倣而行之我之直省乃欲放而棄之夫我國督撫之無制限久過天子遠甚側無臺諫之諍旁靡史官之誅語祖宗之成憲則胄非宗親警天心以垂戒則位屬人臣吾先哲遇昏暴之主不可以人理戒者每假天威以惕而制之設遇今之督撫雖我先聖

時評

而其術亦窮我　先帝於國會未開之先毅然詔各省開設諮議局海內喁喁向風日吾輩人民自今其庶或蘇乎乃去年憲政編查館加以權限之解釋將　先帝賚我人民者剝奪其强半今者編定是編更不考於古不證於今不謀於朝不詢於衆不審現今之事勢不察將來之影響不念國家之利害不計人民之休戚以吾國第一至重至要之問題如不値加一研究者徒輕輕以中央地方四字勒諮議局與地方官治對等而置督撫所轄於議事權限之外使間接一級官治永逃法律之範圍如兩界之閒田等隊外之游兵旣非資政院範圍所能過又非諮議局權限所能範其賢明而勤勞也聽之其昏暴而驕縱也亦聽之其長此寂寞使直省庶務百年仍此腐窳枯朽也聽之使反其所極令吾直省如未歸流之土司而自爲部落之酋長也亦聽之吾君旣與人民立憲不自負責任矣督撫又無所對以負其責任事勢所極何可不爲夫極諮議局範圍之擴張足以貽各省分立之漸此意亦吾人所大贊同惟諮議局權限必視督撫之權限爲等差行省可廢則省會議可不設督撫能撤則諮議局亦可撤如仍行督撫舊制而設間接官治一級徒於諮議局則抑之與地

十

方官治對等是則吾人所大惑不解者此謂諮議局權限可定之大疑點也

(乙)資政院之權限　不問而知是編定資政院議事之權限視中央官治以爲準主持是編者曰間接官治亦行中央之政者也資政院得而議之前督撫無制限之說特臆說耳今無論督撫所施行者爲直省人民切膚親受不能因茲編一圈一點之別遽生差異以直省人直接所受而以資政院間接議之其事已不順且資政院章程於僅關一省事件不得置議是間接官治一級終仍閒田之草聽其滋蔓而已且吾國上下不日言責任內閣乎吾國督撫其不能隸民政部而爲事務官必隸內閣而同爲國務大臣是亦主持者所深知斯編是以有間接官治一級之設也今於其對於立法部不詳列專條之規定而遽謂資政院諮議局可據是編爲準夫資政院國會之小影也將來設有彈劾政府之事內閣更疊其將與內閣關聯牽一髮而全身動乎抑果置身化外等閒田之草也乎此等疑問不識主持是編者何以解之

此謂資政院權限可定之大疑點也

主持者必曰吾將以間接官兼地方官以今之督撫司道一方面承間接官治一方面

時評

攝地方官治則予前所陳之大疑點皆可無庸置議然吾人正於此復有可疑之二點在

(一)據編中等級表釋語(表語較奏明瞭當從表)釋地方官治(各省官府制定法令使地方官吏奉行之者)據此則督撫斷斷非可兼攝地方官者且即棄此釋語牽間接地方二級混合而聽其兼則同一官廳同一人格同一執行分猶不分變猶不變吾人之所熱望於行政機關之大革新者將盡歸泡幻而所謂間接地方之別者真不過是編分配表一圈點之別於事實初無影響則爲是擾擾奚爲者其不兼也則將來直省以誰爲行政之長一省政治漫無歸宿諮議局且無着處有客而無主如其兼之不惟自亂其例且毫無益於事實此吾人於釐訂官制謂可視是編爲準者之疑也

(二)等級表釋間接官治曰(中央政府制定法令委任各省官府行之者)釋地方官制曰(各省官府制定法令使地方官吏奉行之者)通觀語氣各省法令爲各省間接官治所制定可知方今法令非得議院之協贊不得成立此普天率土所同認我國方將倣行者也乃以我二十餘行省之中央其法律方賴議會協贊而一隅官

府所成之法令尚不知協贊者之伊何將以國會協贊之則彼爲偏一隅之省令將以諮議局協贊之則諮議局方屈處於奉行此法令之地方官治對等吾前謂充其所極可爲土司可爲酋長者觀此益信非妄言也此吾人對於是編謂可準以制定法令者之疑也

綜上諸點一言以蔽之曰於行政上則悟國境之廣博決設間接一級於立法上則憂地方之權重取消間接一級此由大疑未決大計未定故於全國大體之改革進行之方針左張右皇無眞確的見處處扞閡正其宜也若吾人之主張則不然欲決吾國政務進行之大計當先決吾行省制究可廢不可廢今請畧徵吾歷史疆域之區劃及疆吏之職權以決此疑點語焉不詳不足盡此至要至重問題也異日當別有文專論之

行省之制由來久矣近雖承夫元明遠實肇於封建蓋歷代疆域之分初無大異所異者疆吏之職權耳州牧與監司之權力地方與中央之等級雖代各不同然其具有今行省意也則歷代無或異秦幷六國平百越其地西臨洮而北沙漠東南臨海分天下爲三十六郡劉漢代興左東海而右渠搜前番禺而後陶塗東西九千三百里南北萬

三千有餘里。分區爲十三部。世祖光復。四履之盛。無愧先烈。分部亦同唐定宇內。文軌混同。其地東至渤澥。西踰葱嶺。南盡林州。北被大漠。東西九千五百里。南北萬七千里。分宇內爲十有五道。宋撫中土。東南至海。西盡巴僰。北極三關。南北萬千有餘里。東西六千里耳。疆土較唐稍狹隘矣。然亦分爲十五路。元疆廣漠。乃立行中書省十有一。明奠海內。東起朝鮮。西接吐蕃。南至安南。北距大磧。東西萬千七百五十里。南北萬九百里。分區爲直隸二。承宣布政使司十三。國朝因之。爲二十餘行省。此歷代疆域之大區。所以置治官之監司者。秦郡四十。漢郡百有三。魏晉六朝。州郡僑置。增損離合。不可悉計。唐宋郡府約近四百。縣則漢唐迄今均千數百有餘。此歷代疆域之小區。所以置治民之官者。故謂疆域之區劃。自今至於先秦。無大差異也。至疆吏之職權。宋以前親民之官。率能自達於朝。故有司之權重。元後非監司不能達於朝。故守令之權輕。然以此論。官制之善否。則大有等差。而不能概轄諸中央。如今行省。意者則歷朝如一轍也。漢沿秦制。郡置太守。佐以丞尉。自辟僚屬。下督諸縣。上達於朝。職權之重。等今巡撫矣。六朝擾攘。刺吏率加將軍。持使節。稱都督。職任尊重。方今督撫。蔑以加焉。隋廢郡制。以州統縣。治以刺史。唐制相沿。上刺吏秩三品。貴與宰相等。親王宰執。迭領州郡。位望崇隆。不減舊觀。末葉節度權職尤偉。事勢所極。遂屋唐社。宋世集權中央。於各路監司。不總於一人。以分其權。宜若無今行省意也者。然郡縣長吏得自奏事。知州皆以朝臣爲之。宰相大臣。出亦領州。職權之重可以想見。且其帥漕憲倉四司。各路皆置。州縣煩擾。較唐尤甚。元設行中書省。以省官出領。總持軍國。有明沿之。以迄今茲。綜觀歷代不過宋以前。小區郡縣之權重。權在有司。元以後。則大區行省之權重。權在大吏。質言之。則宋以前。權在郡縣。不在部道路。元後。則權在行省。不在郡與縣。其權所寄之區與輕重之殊。雖代有不同。然統吸事權於中央。如今各國地方制者。則三千年不一聞焉。地小則爲治也簡。階級自尠。地博則爲治也繁。階級自較增。理勢所在。宜其不謀而合也。且今也。各國之疆域。與吾比倫者孰則純以地方直隸其內部。雖歷史之沿襲各不相同。然理勢所趨。莫能或之異也。求之中外而合。質之古今而準。故敢一言以斷之曰。吾國督撫之權。不可不裁。而行省之制。不能盡廢。抑即做漢唐之制。析省區而小之。而各國之地方制度。其不適宜於吾國。固可斷言者。此計畫既定。於以官制財政法令及省議會

時評 十六

權限皆可視吾省制以爲準。省制大則從而大之。省制小則從而小之。令之督撫。即定爲一省行政總長。與提法度支交涉提學勸業巡警諸司。共執中央法令行之。組織之如小內閣焉。事之關於全省者。須諸司副署。其關一司事件。則由該司副署。上奏如之。發布命令亦如之。負連帶責任焉。各司雖不能入奏。而可以其職權內事。自達於部。各司長官。如提學等使。由朝廷欽簡。次官以下。則遷轉補授。各依其曹。如理財之官。入則在度支部。出則屬度支司。他司視此。如是則官制定矣。法令由中央規定大綱。所留餘之細微末節。由各省官府就其省之情形制定之。而必得該省會之協贊。於以省法令定。該省會有不信任該省行政長官時。得提出彈劾案於國會。國會須爲之上奏。經二次彈劾。則該省行政之小式內閣。不得不更迭。不經省會彈劾。則行政長之督撫及各司長官。不得無故更換。至行政費用。當即名之曰省行政費。由中央擇租稅性質之宜者。先定中央稅。各省得於附加外。自就情形定省行政經費。行省費由該省會決算之。省審計院監督之。於是而財政理。而資政院諮議局權限。庶乎可定。此吾人所主張之犖犖大者。否則行省制之大計未定。既患版圖太廣。思守權於地方。又患地方權重。復思吸收於中央。欲取而不敢。欲與而不捨。左支右絀。即理論亦不能自圓其說。見諸事實。惡乎可行。且是編設間接官治一級。是亦知今行省萬有難廢者。乃欲存之於行政而廢之於其他。是則吾人所大惑不解。而知其大計未定。大疑未決者也。至編中略政綱之統一。不止無內閣也。且無地方行政之長。前論已詳。人謂有身而無首。吾謂其有目而無綱。方今言行政學者。力謀統一之分科。斯編津津於分科。誠善矣。不識所以統一之者伊何。主持者當不至并此不識。得亦別有所阻礙歟。然當今不謀此根本之改革。其終能保此忌者之高爵厚祿乎。無亦與國同歸於盡而已。主持者何弗懇摯以詳。而竟付諸缺如。尚可謂統謀行政事務之全。修之曰綱目乎。主持者自思之。亦當啞然失笑矣。至編中瑣屑支離之點。正復不少。畧舉數端。以見其概。

一有重其所輕。輕其所重者。　如分配表第二按語。謂吏禮兩部不負憲法上之責任。即不屬國務之統系。故未列表。此言誠是也。然最負憲法上責任為國務統系者。莫若內閣。亦不列表。而最不負責任之將軍。乃列專表。此非柔則茹而剛則吐之類也乎。如謂將軍為指蒙古等地而言。則今當大擴邊臣之職權。以弭邊患。又非此簡表

時評　十八

所能範。又如日本之臺灣總督。關東總督。方特別規定。大其權以隸於內閣。我以版圖甚廣內地方將設間接官治一級。西北邊患正亟。乃襲承平舊制。一切大政總以理藩院六司。是無西北也。何理之可為。此尤不可不亟切研究者。

一有主張不定意存模稜者。　如外交事務表按語。（當未設交涉使以前仍委各省督撫行之而為間接官治亦權宜之計）審茲語氣。則既設交涉使以後。必屬直接官治無疑。然下文又有事關一省屬間接官治之言。是此項交涉使果屬之間接官乎。抑為直接官乎。將本欲屬之直接。轉一念又屬之間接乎。再三尋譯。莫定其是。又學部事務案語第二段、（現制各省提學使其地位似介於直接間接之間……將來自應歸入各直省官治……而兼承間接官治之事）此段語意。尤難索解。提學使。其執行中央法令者乎。亦奉行各省官府之法令者乎。明明間接官治。而謂介於直接間接之間。此間果指何地位。且既謂入各省官治矣。又謂兼承間接官治。前謂在直接間接之間。此又在地方間接之間矣。他之警務勸業等司職權相等者。皆此兩間中物。既設四級官治。又生夾縫中之二級。合六級官治。職權如何。分官制如何。

定。眞令人十日索解不得。

一有淩雜無序者。　如財政事務十司。統漕倉等八司事件。無一列入間接官治者。如司庫、如公債、如洋欵如營警兵餉、皆不列入。而獨田賦司丁糧墾務。稅課司發給關單等五事。列入焉。謂其不足重輕歟。抑因其便而假權於督臣歟。然何以獨別此五事。此等用意。莫識其例。編中此類。尚多。不能悉舉也。

一有無一定準則者。　是編之意。必統籌吾行政機關。懸一至善之的以赴之。非可隨事塗附也。軍政司法。當然統屬諸中央。乃編中於軍乘等司事。及司法承政廳事。謂現由督撫籌劃。遂列之間接官治。則將來新政須督撫籌畫者。何限。將一一列之間接官治乎。其今日已判爲直接者。後日復改歸間接乎。且財政事務種種何一不經現今之督撫。而獨不一及。間接者何故。提法參議廳調查事件。列入間接。財政通阜司之調查事件。胡以獨不入間接。人有謂是編於有利之舉。則歸直接。屬之已無利之舉。則委間接地方屬之人言固近誣。然亦果近似否歟。

一有表與案語不合者。　如司法承政廳表則以奏補提法屬官。由督撫咨部辦理。屬

時評

之間接。案語則分人事財政二層。謂關人事者屬直接。關財政者屬間接。奏補屬官。果關財政乎。抑屬於人事乎。

一有自亂其例者。　如軍學司、案語。陸軍各學堂教育隊伍操法等項。（由本部制定章程通行全國故專列直接官治）夫等級表。以極正確釋語。例直接官治曰。（中央政府所執行政務及特設官吏於各省奉行中央政府所制定之法令者）此萬不可以部章通行者當之而例亂。謂當從此案則表例亂。謂當從表則此案例亂。且行中央政府之法令者。尙例之爲間接陸軍部章程必不能重於政府之法令部章通行尙可謂之直接則政府法令之通行。何不可謂之直接於此而間接官治之例亦將亂復次、同一制定通章在農墾則謂之屬地方在漁業則謂之屬間接。在此則謂之屬直接。一事而三亂其例。且隊伍操法教練。不屬諸間接矣。而上軍制司謂三十六鎭。未經練齊委督撫籌備兼列間接則督撫之練此鎭兵其皆無此軍學司之隊伍操法教練等事耶如此又何得謂爲練兵

一有分級不識其用意之所在者。　如民政各事皆列入地方官治。獨民治司之稽核

地方自治。整頓風俗禮教。移民僑民。疆理司之官民土地收放賣買四事。列入間接。而不兼以地方。就現今事實言之。則各省民政何一不經督撫。就將來改革言之歟。則間接一級具何理由。獨兼此四者。其他之繁重於此者又何爲乎。不兼

有不經間接地方事閡不行者。　如民政部警政營繕等司事。郵傳部船路兩司事。不能不兼間接。僑民移民。不能不兼地方者是也。

有由部劃一定章。不能通行。且可不必者。　如民政衛生司等事是也。

有事不能不屬之間接或地方。且屬之亦無防礙者。　如遣派游學等事是也。

有應兼屬地方二級而脫漏者。　如學部圖書博物等館是也。此而徒列直接一級。將全國惟中央有一圖書一博館而已乎。行省有是館者。統由中央特設專員理之乎。

有應屬直接間接之級而脫漏者。　如教育博物館等。中央據何理由可以絕對不設而專屬地方官治。前之圖書博物館。何其尊。此之教育博物館。何其輕。且此之通俗教育等專屬之地方。不一及直接間接。而民治司整頓風俗禮教。胡爲又專屬之直接間接。而不一及地方耶。

有一章之中自相矛盾者。 如農政第一管理按語。（農田屯墾採用日制兼直接官治與間接官治惟其中規模小者劃由督撫按照定章（章由部定）辦理則地方官治亦應兼列）明謂所兼為間接官治矣忽又謂為地方官治已極可怪下文林業漁業又謂（制定通章委督撫執行則間接官治之事）忽地方忽間接果孰從乎且同一部定通章編中更有謂屬直接者令人從何索解

以上所陳觀者得勿疑吾嘵嘵太甚乎實則此等謬點尚多隨檢即得編者界說既未定大計復未決既牽於事勢復多所顧忌宜乎弗得統一之分科具一定之準則吾筆雖刺是編之非吾心實憫成是編者之苦時事亟矣吾國不於此行政根本上謀全體之更張新政萬端徒滋擾耳吾國之存而強也視此吾國之弱而亡也亦視此吾人所以不憚煩勞而刺刺不休者煩喝甚亟得泉弗甘不能不竭吾力思漉清而飲之吾云云者正冀獻其一得庶釐定時酌改以止於至善焉耳如當路者因此遂停擱不進是聞泉惡即不復求飲而自甘喝斃也吾國將永永無更生望矣則予不但為是編之罪人且為吾國四萬萬眾罪人矣吾橐筆吾心猶戰掉悼慄亙久而不克自已也

著譯壹

日本併吞朝鮮記

滄江

日本併合朝鮮條約發表後本報卽著特別紀事以記其顛末然時日迫促提要挈綱而已今更述其詳細著爲斯記讀者當不以駢枝誚之　編者識

記例

一本文名爲日本併吞朝鮮記故記事以日本爲主其朝鮮內治及他國經營朝鮮之事蹟惟舉其大概取相發明耳

一本文旣名曰記自不容多下論斷但事實之原因結果有不得不略爲說明者將使讀者易於循省故文體不能謹嚴方家諒焉

一本文所記事其由朝鮮發生者甲午以前用中國年號乙未以後用朝鮮年號其由日本發生者用日本年號

一本文或稱朝鮮或稱韓從行文之便別無他義

一朝鮮君主昔稱王中稱皇帝今則稱李王本文所記各就時代而從其稱

外史氏曰朝鮮今眞亡矣朝鮮之亡不自今日特今日則名與實俱亡云爾是故記朝鮮之亡不得不託始於四十年以前夫亡者朝鮮也而亡之者日本也朝鮮之所以由存而即於亡者其所歷之塗徑有四一曰役屬於中國之時代二曰號稱獨立之時代三曰役屬於日本之時代四曰併吞於日本之時代日本之所以亡朝鮮者其所歷之塗徑亦四一曰與中國爭朝鮮之時代二曰與俄國爭朝鮮之時代三曰以朝鮮爲保護國之時代四曰併吞朝鮮之時代此兩造之四時代其界綫略同今畫前兩時代爲前記後兩時代爲本記於以觀朝鮮自取勦絕之由與夫日本謀人家國之術此眞當世言政者得失之林也

前記

第一　中日爭韓記

朝鮮與中日兩國之關係　朝鮮自古服屬於我然惟漢代曾收其一部爲郡縣過此以往羈縻勿絕而已我國自昔待屬國如此匪獨一朝鮮也而其國與日本一葦相望日人之狡焉思啓殆非一日據東史所記則當我漢獻帝建安中日本有神功皇后者

曾親征新羅。略其地置戍兵焉。當時朝鮮裂爲三國。曰高句驪。曰百濟。曰新羅。蓋高句驪、與我交涉最繁。新羅則昵近日本。百濟則常修玉帛於二境者也。自唐以還。三國統一。名曰高麗。常北面於我。與日本之交殆絕。及明神宗萬曆間。日本有豐臣秀吉者。雄略爲彼國史中所僅見。嘗大舉伐朝鮮。幾滅之。賴我援僅免。日本之與我爭朝鮮。實自茲始也。未幾我 朝崛興。朝鮮恭順。臣服最早。 列聖懷遠以德。舍歲時享覲外無所誅求。而日本則德川氏柄政。專務文教。不遑外事。朝鮮閉關酣嬉者三百年。俗日以偷政日以亂。其勢既不足以自存。值歐勢東漸。寖益多事。而日本方於其間就維新之業。磨刃欲試。我亦當中興之後。朝氣未衰。兩國相接。而以朝鮮爲之間。朝鮮亡機。兆於是矣。

日韓交通初期 日本明治新政府初建之日。正朝鮮大院君專政之時。大院君李昰應者。朝鮮王李熙之生父。（熙即朝鮮前王甲午以後自稱皇帝四年前讓位其子稱太皇帝今被廢爲李太王者也）王方幼而爲之攝政。其爲人也。好弄術智。而不知大體。喜生事。而無一定之計畫。性殘酷。憍慢。而內荏。多猜。實朝鮮民族性質之代表。而亂亡之張本人也。大院君之始攝政。實當我同治三年。（熙以同治二年即位）

著譯

四

其時(時年十三)我國五口通商久開日本亦已闢三互市場世界大勢所趨固不容朝鮮長此閉關自守天主教勢力寖瀰漫於其國中而俄法美諸國次第遣使議修好而大院君壹以諉諸我政府其諉諸我政府也非守國際法上屬國之名分也非懾我上國之威也圖狡卸不自負責任而已(著者案對於外交事件圖狡卸不負責任此吾中國人相傳心法朝鮮人亦師我長技者也)

大院攝政之四年而日本明治天皇即位初日本當將軍秉政時其與朝鮮交際專委諸對馬守宗氏幕府不自直接至是遣對馬守宗重正使韓告王政維新韓人以其璽書中有皇帝字樣拒不受明治二年(同治八年)更使外務權大錄(大錄官名權署理也下仿此)佐田伯茅少錄森山茂爲交涉使使韓韓人拒如故三年復遣外務少丞吉岡弘毅往使森山茂廣津弘信副之淹留一年有半不得要領宗重正再移書喻指勸韓廷引見吉岡等不省五年宗重正復使其家臣相良重樹往與周旋凡上書於韓政府二十四次終不納其年八月復遣外務大丞花房義質少記森山茂乘二軍艦往使焉韓吏拒如故六年廣津復奉命往森山旋至亦無所得怏怏歸蓋自日本明治維新以還朝鮮之草梁館(草梁館者所以待外賓也如我會同四譯館)無一日無日本使節之足跡韓廷之虛憍無禮誠出情理之外而日人甯含垢忍辱而終

不舍去且終不肯轉而就商於我政府（當時俄英等國皆轉而與我交涉）蓋其處心積慮務置朝鮮於我勢力範圍以外四十年間政策一貫而自始絕不肯誤一著以取自縛有如此也

所謂征韓論

征韓論者日本內政上之一大事也而其因乃發自外交先是明治二年佐田伯茅反自朝鮮即首唱用兵要盟之議四年外務權大丞丸山作樂等謀組織一祕密隊出奇襲韓爲政府所覺逮而錮之繼此遷延數年使節十數往返而受侮於韓者愈甚日人殆不復能忍六年六月森山茂歸盛言韓罪之當誅且陳言方略於是廷議分爲兩派一曰征韓論派參議西鄉隆盛副島種臣板垣退助江藤新平後藤象次郎主之而以太政大臣三條實美爲之魁二曰非征韓論派參議大久保利通木戶孝戶大隈重信大木喬任主之而以右大臣岩倉具視爲之魁兩派堅持所信抗爭亘數月非征韓論派卒勝日本維新元勳自茲分裂西鄉一派聯袂辭職朝列空其半遂以導明治十年西南之亂雖然非征韓論派固未嘗謂韓之不可征也謂今尚非其時

云爾。要之日本自維新後。本已予韓人以不能安席之勢。而韓人所以因應之者復失宜。我國所以指導之者復無狀。坐使以區區小節。長强鄰敵愾之氣。而授之以問罪之口實。日本之有今日。未始非韓人激之使奮也。

江華灣條約 明治九年。光緒二年 日本與朝鮮始結修好條約。所謂江華灣條約是也。先是征韓論既決裂。日本政府於明治七八兩年。仍先後派外務大丞宗重正理事官森山副官廣津詣韓。卑辭乞結約。韓人深閉固拒。猶昔。明治八年九月。日本一軍艦測量朝鮮海岸。其舢板過永宗島。島上砲臺忽轟擊之。軍艦遂應戰。壞其堡壘。翌年正月。日本遂以陸軍中將黑田淸隆爲全權大臣。議官井上馨爲副大臣。率六艦詣江華灣即永宗島問罪。且脅使結約。於是朝鮮舉國鼎沸。議和議戰。莫敢執咎。而日本威偪。急於星火。遂以其年二月二十六日。締結所謂日韓修好條規者十二欵。禮曰。爲人臣者。無外交。不敢貳君也。朝鮮臣於我。而其有外交。實始此。條規第一款云。朝鮮爲自主之邦。與日本國有平等之權。當時韓人固視此爲義所當然即我國亦從不識國際法上自主二字作何解釋且素賤視日本謂不足與大邦齒方謂彼自願與我屬邦平等足徵恭順而不知日人所以十年間鍥而不舍持滿而後發者其目營心注即在此自主平等之四字此約既訂日人遂不復認我之主權得行於朝鮮矣

壬午之變　朝鮮既與日本結約遣使往報聘其達官亦漸有游於日本者覩其政治修明羨而思效之乃先從事練兵聘日本一士官堀本某爲教習而其督練大臣既不曉兵事且貪黷無藝尅扣軍餉至食中雜沙土於是新軍與見汰之舊軍咸怨胥謀作亂光緒八年六月暴徒數千驟起殺官吏三百餘人堀本與焉遂火日本公使館公使花房義質僅以身免日本遂遣軍艦三兵士八百入仁川遂定所謂濟物浦條約者其內容則（一）朝鮮逮治罪犯（二）償日本金五十萬圓（三）派謝罪使於日本（四）日本使館置守衛兵也朝鮮有日本兵自茲始

甲申之變　自光緒八年以後中日之爭韓始劇壬午變起之際北洋大臣李鴻章使道員馬建忠俘大院君安置保定使提督吳長慶率師四千戍漢城專治兵事使同知

袁世凱總理朝鮮交涉通商事宜。專司對付韓人事。使德人摩靈德夫爲外交顧問。其海關亦使總稅務司赫德監督。當時我國勢力之在朝鮮者。視後此日本設統監時。有過之無不及。使吾有人焉。雖百日本無如我何也。乃吾之當其衝者。既無絲豪政治上之常識。不能爲之革秕政以靖亂源。而復暴戾恣睢。以買其君民之怨。坐使其新進氣盛之輩。羣思結日本以撓我。於是朝鮮有中國黨日本黨之目。雖然中國黨盤踞要津既久。日本黨後起。勢固不敵。日人不得已。假卑劣手段以濟之。遂有光緒十年十一月之變。先是其年七月。我軍與法戰於馬江。敗績。朝鮮人益輕我。而日本駐韓公使竹添進一郎忽歸國。九月復返漢城。舉濟物浦條約所索償金五十萬圓中之四十萬退還韓人。聲言助其行政改革之用。（著者案與美國之退還我庚子賠欵何相類也）韓人深德之。十一月日本在漢城所設之郵政局。行落成禮。韓廷貴顯及各國使臣咸集。獨日使竹添託故不至。宴方酣。突有放火於此鄰者。座客驚散。號稱中國黨之閔臺鎬趙寗夏李祖淵尹泰駿韓圭稷閔泳穆柳在賢。皆遇刺死。日本黨之金玉均朴泳孝。馳入宮門。疾呼清兵作亂。日使竹添旋率兵一中隊。稱入衛。擁王移別殿。謀挾以適仁川。王以失妃及太子所在。涕泣不肯行。翌日我兵至。遂移王於我營。竹添不得逞。怏怏歸國。日本黨悉隨以去。其不及遯者咸就誅夷。是役也日本誠心勞日拙。然其機變之巧。與其一往無前之槪。使人一驚。

天津條約　甲申之變。戎首實爲日本五尺之童所能知也。而日人有藏身甚巧者一事。當我兵之入韓宮也。竹添禁其軍隊不許開鎗。而袁世凱乃砲擊日本公使館。且焚燬之。予彼以一絕好之口實。果也光緒十一年三月。日政府居此奇貨。遣伊藤博文爲全權。詣天津與我北洋大臣李鴻章交涉。卒議定專條三款。(第一)中日兩國皆撤退朝鮮戍兵。(第二)兩國皆不得派員爲朝鮮軍隊敎習。(第三)朝鮮若有內亂。兩國中無論何國派兵前往。必須先行互相知照。此約款所以限制兩國者若甚平等。雖然日本不過不能驟得其所欲得而已。**我則舉旣得權而盡喪之也**。此如吾世畜一僕。忽與客約曰。吾與客皆不得漫役此僕。客欲管僕。必得請於我。我欲管僕亦必得請於客。天津條約正此類也。蓋江華灣條約使朝鮮自認非我屬國。天津條約使我認朝鮮非我屬國。蓋江華灣條約明朝鮮與日本平等。日本既非他人之屬國。朝鮮自非他人之屬國也。天津條約明中國對於朝鮮之權利義務與日本平等。中國旣可

著譯

目朝鮮爲我屬國則日本亦可目朝鮮爲彼屬國也。

甲午戰役　自天津條約後七八年間。日本如鷙鷹將擊。先以蟄伏。其與朝鮮交涉。無甚大事可紀。我袁世凱侈然以上國之代表臨之。頤使韓君臣若奴僕。日以賈韓人怨而招列國之嫉。嘗一度謀廢韓王。立其姪李埈鎔。而使大院君再攝政。有告密者。乃中止。而閔妃之族。初以媚世凱得政。至是益橫恣。黷貨虐民。無所不至。民窮財盡。內亂䕺起。光緒二十年三月。有所謂東學黨者。揭竿於全羅道。勢頗猖獗。袁世凱方思假此以立功名。遽勸韓王乞援於我。乃我軍艦揚威平遠操江方入仁川。而日本軍艦七艘儼然已在。且以陸戰隊四百大砲二門護其公使大鳥圭介入漢城。世凱驚愕。不知所爲。我政府據天津條約。知照日本。謂依保護屬邦之舊例。從朝鮮之請。派兵戡亂。日人以不認朝鮮爲我屬邦。覆書相謝。此問題爭辯殆匝月。日本不屈。我國約共同撤兵。不許。中間經英俄調停無效。更主張干涉朝鮮改革內政。我師方逍遙平壤。遷延待交涉之妥協。而日軍已徧滿漢城。韓廷狼狽無措。乞計於袁世凱。世凱惟告以自稱中國屬邦。理合乞援。日本出兵。甚爲無理。令以此當日本而已。而適啓日本以攻瑕之路。日使大

十

烏即騰書朝鮮政府。詰其爲獨立之國乎。抑爲中國屬邦乎。限一日覆答。至是世凱口舌之力。不復得施。遷延三日。而朝鮮本以獨立國答。日使謂既爲獨立國。宜速改革內政。乃上政綱五條。促施行。韓廷忩洶懼。決諸世凱。世凱謂宜陽許之。而促其撤兵。更爲後圖。蓋敷衍延宕。實吾國惟一之外交術。爲我屬邦者。例宜師之。韓廷與世凱心理同也。而日本固非若是易與。越旬日。且以書偪韓廷。曰朝鮮與中國昔所締約。與獨立國之性質不相容。宜摧棄之。韓廷未決答。而世凱已宵遁。自是朝鮮遂告絕於我。且與日本結攻守同盟條約矣。

日本干涉朝鮮內政之始　韓人之不自立。而惟人是賴。其天性也。日兵之既入韓京也。韓人之號稱維新黨者。舉欣欣然有喜色。競通款於日軍。乞以兵衞王城。廢王妃。起大院君再攝政。日人從其二。惟廢妃之舉。持而未發。未幾遂盡黜舊官。而設一議政府八大衙門。名稱悉仿日本。以日本黨人充之。大院君爲之魁。新政府雖以改革自標異。而大臣日日會議。惟口銜菸管。游譚無根。從未一及國事。內之則朋黨傾軋。彼此互欲剸刃於其腹。（著者案中國所謂新黨者何如）時我軍敗報未至。大院君復貳於我。事發。日人逼使退位。日政府以大鳥圭介干涉韓政之不得要領也使其維新元勳井上馨代之井上上政策二十條謁見韓王聲色俱厲韓王震慴乃率羣臣誓於太廟頒布所謂洪範十四章者其要端則將王室事務與國家事務分離也設責任內閣也統一財政也租稅以法律定之不得妄徵也改定官制明正權限也派游學也行徵兵也編纂法典也用人不拘門地也條理粲然與後此我國之立憲九年籌備案乃大相類然上自君主下逮百執事其嘗有一日定行此誓廟之洪範乎則不待問而可知矣雖以日本第一流政治家井上其人者而無如朝鮮何日本於是益知朝鮮人之不足與立而取而代之之心益決矣

馬關條約　戰役既竣我與日本結馬關條約其第一條則我國認朝鮮為完全無缺獨立自主之國也蓋朝鮮之以公文表示脫離上國之意思也嚆矢於江華條約而大成於攻守同盟條約我之以公文表示捐棄屬邦之意思也嚆矢於天津條約而大成於馬關條約自是我在朝鮮無復發言權　**日本謀韓之第一期政策全然告成**而朝鮮王亦妄竊帝號聊以自娛矣

第二　日俄爭韓記

俄國謀韓之始　俄勢東漸。一日千里。既得海參崴。則與彼密邇之朝鮮。在所不舍。理有固然矣。俄人有威拔爾者。在北京俄使館爲書記官。歷有年所。善能揣摩東方人之性質而操縱之。甲申變起之際。彼方銜命在朝鮮。要求結約。以黷貨無藝之韓人。餂而市之。固易易。威氏乃出俄人所最擅長之懷柔政策。一舉而博韓人之信。其夫人又交際社會之尤物也。日玩閔妃於股掌之上。勢力漸彌漫宮中。於是光緒十年五月。俄韓通商條約成。威爾拔爲駐韓公使兼總領事。全韓政界勢力。有折而入於俄之勢。先是我北洋大臣李鴻章。曾派德國人摩靈德夫爲韓國外交顧問。本欲收其權於我也。乃摩氏以不慊於袁世凱之故。反背我而卽威爾拔。鴻章旋將摩氏撤回。派美人田尼代之。田尼到任不數月。又與世凱交惡。爲威爾拔所利用。一如摩靈。蓋當時世凱之在韓。若匈奴使者之在鄯善。而威爾拔則從天而降之班超也。威爾拔之驟得勢。雖由其才術。論者謂袁世凱之驕蹇。間接以助成之者。實不少云。其後英國擬占領巨文島以防俄。以調停中止。俄復汲汲從事於烏蘇里江流域之開拓。訂結俄韓邊界通商條約。開

著評

咸鏡道之興慶爲通商口岸氣益張矣

閔妃之難　中日戰方酣威爾拔僕僕往還北京者殆一年馬關條約正成而俄法德三國干涉還遼之事旋起三國中俄爲謀主天下所共知矣是故日本爲戰勝者俄又爲戰勝者之戰勝者我之於俄猶敬而德之趨蹌若不及況乃朝鮮加以當時日使井上對於韓廷屢行威偪其旁若無人之概深爲各國駐使所嫉威爾拔乘其間內之籠絡宮掖而外之以各使爲爪牙韓人之不慊於日本者咸倚威爾拔以爲重而閔妃實爲之魁時則有貞洞俱樂部者自俄使法使美使以下韓廷所聘外國顧問五六人及李允用李完用尹致昊徐光範閔商鎬輩朝夕燕集實爲政界之中樞前此日本黨人之在要津者皆怏怏失職光緒二十一年八月日本忽撤回井上公使以三浦梧樓代之先是日人有岡本柳之助者居朝鮮殆二十年蹤跡詭異常出入宮禁而尤爲大院君所信任自閔氏之專大院君久已積不能平三浦到任之第三日卽遣岡本夜謁大院君於孔德里厥明大院君挾訓練隊入衞號稱淸君側訓練隊者韓軍由日本將校訓練者也大院君旣入日使挾使館衞兵一隊從其後韓宮衞士拒之闕於光化門有

死者啣時大院君謁韓皇於乾淸宮方有所陳奏而內侍以皇妃閔氏見弑告皇失色是役也各國輿論咸不直日本謂以代表國家奉命修好之使臣而教唆亂黨以弑與國主權者之匹耦文明國際所未前聞也日本政府亦知衆怒不可犯越兩旬繫其公使三浦梧樓及凡有職於使館者與夫岡本柳之助等諸蒙嫌疑者四十人以歸錮諸廣島彼中所稱廣島疑獄是也

俄人勢力全盛時代　日本之不惜名譽欲出奇兵以摧敵此其第二次矣然其結果乃適以福其敵甲申郵政局之變韓王走入我軍日本坐是不能得志於韓者七八年今茲之變若出一轍事起後閱兩月韓皇挾中官走俄使館於是局盡翻礫總理大臣金宏集軍務大臣鄭秉夏於市詔旨從俄館如雨下俄人更自仁川港軍艦中調集軍隊衛館門而與各使議撤日本戍兵於是韓皇作寓公於俄館者且一年俄人於其間行財政監督代練軍隊設俄語學校使京城元山間電線與西伯利電線接續得咸鏡道採礦權日本羨且妒末如何也

日俄協商　日俄爲朝鮮問題協商凡三次第一次則明治二十九年五月駐韓日使

小村壽太郎俄使威爾拔在韓京所商三款也。第二次、則同年九月日本賀俄皇加冕專使山縣有朋與俄外務大臣羅巴那甫在俄舊京莫斯科所商四款也。第三次、則明治三十一年四月駐日俄使羅善與日外務大臣西德次郎在日京所商三款也。其條款內容。不及具述。要之前兩次則日本甚屈從。後一次則俄國稍退讓也。俄國所以退讓者。其一則因韓人方設一獨立協會。排俄氣燄驟張。英又爲之聲援。俄稍懾焉。其二。則因德國方占膠州灣。大有事於中國。俄人乘之。畧取旅大。方將於大陸求所大欲。無暇瘁精力於區區半島也。此後數年間。朝廷稍得安堵。然俄人猶於其間有租借馬山浦事。有取得鴨綠江伐木權事。

日俄戰役 俄人乘義和拳之難。踞我滿洲。三次約撤兵。不見實行。且控上游以臨朝鮮。日人固無一夕得安寢。兩國尊俎交涉。僕僕年餘。始終不得要領。而彼此在韓國境內所設施。則光武五年(我光緒二七年日明治三四年)日本有布設京城釜山間鐵路之事。七年。有俄國租借龍巖浦。建設砲臺之事。皆軍事上之設備也。當時兩國當局頗有持滿韓交換論者。則日人承認俄人占領滿洲。俄人承認日人占領朝鮮也。然俄人方驕其所許與日人在朝鮮之權利不能如其願即日本輿論亦咸謂俄若奄有滿洲日本無一日即安卒於明治三十七年（我光緒三十年）一月日俄大戰爭起方戰之初起也韓皇議走避於法國使館不果又效顰中國向列强宣告局外中立而日本則已先期火急完竣京釜鐵路工程不旬日間日軍已占領韓疆全部遂締結所謂日韓國防同盟條約者六條朝鮮之生命自此全在日本掌握中矣

菩孜瑪士條約　日韓國防同盟約既成朝鮮旋宣言將前此俄韓條約悉行擺棄朝鮮與俄之關係悉斷絕及戰局告終日俄兩國在美國之菩孜瑪士結媾和條約其第二條云『俄國政府承認日本國之在韓國有政治上軍事上及經濟上卓絕之利益日本政府在韓國認爲必要時執指導保護及監理之措俄國不阻礙干涉之』自茲以往俄國認朝鮮爲日本屬邦列强亦舉無異言　**日本謀韓之第二期政策全然告成**

（未完）

精神要常令有餘於事
則氣充而心不散漫
曾文正語

著譯 弍

銀行之意義及其効用說略

明水

中國今日欲振國民生計於疲敝之後。非先求銀行業之發達。則凡百無可言者。國中先覺。類皆知此之爲急矣。然如何然後能使銀行業勃興。則罕能言之。本報方將發表所見。以質諸方聞之士。惟茲事自關專門智識。苟於近世銀行之性質功用職務制度。漫無所知。驟語以政策。將難索解。故今先採名家學說。標具崖略。以助國民常識之一斑。則他日讀本報論說之論銀行者。應無所閡。此其第一篇也。　著者識

欲明銀行之用。宜先明銀行之體。故解釋意義尚焉。銀行之意義不一。以余所信。則銀行爲金融之樞機。取諸有餘。致諸不足。以爲貸借之媒介。且憑其信用。廣利衆人。而卽於公利中以獲私利之一種營業也。

銀行之意義如此。猶恐言簡意晦。苦難索解。請更剖析以明之。

所謂取諸有餘致諸不足者何也。銀行雖以金錢出入爲業。然其金錢非必卽銀行之

資本若僅恃所集之資本以爲用則所獲之利能有幾何故必廣收存款細大不捐然後業益盛而利益厚是以銀行職務以多得存款爲要圖無論何人凡有餘財皆聽存放一面又開折息放款諸門凡欲經營實業而乏資本者亦無論何人苟有確實擔保無不立予借貸使有餘者與不足者咸各得其所

所謂爲借貸之媒介者何也假如有某甲於此方患多金而某乙方患歉乏然甲乙二人無從相知也使無銀行以立於其間則貸借之事不成而金融亦緣是澁滯其影響於國中之事業者非細故也若有銀行則甲以其所有存諸銀行而乙所欲得者亦但求之銀行而已足也

所謂濕信用以利公衆者何也銀行之要信用而已惟其有信用也故代人存款而人不之疑其信用愈厚則存款愈多非第存款而已又可發紙幣焉出期票焉設匯兌焉以節貨幣之用其所節得者又可取作資本以從事於他種生產於是展轉相生業多民富而全國皆蒙其利矣

銀行意義既明乃可進語其効用夫天下利國便民之事未有加於銀行者也故欲盡

述其功實更僕而難終。今第舉其犖犖大端者。約得十事焉。

一曰增加資本之効用也。夫無銀行。則欲貯蓄者。惟有窖藏其金錢於地底。在彼固無所得利。而於世亦無絲毫之資。所謂兩害也。若有銀行。則渙散之金。皆得所聚。銀行乃貸之於興產者。或爲之折息焉。故在貯蓄一面言之。可得相當之利息。而不爲守財之愚。在興產一面言之。可得融通之便。而游刃有餘。在社會全體言之。使無用之財。化爲有用之資本。即在銀行。而一出一入之間。皆有所贏。此眞一舉而數善備也。且所謂存款銀行以爲貯蓄者。不必其皆有餘之人也。即令其款不能久存。然暫時無用之途。亦可投諸銀行。待時而取。則利息分毫不損。又可省保管之勞。使資本之用。無時或息。嗟乎。微銀行烏足以臻此。

二曰獎勵貯蓄也。貯蓄之意。蓋捨目前可用之財。可享之樂。留以爲他日之備也。在一國生計上言之。不僅爲貯蓄者一身之要而已。即豐其全國之流動資本。與夫振興凡百產業者。皆無不爲貯蓄是賴。然使無銀行焉以筦其樞機。則人不能不自爲貯蓄。而爲此貯蓄故。勢不得不有所勞費。即水火盜賊之虞。亦在所不免。且又無分毫之利焉。

著譯 四

夫以貯蓄之艱如此人亦誰樂為之凡欲一事之發達也必先開以便利之途使由之而必有所獲則不勞而勸不此之務而欲其事之成是緣木求魚之類耳今貯蓄亦猶是矣故有銀行則貯蓄可盛貯蓄盛則國中資本隨以增殖其故非細也

三曰節省貨幣之用也世運日進則百業繁興百業繁興則借貸之關係四起而金錢之來往必煩此勢之所不能免者也若無銀行以介於其間則凡有債權債務之關係者不能不親相授受即不然亦當託至親信之人以致之其不便為何如也然此猶言夫債主與負債主皆同處一地也若異地相隔則因運輸此金錢故途中之費用與危險固無論矣且其間全失貨幣之能而運金者亦絲毫無利使一二人偶爾為之猶之可也如全國之中無論何時何人皆非如此不可則損失奚啻巧曆所能算有銀行則不爾何以言之譬有甲乙兩人於此甲為債務者乙為債權者同在一銀行交易彼此皆有存款在銀行則甲欲還債與乙時不必動用見金也但出一支票交乙使向銀行支取而乙得此傳票亦不必眞取見金也但交入銀行作為存款而銀行即在甲賬簿中劃去一數在乙賬簿中加入一數於是甲乙兩人債權債務之關係全清而始終未動

一見錢如在遠地者則亦以此支票郵遞之使向彼處銀行支取前此所慮途中費用危險等皆無自而生其無存欵在銀行者則臨時交錢與銀行購此支票而亦可免運輸之苦故在一國生計上言之苟有銀行則貨幣之用不知節省若干非特節省而已又使貨幣無間斷可以生利無間斷可以爲資本其利益之大眞有不可以言語形容者

四曰欲振興農工商以及種種事業非有銀行不可也譬有農夫於此穫米百石鬻之於市彼所欲者見金也然米肆中或一時無此見金則交易不成其不便莫甚矣今有一法使買者先取百石之米限至若干日後乃交見金與賣者又恐賣者不相信也則由買者出一期票言明若干日後交欵以爲之質或由賣者出與買者其事亦同經此融通則買者與賣者皆可各得所欲以去雖然賣者所欲得者見金也今惟得一期票雖曰至期可以收欵而於目前何補也於是有銀行焉以爲之折息農夫得此票後即持往銀行銀行察此出票之人果可信也則將票中所記金額除去到期之利息而以其餘交與農夫於是農夫可立得見金或製耕具或購肥料以備來春之用者皆綽有

著譯 六

餘裕矣若不急需見金則竟待至到期之日然後向買主收欵冤爲銀行賺一重利息亦未爲不可此則視農夫緩急之用何如耳又播種之先或需肥料灌溉等費即預計收穫所得向銀行抵押借欵亦時有之若是則不徒收成以後交易得便而已即播種之前亦可融通而無荒蕪之患也凡此之利非銀行是賴將誰賴乎此言銀行與農業之關係也若進論商工則其益更有數倍於此者

假如有一織布公司資本三萬元彼若盡用此三萬元之資本織成布若干疋以出售於市塲乎則非三數日間即能盡售也據生計大家所調查凡百物之至於市也平均必三個月乃能售罄信如是也則彼織布公司非三月後資本不能來歸其勢非停止製造不可其損失之大豈可言耶不得已則於始事之初先從省約以三萬元分三次使用第一月用一萬第二月用一萬第三月用一萬而第四月之製造費則望第一月之一萬以爲賡續展轉相待似亦未嘗不可雖然紡績之事非同他業也用機愈多資本反小用機愈少資本反大據英人科瑟特之言則用機二萬架者費用二十萬元用機五千架者費用五萬五千圓相差以二萬計然則三萬元之紡織公司而以一萬元

經營之其爲得爲失不待智者而決矣若有銀行期票折息之法則辦此公司者眞可將三萬元之資本一時用盡而絕無匱竭之虞何也彼可以製成之品批發各肆立發一匯票與之（此種匯票與匯兌之匯票不同不可混視）使彼署印卽持往銀行求其折息而見金立至矣故不特生產費可減少也而製造之品其供給亦緣是而多銀行之大有造於工業爲何如也

若夫大商人則由製造公司取得貨物而批發於各小商各小商亦非卽以見金交易也亦用期票或匯票等證據交與之其求折息於銀行一如前述而小商則漸次售其物品於消費者以得見金而所發期票等到期時不憂不能應矣由此觀之無論爲農爲工爲商一有折息之便法則交易毫無窒礙而全國產業爲之活潑矣（匯票之性質別爲文論之）

五曰銀行能豫防買空賣空而減恐慌之禍也買空賣空之擾亂市場破壞信用而耗損一國之生產力也自不待辨然彼投機者流資本本不充實其所以周轉不窮者全賴銀行爲之融通夫銀行亦豈易欺者彼積種種之經驗凡期票之眞僞善惡接於目者未有不瞭於心故市塲漸有不穩之兆而投機之將萌芽也銀行卽加意放欵折息

嚴審期票之性質稍有可疑斷不輕信且提高利息使借款折息者咸有所戒於以制投機者之肘而防恐慌之來縱不能奏厥全功然銀行既早為之備則禍機之發不致甚烈且銀既行已提高利息則存款必多而吸收外國之見金亦屬易易即此可以彌縫恐慌之缺而有餘也

六曰銀行供給紙幣能應於其地方之程度也紙幣一枚之額有大有小而因地方之貧富及營業之性質各有所宜如豪富之地則額小之紙幣不便於用反之農工發達之區則農夫工夫所用者萬不能過大若銀行漫不加察所發紙幣小大失宜則兌換將接踵而至於銀行之不利莫大焉故銀行為自衛計其所發紙幣不期然而與其地方之程度相應使各得其便也

七曰銀行有代人收支之便也凡商業盛大之地未有不用期票匯票者然使商家一一自藏之則到期之日即不能不親為辦理萬一忘却則應收者遲一日則損一日之利應支者遲一日則損一日之信用二者皆非商家所宜也如有來往之銀行可將此等事務託之銀行料理彼銀行中本有此一科非為一二人專辦故亦終不覺其勞也

又凡有公債或股份票等。皆可託銀行代爲管理。收本收息。一切聽之。而所收得者。即記入自己存款中。仍有利息。其便於公衆者。爲何如也。

八曰銀行於金錢來往簡便嚴正而無拖沓煩冗之弊也。無銀行。則期票傳票等。一切皆無。凡遇支銷授受者。必疲於衡鑑。勞於持籌。使在數十元數百元之間。猶之可也。若如今日商家往來。動皆數千數萬。甚至有十數萬者。而亦一一數其多寡。別其眞贋。則其勞豈可言哉。有銀行。則雖以巨萬之交易。祇須一票。無不了者。其票面所記十萬元可也。百萬元也。較之以寶幣授受者。其繁簡奚啻倍蓰。又凡與銀行來往者。期限最嚴。苟一次失約。在商場中。永不能博信用。自令人生愼重之心。此風所播。又不獨與銀行交易宜如是耳。即至商人與商人往來。亦皆若是。則商業上之道德。不期進而自進矣。

九曰銀行使公衆知其出納之狀況。且於他人之營業亦易了然也。工商出納。無論矣。即一家之出納。欲一一詳記之。非於賬簿整理精密。不可得而期也。然而繁矣。如有銀行。則所得之金。即以存入。遇有支銷。悉用傳票。而銀行則有一顧客。即有一賬簿。其出納之數。不爽錙銖。故一肆之中。進出之數。即記其大略。而詳細則問之銀行。亦未嘗不可此亦一便商之道也又銀行所往來者不知若干戶於其營業之盛衰資本之厚薄大畧知之故初與某工某商交易而不悉其底蘊者但詢之銀行則瞭如指掌而不致有失足之患也

十曰銀行可為法律顧問也貨幣者人民所常用者也公債者人民所常有者也雖然貨幣條例公債規則人民未必盡知也銀行則因其營業之性質於此等法規知之極熟故凡有關於貨幣公債之事務皆可詢之銀行也

以上所舉銀行十利不過其最大者其他種種便益匪可殫述即如代政府收租稅代支經費代募國債凡國中公私大小有銀行則事事圓通無銀行則事事窒礙欲富國者其可不知所務哉至收稅募債事所以不論者因各國制度不同有交銀行者有不交銀行者且非有銀行即有代政府收稅募債之事故畧之

要而言之銀行者金融機關也一國之金融猶人身之血脈通則強滯則病故言國計者不參透此關而日冀富實是蒸沙而望其成飯磨磚而望其能明也如人之不務活其筋骨暢其肢體而日進參苓以蘄永年祇速死耳且夫一國之富非計其國中金財

之總量也惟計其國中資本之多寡耳使金財如山而悉窖地底則其貧祇日甚耳此如國之强弱不在其國民之多少而在戰士之勇怯資本之於商戰亦猶是而已故金財死也資本活也不務增殖資本而欲招致金財豈惟不可得將並其所死守者亦復失之矣增殖資本奈何蓋捨銀行外無他妙法也今國中憂時之士動曰吾國之貧出於實業不興斯固然矣亦嘗計及實業所以不能振興者果何在歟徒曰實業實業所謂不揣本而齊末蔑克濟矣吾日夜念此至熟以爲非廣設銀行吾國生計將不可救豈但實業之難興而已故不揣固陋纂述所聞以爲輸入銀行常識之一助此爲發端將更賡續以論之務使銀行妙用瞭然於吾國人之心目其亦當務之急乎若夫詞語之繁蕪不能暢達其旨則記者不文之過讀者諒之而已

著譯

凡觀物有疑 中心不定
則外物不清 吾慮不清
則未可定然否也 荀子語

調查

中國對外貿易之大勢

茶圃

二十世紀一商戰劇烈之世界也我國通商以來外人之投資企業者趾踵相接彼歐美諸國財富過度皇皇然日求市場以爲尾閭之洩而適得此地大物博庸薄而贏厚之市場於是彼族之長袖善舞者蠅趨蟻附我國商學窳劣母財涸渴而出口之物又止此區區之生貨而製造物品闃然無聞商業之稍大者遂悉爲外人所壟斷而我國之人乃僅仰其餘瀝比年以來輸入之額超過輸出者乃至萬二千萬兩夫債務之國非輸出超過則其國之生計不足以維持於不匱今我以債務之國而輸入超過乃至萬二千萬兩漏卮至此幾何而不窮且涸也乃者我國上下莫不競言實業提倡商學矣語不云乎知彼知己百戰百勝外人之調我商業米鹽瑣屑無不周悉而吾人於己國之情勢乃如隔十重雲霧以是角逐

調查　二

於商戰之塲。奪有不失敗者哉。不揣固陋。謹採述我國對外貿易之大勢。以諗我國之談商戰者。

第一節　通商之沿革

中國與歐洲各國通商。幾四百年矣。明正德十一年。葡萄牙商船。始涉印度以通中國。其後葡人闢租界於澳門。外國貿易。乃始萌芽。於是歐洲各國。聞風而起。接踵偕來。西班牙則以萬歷八年。荷蘭則以萬歷四十二年。英法兩國。亦以翌年後先繼至。惟當是時。世界之交通未便。各國之商業未興。商民來去無常。初無定所。直至本朝。乃始與各國訂立通商條約。指定通商口岸。以旅外人。惟以懵於外情。始終執深閉固拒主義。以為對外之不二法門。迨至閉無可閉。拒無可拒。然後斂手瞑目。以受外人之要脅。太阿倒持。授人以柄。蓋我國之通商口岸。由外人要迫而來者。十居其九也。今將通商各地。列如左表。

注意　口印為既開口岸　○印為未開口岸　△印為租借地

	省份	地名	人口	備考
口	直隸	天津	八〇〇、〇〇〇	咸豐十年由北京續約開放
口	同上	秦皇島	五、〇〇〇	光緒二十五年中國自行開放
口	同上	大沽		由天津分關開放
口	同上	張家口	五〇、〇〇〇	咸豐八年由中俄陸路通商附約開放
口	山東	烟臺	一〇〇、〇〇〇	咸豐八年由天津條約爲英國開放
△	同上	青島	三〇、〇〇〇	光緒二十四年租與德國
口	同上	濟南府	二〇〇、〇〇〇	光緒二十八年中國自行開放
口	同上	周村鎮	二五、〇〇〇	同上
口	同上	濰縣		同上
△	同上	威海衛		光緒二十四年租與英國
口	江蘇	上海	六五一、〇〇〇	道光二十二年由天津條約爲英開放

調查 四

口	同上	吳淞		由上海分關開放
口	同上	鎮江	一八二、〇〇〇	由北京續約咸豐十一年開放
口	同上	南京	二六七、〇〇〇	光緒二十五年中國自行開放
口	同上	蘇州	五〇〇、〇〇〇	由光緒二十一年中日媾和條約爲日本開放
口	安徽	蕪湖	一二八、〇〇〇	光緒二十五年中國自行開放
○	同上	安慶		光緒二十八年由中英改訂條約約定開放而未實行
口	江西	九江	三六、〇〇〇	由咸豐十年北京續約開放
口	湖北	漢口	八二〇、〇〇〇	由咸豐十年北京續約開放
口	同上	沙市	八六、〇〇〇	由光緒二十一年中日媾和條約爲日本開放
口	同上	宜昌	五五、〇〇〇	光緒二年烟台條約開放
口	湖南	岳州	二〇、〇〇〇	光緒二十六年中國自行開放
口	同上	長沙	二三〇、〇〇〇	由光緒二十八年中英改訂條約及二十九年中日通商條約開放
口	四川	重慶	六一〇、〇〇〇	由光緒二年烟台條約開放

○	同上	萬縣		光緒二十八年中英改訂條約約定開放而未實行
□	浙江	杭州	三五〇、〇〇〇	由光緒二十一年中日媾和條約爲日本開放
□	同上	寧波	二六〇、〇〇〇	由道光二十二年南京條約開放
□	同上	溫州	八〇、〇〇〇	由光緒二年烟台條約開放
□	福建	福州	六二四、〇〇〇	由道光二十二年南京條約開放
□	同上	厦門	一一四、〇〇〇	由道光二十二年南京條約開放
□	同上	三都澳	八、〇〇〇	光緒二十五年中國自行開放
□	廣東	廣州	九〇〇、〇〇〇	由道光二十二年南京條約爲英開放
□	同上	汕頭	六七、〇〇〇	由咸豐八年天津條約爲英開放
△	同上	九龍		光緒二十四年租與英國
□	同上	拱北		光緒十三年由廣東分關開放
□	同上	江門	六二、〇〇〇	由光緒二十八年中英改訂條約開放
□	同上	三水	六、〇〇〇	由光緒二十三年中緬通商追加條約開放

調查

□	同上	肇慶		同上
□	同上	甘竹		同上
□	同上	德慶		同上
○	同上	惠州		光緒二十八年中英改訂條約約定開放而未實行
□	同上	北海	二〇、〇〇〇	由光緒二年烟台條約開放
□	同上	瓊州	四二、〇〇〇	由咸豐八年天津條約開放
△	同上	廣州灣		光緒二十五年租與法國
□	廣西	梧州	五九、〇〇〇	由光緒二十三年中緬通商追加條約開放
□	同上	南寧	四〇、〇〇〇	光緒三十三年開放
□	同上	龍州	一五、〇〇〇	由光緒十三年中法通商追加條約爲法國開放
○	同上	桂林	八〇、〇〇〇	由光緒十三年中法通商追加條約爲法國開放而未實行
□	雲南	蒙自	二〇、〇〇〇	由光緒十三年中法通商追加條約爲法國開放
□	同上	河口	……	由光緒二十一年中法通商追加條約爲法國開放

六

□	同上	思茅	一五、〇〇〇	光緒三十三年開放
□	同上	騰越	一〇、〇〇〇	由光緒二十二年中緬修正條約爲英國開放
□	同上	雲南	……	由光緒十三年中法通商追加條約開放
□	甘肅	肅州	……	由光緒七年中俄改訂條約爲俄國開放
□	同上	嘉峪關	……	同上
□	盛京	營口	五二、〇〇〇	由咸豐八年天津條約爲英國開放
△	同上	大連	……	光緒二十四年租與俄國
□	同上	安東縣	二〇、〇〇〇	由光緒二十九年中美通商條約開放
□	同上	大東溝	三、〇〇〇	同上
□	同上	奉天	二〇〇、〇〇〇	由光緒二十九年中美條約開放
□	同上	鳳凰城	一〇、〇〇〇	由光緒三十一年滿洲善後協約爲日本開放
□	同上	遼陽	四〇、〇〇〇	同上
□	同上	新民府	三〇、〇〇〇	同上

□	同上	鐵嶺	二六、〇〇〇	同上
□	同上	通江子	一一、〇〇〇	同上
□	同上	法庫門	二〇、〇〇〇	同上
△	同上	旅順口	一五〇、〇〇〇	光緒二十四年租與俄國後讓日本
□	吉林	吉林	七〇、〇〇〇	由光緒三十一年滿洲善後協約爲日本開放
□	同上	長春	一〇五、〇〇〇	同上
□	同上	哈爾賓	三〇、〇〇〇	同上
□	同上	寧古塔	二〇、〇〇〇	同上
□	同上	琿春	二〇、〇〇〇	同上
□	同上	三姓	三〇、〇〇〇	同上
□	同上	綏芬河	五、〇〇〇	同上
□	同上	松花江	……	由咸豐八年愛琿條約爲俄國開放
□	黑龍江	黑龍江	……	同上

口	同上	齊齊哈爾	八○、○○○	由光緒三十一年滿洲善後條約爲日本開放
口	同上	海拉爾	三、○○○	同上
口	同上	愛琿	……	同上
口	新疆	滿洲里	一二、○○○	同上
口	同上	伊犂	三○、○○○	由咸豐元年伊犂塔爾巴哈臺通商章程爲俄國開放
口	同上	塔爾巴哈臺	……	同上
口	同上	喀什噶爾	……	由咸豐十年愛琿城續約爲俄國開放
口	同上	烏魯木齊	六○、○○○	由光緒七年伊犂條約爲俄國開放
口	同上	吐魯蕃	……	同上
口	同上	故城	五○、○○○	由光緒七年伊犂條約爲俄國開放
口	同上	哈密		同上
口	同上	天山南北		同上
口	蒙古	恰克圖		由雍正五年恰克圖界約及乾隆五十七年恰克圖市約爲俄國開放

口	同上	庫倫	由咸豐十年愛琿城續約爲俄國開放
口	同上	烏里雅蘇臺	由光緒七年伊犁條約爲俄國開放
口	同上	科布多	同上
口	同上	蒙古各盟	由同治元年中俄通商章程開放
口	西藏	亞東	由光緒二十九年印藏條約補遺條欵爲英國開放
口	同上	江孜	由光緒三十年英藏新條約爲英國開放
口	同上	噶大克	由光緒三十年英藏新條約爲英國開放

第二節　各口岸之形勢

中國之通商口岸。可大別之而爲二。一爲陸路貿易。一爲水路貿易。惟陸路貿易之市場。類皆僻在邊陲。地既窵遠。人口復稀。非爲世界之商場。只得鄰國之互市。此其商業。所以比之水路貿易而有所不逮也。

(甲)　陸路通商口岸

西藏　西藏之通商口岸有三。亞東江孜噶大克是也。各地皆爲自印度之大吉嶺至拉薩之孔道。峻山深谷。舟車不通。村落蕭條。市衢荒穢。本不足稱爲貿易市場。然自大吉嶺至亞東。不過八十餘哩。路僅七日程。卽自中國內地入藏之途。亦交通日利。且自烏蘇江經拉薩以至扎什倫布。凡一千二百餘里。屬雅爾藏布江（恒河上流）之流域。地皆平原。土壤肥沃。氣候溫和。頗適種植。家畜野獸。種類千百。現在亞東之貿易額。雖年僅百萬。乃至百八十餘萬。遠不逮四川之打箭爐。雲南之大理府。與甘肅之西寧府。然將來西藏之貿易。必歸於亞東江孜等埠。而日益增加。可斷言也。

蒙古　蒙古爲外國貿易開放之口岸有五。首爲恰克圖。次則庫倫烏里雅蘇臺科布多及張家口等處。恰克圖固爲蒙古之要地。然中俄劃界。已歸俄有。故中國別闢一市。與之接近。名爲賣買城。兩地相隔。只一木柵耳。華人俄人蒙古人。麕至雜來。日趨繁盛。當光緒十五六年時。其貿易額僅千三百萬羅卜。及最近數年。已躐至二千三四百萬矣。庫倫在圖拉河之北岸。中俄貿易線路之要樞。外蒙古交通之中心點也。戶口稠密。商業繁興。都民之數。殆逾三萬。內地物產與外國製品之輸入是地者。年約千二百萬餘兩。其輸出之貨。亦超八百萬兩。張家口者。由北方通蒙古與西伯利亞之要津也。東則可經多倫喏爾以至滿洲。西則可經歸化城以達寧夏蘭州其地雖僻在北陲。然交通尚便。故蒙古山西甘肅之土貨。及外國之貿易。約在千萬兩以上。今京張鐵路已成。且張家口歸化城。與張家口賣買城之間。亦擬敷設。此二大鐵路竣工之日。則蒙古一百三十六萬方哩之牧野。其富源之開發。固不俟言。然張家口實握其交通之要樞。其貿易之發達。固操左劵也。烏里雅蘇台則在外蒙古三音諾顏汗部。據西部蒙古之中。科布多則在科布多部。均爲政事上之中心點。故官民咸集。商務亦繁。然以距蒙古縱貫鐵道數十日程。即蒙古鐵道竣工。然兩地之被其影響。當甚微小。交通不便。則商業之發達。自難與庫倫張家口恰克圖各口所可同日語矣。

新疆　於新疆爲外國貿易而開放之口岸有七。噶什喀爾、固爾扎、塔爾巴哈臺、烏魯木齊、故城、吐魯蕃、哈密是也。噶什喀爾在新疆之西。天山之南。巴密爾之東。實中國古代與歐洲及中央亞細亞交通之孔道。可經西巴密爾以通俄領土耳其斯坦。越南崑崙喜馬拉亞二嶺。可至印度。南則與天山南路之名都相連。北則與天山北路之大邑相接。故印度及中央亞細亞之貨物。皆於茲土集焉。固爾扎者。即爲寧遠城在天山之北。伊犁河之右岸。自漢以後。爲赴歐洲中央亞細亞者必經之途。即至今日西方各國。其貨物之通此地以入天山北路者。仍絡繹不絕。若中央亞細亞鐵道大通。則當爲五都之市矣。塔爾巴哈臺者。在新疆之西北隅。爲蒙古吐爾扈特族之牧地。一望平原。遙遙以連西伯利亞。可直驅馬車。七日而赴西美巴拉丁士。由額爾齊河三日程可達西伯利亞之名驛翁斯克。故住民日增。而貿易亦盛。中國與歐洲中央亞細亞之交通。亦漸捨固爾扎噶什喀爾。而取道於塔爾巴哈臺矣。故城者。在新疆之東北。其東北可通烏里雅蘇臺。西北則接科布多。西南則連烏魯木齊。東南則接哈密。歸化城中。設定期之市。各方之駱駝隊。橐負百貨。銜尾接踵。如魚赴壑也。烏魯木齊者。新疆交通之中樞也。擁天山北路萬里之平原。形勢地利。氣象萬千。惜以人少而貧。種植之學未明。畜牧之業未善。致棄貨於地。殊可惜耳。吐魯蕃者。當天山南北二路之咽喉。雖受戈壁沙漠之餘波。時有劇寒酷暑之患。然沃野不少。葡萄棉花。隨地可植。貿易之品。恒以此爲大宗焉。至於哈密之商業。則與吐魯蕃無甚軒輊。惟膏腴之壤。爲西北冠。將來農業大興。其出產之富。不讓中原暖地耳。以上各埠。名則通商。殆爲俄人所壟斷。俄之商賈。散居各地者。約一萬有奇。其國家復併力經營。不遺餘力。設領事館。置護衛兵。闢專管居留地。凡所以資保衛而廣招徠之道。無微不至。其有野心與否。當爲別問題。姑置勿論。然以五十八萬方哩廣袤之沃壤。任令他人坐享其利。而絕不謀所以抵制之而與之爭衡。他日噬臍之悔。恐已無及矣。

雲南　雲南之通商口岸有五。騰越其最著者也。此地爲中國緬甸商旅往來之通路。每年兩國貨物之交易。恆達百七八十萬兩。將來由緬甸經此地以達雲南府之鐵路告成。則其貿易之發達。當必倍蓰於今日也。思茅則位瀾滄江之支流。固自西藏四川貴州雲南江西及揚子江上流各省。以連暹羅沿海及下部緬甸之要區。然以賊匪之猖獗。交通之變遷。商隊之赴思茅者。十減其九。故每年貿易額。不過二十萬餘兩。且河內蒙自間之鐵道。今已告成。蠻寞雲南間之鐵路。亦指日蔵事。則思茅已成紆道。當無復過問者矣。蒙自者則在雲南之東南部。凡自中國西部以通東京者。必經之途也。自法國敷設由河內以達雲南府之鐵道。其貿易之發達。歲約千萬兩。殆占雲南全省貿易額十分之八。此後繁興。當未有艾。雲南府則位滇池之北。滇池附近之平原南北五十五哩。東西二十餘哩。地皆肥沃。適於耕作。且藏富於地。饒有礦產。只以運輸之不便。採掘之未精。故所獲甚微。成効未著。他日自蒙自以達雲南府之鐵道告成。則商業上之利益。彼我受其賜耳。至河口則僅一小市。界夫雲南東京間。一切商業。皆為蒙自所吸收。不足觀也。雲南五口。騰越思茅則開放於英。河口蒙自雲南則開放於法。英則以緬甸。法則以東京。為其根據地。以共爭雲南之利。然東京雲南鐵道。成功過半。至緬甸雲南間者。則尚未着手。故雲南之貿易。殆全歸法人之掌握。然緬甸雲南鐵道竣工之日。蒙自之勢力。能否保持。而不至移之騰越。尚在不可知之數也。

黑龍江　黑龍江之通商口岸。一為滿洲里。一為海拉爾。滿洲里位後貝加爾州之交界點。東清鐵路。實造端於是。四面環山。天然城廓。雖為軍事上重要之地。然所謂商業者。只自滿洲輸出畜產品。自俄國輸入製造品。貿易之額。年僅四百萬。然他日西伯利亞與滿洲之富源。若大啓發。則其通過貿易。或當增進耳。海拉爾則界伊敏河與海拉爾河之合流點。黑龍江西北部之重鎮也。其地居民。被蒙古之風。牧畜為業。畜產之外。殆無商品。現時貿易額。雖畧勝滿洲里。然形勢不佳。交通太阻。將來之發展。可決其在滿洲里下也。

吉林　吉林之長春寧古塔綏芬河。陸路貿易商場之著者也。長春扼伊通河與東遼河之分歧點。占東清南滿二鐵道之連絡線。南距營口千四百八十里。此距哈爾賓八百二十里。東距吉林二百四十里。西接東蒙古。四通八達。交通最便之區也。伊通東遼兩河之流域。地本膏腴。氣候不惡。故五穀豆菽。皆適於種植。長春之人口七萬有奇。然三分之二。從事商業。商業之機關悉備。各種之貿易盛行。東三省中除營口外。無地可匹敵長春者。寧古塔、在牡丹江之左岸。地皆沃壤。民多業農。每年剩餘之五穀。其輸出額。殆百數十萬。唯東清鐵道不通寧古塔。將來之商業。恐漸移於黑林耳。綏芬河、則占東清鐵路之最南端。距俄境僅十餘里。近年之貿易額。已達千三百餘萬。東清鐵路。若至完成。則此地爲中俄交通貿易之要衝可豫決也。

奉天　奉天之通商口岸二。一爲法庫門。一爲鳳凰城。法庫門者。邊牆十一門之一也。東部蒙古之貨物。皆出其途。凡自天津至奉天吉林者。亦皆取道。雖其固有之物產種類無多。然通過之貿易。固自絡繹也。至鳳凰城則只爲中韓兩國貿易交通之市場。物產既少。人口復稀。商業之繁興。未易言也。

山東　山東省之陸路貿易市塲。只一濰縣。凡有青島煙台兩港以輸入山東內地之外國品。及自內地輸出青島煙台之土貨。皆通濰縣。其產出品則穀米麥荳煙草之屬。其製造品則有綿布絹布繡箔錫器等物。山東貿易繁盛之區。周村鎭而外。端推此地矣。

（未完）

調查

野水參差落漲痕
疏林欹倒出霜根
扁舟一棹歸何處
家在江南黃葉村

文牘

督辦鹽政處會奏酌擬整頓淮北票鹽辦法摺併二單

奏為酌擬整頓淮北票鹽辦法。繕具清單。恭摺會陳。仰祈　聖鑒事。竊維淮北票鹽。行銷江蘇者為食岸。行銷皖豫者為引岸。其北鹽南運者則為江運各岸。江運各岸及江蘇之徐淮六食岸。現歸官辦。皖豫引岸則歸販運。言北鹺者以引岸為重要。言岸銷者尤以豫省為大宗。近來豫岸滯銷。淮綱疲敝。上年十一月十八日臣部具奏陳明淮浙鹽務情形一摺。曾以淮北三販轉運岸情隔膜。並各省抽收釐價。各自為政。以及蘆私浸灌。北鹽銷滯。一切情形。詳晰縷陳。早在　聖明洞鑒之中。臣處奉命督辦鹽政。當以維持北鹺為先務之急。卽經飭令兩淮鹽運使。轉飭海州分司運判及正陽關督銷局籌擬整頓辦法去後。旋據擬具辦法四條。一曰規復西遂廢岸。一曰撤退淮邊蘆店。一曰包繳豫省釐價。一曰體恤路捐商累。稟由會辦鹽政大臣兩江督臣張人駿轉咨臣處。一面卽由該督臣張人駿就近與前河南撫臣吳重熹咨商辦理。該撫臣吳重熹於

文牘　二

江省所擬辦法規復廢岸撤退蘆店兩條。允爲照。辦路捐一條。允俟商明洛潼公司。再行定議。惟包繳釐價一條。該撫以財政所關。未經允許。江豫協商。既未就緒。復經該督撫電咨臣處核辦。正籌議間。又據兩淮鹽運使增厚電稟淮北己酉綱票鹽。自上年七月初一日開售。扣至本年六月初一日限滿。迭經嚴飭籌銷。於五月初八日據海州分司稟上年戊綱存鹽二十餘萬包。至九月間。始行抵壩。以致己綱之鹽。自九月至本年四月。僅銷六十餘萬包。祇及定額之半。而去奏限僅止一月。其未運之鹽。若循例責販自運。販力固恐難支。即援案再請展限。依舊無裨事實。計惟仰乞准照在壩實銷鹽引。扣至一年。先行截數造報。暫寬吏議。俟所議豫省包釐、蘆商撤店、西遂廢岸、開辦官運、一切事宜整頓收效。銷路通暢後。再照定例依限報銷。以除積弊等情。是淮北鹽務危迫情形。日甚一日。自非通盤籌畫。迅定辦法。不足以挽頹綱而維大局。臣等查淮北票鹽之法。創行於前兩江督臣陶澍。當時販戶納課請票。持票行鹽。無所謂釐金。無所謂加價也。票販納課之後。准在淮北引地四十二州縣內指岸運銷。鹽壅銷滯。並准轉岸融售。無土銷岸銷之別。亦無票販湖販皖豫岸販展轉售銷之事也。軍興以後。票法大壞。前兩江督臣曾國藩停止餉鹽。復行票運。其時軍事初平。餉需竭蹶。乃仍降將李世忠叛練苗沛霖之舊。於五河縣正陽關兩處抽收釐金。而兵燹之餘。元氣未復。販力薄弱。運道阻長。遂以票販湖販皖豫岸販三者分運。節節轉搬。蓋承票法掃地以後。締造經營。良非得已。近則徵收科則於釐金之外。益以加價。而局卡日益多。售鹽定章於挨輪之中。加以小號。而籍制日益增密。販情既極渙散。科則又失均平。私鹽灌輸。官銷壅滯。遂成爲今日淮北疲敝之局。居今日而欲整頓北鹺。自非疏暢銷路不可。欲疏暢銷路。又非減輕成本不可。北鹽行豫。其引界鄰於蘆。而成本則重於皖。所減過少。固不足以抵制蘆私。所減過多。又慮其倒灌皖豫岸。是又非舉皖豫科則一律平均不可。臣等遵奉　諭旨修明法令。遠師陶澍推行票鹽指岸運銷之法。近取曾國藩歸併釐金統抽分解之意。擬請於江蘇清河縣之西壩地方。設立淮北鹽釐總局一所。專司徵收各省釐金加價。統收分撥。暨各岸運鹽緝私。兼轄徐淮六食岸督銷事宜。並於安徽鳳陽縣之臨淮地方。設立掣驗局卡。專司掣驗皖豫兩岸販運票鹽事宜。各處原有水陸緝私營隊。應令相度地勢。扼要堵緝。其餘五河正陽關及三河尖等處局卡。概行裁撤。所有淮北鹽務。除江運各岸及徐淮六食岸照舊由官辦理。暨各岸行銷票鹽。應由票販完納課項。照舊由海州分司征收。並責成該公司將三場池產鹽河運務。以及三垛五局一切掣驗緝私事宜。切實整頓外。其皖豫兩岸湖販皖販豫販。一律作爲岸販。均准自赴壩局完納釐金加價。購運票鹽。運岸銷售。票販有願自運抵岸者。亦照岸販辦理。票鹽斤重。仍照舊章。以四包爲一引。每包連滷耗重一百十斤。壩局經征釐金加價。擬酌定科則。以皖岸現收每包制錢二千二百文爲標準。惟原收釐金加價。以錢合銀價値不一。約計每包折收漕平銀一兩四錢九分有奇。今擬遵照新定幣制。每包徵收銀幣二元二角。新幣未發行以前。折收庫平銀一兩四錢六分七釐。凡淮北引岸除河南之西平、遂平、確山三縣。偪近蘆界。另定章程。劃辦官運外。如行銷安徽之鳳陽、鳳臺、壽州、懷遠、蒙城、渦陽、亳州、潁上、太平、阜陽、霍邱、六安、英山、霍山、河南之商城、固始、光州、光山、息縣、羅山、新蔡、上蔡、汝陽、正陽、信陽等二十五州縣。應收釐金加價。均照現定科則由壩局一道收清。按成分撥。經過皖豫兩省。不再抽收他項隊捐加價。致涉重徵。岸販行鹽在此二十五州縣界內。准其一體融售。至安徽泗州、盱眙、靈璧、五河、定遠、五州縣。及鳳陽縣之臨淮鄉。係屬土銷引地。每包向收鹽金加價制錢一千七百文。較岸銷引地減少五百文。以錢合銀。約收漕平銀一兩一錢八分有奇。今若一律加收。深恐鹽價驟增。民情或有不便。酌擬減輕銀幣四角。徵收一元八角。折收庫平銀一兩二錢。惟指銷　州等土銷引地者。不准運赴臨淮以上各引岸。即由臨淮掣驗局卡認眞查緝。以杜侵越。所定土銷科則。仍俟辦理一二年。體察岸情。再行酌核。如此辦理。於皖岸鹽金加價收數。無甚出入。獨豫岸科則素重。以現定數目計之。較原數僅及七成。臣等亦知江豫兩省。財政艱窘。一旦將鹽金加價驟行輕減。或難免收數短絀之虞。第念鹽金加價。出於鹽務。今鹽務疲敝已極。長此不變。則岸廢課懸。收款且將無著。自不如減輕科則。設法維持。但使鹽務得有轉機。即財政亦有起色。況科則減則成本輕。成本輕則全價平。淮販業其利。豫民食其福。此在江豫督撫。睠念民依。顧全大局。自必樂為贊成者也。至淮蘆交界。犬牙相錯。因引地轇轕之爭端。釀兵民交閧之鉅案。比歲以來。時有所聞。涓涓不塞。後患靡極。應由臣處派員前往。並由安徽河南各撫臣轉飭地方官。

會同該員勘明地址。劃定界線。在淮界者食淮鹽。在蘆界者食蘆鹽。無論何縣寄莊之地。概不得藉口食私。以杜轇轕而弭爭端。鹽務之幸。亦地方之福也。謹將酌擬整頓淮北票鹽大概辦法。並各省釐金加價統收分撥數目繕具清單恭呈　御覽。如蒙　俞允。應請　旨飭下兩江總督、江蘇安徽河南各巡撫、遵照嚴飭地方文武將緝私事宜。協力維持。認眞辦理。毋稍疏忽。並由臣處札知兩淮鹽運使。海州分司運判。一體欽遵辦理。即由臣處遴派妥員馳赴西壩。將鹽釐總局一切開辦事宜。妥速籌擬。詳報臣處核定施行。此次整頓淮北鹽務。應以鹽釐總局開辦之日。作爲新章實行之日。西壩積存已酉綱票鹽。即於實行新章之前一日截數停運。據實造報。應得處分。暫從寬免。一面遵照新章開售庚戌綱鹽。一面先行出示曉諭招徠岸販。免致誤運脫銷。有妨民食。以上辦法。在臣等區區之愚。無非爲維持北鹺。恤商便民起見。第因困於財政之故。未能將科則大爲輕減。核計成本。恐與鄰岸蘆綱鹽價尙有參差。將來開售新鹽。能否十分暢銷。依限奏報。現時尙難預計。加以淮北積弊已久。一旦改絃更張。則向之以鹽務爲窟穴者。未免失望。難保無煽惑阻撓情事。改章伊始。障礙必多。惟有殫竭愚慮。隨時體察情形。會同會辦鹽政大臣督飭任事人員。切實辦理。以仰副　朝廷整飭鹾綱之至意。所有酌擬整頓淮北票鹽辦法緣由。理合恭摺會陳。伏乞　皇上聖鑒訓示。再此摺係由督辦鹽政處主稿。會同度支部辦理。合併陳明。謹　奏。宣統二年七月十七日

奉　旨依議欽此

謹將酌擬整頓淮北票鹽大概辦法繕具清單恭呈　御覽　計開　一總收釐價以昭統一也。淮北正雜課項。向由海州分司徵收。釐金加價則江豫兩省在西壩五河、正陽關、三河尖等處分別徵收。今除票販應納正課雜課。並經費貢捐壩工等項。以及醃切功鹽正課經等費項。照舊由海州分司徵收外。擬於西壩設立淮北鹽釐總局一所。凡皖豫引岸除西平、遂平、確山三縣另訂章程劃辦官運外。其行銷安徽之鳳陽、鳳臺、壽州、懷遠、蒙城、渦陽、亳州、潁上、太和、阜陽、霍邱、六安、英山、霍山、河南之商城、固始、光州、光山、息縣、羅山、新蔡、上蔡、汝陽、正陽、信陽等二十五州縣。爲岸銷引地。以皖岸現收每包制錢二千二百文爲標準。改收新幣二元二角。新幣未發行以前。折收庫平足銀一兩四錢六分七釐。行銷安徽之泗州、盱眙、靈璧、五河、定遠、及鳳陽縣之臨淮鄉。爲土銷

引地。每包較岸銷酌減四角。徵收新幣一元八角。折庫平足銀一兩二錢。均由該局一道收清。經過皖豫地方。不再抽收他項稅捐加價。致涉重徵。該局經收釐金加價。應令先課後鹽。准其提支一成。作爲經費。餘按臣部及江皖豫三省應得之數。分成撥解。各岸緝私事宜。統歸該局管理。徐淮六食岸督銷局。亦歸該局節制。以一事權。

一裁併局卡以順商情也。長淮千里。局卡林立。入豫以後。尤爲繁密。商販苦之。今查淮北岸銷土銷引地。以安徽鳳陽之臨淮鄉爲界。應於該處設立製驗局。凡行銷鳳陽等二十五州縣者。均由該局逐船掣驗。鹽票相符。卽予放行。不得有留難需索情弊。其行銷泗州等五州縣。及臨淮本地者。不得越銷臨淮以上各引地。即由該局認眞查驗。並於扼要處所。酌設分卡。以杜繞越。其餘瀕淮各局卡。一律撤裁。

一聯絡文武以資查緝也。淮北引地遼濶。緝私營隊。節節分布。每有備多力分之慮。應令相度地勢。扼要堵緝。所有淮河上游。以汝岸爲門戶。專緝蘆綱浸灌之私。下游以洪澤湖爲咽喉。專緝西壩及徐淮六食岸透漏之私。其中權則以臨淮爲關鍵。專緝土銷引地越界之私。責成水陸營隊分段駐紮。認眞查緝。地方官遇有緝私事件。亦應不分畛域。切實維持。汝岸各州縣。

承淮綱極敝之後。該地方官如能協力緝私。銷路暢旺。應由臣處分別奏咨量予獎勵。

一勘定引界以杜轇轕也。淮蘆交界。犬牙相錯。有蘆界某縣之地。插入淮界某縣境內者。謂之寄莊。引界轇轕。時啓爭端。今應於安徽之潁州府。河南之陳州汝寧兩府。光州一直隸州所屬地方淮蘆交界處所。勘明地址。劃一直線。凡在長蘆界線以內。無論何縣寄莊之地。均食蘆鹽。凡在淮北界線以內。亦無論何縣寄莊之地。均食淮鹽。居民人等概不得藉口食私。並由此界線起算。彼此各退十五里。作爲甌脫之地。不得開設子店。以弭爭端。

一截清殘綱以分界限也。淮北己酉綱鹽。截至宣統二年六月初一日奏銷銀滿銷數。尚未及半。現既更定新章。自應以淮北鹽釐總局開辦之日。作爲新章實行之日。即於實行新章之前一日。將西壩積存己酉綱鹽。截數停運。據實造報。一面遵照新章開售庚戌綱鹽。其殘綱未運之鹽。應俟開售新鹽後。察看銷路暢滯。再行分年帶銷。以清界限。

一補徵關鹽以均科則也。西壩銷鹽。向以出湖爲斷。其實湖販領運出湖。在關守輪。並未全數銷售。正陽關現存己酉綱鹽。應淸自查確數。歸入新綱帶銷。應暫留五河正陽兩局。由西壩鹽釐總局派員經理。所有該關存鹽。已在西壩完過。每包加價二百文。又在五河正陽完過。每包鹽金一千文。准其作抵新幣一元二角。補徵新幣一元。折收庫平足銀六錢六分七釐。其改章之前。已運出湖而於改章後運抵五河者。除在西壩完過加價二百文外。應由五河局補徵新幣二元。到關不再徵收。如係土銷之鹽。補徵新幣一元六角。仍不得過臨淮關以杜侵越。又改章之前。已過五河。而於改章後運抵正陽者。除在西壩完過加價二百文。五河完過鹽金五百文外。應由正陽局補徵新幣一元五角。准予放行。俟存鹽銷竣。即將五河正陽兩局一併裁撤。以上六條。係屬整頓淮北票鹽大概辦法。如有未盡事宜。及應行變通之處。仍由臣處臣部隨時體察情形。妥沓辦理。

謹將淮北鹽釐總局經征各省鹽金加價統收分撥數目繕具清單恭呈 御覽 計開

一自庚戌綱起。行銷安徽之泗州盱眙靈璧五河定遠等五州縣。及鳳陽縣之臨淮鄉。每包統收銀幣一元八角。內提支一成經費一角八分。應撥還江南鹽金四角五分。加價七角二分。又抵補藥稅加價內解部一角八分。江南產鹽省分九分。安徽銷鹽省分九分。其新加鹽金九分。應令提解運庫聽候撥用。 查以上五州縣一鄉。係屬土銷引地。每包原收江南釐金五百文。加價八百文。又抵補藥稅加價四百文。共收制錢一千七百文。內有以一千一百七十文合銀一兩者。有以一千六百文合銀一兩者。作價不一。每包約共收漕平銀一兩一錢八分二釐九毫。今擬改定科則征收銀幣一元八角。新幣未發行以前。折收庫平銀一兩二錢。前項釐金加價除抵補藥稅一項向係解部二百文。解皖一百文外。餘均歸江南支用。今仍照撥。

一自庚戌綱起。行銷安徽之鳳陽、鳳臺、壽州、懷遠、蒙城、渦陽、亳州、潁上、大和、阜陽、霍邱、六安、英山、霍山、河南之商城、固始、光州、光山、息縣、羅山、新蔡、上蔡、正陽、汝陽、信陽等二十五州縣。每包統收銀幣二元二角。內提支一成經費二角二分。應還江南釐金七角八分一釐二毫。加價四角五分九釐。內本省四角八釐六毫。安徽五分四毫。又抵補藥稅加價三角一分三釐二毫。內解部一角五分六釐六毫。江南產鹽省分七分八釐三毫。安徽銷鹽省分五分四毫。河南銷鹽省分二分七釐九毫。又河南加價二角二分二釐三毫。河南鐵路加價一角一分七毫。河南釐捐九分三釐六毫。

查以上鳳陽等十四州縣。係屬皖岸引地。每包原收江南釐金一千文。加價二百文。抵補藥稅加價四百文。共收制錢二千二百文。

商城等十一州縣係屬豫岸引地。每包原收江南釐金一千文。加價二百文。抵補藥稅加價四百文。河南加價八百文。鐵路加價四百文。又行銷新蔡、上正陽、汝陽及商城、固始、兩路者、加收河南釐金八十文。南汝光道籌捐六十六文。行銷光州、光山、信陽、羅山、息縣者加收釐。金二百四十文。南汝光道籌捐六十六文。息縣城工捐二十四文。光州州判驗票費六文。今從多數。作爲每包加收錢三百三十六文。共收制錢三千一百三十六文。按七折減收錢二千一百九十六文。酌加四文。亦與皖岸二千二百文收數相等。皖岸原收釐金加價有以一千一百七十文合銀一兩者。有以一千六百文合銀一兩者。作價不一。每包約共收漕平銀一兩四錢九分九釐。今擬改訂皖豫通行科則征收銀幣二元二角。新幣未發行以前。折收庫平銀一兩四錢六分七釐。惟皖豫兩岸原收釐金加價本係各歸各岸征收。卽各歸各省撥用。現訂新章。前項釐金加價。既由鹽釐總局統收。而岸販在皖豫二十五州縣界內。又准隨地融售。則皖豫兩岸。每年實銷之數。鹽釐總局。無從分別。今擬以二十五州縣引地派分銷數。每銷二十五包。作爲皖岸十四包。豫岸十一包。按照科則核計。如江南釐金一項。皖岸每包原收一千文。現收銀幣一元。十四包共收十四元。豫岸每包原收一千文。現七折收銀幣七角。十一包共收七元七角。兩共收二十一元七角。以二十五包除之。得平均每包八角六分八釐。除提一成經費外。實撥還七角八分一釐二毫。又江南加價一項。豫岸每包原收八百文。現收銀幣八角。十四包共收十一元二角。豫岸每包原收二百文。現七折收銀幣一角四分。十一包共收一元五角四分。兩共收十二元七角四分。以二十五包除之。得平均每包五角一分。除提支一成經費外。實撥還四角五分九釐。又抵補藥稅加價一項。皖岸每包原收四百文。現收銀幣四角。十四包共收五元六角。豫岸每包原收四百文。現七折收銀幣二角八分。十一包共收三元八分。兩共收八元六角八分。以二十五包除之。得平均每包三角四分八釐。除提支一成經費外。實撥還三角一分三釐二毫。又河南加價一項。每包原收四百文。現七折收銀幣二角八分。十一包共收六元一角六分。以二十五包除之。得平均每包二角四分七釐。除提支一成經費外。實撥還二角二分二釐三毫。又河南鐵路加價一項。每包原收四百文。現七折收銀幣二角八分。十一包共收三元八分。以二十五包除之。得平均每包一角二分三釐。除提支一成經費外。實撥還一角一分七毫。又河南鹽捐一項。每包原收三百三十六文。現七折收銀幣二角三分六釐。十一包共收二元五角九分六釐。以二十五包除之。得平均每包一角四釐。除提支一成經費外。實撥還九分三釐六毫。其五河、正陽、原有平餘等項名目。均由銀錢折合而來。今既收銀解銀。此項平餘。自已包括在內。此外正陽關尚有征收緝私堵工練勇籌備四項經費。每包共收銀四分七釐八毫。又海州分司經收雜款內有湖販完納禮字河墻工。每引銀四分。撥統由一成經費項下每包撥還銀幣八分。以濟江南撥用之需。至江南所收鹽金。原有應解洋款。及分撥十成軍需等項。統由該省於撥款內自行分別解支。

郵傳部查覆粵路弊混摺

奏為遵查粵路弊混情形。恭摺仰祈聖鑒事。宣統元年十月。署兩廣總督袁樹勛奏粵路弊混一摺。硃批着郵部查辦。片併發。欽此。十一月給事中陳慶桂奏粵路迭起風潮。請飭部整理一摺。奉旨郵傳部議奏。欽此。欽遵咨抄到部。經奏派候補參議龍建章等往查在案。茲據議員查覆證以臣部舊案。謹縷晰陳之。袁樹勛原摺內稱。總理梁誠月薪二千兩。總工程司鄺孫謀。月薪一千二百兩。查帳吃緊。梁誠輒自晉京。原片內稱。梁誠電開黃沙地價。藉為掩飾。周麟沘地價未清各節。查月薪多寡。由董事會決定。似難指為罪名。梁誠充當總理有年。於工款地畝。漫無稽查。固屬疏於綜核。惟該員在美助贖全路。曾著微勞。光緒三十三年。臣部按准前護粵督電開。董事鄺甘泉股東李十朋等稟稱。梁誠爭回贖路。功在人心。眾商悅服。乞令總理路事。經部奏准飭遵。該員自知黨派糾紛。辦事孔棘。於三十四年宣統元年。迭求辭退。經前督辦大臣分電慰留。該員仍分電請選總理。旋電稱力疾赴京。咨由護督札派協理代辦總理事務。是去志久決。非因避查起意。且早經開去差使。應請無庸置議。周麟沘係購地坐辦。絕不履勘。致停工待地。所購地畝。或以少報多。或價未清付。而司事陳卓廷侵吞地價。尤為謬妄。周麟沘於離差後。乘總理去粵。補支薪水五千兩。亦屬濫支。均應追罰。又原摺內稱粵路每里費銀五萬七千餘元。張伯塘修復旋傾。平石迄未定線。養路費任意支用。及鄺孫謀要結金葵胡舜琴。利用洋工程司各節。粵路自丙午開辦起。至己酉第五段通車止。頭五段百四十五里。用銀六百零二萬五千二百餘元。每里攤四萬一千三百餘元。核與

文牘 十六

粱誠電稱每里二萬。暨鄺孫謀面稱每里二萬六千。或二萬九千元數不符。實因土方異價。及重修橋洞所致。而源潭琶江十七里之內。張伯塘路基。因被水重築。逾月旋毀。該段係聯生公司承攬。原可責令賠修。乃鄺孫謀謂為收路在先。致難追詰。若龍州北抵平石百餘里。為達湘界之路。該員迄未往勘。致路費無從預籌。而養路費與工程司款項。同列一單。混雜不清。均屬措施失當。該員係專門學生出身。惟身任總工程司。預算未精。包工多失。以致延工靡款。應即撤差議罰。以示懲儆。至胡舜琴測量地畝。按圖不符。洋工程司諾亞開山造橋。工多謬誤。金葵遇有稟揭動斥荒謬。俱屬非是。現諾亞金葵。均經離差。胡舜琴應即議罰。所有丈量事務。即飭購地委員兼理。以節靡費。又原摺內稱公司帳目紛紜。收支不定。元毫相混。存放無息。元水錯誤。存款漏記。及原片內稱二期股銀。虛收八十餘萬。各節。查該公司各帳。銀錢歸收支所管理。工程歸支應處管理。餘歸公司帳房管理。出入既非一處。簿據更極參差。弊混易滋。良由於此。其戊申年結。舊存大元九十六萬有餘。刊冊未註大元。惟仍將銀水登帳。列作進款。尚非乾沒。其暫借簿內丙午至己酉存放之款。計有五十二萬餘元。確係不計息銀。而新泰厚元水。係收支所戌申十月支帳查出後乃認爲誤支收回匯豐萬國兩銀行口口之款既誤爲已口渣打銀行。連同息銀加借之款。復忘記補口另有萬國銀行三款。亦由該行聲明錯誤。雖經前查員赴號核對符合。究屬疏忽。至二期股銀一項。查粵路向章。無論何處收股。均交善堂核收給票。轉交公司收帳。故凡重收之款。不得不再行列支。前所支代滬分局交各善堂三十八萬六千餘兩。例應列支。尚非舛誤。其所支佛滬港未匯到銀三十三萬二千兩一項。係憑函報收帳。係因開收股款。故作虛數招來起見。亦無他弊。金莢周麟述梁玉堂郭道三等收股遲交。查無圖利確證。郭道三借用公司款項。無認有利息。均無庸議。惟查收支所總管杜榮光。與港店廣萬祥虛存路款鉅萬。坐耗息項。存揭各欵。宕誤滋謬。而且溢支單水元水幾及萬元。均應分別追罰。又原摺內稱梁財朱商賢串造僞單領銀。周辛恒未能覺察。朱琴叔重支價銀。朱倍林虧去公欵。衛章甫亦有虧空各節。查梁財郎盧譽結。伊弟盧譽錦。由工程帳房朱商賢串造生利號單。冒領二千四百餘元。先後朋分。雖朱商賢欵由伊叔繳還。應仍從重議收。盧譽結盧譽錦。應照例議結。周辛垣等查無串弊情事。然黃兆之既管工程總帳。未能詳核月報。又工程正支應員尤輝廷。未能細審圖章。俾得肆意奸騙。周辛垣亦復帳目紊亂。均屬有負責任。應飭罰薪。而許才之總管貨倉。短欠極鉅。應罰令賠償。朱琴叔即朱崇德曾充公司繙譯。其改譯洋廠名目爲聖得勃。爲閑儉。爲閑色格。爲山博。業經重支入已。舉發後由該員及家屬先後繳還。應嚴行議罰。朱培林曾充頭段支應員。告退時截存銀萬餘兩。陸續繳清。當時是否逃去。自不可究。查支應部內。衛章甫黃際唐沈伯銘欠款自千餘兩至二百元不等。鄺君質雖無欠項。然曾有勒扣情事。應即撤差。而衛章甫且曾尅扣石子瓦筒巨價。勒索酬謝。此外如陳慶平侵吞馬價。李耀祥冒領石價。梁麗文黃詠道虧款私逃。均應罰追。又陳慶桂原摺內稱議權應嚴限制。選票應定雙舉。大股東宜加保全。并粵路應專責勸業道辦理。及裁撤督辦分局各節。查會場人衆滋擾。誠如原奏所慮。本年臣部會商粵督。訂章以百股爲一權。千股以上遞減、不及一權者。准其聯合、並仿各國投函之例、准股東填票封存。屆期監拆。四月間該路開選。照此辦法。安靜異常。其二期股銀未交者。已聲明不許與選。惟議決權以千股或二千股爲額。須再酌定。票選之法。本極公允。一票一舉。與一票雙舉。初無大異。但近人鮮顧公益。往往期前有租票串舉之弊。現在改章。無論總協理董事。經股東票舉後。抄取前列廿名送部。分別奏委。不以票數多寡爲定。所謂一舉雙舉。更屬無關得失。惟此章係暫因股東彼此攻擊而設。下屆仍須再爲酌奪。蓋粵路公司有四大股東會者。係千股以上股東組織而成。有共濟會者。係萃合衆小股東組織而成。兩會之中。其出預路事者不過數人。而公司實爲共濟會所攻擊。其始未嘗非因維持起見。久之彼此積成意氣。轇轕實從此橫生。現在大股東張少棠蕭禮堂郭道三等。擬更組織一股東會。無分大小。俾免畛域。嗣後以大壓小以小制大之說。自可無慮。至監督職權。極關重要。勸業道旣兼管農工商及交通各項。責令專理粵路。自屬爲難。應特設監督一員。常川親到公司。幷會同勸業道。隨時查察。方昭妥慎。其原設督辦駐粵分局。或酌予裁撤。或量改監督。事關全局。自應另案辦理。又原摺內稱。黃景棠初次得協理。把持公司。經前督臣岑春煊責令辭退。又串改選票被選。與李煜芬等狼狽爲奸。未遂告退。後聯絡共濟會。希圖被選一節。查前協理黃景棠。第二次被選。係上海股東代表譚吉堂所舉。其票原寫李煜芬名。改爲黃景棠。謂其私串。不爲無因。李煜棻李戒欺是否串通黃景棠狼狽爲奸。查無確

文牘

二十

證。惟羅少翱與黃景棠夥開報館。破壞路事。實屬狼狽有據。黃景棠既爲紳界不齒。應永遠不許復任粵路職務。以後如查有播弄情事。再由臣部嚴行糾參。李煜芬充當行車坐辦。信任總管陳竹泉。於工程濫發免票。迭經呈訐。應併議罰。此外如書記歐陽詩頌。串通報館。漏洩公事。播弄風潮。殊屬不合。羅少翱歐陽詩頌。既素不安分。應交地方官嚴加管束。隨時察辦。以上議罰各員。朱商賢朱崇德杜榮光許才之周麟述衛章甫李耀祥等。侵虧勒扣。情罪較重。應由部咨行該省地方官查取有無職官。先行革斥。立予罰追。以儆效尤。其餘除黃景棠應永遠不許復任路務外。所有胡舜琴陳卓廷黃少唐。沈伯銘。鄺君質。陳慶平。梁麗文。黃詠道。羅少翱。歐陽詩頌。陳竹泉。黃兆芝。尤輝廷。周辛垣各員名。或應罰追。或應罰薪。或應撤差。或應管束。均分別辦理。俾示薄懲。究之粵路要害。端在黨派之紛爭。黨見不消。無論總理何人。終不免因停工而生混淆。致釀員役從中舞弄之弊。欲救其失。惟有部中實行監督。并責令新任總協理。於歸併處所。裁減員薪。各事切實施行。庶款項工程。易昭核實。而粵路全局。亦日起有功。所有遵查粵路弊混各緣由。是否有當。謹恭摺具陳。伏乞　皇上聖鑒訓示。謹　奏。

中國紀事

錫瑞二督主張借債築路之大計畫 初八日東督錫鄂督瑞合遞封奏一件。探其內容。乃關中國全體之存亡安危。其**主義一以借款造路爲歸**。意謂交通不便。凡百政治。不能發達。且以中國今日金融關係急切。非有外資灌潤。則以後將恐慌繼起。國且不國。凡國家與財政之關係。可分四級。(一)强國財政鞏固者也。(一)弱國猶能以外債辦事者也。(一)危國。他人代爲指揮干預債務者也。(一)險國。財政爲他國監理者也。今中國似尚在第二級。猶得以借款辦事。失此不圖。以後財政紊亂。恐慌疊起。必致有爲人監理之日。則百不可救矣。**應請借款十萬萬元。造築全國幹路**。云云。其措極浩博。然大約要旨。不過如此。二督皆以此爲今日救亡之要策者也。同時二督又通電各省督撫云。仲帥微電。深切洞達。同抱憂懼、竊謂憲政九年之預定。十一部同時之進行。中國無此財力。半途而廢。已可預決。非有從重要處入手之辦法。則財盡民斃。必在意中。近查美國變法之始。其中央之集權。各省之反對。更甚於我國。後執政者察其不行之故。在於各省交通阻礙。情勢迥殊。遂改從急倡鐵路下手。數年之後。國內貫通一氣。不易法而令自行。彼之政策。足爲我之先導。擬請朝廷決計借外債數萬萬、將粵漢川藏張庫錦愛諸幹路。及其他緊要支路。限十年造成。一面借款。一面包工。以免將借款移作他用。鐵路所用工料。悉取於國內。外人所得。不過利息工價而已。此款留布於民間者十之七八。則十年之內。可救民窮之患。十年以後。鐵路陸續告成。行政之易。亦如破竹。民間風氣自開。收效之速。何止十倍。所謂從重要處入手之辦法。似無以易此。今中國國大而不得國大之益。人多而不得人多之力。鐵路果成。財聚力富。勢增百倍。庶可與列強競存於世。不然。以一旦情阻勢隔。民窮財盡之國。欲恃兵力以圖強。非五十年不能收效。欲恃政治以自振。非三十年不能見功。世變之亟。恐無此三五十年平和之時代。足以容我之緩步也。如諸公意見相同。即請合詞入告。力持此議云云。

又聞直督陳制軍。聞錫瑞二督有借款之奏。日前特發一長電致軍機處。力陳借款雖萬不得已要圖。而辦法如此。實多流弊。斷不可行云云。果爾則陳督於兩制軍之通電。其必不贊成。葢可知也。

滇督爭欵之倔强　滇督李仲帥以外省財政奇窘。督撫幾無一事可辦。殊太不平。因屢電度支部爭撥欵項。而度支部始終堅持。不肯協濟。仲帥因又電奏謂滇省貧瘠。遠遜他省。今歲不敷之八十萬兩。實屬無可籌抵。擬請敕部再分認五十萬。其餘三十萬。則由臣暫借商欵應付。至明年預算。已屬減無可減。請特開御前會議。聽候處斷欽遵云云。聞有旨交度支部議奏。仲帥又恐度支部仍主駁議。特於日昨再行電奏。畧謂滇省今年行政經費。無論如何撙節。出入兩抵。尚不敷銀八十餘萬。此八十萬之虧短。實減無可再減。節亦無可再節。如果部臣不以為然。即請先將臣革職。調京面質。內中如查有一絲一毫之冒濫。當此財政支絀。疆臣不知公忠體國。無故虛糜巨費。不論處臣以何等之罪。皆所甘心。若俯念邊陲重地。仍留臣稍效犬馬。則除臣擬自行設法。籌措之三十萬外。下此五十萬。非由部擔任籌撥不可。監國覽奏。以所陳自係實情。已面諭澤公飭為照撥矣。

滇督通電各省籌商要政　李仲帥又以近來內政外交。棘手萬分。朝野上下。無所措。施擬聯合各省督撫。將各省情形。以及所辦新舊各政。究竟財力如何。能否辦到。通盤籌畫切實上奏。請朝廷速籌辦法。庶免長此敷衍。有名無實。電文云。憲政九年之預定。十一部同時之進行。凡洞見維新癥結者。每深憂歎。樞府關心而難輕議。庶吏蹙額而不先發。今朝旨令議覆趙御史摺。似欲言發於外。藉以折衷補救。近日舊政輪廓難存。新政支離日甚。其大病則在無人。無人之病。在於欲速而不圖根本。世風之靡。人心之幻。因而中之。於是强事就人。强人就事。無人即先辦事。無事即先用人。種種枝蔓相因而起。守舊時之醞釀。維新後之造作。諸症如一。故愈求人才。人才愈不出。其大難則在無主腦。諸部各自爲謀。而無審國情量國力。聯合主斷之人。徒委編查館爲細碎調停。改革不從簡單入手。故文法愈密。措理愈難。坐此二病。智愚同困。其妨礙維新阻力甚大。即有一二枝節眉目。何補大局。及至財盡民散。事已無救。今幸以款絀見端。正可進求病本。義深慮時不我與。馴至外人干預。羣沸交騰。本藉憲政以固人心。轉因憲政以速國禍。此危非一二人口舌可解。如各疆臣趁此時機。皆能言與旨合。直陳無隱。並於維新根本。各貢條陳。宵旰徬徨。苦無辦法。倘能朝廷不易反汗之名。隱收變通之益。幡然一決。當或可期。諸公盡抱憂時。義雖孱庸寡識。甚願規步偉畫。分其緒論。狂瞽無當。

先乞復誨。大稿已成。即求密示管蠡所及。亦必呈正。臨電翹盼。義徵

直督密陳贖回開平煤礦之計畫　直督陳夔龍日昨呈遞密奏一件。探其內容。係籌議舉辦公債。預備贖回開平煤礦。洋洋千餘言。大致謂該礦自庚子年兵燹後。不幸被英國用詭約騙去。於今十年。秦王島左右。中國幾不能過問。所失以億萬計。前朝廷派三品京堂張翼。前運使周學熙。來津籌議收回該礦辦法。晝夜籌商。現已略有端倪。惟英人所索甚巨。要求償還英金二百四十萬磅。經臣再三磋商。又請洋員到英國。詳述當年詭詐情形。不合公理。英政府亦自知理屈。稍肯俯就。目前已暫議償一百七十五萬磅。五年以後。一十年以前。將債票盡數贖回。贖回後准附洋股。英政府定欲一百八十萬磅。已將此意告知駐京使臣。謂一百八十五萬磅。已屬和平辦理。每年利息不及十二萬五千磅。而此礦一年獲利甚夥。即以去年而論。已得二十四萬七千磅。並云此事若因細數敗於垂成。殊屬可惜等語。復經外務部據理駁回。惟以中英友誼素敦。總宜互相退讓。期於了結。為要准外務部知照前來。臣當電飭洋員等謹守此意。相機磋商。固不得因此微數。致令要案久懸。又不得過示退讓。更令別生枝節。並經臣函商度

支部。公債票一項。將來擬由大清銀行發行。以昭大信。此案轇轕多年。中外注視。如能仰託朝廷威福。全數收回。雖國家暫時擔任百數十萬磅之債票。而全礦產業。皆爲國家所有。每年進利。足抵本息而有餘。且此礦界範圍極廣。將來逐漸開採。洵爲莫大利源。況秦王島關係國家疆土。尤非尋常可比。現一面由臣竭力磋商。俾早日了結。一面速籌善後事宜。以作贖路之準備云云。

●世侍講請撤奉天省稅● 翰林院侍講世榮。日昨呈遞封奏一件。探係奏參奉天清理財政局增設省稅一事。其意畧謂奉天捐欵。本以畝捐車捐爲大宗。畝捐與京師畧同。車捐與京師大異。京師均係貿易主義。奉天皆係自運及耕種主義。並無利益可沾。以上二項。較之正供。已多倍蓰。本爲各省所無。小民負擔之重。實屬難堪。惟以地方之財。辦地方之事。民間亦曉然於此項捐款。與國家實無所利。總能勉力捐輸。不致違忤。蓋純粹有地方稅之性質也。近聞清理財政局。於國稅地方稅外。增設省稅一項。將此畝捐車捐劃入其中。以爲奉省行政之用。臣查省稅一項。有五大不可。吾朝開國之初。概從寬大。聖祖曾有永不加稅之諭。至今垂爲典則。今於國稅地方稅外。巧立名目。增此省稅一項。且欲進爲定則。有似於加賦之外。另加稅項。不免顯違祖訓。一不可也。憲政編查館度支部所奏清理財政之件。止有國家稅地方稅名目。並無省稅之說。今增此稅則實與部章不符。二不可也。辦理財政事件。本宜澈底澄清。絲毫不亂。今上不繫國稅。下不繫地方稅。中間添置一級。設有不肖官吏。從中舞弊。任意開銷。卒至莫可究詰。三不可也。名既不正。輿論必多不順。衆謗羣疑。變幻不一。州縣辦事。勢必窒礙難行。四不可也。省稅之名。上之則侵害國家之正供。下之則奪地方之雜款。顚倒錯亂。殽治絲而棼。五不可也。惟有請飭清理財政局。將此省稅名目。迅速撤銷。并飭令各省督撫。永不准再立省稅名目。以全民脈而顧大局云云。

按省爲地方自治團體之最高級。既認諮議局爲法人。自應有省稅。惟地方自治章程。未著有明文。至生此疑竇。此其過在憲政編查館。不在清理財政局也。

部覆湘省准募公債　湘撫楊文鼎前因湘省財力殫竭。積虧過鉅。本年省城匪亂。常德水災。米貴民飢。錢糧既不能剋期集數。而籌辦賑款。添募防營。又不能不設法應付。擬援照直隸湖北成案。試辦募集公債銀一百二十萬兩。即以水口山礦售砂利銀作為償還專款。分攤六年。為滿特于上月中奏奉硃批度支部議奏。現度支部查該省本年迭遭災荒。重以匪亂。用款過繁。入款又絀。奏內所稱財政困難。自係實在情形。近年直鄂等省。多因庫帑支絀。先後請辦公債。自籌抵欵。清還本息。尚無流弊。該省現指由水口山鉛砂官礦。每年提出售砂利銀二十六萬五千兩。另款存儲。為此項公債抵款。是將來籌還公債本息。已確有抵款。可指查閱清單章程。係參仿直隸湖北辦法。亦尚妥協。該撫所擬試辦公債票。與直鄂事同一律。既可以勉供所急。又不慮無款清還。擬卽准如所奏辦理。仍將每期收到銀數。隨時報部。以資考核。查歷來公債辦法。皆為興辦實業。取於挹注有資。不致終歸消耗。是以本部於議令雲南舉辦公債摺內。曾經聲明在案。此次所奏。祇為籌賑等項之用。與公債本意不同。惟該省當兵荒之後。財政萬分匱竭。勢處其難。不得不姑允所請。俾紓眉急。嗣後各省如非興辦實業。概不得援以為例。已於日前專摺奏覆。奉旨依議矣。

趙侍御揭參鹽政處　趙侍御炳麟。日前曾遞封奏一件。參劾鹽政處。略謂查督辦鹽政處成立之初。集大權於中央。宜若可以有為。詎數月以來。毫無動作。坐支薪津。逍遙游僊。而督辦大臣毫無覺察。所謂之人。多係聲名狼藉。參革廢員。提調晏安瀾貪鄙性成。原無鹽務之學識。攬權納賄。通國皆知。而督辦大臣方倚之爲手足。未識何故。摺中臚陳晏提調劣款甚多。並有謂朝廷之設立鹽務處。原爲整頓鹽政起見。恐反不如未設以前。有所統屬。貽誤民食。耗銷國課。務請即行大加整頓。以期挽救而重鹽政。

魯紳要求察院代伸萊陽冤抑 山東官紳。因孫撫查覆萊陽亂事。洗刷敷衍。不實不盡。因之大動公憤。前已派妥員前往密查一切。已將始末緣由印刷成書。分送旅京各官紳。連日在山左會館。會議對待辦法。業於十二日聯合京內著名商號三千餘家。並各京官等公舉代表。於上午十點鐘時。齊集都察院署前。至午後一鐘。張總憲始行到署。該紳商等代表。當將調查萊陽海陽兵刼實在情形。公呈張總憲。懇求代奏。其公呈內容。略謂魯撫孫寶琦。前奏覆萊陽民變。並查辦情形。將曲詩文兄弟。認爲禍首匪黨。聲明俟拿獲後。立地正法。但據調查員于召南來京報告。曲詩文毫無劣績。實由該縣知縣。並劣紳朋比爲奸。致激民怨。釀成禍亂。是當歸咎於貪官劣紳。不得專罪曲詩文也。孫寶琦所奏。與官紳所見。全出兩歧。況當時官兵砲擊之村莊。大村四處。小村極多。

民間財產付之一空。萊陽縣民死傷者。數約四萬餘人之多。老幼男女。嗷嗷如鴻。餓殍蔽野。其生存者流離失所。桑梓父老。日在水深火熱中。翹首望救。懇恩代奏。請旨另派公正大員。再往澈底查辦。務期水落石出。以伸寃抑而懲殘暴云云。張總憲接呈後。以呈詞內有請罷黜孫撫字樣。深不爲然。謂前此孫撫自請開缺。已蒙溫諭慰留。此舉實近違抗。朝廷用舍自有權衡。又非臣下所得擬議。本院未便代奏。該代表或立或跪。充塞署前。環求不已。一種義憤迫切之狀。情見乎辭。張不獲已。始勉强收進。並諭各紳商先退。當俟與陳憲商之。再行上達。窺其意似仍不肯代奏。惟聞該紳商等。對於此事甚爲堅決。連日開會集議時。接到該省紳士來電。有百數十起之多。均請公參孫撫。請都察院代奏。故此次都察院如果不肯代奏。或代奏而政府置之不問。彼等誓以死爭。以慰桑梓云。

新疆亂事記　新省上年軍民之變。內地略有所聞。然未能確也。變端起後。亂民氣燄囂張。不可嚮邇。陸軍與之連成一氣。官吏除脅迫忍受外。無他法也。前者馬隊第一營管帶田熙年（直隸人）因建築營房等事與兵丁結怨。隊官等聚衆上控。後以所控不實。將隊官革退。時有陝西某兵。懷刃入刺田管帶。當被捉獲送縣。不知如何。縣官竟將此兵釋放。七月之初四日。田由營出門。遇某兵。問其何往。云尋人討債。因疑其復有行刺之事。搜之。懷果有兵器。因立殺之。陝甘人大譁。聚衆赴撫署藩臬署及蔣標統公館。要挾殺田抵償。撫帥以人勢衆。而又怒田專擅。欲殺之。藩台未允。當將田撤差查辦。而陝甘人洶洶聚議。至初六夕。又到撫署要挾。多方勸解不可止。擁至大堂鼓譟。幸衞隊嚴護。未能入內。藩臬均由後門潛走。亂民呼嚷萬狀。並出短兵棍棒之類威嚇。相持至黃昏時。撫帥令巡捕出諭。今日已不能辦。俟將田經手事件了清。必照辦。爲衆人洩憤。時有散者。有未散者。另有亂民一隊。將蔣標統公館焚燒。臬署縣署。均另在一街。學署則在蔣公館之後。火勢極盛。惟各官署及巡警均閉門自守。無過問者。亂民遂入縣署。將四犯六十餘名釋出。而桀驁者仍在街市橫行。亂民數十人圍攻官錢局。未得入。又以柴草澆油放火焚燒各街房屋。北梁之火光先起東大街。繼之省垣東南街。本爲商務中心點。然商店比櫛。施救最難。遂罹於刦。當時亂民本不過數十人。設官軍巡警出爲彈壓。易與也。乃並無人過問。事後亂民衝開新東門。欲勾通城外之陸軍前營李管帶在營墻上放鎗一排。擊退之。亂民復入東門。往圍藩署。意在搶庫。幸爲護兵開槍保護。然自東街被燬後。菁華已蕩然矣。說者謂此事由新撫懦弱。有釁此變云。

皖北亂事記　皖北蒙城鳳臺兩縣交界之雙澗集。有幫匪張學謙李大志等。糾黨放火起事。向懷遠鳳陽等處分竄。所過僅索取軍械馬匹。並不刦掠。故脅從者衆。聞初二日已聚至二三千人。至初八日已達數萬人。張督據各該文武電稟。匪衆紛竄。勢甚猖獗。即飭程總統速調步隊二營。馬隊一營。星夜開拔。由津浦鐵路坐料車至臨淮關。馳赴壽鳳。又電飭徐防統領胡令宣親率得力馬步。由渦蒙前進。又電請長江水師提督。速派師船。駛赴淮河堵截。以杜南竄。近據江督皖撫等奏稱。李大老等匪首已槍斃。餘匪均退竄矣。

世界紀事

英墺復修舊好　英國羅士勃雷卿爲布告新帝即位。奉使赴墺。墺國各報。皆謂羅氏此行。足徵英國對墺匈之態度。爲之一變。英國對墺國合併波希二州之惡感。可一掃而空。英墺之舊好。當從此恢復。

英國最近貿易　陽歷八月英國之貿易額。輸入則增加三百六十一萬九千四百十三鎊。輸出則六百五十二萬四千百八十三鎊。至輸出之增加。則以鐵鋼絹棉羊毛船舶各製造品爲大宗。

德國皇儲之旅程　德國皇太子將作極東旅行。約陽歷十二月十四日可抵孟買。先游印度。明年二月當由加拉吉打出發。往新架坡爪哇等處。三月中旬。可到香港。游歷廣東上海後。往膠州灣少住。四月上旬。當赴北京。下旬即往日本。至九月初間。則由西伯利亞鐵道返國云。

德國陸軍之名譽　德國陸軍大操已畢。各參觀者。皆盛稱德兵之精壯。其由鄉間選入隊伍者。其操法均甚嫻熟。成效誠爲可觀云。

德國武員被縛　德國少尉某於英國邦茅士將其要塞攝影。致被捕縛。惟該少尉受該地司令長官審問時。力辯軍事偵探之嫌疑。

法國陸軍之飛船　法國陸軍決於本年內。備設飛行機六十具。

法國海軍卿之意見　法國前海軍大臣奴乃森痛論法國屯集艦隊於地中海之非計。蓋謂德國既集艦隊於法之北境。則法之艦隊。亦當重屯於北方。以爲防備。且英法久稱和睦。亦必贊成我國此舉云。

俄國海軍之復興　俄國之國防案。其支出之海軍擴張費。乃七億五千萬羅卜。其中雖有供工廠及其他陸上設備用者。然充製艦費者。實五億以上。

墺匈水災　墺國東北部摩拉威亞州。及匈牙利南部。大洪水倏發。家屋傾塌無算。

羅馬法王之專橫　羅馬法王以近時之青年僧侶。妄讀新聞雜誌。殊爲妨功。特發布規則。禁止閱看。

歐洲霍亂流行　俄國之霍亂症。現仍猖獗。前星期死亡者之數。約在三千以上。現南部意大利維也納及德國等皆見此症之流行。

萬國海法會議 第三回萬國海上法會議。以陽歷九月十二日。於比京開會。

土國之新抗議 土耳其政府因希臘派遣將校。入克列特島之傭兵及憲兵隊服職。特向該政府抗議。

土國募債之阻力 土耳其與法國募集國債之交涉。因土國大藏大臣與宰相意見互異。恐難成議。

布希之接近 布加利亞與希臘。日益親接。蓋希臘因克列特島問題。與土交惡。布加利亞則以土國於瑪西尼亞。虐待布人。恨土甚至。故布希接近乃當然之結果。

土布邦交 布加利亞邇來整飭軍備。不遺餘力。故土布邦交。益形不睦。

克島首領之拒絕 克列特島之首領。雖被選爲希臘國民會議議員。因列强之壓迫。卒被拒絕。

波斯之財政顧問 波斯之國民會。以滿場一致。決聘美國人爲大藏省之顧問員。以代前聘之法人。

世界紀事 四

波斯撤兵問題　俄國擬撤波斯戍兵問題。大有中止之勢。英國公使巴克萊現正竭力轉圜。

羅斯福組織新政黨　羅斯福已在各處遊說兩星期。擬即組織一新共和黨。以冀操州會之勝勢。

對待亞洲人之政見　美國茄鍏寬尼州之共和黨及民主黨。對該州知事之選舉。特開大會。發表其政見。關於排斥亞細亞人問題。共和黨則反對亞細亞人之入國。至民主黨則反對亞細亞人之歸化。

禁止飛船遞送郵件　美國議員在議院提出一議案。禁止飛船往來遞送郵件。以此舉匪特有礙郵政。且於軍事之防備有極大之關係云。

美國之陸軍　美國陸軍檢閱總監報告。謂美國之野戰設備。絕不整頓。宜取歐洲陸軍之經驗。重定新制。

曾禰子爵長逝　前韓國統監子爵曾禰荒助。以陽歷九月十五日逝去。

亡國人之困蹙　高麗境內一切政治集會。日本政府下令。已一律解散。

叢錄

春冰室野乘

春冰

吳三桂之逆蹟

吳三桂之請援於我朝也。與其父襄書曰。父不能爲忠臣。兒自不能爲孝子。豈不皭然大義之言。今觀明內監王永章陷賊中所著甲申日記一書。中載三月十九後三桂與襄諸書。置君親于不顧。唯拳拳於陳妾一人。眞所謂狗彘不食者。乃知世所傳前書兩語。皆亂賊矯誣文過之辭耳。記云。四月初一日吳襄繳到三桂廿二書云。（按此時襄已降闖所謂繳到者即繳之於闖也）聞京城已陷。未知確否。大約城已被圍。如可還避出城。不可多帶銀物埋藏爲是。並祈告知陳妾。兒身甚強。囑伊耐心。第二書云。得探報京城已陷。兒擬卽退駐關外。倘已事不可爲。飛速諭知。家口均陷賊中。只能歸降。陳妾安否。甚爲念。第三書廿五日發。云接二十日諭。知已歸降。欲保家口。只得降順。達變通權。方是大丈夫。惟來諭陳妾騎馬來營。何曾見有蹤跡。如此輕年小女。豈可放令出門。父親何以失算至此。兒已退兵至關。預備來降。惟此事實不放心。第四書廿七日發云。前日探報陳妾被劉宗敏掠去。嗚乎哀哉。今生不能復見。初不料父親失算至此。昨乘賊不備。攻破山海關。一面已向淸國借兵。本擬長驅直入。深恐陳妾或已回家。或劉宗敏知係兒妾。並未奸殺。以招兒降。一經進兵。反無生理。故飛稟問訊。第五書云。奉諭陳妾安養在宮。但未有確實之說。究竟何來。太子旣在宮中。曾否見過。父親旣已降順。亦可面奏說明此意。但求將陳妾太子兩人送來。立刻降順云云。以此諸書觀之。梅村所謂衝冠一怒爲紅顏者。眞詩史之言也。

三桂初猶有擁立太子之議。所謂義興元年者是也。暨聞闖以圓圓侍太子。大憤。其議遂罷。此卽梅村詩所未嘗及。而國初諸老逸史。亦未有能言其故者。今悉在永章日記中。當時目擊所錄。必得其眞。亟錄傳之。亦足以廣異聞也。記云。三月二十日賊在田皇親家搜得太子定王以獻闖。令入宮。廿一日封太子爲宋王。定王爲安宅公。四月初六日發檄與三桂云。太子好好在宮。汝莫想借他爲由。朕已封爲宋王。將爾等妻女與他奸淫。以洩崇禎之忿。初九日下僞詔親征三桂。十二日起程。太子定王代王秦王漢王吳陳氏吳氏吳氏吳李氏僞后妃嬪皆從行。吳陳氏卽圓圓。兩吳氏皆三桂妹也。廿五日戰于一片石。闖大敗。退入關。太子與圓圓遂皆至三桂軍中。廿六日闖又爲誓書與三桂云。大明朝義興皇帝使監國大學士平南王吳三桂倘義伯總兵官唐通大順朝永昌皇帝。使兵政府尙書王則堯張若麒。於甲申四月廿二日立誓于山海關。自誓之後。各守本有疆土。不相侵越。大順朝已得北京。准於五月初一日交還大明朝世守。財貨歸大順。人民各從其便。如北兵侵掠。合力攻擊。休戚相共。有渝此盟。天地殛之。廿八日牛金星揭呈三桂告示兩通。一列監國大學士平南王吳銜下書義興元年四月廿四日。一列平西親王吳銜下書順治元年四月廿六日。印文亦兩歧。闖曰。大約我勝則與我和。清勝即與清合。彼誘得太子陳氏。便爾背盟。實非人類。立禽吳襄及家口十六人斬于市。廿九日闖登極。三十日率諸賊退出京師。五月初一日接太子手敕。以初三日入都爲大行皇帝大行皇后舉行大事。末署義興元年四月廿六日。正擬具本。明日入奏。忽傳太子已至城外。王德化亟備車駕鹵簿至朝陽門迎駕。永貞在內預備云云。此下遂無一字。其如何變局則不可得而知矣。按諸書皆言闖挾太子二王西走。未嘗有歸諸三柱之說。果爾。則北都公主所見。與南都所謂王之明者。信哉其爲依託矣。然亦安知非闖賊以是繫三柱。及中原士大夫之心。而僞封一人以亂觀聽乎。逸民某君所爲木居士憤言。謂方太息此舉之不成。而致慨于有明一朝興廢。實繫圓圓一人。則非惟墮三柱之欺。抑且爲闖所笑矣。圓圓本姓邢、生時有羣雉集屋、衆因呼爲野雞、其姨氏陳、俗所謂養瘦馬者、圓圓母歿、遂依陳、因從其姓、此亦諸書所未及者、

紀歙鮑烈士增祥事

光緒初。安徽歙縣令某者。書生也。愚而墨。龍二胥曰王耀。曰三多。挾某。恣橫一邑。豪奪巧取。靡虛日。歙人許頌康。薄有貲。其戚程某。爲武學生。富過許。有質庫一。在縣北富堨。許以事積忤二胥。適邑有盜案發。二胥乃虛搆左證。誣許程爲逋逃主。執入獄。鍛鍊月餘。許程不勝搒掠。兩股肉盡糜。遂誣服。獄成。上江督皖撫。不日出決矣。王耀揚鞭過富堨市。指質庫笑曰。此不日屬我矣。歙之人。莫不憤怒。然莫敢誰何者。鮑增祥。歙諸生。舉秋試。爲副貢。儒而俠者也。聞之大憤。乃攘臂爲文。獨署己名。上徽守。白許程冤。守召增祥詰之曰。獄已成。汝橫來干涉。案出入甚大。誣平民猶反坐。況官長乎。汝能任此責。

吾則轉詳大府。否則不如已也。持其書作注目狀。同署名者噤無言。增祥毅然曰。諾。刀鋸鼎鑊。某一人當之。不以累衆也。書遂上。二胥猶不知。日盼金陵回文至。決許程於市。歙故無劊手。走休甯。假以來。是時侯官沈文肅督兩江。政尚嚴明。得書陰廉得其實。乃大怒。立馳釘封付徽守。釋許程皋二胥示衆。守奉檄坐堂皇。召二胥至。陽陽如平時。示以檄。始色變無語。縛以赴市。守親監刑。觀者如堵。卽以休甯劊手奏刀焉。梟其首於萬年橋上。橋者。歙北通衢也。某令聞變。飲藥死。未數年而有方伯松之事。

方伯松者。歙市井中人。少無賴。以博蕩其產。則橫噬閭里。闔邑人尤患苦之。會天主教士來歙。方首先皈依稱信徒。益號召羣不逞以濟其虐。方不識字。諸生某某等爲之記室。赴訴者日恒數十人。半田產錢債事。方顧指記室錄其詞。畢卽分命其黨汝往某村取某田。若往某村取某錢。毋子毋少缺。皆以券授之。其券皆數十年陳舊物也。日暮歸。悉出所收以獻。無少短缺。方妾誕日。邑之縉紳。莫不蒲伏賀於庭。壽禮至盈屋。而西教士固不知也。遇訟獄。方第署片紙付縣令。令悚息奉行。如得大府檄。胥役輔之。四境騷然。至不敢偶語方名。增祥客于外。方歸聞之。大憤曰。世安得有此。謀走省控諸院司。方聞之。笑曰。此豈復梟王耀時耶。增祥憤愈甚。星夜去。方乃揚言將以衆毀鮑氏之家。增祥子鶚是時亦舉于鄉。夷然弗爲動。方亦卒不敢往也。增祥卒白皖撫郵書上海法主教。某斥方出教籍。徒黨悉鳥獸散。方始歛迹。增祥字紹廷。能詞。工畫梅。家無儋石儲。而好爲任俠。得錢輒散去。室人交謫。偃如也。

文苑

八月朔日與觚齋提學散原吏部游曹家渡小蘭亭廢墅待蛻菴孝廉不至　尊觚

雨餘天氣清。涼風振庭樹。招携適廣野。烟墟際遠路。浩渺大河橫。行人晚爭渡。尋徑涉荒莽。臺榭迴非故。疎桐張翠幄。甃石得佳趣。惟人任成敗。斯理妙可喻。棲禽帶寒色。纖鱗一墅據。幽人期不來。傳燭哦新句。

張稚野釋服入都相對悽泫次日書來宛然先師手蹟愴然爲賦　瘦公

握手相看淚不收。北來知汝困粱謀。一廛無地容孤託。廣廈當年庇萬流。玉壘浮雲傷北極。石橋斜日愴西州。負薪未敢呼優孟。慙愧年時舊翟儔。

送閔郎中荷生出守大名　前人

雄出山川古冀州。一麾今去主恩酬。行過柳季旌遺隴。坐想王尊奠駭流。時論人才尊

文苑　二

老宿。政聲河朔起吟謳。相期府佐摻遺直。汲黯州民尚易求。

寄易實甫兵備端州即用其羚羊峽韻　前人

書札端州惜每遲。使君行迹玉京知。州民健者從义手。舊侶潛郎欠寄詩。猨鶴騰嘲思早計。夔蚿相沫愧駢枝。燈前百感天涯憶。誰答行歌損鬢絲。

開春四日雪後獨遊張園　蜕葊

笙歌四沸春聲裏。物外園林晚更幽。遲日亭臺明積雪。惜春懷抱強登樓。未應落落終難合。坐對茫茫始欲愁。立雪門前行迹斷。十年心折此淹留。

秋夜　前人

周遭蟲語裏。深坐一鐙闌。疲影赴遙夕。勞魂警暫安。折綿霜氣厲。走瓦葉聲乾。物候苦相逼。量要帶漸寬。

夜半樂 和柳耆卿韵 映菴

亂潮夜湧。天際驚飇。一霎雲氣沈千渚。見素月冲霄。蜃樓高處。玉津自碧。蓬山更遠。望中方丈僊人。羽衣霞舉。斷佩結盈盈眷煙浦。　鳳城此際。縹緲笛咽。鄰牆露零。宮樹銀燭黯。風簾旋移。秋去敗蟬嘶葉。殘螢蘸水。絳河咫尺闌干。恨深牛女。溯幽約人間半私語。　到此頻嘆。倦鶴空歸。逝駒難駐。馬角烏頭甚憑據。數佳期。終料漢使。靈槎阻。搖旆影。婉婉長波路。故鄉臨睨傷幽暮。

念奴嬌 傷春懷古有憶金陵舊游 大鶴

酒旗風影。蕩漭波不斷。春愁千斛。何限過江名士淚。銷得新亭一掬。老子婆娑。英雄割據。莫倚傷高目。江南春好。送人惟有哀曲。　堪歎玉麈風流。虛玄談未了。神州沈陸。誰弔金城衰柳色。依舊平烟淒綠。故國鵑聲。荒山龍氣。終古蒼黃局。六朝如夢。野花開遍陵谷。

石州慢 水邊離落忽見橫枝病起尋春感時成詠 前人

竹外橫斜。猶是去年春在江國。垂垂雪老烟疏。一樹暗催頭白。西崦舊賞。總誤天際輕

文苑 三

文苑

陰。山。橋。誰。倚。傷。心。碧。怊悵。又。黃。昏。但詩。痕。愁。覓。還憶。故。宮。春。夢。染。額。空。歸。墜。鈿。消。息。剩有。翠。禽。嗁恨。花。間。曾。識。相思。未。寄。那更。連。雨。殘。寒。飄零。不。待。南。樓。笛。繞樹。再。來。看。怨東。風。無。力。

宜也。女聞姚言自覺出語過峻。因溫語慰之曰。吾誠願與汝爲友。但不欲汝更提愛字。汝不細審而遽言此。令我因汝一言。心痛幾許時。蓋師待我夙厚。非泛泛他人比也。於是自榻躍起。啓笥以方纔梅贈之匣示姚曰。此猶未足表帕高利士之眞愛情乎。女旋啓匣將各物取出。一一陳列於案上。姚見羅列多數珍品。且羨且妒。口中僞爲讚賞不絕。且將各件諦視。旋見有象牙柄畫扇。及望遠鏡。俱購自巴黎者。因讚曰。姑娘不賞言與帕高利士相識時。在彼已離巴黎之後乎。此二物非購於美倫。乃購自巴黎者。則在與姑娘未相識之前也。姑娘誠幸哉。帕高利士購以贈他人之物。姑娘亦得而有之。吾聞前者帕高利士與柯連士加甚暱。此殆爲購贈彼者歟。女聞言容顏陡變。慍曰。微汝言。吾乃夢夢。彼之贈我。非出於本意。吾儲此他人之物奚爲。于是憤然執鏡與扇。欲擲之地。姚亟橫身向前阻之曰。姑娘勿遽動怒。此吾一時臆度之辭。未可爲據。姑娘勿遽認爲眞。此等精美器皿。亦有時由巴黎販來美倫者。但不常見。因此處關稅過重。外貨不甚輸入。故市上多土貨耳。我勸姑娘且歸榻安息。勿徒自苦。吾甚悔出言之孟浪也。姚此時深恐女將物擲碎。被梅知覺。彼將不得與女更談矣。此時女猶恨恨不已。姚極

小說

力慰解代將匣中各件收拾訖。始復就寢。女心竊恚梅而德姚。喜其明於料事。旣臥榻上。尚欲與姚閒談。姚以倦辭曰。吾日間功課大忙。須每早七時卽起。今已甚倦欲眠矣。若姑娘如我者。定已早入睡鄉。次曰誠然。吾適不知。致阻汝清夢。望勿怪也。姚乃假作呵欠曰。旣彼此爲良友。此等細事。何必介介。言罷轉身面壁。而睡瞬即鼾聲作矣。女則左右思維。竟夕輾轉不能成寐。汝日。梅又因事忙。迫至晚始來。女自聞姚之言。刻刻伺梅。每欲得間以窺其隱。梅正吸煙時。女曰。星期晚君將演藝。能許妾同往。坐於臺側。以聽君歌乎。梅略一籌思曰。吾爲汝購一客座。且命從人在傍照料。可無虞也。女曰。吾欲與姚珍娜同往。可乎。梅曰。汝欲携伴同往。亦無不可。時梅若有猶豫之色。少頃又問曰。汝甚欲聞吾歌乎。女曰。然。自前日於榜上見君大名。吾固心焉不忘。甚盼君登台之日。得一聞歌而擊節也。梅曰。屆時吾自囑人爲汝買座。備汝臨觀。言畢匆匆而去也。越一日星期五。梅又至晚始來。狀甚疲倦。無心聞女歌。女曰。君今日來。何疲困乃爾。梅曰。爲演藝事練習。故疲耳。蓋梅此時正連日監督工匠。私鑄銃炮。製造彈藥。甚爲忙碌。故客顏憔悴。精神疲倦。然不敢向女明言。只將星期晚演藝事。聊以遮飾。略坐少時。便回寓去。女將窗戶洞啓。俟烟味散盡。乃命人喚姚下樓。姚見女面帶愁容。因問曰。妾見姑娘有不豫之色。今夕師意殆又落寞乎。女曰。然此不須言。汝終日䰞學勞苦。我輩不如早寢爲是。既臥。女乃曰。師連日不歸。若甚忙者。叩以何故。則云爲演藝事練習。竊窺其意。蓋恐草率登塲。不足饜人耳目。少年名譽心盛。固其宜也。姚冷笑曰。師爲音樂名家。舞臺鉅子。聲容臺步。應無不熟者。豈有因此一夕之劇。便須連日演習乎。汝誠直心人。不知曲折思量者。彼殆連日與姑娘相肖之人。演習於私室耳。女曰。是必不然。吾能信其無他。姚曰。汝不過以彼日夕必一來。謂爲戀汝耳。吾則以爲彼僅爲吸烟而來。蓋舍此以外。實別無可吸之處也。汝不見彼除却吸煙而外。他時尙肯一存臨視汝乎。女聞言嗒然若喪。繼而艴然怒曰。彼既如此。吾誓不再畀以烟。當舉而悉付諸洪爐耳。於是起身啓篋。欲取烟捲而投諸火。姚瞥見又復大驚。恐梅歸來。失此煙捲。究出根原。亟起身阻之曰。是奚可者。師已知汝購得煙捲一百枚。吸去多少。彼胸中自有計簿。即耗損多少。彼心中亦自知之。今忽焚燬。是奚可者。女怒曰。吾忘身冒險。爲彼購得此物。爲彼之心固甚摯。今彼既負義。吾安能爲負義人長貯此違禁物耶。姚則出死力。堅持女手不釋。女與之撑拒曰。勿阻我。我必焚棄之。姚見其怒不可遏。陡生一計。忽打一寒噤曰。天乎。吾將被撻死矣。女曰何耶。鮑姥姥敢笞汝乎。姚曰。此時尙未。然亦不遠矣。今汝棄擲此煙。師因失煙。必怒我多言。而歸罪于我。不爲我護庇。則鮑媪得肆虐于我矣。女曰。鮑媪何人。敢如是乎。吾即折簡請師明朝來。盡情告之。姚慌曰。此更不妙。姥姥若知我求庇於汝而掣其肘。將愈益動怒。若姑娘肯始終周全我者。請姑忍耐。將煙捲收回。明日馳書請師來。從旁慫恿之。使聽吾歌。若得師於姥姥前略爲嘉獎。姥姥必喜。則吾可無患矣。女曰。吾爲友計。願肩此任。但吾師言動。於我有關係之處。尤望汝盡情告我。勿有所秘也。於是乃將煙捲收藏。坐於案旁。立刻作書封固。謂姚曰。吾今爲汝折簡致之矣。姚曰。信中作何語。豈謂爲我事乎。女曰否。我謂吾有事。欲得彼一讚賞。此函去可決其必來。斯時吾自面言。請彼聽汝歌。而彼不能却。蓋吾亦常見師之待汝。不肯多垂青眼也。女此時不知不覺。竟然引敵爲心腹矣。姚則計已得行。心中大喜。謝曰。姑娘如此提携。雖糜軀不能報也。兩人從此親洽異常。姚於枕上默計算曰。連日極力離間彼二人。風翻妒媍之津。而此小妮子。仍未肯少洩梅之隱謀。彼蓋信梅篤而愛之深也。雖然。其機已動。若更得有確據。誘其目擊一二瑣事以實吾言。則大功可唾手就矣。然欲爲此。則必須先得姥姥歡心、使其寬吾約束。許吾出遊。乃可於中取事也。想畢。遂沈沈睡去。次早梅善那接得女書。拆開閱畢。知非要事。卽放於袋內。是時正値要務紛紜。不暇回書。至次日。始約同辣公子來女寓。梅此時除却心腹數人。及辣公子而外。他人咸避之若浼。無與爲友者。故交遊之人。寥寥可數。辣亦知其爲己之故。致爲衆所屛棄。心倍感之。既至衣士梯梨寓室。梅笑謂女曰。汝謂有課藝。邀我來評優劣。究爲汝之所學。大有進益乎。抑爲汝新製曲譜。俟吾潤色乎。辣公子乃今時顧曲方家。吾特約之同來也。女曰。否。非爲我事。爲姚珍娜也。乃向梅備述其爲姚珍娜周全之意。請其觀姚舞技畧奬數語。梅曰。汝爲之請。吾無不允者。微汝提及。吾幾忘却此新及門女徒。吾亦欲一觀其舞容也。梅遂將收納姚珍娜爲徒之事。向辣公子畧述。辣曰。彼貌亦可人。舞時定有可觀。女於是導梅辣二人登樓。來至習舞之所。此堂三間。地方寬廣。陳設亦華素得中。堂中鋪設織花氍毹一方。傍列藤椅兩行。爲旁觀者之座位。堂隅設洋琴一具。另有學徒一。對琴而坐。專候姚出。堂則彈琴以侑舞。梅與辣同入坐定。女曰。吾且去告知鮑姥姥。

使知師等已到也。女去少頃即回。顏色欣悅。笑言姚珍娜今日裝束極麗。雖天仙不是過也。無何。鮑姥姥引姚入。姚微含羞態。兩頰紅暈。不敢仰視。目惟注地。辣見姚入。嘉賞不已。鮑姥姥一手挽姚。一手執指揮之棒。立于廳事地氈上。命姚向師及客行禮。姚如命向兩人各一鞠躬。立定。媼略將棒一指。姚即起舞。疾徐有序。俯仰中節。一種柔媚之態。宛如初春弱柳。抗風無力。搖曳生姿。梅初本不欲觀。至此亦不禁神往。嘆其進步之速。少頃舞罷。辣公子連聲稱妙。鼓掌不已。衣士梯梨亦從旁隨聲附和。姥姥復喝一聲禮退。姚即如命行禮而出。揚揚得意。梅向姥姥曰。全仗陶冶。點鐵成金矣。此女將來定必出人頭地。姥姥笑曰。謬承獎借。愧乏教術。幸此女郎靈心慧質。宿具根柢。故隨指授。隨能領會耳。梅於是辭出。與女偕行。辣公子故遲在後。探囊出數金圓畀姥姥曰。星期一晚。吾欲延令徒演藝。未悉能應招否。姥姥曰。得貴公子垂盼。是彼之幸。辣曰。如此甚佳。可於是夕九時命彼往哥花旅店無悞。姥姥曰。敬諾。辣乃出。趕及梅同行。鮑媼在內自絮絮曰。輿金與意金同耳。吾取其金。安論其人乎。獨怪帕高利士亦與輿人爲友。誠令人百思不及料者也。辣與梅既各自歸。後姚珍娜即走至衣士梯梨房。握女手稱謝日鮑姥姥今日甚歡。謂吾纔受業一星期。便能令彼享有利益。今且刮目相待。已許星期晚給假。令我與汝同往觀劇。汝不云已買定座位乎。女曰。師言定有座位。但師今日來未將客座票交我。想因觀汝演藝。遂爾忘却也。吾卽作函往取矣。當晚梅因事阻滯未來。女與姚凝盼久之。至夜深始就寢。次日爲星期日。午後接梅鄧遞一函。函云觀劇一事。且俟異日。吾非有意阻汝。實因今夜吾無閒暇。恐他人于汝有照料不周處也。因事冗不及走告。尙冀鑒原爲幸。女覽畢。將函撕碎。怒曰。一片飾詞。誑我。無怪乎不敢自來。此時姚珍娜適來。因進言以煽其怒曰。彼不欲汝往者。殆恐汝在塲時。彼與柯氏同演。不能暢所欲爲。故托辭以阻汝耳。女曰。彼不與我同往。便能阻我不往耶。吾定須自往一觀彼等演劇之情態。於是啓篋取出金圓十二枚。曰。人言帕高利士一出千金。今吾往觀聽。亦須錢。買姚珍娜吾與汝同去。共買一座。以爲娛樂。以暢胸襟。吾舍汝外。固別無可與游談者也。姚曰。不經梅師許諾。恐鮑媼不允。奈何。女聞言卽親自上樓去見姥姥。爲姚請命。姥姥見是衣士梯梨自來。不得不允。遂曰。姑娘欲與同去。亦無所妨。請攜左什花與俱。囑彼監視照料可耳。女於是喚左什花至房中。謂之曰。吾今夕擬與姚姑娘及汝同往士加拿劇塲。觀帕高利士演藝。汝可即往劇塲。預買一客座。遂出金圖界之。左什花領命遽去。未幾回言已買得一座於二層樓上。女領之。婢既去。女寂坐房中歎恨曰。今夕入塲者。皆爲聽歌而來。惟我獨否耳。迨至薄暮。將近開演時。姚妝竟來至衣士梯梨房中約會同行。是時左什花已早在此等候。三人乃一同出門。見道上行人甚衆。多爲觀劇而來。沿途擁擠。幸距劇塲不遠。瞬息即到。三人疾趨登樓至客座坐下。但見塲中光景大異平昔。人聲喧鬧。有若湧潮。舉目縱觀。客座已滿。幾無容足處。然來客雖多。婦女却少。官座上則寂無一人。心下竊竊詫異。未幾第一幕已啓。見柯連士加先出臺。演唱甫畢。次將及梅登台與柯氏合演。女此時全神貫注。謂梅必與其舊歡演出刺目情態。令己痛心者。而不知可悲可痛之劇。更在意外也。姚珍娜此時坐於女肩後。其意固不在梅。亦不在柯。而惟刻刻在女。蓋欲竊聽女於憤極時將作何語。有無涉及逆謀。足以使其破獲軍械逮捕黨人者。是時舉座寂然。而名滿全歐之大樂師則昂然登臺。女見梅當中屹立。眉宇間雖若含有隱憂。而容光四射。軀幹昂藏。固矯矯如雞羣之立鶴。諺云。花間看美人。馬上觀壯士。倍增神采。於時女竊自慰曰。相婿得此。吾

商務印書館發行

諮議局章程官定解釋

諮議局章程並選舉章程頒行後各省奉行者遇有疑義皆電咨憲政編查館隨答隨覆嗣經編查館奏稱將節次答覆電稿咨稿彙印成册先後通咨各省一示奉行者以率循一資講習者之研究嗣京外各衙門於奏定章程有疑義者應以官定解釋之説爲據本館特將編查館彙印之册益以官報所登奏摺及以後咨文電文之有關解釋諮議局章程者彙訂一册凡宣統二年五月以前皆已采錄無遺以備政學界參考研究之用○定價四角

商務印書館發行

考試法官應用法律章程彙編

憲政編查館奏定法官考試任用暫行章程其考試科目凡五項第三項爲現行各項法律及暫行章程旋經法部奏稱籌備立憲以來法律章程至爲繁賾館章既以現行爲限若不將應用各項明白指定將泛涉者既與司法無關淺嘗者轉以空疏倖獲且考官命題亦必須有遵用之本明示塗轍海內乃得所率從所有各項現行法律及暫行章程擇其有關於司法者一一標明種類暫爲法官考試之資奉　旨依議

案考試法官第一場現行各項法律章程出二題今法部既經開單奏准是考官出題不能出法部指定各種之外本館特將指定各種彙印一册並附法官考試施行細則以供預備考試法官者研究之用〇定價四角

二千零六十六號

教育雜誌 第二年第八期 目錄

月出一冊售洋一角
全年十二冊一元
郵費每冊二分

本社爲研究教育改良學務起見特設雜誌一種自去年出版後未及一載銷數業已逾萬南至叻埠北抵蒙古東經日韓以逹西半球西由陝甘而及新疆此固同人始願所不料足徵我國教育進步之速也茲將第二年第八期目錄列左

◉附告○本雜誌每月初十日發行月出一冊洋裝八十頁乃至百頁約五六萬字插畫四幅以上每年首尾兩期各增加四五十頁插畫十幅以上

人造自來血乃人身之活寶

人生百體所賴以生長者血也如血多則百體強壯血少則百體衰弱設遇血盡則百體自枯是故凡人不能無血**血者誠乃人身之活寶也**然吾人欲究身壯力健之術者必以多血為適宜若近今之衛生家雖常服各種補品而未得十分健壯者何也其故因我國理化未精藥物一道素鮮研究故自古迄今絕未發明不知乃多血為要義噫**此即吾身不強之由來也邇者神州睡獅抖擻初醒努力鼓盪我同胞之熱血奮振我同胞之精神**無庸疑義速請嘗試**能壯民力強國勢之人造自來血已經及時出現**故再行謹告同胞凡有心虧血虛破金吐血面黃肌瘦頭暈眼花耳聾腎虧陽萎精枯四肢無力手足酸軟身虛腳軟胃弱脾薄以及婦女經水不調白帶赤帶頭痛腰酸五勞七傷諸虛百損之症者服之自然**壯心經多血液**請將下列服法試驗之自能奇功立見幸勿輕視蓋其中實有絕大之能力也我同胞凡購服自來血**須先試驗究有功效若何**可用小針刺破皮膚出血一滴滴在白紙上待服過七日之後再用前法將前者滴血之紙與七日後滴血之紙兩相比較後者之色必紅於前此則**最易最明之確證也**倘能多服**則血愈紅而人之體力愈健**又如腎虧耳鳴眼花者連服數日眼目自覺清爽耳鳴耳聾自可並除此即顯明有補腎之功效又如年老血衰或壯年勞傷過度體質虛弱面無血色者自必畏寒驟遇冷風即發寒噤者服之半月之後**血氣漸充體質自固**雖遇箭風**亦不覺寒冷矣**又有明見之確證如久患爛瘡而不易收口者自服自來血之後則瘡內之**肉刺日漸增紅**如能常服收口亦易如婦女之經淡白者服到一月經水當即增紅**如患冷經痛經亦能並除**凡患破金吐血者服之補血則可以之止血則不可然患吐血之人血愈虧少若不培補則體質愈弱病勢日重尤宜常服以補之當時雖無止血之功然久服之心經壯**而吐血之患可以除根也**如腳氣水腫者步履蹇滯亦血虛不充之故須連服旬日則腫自消而步自健矣又**如患瘧疾者**服之旬日**立可除根**不發以上一切功效皆最易試驗者也

●小瓶一元二角大瓶二元**每打**小瓶十二元大瓶二十元託局函購原班回件海內諸公如蒙惠購請認明全球商標為記內附五彩認真券一張值洋一角方不致悞

●總發行所上海四馬路老巡捕房對門靑花石三層大洋房五洲大藥房并南北兩京以及各埠大藥房均有經售

扶弱濟衰

著名吳淞居民自述久患疾苦計費醫藥資二千餘元毫無功効後獲韋廉士大醫生紅色補丸竟得十分全愈喉痧熱病傷寒等症皆使人身易於衰敗故凡染此等疾病者其幸而獲愈之後則必常現失血之情形一經到此地步雖有名醫亦難望使之康健復原今則適有患此種疾病為醫藥所莫能治者明證韋廉士大醫生紅色補丸有非常治疾之功使之身體復原而生精力焉其人為誰即吳松姚良記報關行東翁姚良甫君彼嘗確實為韋廉士大醫生紅色補丸之鐵證如下云〇余現年六十有二歲回憶十一年前曾患喉痧勢甚劇烈雖幸獲愈體殊輭弱從事疾苦纏身無日安寧頭痛背痛胸痛呼吸短促心忡驚悸種種病狀不一而足又加四肢疲輭骨節頑硬且更疼痛自患喉痧之後不能吞咽硬物遍訪海上

吳淞姚良甫君自述如何得韋廉士大醫生紅色補丸之奇效

名醫備嘗各種丹藥計費銀洋二千餘元毫無功效正在傷心失望之時忽於宣統元年八月十六日得康強指南一卷閱之而知瘀治之法即遣人至上海韋廉士醫生藥局購取韋廉士大醫生紅色補丸既至即服未嘗少延覺服後精力漸增胃部復原身體得有活潑之生機故接連服之直至各病全消迄今竟成為再造之新人面有豫色心無愁苦覺全體充盈康強之樂矣韋廉士大醫生紅色補丸不第除我諸疾之苦且能去我烟霞之癖蓋余前為黑籍之奴隸歷有年矣韋廉士大醫生紅色補丸所賜我之力能助我漸脫黑籍之苦余現可自誇自正月朔日以來烟鎗未嘗近口吳淞人民獲此丸之益者甚衆皆極信此丸為滋補之聖藥也在天下各處有因血不潔輭弱之故而患最頑硬久遠之疾病為韋廉士大醫生紅色補丸所治愈使之十分康健永不復發者已不知凡幾矣是丸為醫藥中補血補腦獨步之良方其所治愈之各疾即如 血薄氣衰 諸虛百損 陽萎不擧 少年斲喪 胃不消化 肝經失調 背骨疼痛 山林瘴氣 風溼骨痛 腰腎虧損 臀尻痠痛 左癱右瘓 脚氣衝心 乾溼癬癩 瘰癧瘻瘡以及皮膚諸症是也是丸又為醫治婦科各病月信不調經來腹痛之聖藥又凡男子操勞過度吸烟成癮或因他故損傷身體一服是丸莫不立見奇效韋廉士大醫生紅色補丸中國各處商店藥局凡經售西藥者均有出售如內地無從購買或疑有假可逕向上海四川路八十四號韋廉士醫生藥局中國總發行函購或向重慶白象街分行函購亦可價銀每一瓶大洋一元五角每六瓶大洋八元遠近郵費一概在內

DR WILLIAMS' PINK PILLS FOR PALE PEOPLE

認明丸藥真樣謹防隱戤假冒

國風報

大清郵政局特准掛號認為新聞紙類
日本明治四十三年二月十三日第三種郵便物認可

每月三期逢壹日發行

宣統二年八月念一日

年第念参期

定價表　費須先惠逢閏照加

項目	全年三十五冊	上半年十七冊	下半年十八冊
報資	六元五角	三元五角	三元五角

零售每冊	二角五分
本國郵費	每冊四分
歐美郵費	每冊七分
日本郵費	每冊一分

廣告價目表

一面	半面
十元	六元

惠登廣告至少以半面起算如登多期面議從減

宣統二年八月念一日出版

編輯兼發行者　何國楨

發行所　上海福州路　國風報館

印刷所　上海福州路　廣智書局

分售處

北京桐梓胡同　廣智分局

廣州十八甫國事報館

廣州雙門底聚賢里　廣智分局

廣州十八甫廣生印務局

日本東京中國書林

國風報

各省代理處

▲蕪湖 徽州碼頭 科學圖書社
▲四川 成都府學道街 翰文新社
▲四川 成都 正誼書局
▲四川 成都會府東街 華洋冬報總派處
▲四川 成都南紗帽街 安定書屋
▲湖南 長沙 羣益圖書公司
▲湖南 常德府 申報館
▲南京 城夫子廟 啓新書局
▲南京 城淮清橋 莊嚴閣
▲南京 城花牌樓 崇藝書社
▲南京 城花牌樓 圖南書社
▲南京 奇望街 神州日報分館
▲江西 省城洗馬池 開智書局
▲江西 廣信府文昌宮 益智官書局

▲江西 南昌萬子祠橫巷內 廣益派報社
▲福州 督署後 教科新書館總派報處
▲廈門 關帝廟街 新民書社
▲溫州 府前街 日新協記書莊
▲溫州 瑞安太平石街 廣明書社
▲蘇州 圓妙觀西察院巷口 瑪瑙經房
▲揚州 古旗亭街 經理各報分銷處
▲常熟 常照派報處 朱乾榮君
▲常熟 寺前街 海虞圖書館
▲常熟 孚記書莊
▲星加坡 南洋總滙報
▲澳洲 東華報
▲金山 世界日報
▲紐約 中國維新報
▲香港 中環砵甸乍街 致生印字館

國風報第一年第二十三號目錄

軍機大臣朗貝勒

軍機大臣徐世昌

諭旨

八月十八日　旨荆州將軍著鳳山補授欽此　上諭大學堂總監督着柯劭忞暫行署理欽此　上諭奉天交涉使著韓國鈞補授奉天勸業道著趙鴻猷補授欽此　上諭黑龍江民政使著趙淵補授欽此　上諭禮部奏雲南壽婦潘程氏年一百二十一歲五世同堂應如何優加賞賚聲明請旨一摺潘程氏兩周花甲五世同堂洵屬熙朝人瑞著照例旌表賞給銀十兩緞一疋並於例賞建坊銀兩外加恩多賞兩倍再行加賞御書匾額一方用示優異欽此　上諭前據御史趙炳麟奏吏部挖改擋冊聽人賄買難蔭冒名承襲等語當經諭令廷杰林紹年確查茲據查明奏稱訊據黃啓捷供稱勾通金店轉託書吏關說吏部司員賄買難蔭知縣屬實並訊明吏部司員等各供認舞弊得贓不諱朝廷懲戒貪墨定例綦嚴豈容有不肖之徒以官爲市似此肆行賄串實屬毫無顧忌未便姑容自應按律問擬所有此案賄買過贓受財枉法之已革湖南試用巡檢黃啓捷即黃祖詒已革候選布政使經歷黃德琨已革吏部筆帖式瑞至奎徵已革吏部員外郎王憲章均依所擬著絞監候秋後處決吏部筆帖式文海靈惠著

革去筆帖式一併紋監候秋後處決已革書吏李廷楷即李春泉三益興夥友王祿昌情節稍輕均依所擬分別流徙吏部筆帖式寶慶希圖烏布代寫蔭冊除照章處罰外仍交都察院照例議處吏部郎中劉華主事隨勤禮雖不知情惟並不調查冊卷隨同畫押非尋常疏忽可比均著交都察院嚴加議處吏部員外郎毓麒主事梁德懋筆帖式郭永泰國碩麟祐均有考核稽查之責於其中情弊漫不加察著一併交都察院照例議處吏部郎中榮厚李坦員外郎黃允中主事王潤城施堯章均失於覺察著交都察院照例察議吏部堂官於所屬各員貪臟枉法事前既疏於防範臨事又毫無覺察吏部丞參各官不能實力稽查亦有應得之咎均著交都察院分別議處以示懲儆餘著照所議辦理該衙門知道欽此監國攝政王鈐章軍機大臣署名

十九日　旨鑲黃旗漢軍都統著載瀛補授仍兼署鑲紅旗漢軍都統欽此監國攝政王鈐章軍機大臣署名

二十日　上諭江南鹽巡道員缺著徐乃昌補授欽此監國攝政王鈐章軍機大臣署名

二十三日　上諭軍諮處奏整頓畿輔陸軍各鎮一摺據稱整頓軍政當以畫一教育嚴肅紀律爲本等語所奏不爲無見所有近畿陸軍第一第二第三第四第五第六各鎮均著歸陸軍部直接管轄其近畿督練公所著即裁撤第三第五兩鎮仍在東三省山東照舊駐紮第二第四兩鎮毋庸歸直隸訓練仍在直隸駐紮遇有調遣准由該督撫等電商軍諮處陸軍部請　旨辦理現在朝廷講求武備力圖整頓署陸軍部尚書廕昌於軍事歷練有年務即破除積習認眞辦理毋負委任餘照所請該衙門知道欽此　上諭督辦鹽政大臣會奏請將四川鹽茶道改爲鹽運使等語四川鹽茶道著改爲鹽運使所有川省茶務著劃歸勸業道管理該衙門知道欽此　上諭奉天鹽運使員缺著熊希齡調補欽此　上諭四川鹽運使員缺著尹良試署欽此監國攝政王鈐章軍機大臣署名

二十四日　上諭河南布政使朱壽鏞著開缺王乃徵著調補河南布政使欽此　上諭湖北布政使著高淩霨補授欽此　上諭湖北交涉使著施炳燮試署欽此　上諭禁烟一事禁吸尤要於禁種各省督撫希圖邀功急於禁種禁運而疏於禁吸已屬非

是前飭度支部派員密查茲據查明覆奏各省於禁煙事不免粉飾即如吉林黑龍江河南山西福建廣西雲南新疆等省均經奏報一律清除其實並未淨盡各該督撫失實及奏報錯誤殊難辭咎均著交部議處其山西吉林雲南等省從前保案均著撤銷以示儆戒嗣後各省務當仰體朕意分別緩急嚴切查禁總期吸烟日少痼疾漸除庶爲正本清源之計其限期內一切善後事宜著度支部會同民政部土藥統稅大臣通盤籌畫妥定辦法奏明請旨辦理欽此監國攝政王鈐章軍機大臣署名

二十五日　上諭徐世昌著授爲大學士李殿林著以吏部尚書協辦大學士欽此

上諭湖北提學使著王壽彭補授欽此監國攝政王鈐章軍機大臣署名

論說

憲法與政治

柳隅

欲一國政治之善良必不可無完善之憲法以爲之保障故今世富强之國無不爲立憲國者誠以憲法既定政治上有準則之可循而後其國家乃易以發達也雖然憲法固可以保護政治之進步然憲法自憲法政治自政治固非必一有善良之憲法而其政治即臻於善良也曠觀今世各國有其憲法不善而其政治乃極良者有其憲法甚善而其政治乃極不良者**憲法與政治其程度常不必相一致而其政治之程度優於憲法之程度者則其國家日以繁榮焉其政治之程度劣於憲法之程度者則其國家終無進步焉蓋國家之榮長盛大其根本實在於政治而憲法不過爲保護政治之一手段**誠欲富强其國必當合上下之力

以謀一國政治之發達而不得謂但求憲法之成立則國家即可由之以致富強也中國今日欲救弊起衰必不可不求有憲法此舉國之士所萬口一聲即吾亦甚承認憲法之必要也雖然憲法不過為改革政治之一階梯而國家之能否發達仍視乎人民政治能力之何如苟人民之政治能力優強則憲法雖有缺點亦能善於彌縫而導政治之進步苟人民之政治能力薄弱則憲法雖稱美備亦不能善於運用而致政治之善良是知憲法者形式也而政治者精神也精神雖亦時附於形式而形式不能即指為精神而一國家之成立苟有形式而無精神則不惟無望其進步或反日見其倒退故今日而語救國於求憲法成立外必當更求所以運用政治之道焉而不得曰既有憲法則救國之能事即於以盡也

夫國民之程度高則憲法雖不良而政治可使即於良國民之程度低則憲法雖良而政治終難即於良是非徒理論而已稽諸各國之政治現象則固信而有徵也謂余不信試舉其例

一國民與君主權力之消長　今之為政治論者多謂君權縮而民權伸則易為國民

謀幸福。而君民之權限。於憲法定之。故欲擴張民權。不可不求有加重民權之憲法。雖然。君民權限之消長。正不必全繫於憲法也。大抵國民程度低下之國。其憲法所賦予君主之權力。君主常濫用之。而或踰越其範圍焉。反之而其國民之程度甚高。則憲法雖賦與君主以或種之權力。而君上常有所畏憚。而不敢輕用此。徵諸東西各國。其事固數見不鮮者也。不見乎數年前之俄羅斯王。其對於議會。重解散以解散。而又用不正之手段。以干涉選舉。其專制之餘燄。尚如此鴟張。是實由於國民程度低下之故也。若夫英國之君主。名義雖尊。位同守府。例如大臣之任免。憲法上本賦予英王以自由權。然今也。其任命大臣。必選自議會多數黨之黨魁。是其任免大臣之權。實際上殆已旁落也。不特此也。凡議會所議決之法律案。君主本有不裁可權。而英國自女王安以來。至今垂二百年。未曾一度行使其不裁可權。是憲法上雖予英王以此權。而實際上。亦等於消滅也。又豈惟英國而已。彼普魯士自憲法成立以來。至今六十餘年。其君主亦未嘗行使其不裁可權。日本自憲法成立以來。至今二十年。其君主亦未嘗行使其不裁可權。彼兩國之憲法。未嘗不予君主以此權。而何以核其實際。乃殆等於無一與英國之君主無異也蓋國民之政治能力苟甚優强則其一舉一動君主必有所畏憚而不敢輕用其權力以拂逆乎輿情彼英普日之君主所以不行使其不裁可權者以其國民之程度高足以懾君主之氣而使之不敢輕與國民反對也而英國之國民其程度尤高故並任免大臣之事君主亦喪失其實際上之權力是知國民之程度高一尺卽君主之權力退一尺其消長之機正不能以憲法畫定其界限也夫在古代君權强而民權弱故常合衆人以媚茲一人而今世文明之國民權伸而君權絀則常屈一人以媚於衆人故以今世文明國之政治現象使起祖龍於九原而問之必將嘆爲冠履倒置有不勝滄桑之感而烏知是實隨國民政治能力之進步而有必至之符且欲求國家之發達亦非是莫由也蓋國民之智力苟足以支配一國之政治則凡百事業其進步必瞬息千里故民權伸張之結果君權雖以退縮而國運則以大發展焉則知誠欲求一國政治之善良惟在於培養國民之智力苟國民之智力既已充滿則雖有憲法爲之畫定其權限而其勢力亦能衝破其網羅而使君主退聽於無權而屈已以從民意故民權君權之消長實視乎國民之政治能力何如而不係乎憲法之規定何

如也

二國民與政府權力之消長

立憲國之君主處於無責任之地位其不輕用其權力蓋勢使之然也若夫政府大臣則代君主而負政治上之責任故政府之權力與民權之消長最有密切之關係而代表國民意思之機關實爲國會於是政府與國會其勢力遂常相接觸而時惹起政治上之波瀾今之謀伸民權者謂宜於憲法上縮小政府之權限而擴張國會之權限庶可以盡熄專制之餘灰而確保人民之權利雖然人民與政府權力之消長亦不必全繫於憲法也蓋在民智幼稚之國政府常能操縱國會而仍煽其專制之淫威故憲法上雖予國會以何等之職權而爲議員者常不能運用之而反爲政府所利用此徵諸憲政幼稚之國固數見不鮮者也若夫其國之人民富於政治能力則政府大臣之進退將全爲議會之勢力所支配其人而得國會議員多數之信任者則其地位將如泰山之安其人而失國會議員多數之信任者其地位將如累卵之危此固借觀之英國而可知也英國大臣之進步依憲法所規定其權固操於君主而非操於議會而自近世以來內閣之更迭一根於下院之決議政府之運命

論說 六

已全繫於議會矣不特此也自一八六七年總選舉之結果政府失多數之信任而內閣遂以更迭自斯以降政府之運命遂不待決於下院之決議而直決於總選舉之結果國民之勢力已於百尺竿頭更進一步矣而今也則其內閣之更迭不待決於總選舉之結果而直決於補缺選舉之結果苟補缺選舉之結果政府覺民心之已去則雖於下院尚有多數之黨員而亦不得不辭職則政府之運命至斯直全繫於民心之向背也夫英國國民其始也以間接之勢力而定內閣之更迭（謂由下院之決議）其繼也則更以直接之勢力而定內閣之更迭此種權力憲法上實未賦予之而問英國國民何以忽有此種之權力則實由其政治能力之充滿斯自然發生此結果也不徒英國爲然也試再觀日本日本立憲之初其政府尙跋扈驕橫常思撲滅政黨乃國民之勢力逐漸進步政府卒不得不爲最後之降伏故通觀二十年來日本之政治史其政府始而謀撲滅政黨繼知撲滅之不能也則進而謀操縱政黨繼又知操縱之非易也則不得不降而與政黨提携而僅謀提携且不足以濟事也終乃反爲政黨之勢力所支配而政黨內閣成矣蓋自明治三十年大隈坂垣提携入閣以開政黨內閣之先聲繼而伊藤

博文挾政友會之力以組織內閣迨於西園寺公望其組織內閣亦一依政黨之勢力國民之政治能力至此已覺其大進步矣不特此也當明治四十一年西園寺內閣之倒也其時下院之議員大半尚屬政府黨以勢力而論內閣之地位尚可無傾倒之虞而徒以民心已去政府所持之政策爲輿論所集矢故西園寺侯卒不得不降伏於國民掛冠而退歸於草野則內閣之更迭不惟支配於國會之勢力且直接而支配於國民之勢力也夫其時日本國民之勢力至足以左右內閣之運命此亦豈憲法上之所予者則實由其政治能力之優強而政府自不得不俯首以聽命也故知國民與政府其權力之消長非繫於憲法之規定而實繫於自身之能力苟能力充滿則不惟政府之措施必根本於人民之意思而政府之地位亦全繫於人民之從違則夫欲謀擴張民權者又安可不於憲法之外謀所以培養國民之實力也

以上所論僅就上下權力之消長言之耳而一國政治之善良尚有不關乎憲法上賦予民權之大小者則再進而論之

(一)憲法之程度高於國民之程度則政治上常收惡結果　憲法者形式也而運用

之者必恃乎人苟一國之人民其政治能力甚幼稚而其憲法乃欲摹倣他國最文明之制徵特不能用之也强爲用之亦將利不勝其弊昔人有言橘在江南爲橘過江北則爲枳凡人民程度幼稚之國而欲步武他國最高尙之制度未有不使橘之化爲枳者也夫寗不見乎意大利之政治狀況乎意大利之憲法關於內閣初無何等之規定然國王之任命大臣常基於下院議員多數之意思至今殆成爲一種之習慣憲法彼殆欲摹倣英國之政黨內閣制度使大臣之進退一根於下院多數議員之從違也夫此制度以理論言之寗非高尙之事特無如意大利國民之程度不足與之相應夫是以在英國以此而收良結果者在意大利竟因此而收惡結果也蓋欲行此制度必一國中有二偉大之政黨其勢力足以左右一國之政治故有一黨焉當得制議會之多數而立於其朝則因其地位之鞏固其所設施必能爲久遠之計而不沾沾於目前而在野黨之勢力又足以使當道者有所畏憚則政府之施政益必以慎審將事而不欲以謀之不臧貽反對黨以攻擊之口實夫如是故政黨內閣之制度不徒博高尙之美名而亦足以舉國利民福之實也若意大利之政黨蓋極幼稚絕無有能制議會之多

數者惟小黨紛歧比立如鯽一內閣之組織必合三四黨之力乃能成立而政府之內部政見不一爲首輔者必當用權術以籠絡各黨派因之時有不正之舉動於是其政治遂以腐敗矣不特此也內閣成立之基礎既不鞏固常因小小之問題輒招議會多數議員之環攻而遂至於傾倒觀於自一八八七年至一九〇六年意大利內閣之更迭至達於十三次之多爲大臣者雖居於其位幾等浮萍之漂搖於風雨人人有朝不保夕之心緣此之故雖有遠略宏圖不敢用之而惟沾沾於小節目以求速奏其功蓋彼既存五日京兆之心又安能爲十年樹木之計於是其政治遂益以腐敗而無望其刷新是則以人民程度幼稚之國而輕摹高尚之制度之弊也夫國民之程度幼稚雖有高尚之憲法猶將受其害而不能收其利然則使其憲法而更有不善之處其受害又當若何則知苟不謀所以增進國民政治上之能力雖有憲法固未足恃也

(二)國民之程度高於憲法之程度則政治上常收良結果　天下一切之事物日在進化之中故後來居上雖在法律亦不能外此公例今世立憲之國凡數十而比較其憲法其思慮周密條理整然者皆屬晚近之制定或先已成立而由後來之改良蓋隨

論說

世界學術之進步而憲法亦依之而進步也雖然憲法完善之國非必即爲文明高度之國蓋後進之立憲國雖其國家實際之文明不必程度甚高而因博採各國之制度補短截長亦可以制成完善之憲法若夫先進之立憲國其憲法之成立甚早衡以今世之學說已多不衷於理論而徒以改正之手續繁難故抱殘守舊猶垂爲一國之典章故其國家雖文明而其憲法之條理組織則遠在後進之國之下也然其國民之程度荀甚高則其憲法雖不美善猶無礙於政治之發達蓋國民之實力充足自能以事實上之優勢補法制上之缺點也不見乎美國乎美國之憲法其欠缺不完全姑勿具論而其墨守三權分立之旨行政部與立法部缺所以溝通之道實際上常生種種之障礙今世學者皆盛非難之故美國之憲法實非善良之憲法也然而今之美國因政黨發達之故大統領對於議會常有多數之黨員議會所提議之法案大半根於大統領之意思故憲法上大統領雖無發案權而實際上實已握有此權力故立法部與行政部隔閡之弊此惟昔時爲然今則水乳之交融矣不特此也美國之憲法其賦予中央政府之職權僅列舉若干之事項而其餘皆保存於各邦地方政府之權力蓋極强

十

大甚足以為中央之梗賈生所謂指大如踝股大如腰平居不可屈伸者前此之美國蓋實有此等景象矣而今也因政黨發達其勢力足以支配全國故隨黨勢之擴張而國勢即依之而統一蓋近數十年來之美國日由地方分權以趨於中央集權故其憲法所規定雖有地方權力太重之弊而由國民政治能力之發達遂以殺減其弊而漸告統一之功是豈必改正憲法始能獲此效果實則隨國民智力之進步而憲法上為梗之條文自成殭石而不能阻事實上勢力之進行也夫國民之程度既高則憲法上雖有缺點猶能匡救其弊若憲法而善良則其政治之發達當更何如是知國家致強之根本實繫乎國民自身之能力苟國民之政治能力既大進步則憲法上雖有障礙之處亦能衝出重圍而篳路藍縷以別開一新天地也

嗚呼中國今日國民之望憲法蓋若大旱之望雲霓矣而不知國家所以盛強者尚有其根本在固非一有憲法而國家之進步遂以瞬息千里也彼波斯與前此之朝鮮夫獨非立憲國乎而試問今之朝鮮其國果何在也若波斯之苟延殘喘比之朝鮮固為較勝一籌然為英俄兩國之角逐場其國命之在何時蓋亦未可知耳嗚呼虛名之不

可恃也如是我國民而欲望收憲政之美果也必當厚養實力以求政治之善良而促國家之發達其毋曰苟有憲法即足以畢吾事也

時評

借債造路平議

長輿

雲貴總督李經羲。痛舊政之輪廓難存。新政之支離日甚。亟思進求病本。以救危亡。乃通電各省督撫。徵求政見。將欲商一根本救治之策。合詞建議於政府。紓國難以濟時艱。於是東三省總督錫良。湖廣總督瑞澂。首建借債造路之議。畧謂今日我國欲以兵力政治爭勝於各國。一時萬難倖勝。今日種種設施。皆非解決根本之論。惟有實行借債造路。可爲我國第一救亡政策。應請朝廷速定大計。指定我國亟應興築之粵漢川藏張恰伊黑四段幹路。准以本段鐵路抵押。募借外債。至少以十萬萬爲度。一面借款。一面包工。限期十年完竣。惟當由部臣定一商借商還之法。不使與國際上致起交涉。既已專摺入告。又復遍電督撫。商榷得失。督撫復電見之報章者。四直督江督粵督皆以事頗危險。反對其議。蘇撫雖頗贊成。而謂必有國會爲之監督。有內閣負其責任。然後可行莫不言之有故持之成理曩者我國督撫彼疆此界各善其事已耳今乃統籌全局救治病源標揭政策互相討論其體國之公忠藎謀之宏遠固吾人所欽佩無似者也然而諸公之議或舉其利而忘其害或懲其害而并置其利各明一義語或偏至竊謂修造鐵路則事之必不能緩者也募借外債則勢之終不能免者也借債造路則必當預防危險者也借巨債而專力造路則未能謂之得計者也請略陳其愚見以備芻蕘之採擇可乎

何言乎修造鐵路爲事之必不能緩也鐵路者非惟浚發利源發達生計之惟一利器實便利行政鞏固國防於政治上有莫大之價值者也我國物產殷闐以運輸不易之故而貨棄於地幅員遼闊以交通不便之故而勢若散沙今日欲求富强鐵路實爲當務之急且今世列强之亡人國者其侵畧之術非一途要皆以鐵路政策爲之樞紐鐵路之所至即其政權兵力之所至法之縣安南英之夷埃及日之并朝鮮其已事也我國二萬萬里之大全國已成之鐵路統計大小支綫僅有一萬五千餘里而我國有完全主權之路乃實不及二千里其他未修之路又皆有强鄰窺伺其旁日思攘奪苟不

急起直追轉瞬之間路皆非復我有數年以來爭回路權之事遍於國中然徒爭之而不能修之則亦終爲他人所攫奪東鄂兩督謂急倡鐵路乃可競存誠至當不易之論當爲舉國所公認而無俟吾人之喋喋者也

何言乎募借外債爲勢所必不能免也曩者我國募借外債無不媵以主權吾民懲利權之喪失慮外人之干涉於是畏外債如虎狼惡外債如蛇蝎雖然外債之果爲虎狼蛇蝎與否固未可一言斷也財政學者論外債之害約有數端外債借入之時通貨必驟形膨脹市中通貨供溢於求則物價騰踊物價騰踊則外貨之輸入必增輸入超過通貨外流而物價又隨而暴落金融之漲縮無恒市場之擾亂殊甚其害一利用外資將以殖產興業但外債之輸入太多而其國之業場不能與之相應資本擠塞無利可圖及屆償債之期其贏不足以償本息則必民多失業舉國騷然其害二貧弱之國利用富强國民之資本濫募以取快一時而處置無方其財政卒至破裂於是信用盡失後此遂無復借債之途甚者招外人之干涉乃至監督財政盡失國權埃及不國是其前例其害三前之二害中於生計者也後之一害中於政治者也然皆由於處理外債

之不得其宜而不能盡以爲外債詬病夫處理不得其宜則內債何嘗不足以病國蓋信用失墜負債不償則臣民不信任其國家直將有魚爛民散之慘內債之病時且或酷於外債若處理得當則藉他人之母財與吾國之實利吸集外資正新興國惟一之妙用彼美國南北戰爭以後其鐵路郵政開礦製造之資本何一不仰給於歐洲日本甲午以來亦借債於英美半以擴張兵備半以獎拓實業調和金融彼二國者固皆收富强之效未聞以外債爲病也我國業塲之廣勞力之衆土地之腴物產之富必謂無術救貧天下寧有是理然今日民生之凋瘵母財之涸竭欲以現在之自力與一國之事業則固情見勢絀雖諛國者亦不能自諱矣夫我國草創伊始百業待興一切鐵道礦務製造運輸商業農產非有絕大之資本必不足以舉事使必待民力旣充而後圖之則莫大之利源必將廢而不舉而無盡寶藏且將爲大力者負之而趨如是則民生日蹙稅源日涸而國家教育軍備與夫一切行政皆以經費支絀無所憑藉以設施國家之機關遂膠涸而窮於轉運今日窘象之見端固國人所共見也苟仍此政府之腐敗坐視國民之立槁斯亦已矣若有健全之政府幡然改圖則乘此各國息率低廉之

時機廣募外債，用之於下，則獎厲殖產，開拓利源，以增一國之總殖；用之於上，則整理財政，改良政治，以促百度之維新，綱舉目張，百廢具舉，是非獨權宜救時之策，實足宏國家久遠之規。蓋今日民窮財盡，羅掘俱窮，雖使管葛復生，非得鉅費以爲之藉手，則政治之機關已盡淤澀，更無復轉動之餘地。然欲得鉅費，舍外債固無他術也。東鄂二督主張借債，其論誠中肯綮，然非以改良政府爲之前提，非愼擇用途而善爲處理，必將未見其利，先覩其害。瞀然徒曰借債，則區區之愚誠未敢苟爲附和者耳。

何言乎借債造路之必當預防危險也。借債造路所當籌慮者約有數端，曰抵押，曰建築，曰管理，曰償還。夫以信用薄弱之國貸他人之巨款，勢不能不出於抵押，此誠事之無可如何者矣。我國借款修築之路以十數，類皆以築路地基權及全路所有產業權作爲抵押。以抵押之故，遂并築造之權、管理之權一舉而授之債主。故債之借於某國者，路即屬之某國；路之屬於某國者，地即屬於某國，利源主權一時俱盡。此我國國人所以視鐵路公債如毒蛇猛虎而競言抵拒也。東鄂二督之奏，雖仍請以本段鐵路抵押，當必不如曩者之憒憒，是雖可無過慮，然外人狃於嚮者之利權，其以鉅款貸我，恐

時評 六

未必徒得利息而即滿其欲也倘如直督所慮彼利於粵漢川藏者則認借粵漢川藏之款利於張哈伊黑者則認借張哈伊黑之款是雖不至驟失主權然既啓覬覦之漸他日即爲轇轕之端思患預防誠非過慮竊謂宜以普通名義但募興業公債雖仍或以鐵路抵押而不指定專用之途彼債主之於路事關係淺薄則自少葛藤我撥款以營他事調度自由亦較爲利便此宜籌慮者一建築一事二督奏電言之最詳限期包工法誠善矣然使全路包與承造則工程或有草率開支或有浮冒彼挾有全路之合同則撤換殊非易易竊謂當分全路爲數段逐段估價承修善則留辦窳則易人如是則操縱較靈弊端更少至謂工料皆取之國內巨款流布於民間直江兩督皆力駁其說謂中國工料皆無不能不取資於彼族巨款內布止屬空談夫以今日現狀而論之東鄂二督之言固非情實然苟有規畫以爲之補助亦不如直江二督所云云也今日我國人士其能任工程師者固屬寥寥然邇來學生習此者日見其多稍遲年歲浸有閱歷勝此任者非必無人即不敷用借材異地數既無多費亦有限若夫物料則以鋼軌車輛橋梁材木爲大宗我之漢陽鐵廠辦理既有成效矣徒以規模尙狹其鋼軌不

足以給用其他唐山之造車廠山海關之造橋廠及漢口之鐵路材料廠亦皆畧具規模苟濟以巨資大加張拓則所出鐵材當可供數路之用至於材木產地尤多彼江浙於琿河設立伐木公司矣湖北亦於竹溪設立森林公司矣蜀之綿竹湘之彬州合抱之材往往而在誠有經畫獎厲民間立木廠以供給材料則尺寸之木可以不俟外求此宜籌慮者二管理之任鐵路主權之所係非有學識經驗未易勝任也築造無人可借材於異國至於管理而委任外人則是築路以供他人之用也此宜籌慮者三各國之募集公債也或以爲興業殖產之資或以供行政軍事之費財政學者區之爲生產公債不生產公債故公債之用固不必盡出於生產之途然以貧弱之國而舉外債苟非從事於生產則無以爲償還之地此實最危險之事也鐵路者實業之一種借債造路固將從事於生產矣從事生產則必選繁盛之路線外足以濬發利源增國民之總殖內足以回復資本有餘利之可圖然後業可舉而債可復也今其指定之路線凡四除粵漢外川藏張哈伊黑三線皆止利於軍事之用若以之營業收支必不足相當吾豈不知賢大吏之規畫宏遠其用意別有所在然他事之有用與否未可知今方凋弊

之餘更舉數萬萬之債而投之不生利之途恐他日無術清償徒速召外人之干涉而其病遂不可救藥也二督奏請部定商借商還之法謂不令國際上致起交涉豈知私人貸貣之債權債務久已成爲國際私法上之重要問題固非謂不經兩國政府之手即可置之國際範圍之外則雖商借商還固無術以避國際之交涉也此宜顧慮者四

凡此四者苟一不愼皆有遺害二督奏電於建造一事之外餘皆慮之不深或且闕而不及此不能不爲之鰓鰓過計者也

何言乎借鉅債以專力造路不能謂之得計也凡人舉一事也必有其他多種之事業爲之附麗扶助必百業並舉然後此一事者乃有成效之可言鐵路固今日重要之政策矣然一國之內其農事礦務製造商業使皆凋萎不振則鐵路之業必不能獨立而繁昌今我國之民力既皆涸竭矣而稱貸所得之數萬萬母財又皆專注之鐵路而無復餘瀝以潤及他業則十年以內彼農事礦務製造商業以無資本灌潤之故其凋萎必不能大異於曩時而謂徒有此完備之鐵道遂足以起衰而救死哉夫東鄂二督之意豈不謂專力鐵路不過入手之政策云爾專萃吾力以興此重要之鐵路轉輸既便

血脈貫流。他種事業。自可緣之而興盛。是固然矣。然今日國事危迫。朝不謀夕。待理之事。千端萬緒。國用不給。則誠束手以待斃耳。果有十萬萬之資本以爲之藉手。則亟整頓財政。以固其基礎。興舉要政。以正其本根。獎殖產業。以養其活力。上下并力。並舉兼營。百廢具興。收效乃速。甯能以十年之力。竭舉國之財。專營一業。而徐待他事之發達耶。其持論之尤誤者。謂以兵力政治爭勝一時。萬難幸勝。種種設施。皆非根本解決之論。通電各省。又謂恃兵力圖强。非五十年不能收效。恃政治自振。非三十年不能見功。救亡之策。惟有造路。夫謂兵力不能速效。不足爲根本之解決。誠如二督之論。若政治則固全國命脈之所繫。而萬事理亂之根源也。我國正以政治不修之故。遂至百事廢墮。民窮財盡。本實先撥。故枝葉憔悴。誠能修明政治。則數月之間。改觀易聽。數年之後。轉弱爲强。正其本源。萬事自理。收效之神。莫過於此。舍此不圖。餘皆鱗爪。顧謂政治三十年乃能見功。一時不足爭勝。是豈能知大計者哉。夫謂鐵道之要重可也。若謂政治之收效遲緩。遂置政治爲後圖。而皇皇然事造鐵路。吾恐天下萬國。無此奇妙之政策也。且二督之電。固謂美國中央集權。各省反對。由於交通阻礙。既有鐵路。不易法而令

時評

十

自行援美國爲前事之師。又言鐵路告成。行政易如破竹。其意固謂鐵路者便利行政之具。借債造路實政治中之一種政策矣。苟無政治則鐵路安所附麗。我國十數年來何嘗不經營鐵路。然卒無成效可觀者。則以腐敗政治之下。鐵路不能發達也。顧乃以政治緩於見功。置之而專力鐵路。是猶謂心腦之效用遼緩。不復措意攝衞。但傾一身之血液養其足以利走趨。輕重失宜。本末舛逆。以是謀國。竊恐所謂救亡之政策。行之適足以誤國。而於濵督進求病源救治根本之宗旨。反相剌謬也。嗚呼。茲事體大。存亡所關。竊願諸公審愼討論。勿遽鹵莽從事也。

日本併吞朝鮮記（續念二號）

蒼譯　滄江

本記

第三　日本役韓記

懷柔策　日俄之初開戰也。日皇命侯爵伊藤博文爲皇室專使。往慰問韓皇。韓皇亦派其皇族李址鎔於東京爲報聘大使。日人待之有加禮。極力示韓人以日本之可親。雖似閑著。實要著也。其後日本皇太子巡遊韓國。亦同此意。

顧問政治　當日俄戰方酣。而韓國政治勢力已漸推移於日本之手。其時之政治吾名之日顧問政治。明治三十七年三月。日人以其陸軍少佐野津鎭雄爲韓國軍部顧問。九月以其前公使加藤增雄爲韓國宮內顧問兼農工商部顧問。十月以其大藏省參事官目賀田種太郎爲韓國財政顧問。以其所親信之美國人士狄布爲韓國外事顧問。以其文學博士幣原坦爲韓國學政參與官。以其內務省某官丸山重俊爲韓國警務顧問。而前此韓政府所自聘之內部顧問法人狄爾哥。法部顧問法人克黎瑪士。總稅務司英人白里恩。皆解職焉。蓋自是韓國各部政自顧問出。大臣伴食而已。而日人於此期內。復派陸軍大將長谷川好道爲駐韓軍司令官。兼管其警察權之一部。命各地領事受理韓民辭訟。又將韓國通信機關全部委日本管理。又訂韓國沿岸航行自由契約。蓋已取全韓卵而翼之矣。

一進會成立

滅韓者日本也。助日本滅韓者。韓之一進會也。

一進會者。何冒政黨之名而獻媚於敵。以獵取富貴者也。一進會之領袖。曰宋秉畯。曰李容九。而秉畯尤爲主動。秉畯者。前以國事犯罪。遯跡於日本者十年。及日俄交戰。乃爲日軍嚮導以歸國者也。其人本有陰鷙之才。而巧於因利乘便。日軍方席累勝之威。彼茹柔吐剛之韓民。既爭思得新主人一顧盼以爲榮。秉畯乃利用此心理爲號召。以日本明治三十七年八月。開一進會於漢城。標舉贊助日本爲第一政綱。不數月而全國響應。會衆號數十萬。平心論之。即微一進會。日本固未嘗不可以滅韓。而有一進會。則日本滅韓更不費力。故一進會之成立。雖謂爲亡韓之一大事。無不可也。

統監府建　普孜瑪士約既定。日本旋派伊藤博文爲遣韓大使。謁韓皇晉陳利害。越數日。日使林權助與韓外部大臣締結日韓新協約。定韓國爲日本保護國。先收其外交權。韓民洶洶抗爭。而一進會首贊之。時明治三十八年十一月十七日也。越十二月二十一日。日本遂頒統監府及理事廳制。任伊藤爲韓國統監。通告各國公使。以本年內撤歸。而韓國派駐外國公使。亦一律召還。明治三十九年二月。伊藤至漢城。入統監府視事。首嚴宮中府中之別。禁雜流出入宮禁。政界稍肅清。而韓皇坐此憤懣特甚。始嚴憚統監矣。其明年。韓國仿日本官制。設立新內閣。對於統監而負責任。以李完用爲總理大臣。

海牙密使事件與韓皇讓位　光武十一年（我光緒三十三年 日本明治四十年）七月。有韓人李相卨、李瑋鍾、李俊三人者。自稱韓皇代表。突然出現於荷蘭之海牙。要求參列萬國平和會議。越數日。有用美國人之名發電報於各國大報館者。謂韓皇今見幽於日本之警察。殆同纍囚。日夕在此。只以眼淚洗面。於是日人洶怒。韓人失色。月之四日。韓皇派特使於統監邸。辯密使之不關己。韓廷諸大臣連日祇謁統監。各自辯不與聞密使事。且刺探統監處置此事善後策統監伊藤博文始終緘默不發一言六日各大臣開御前會議詢韓皇以事實之有無韓皇不答遷延旬日韓內閣決議乞韓皇讓位以謝日本韓皇大怒不聽十七日日本遣外務大臣林董爲特使如漢城翌日韓皇召見統監伊藤且以未派密使自誓詞甚哀伊藤不答詢讓位可否伊藤毅然曰此非外臣所宜言伊藤退諸大臣入夜分韓皇下詔禪位於皇太子十八日皇太子卽皇帝位改元隆熙尊皇帝爲太皇帝立太皇帝之幼子英親王爲皇太子八月一日新皇下詔解散韓國軍隊十一日統監伊藤歸日本日本人環擁呼萬歲如歡迎凱旋將軍之儀

太皇帝之讓位也廷臣惴惴交贊之獨宮內大臣朴泳孝不畫諾泳孝者二十年前以倡議改革得罪太皇帝避地居日本而韓人所指目爲日本黨者也伊藤雅重其人及任統監薦授顯職辭不就讓位前數日泳孝忽詣闕乞召見遂自請爲宮內大臣難作泳孝守宮門拒外客護持璽綬不舍太皇帝今乃知其忠讓位後韓京蠢蠢有暴動日人謂是泳孝所煽捕而投諸獄

日韓皇儲交聘　伊藤之治韓也務市以恩使韓人感而自勵威偪禪讓乃事勢相蕩

不得已焉耳大勢既定旋復斂其厲烈之氣以爲雍容當其歸日本也奏請日本皇太子游韓以交驩其皇室而鎭撫其民旋請設副統監以曾禰荒助任之其請設副統監也將使之代已卒其職而已別有所事也其年十月二日副統監曾禰受事十一月二十日韓皇遂命皇太子留學日本授伊藤太子太傅旋晉太師使挈以行伊藤自是日左右韓太子如保母然如是者年餘

伊藤博文遇刺　伊藤之治韓也其功績在馴擾韓皇操縱韓吏故表於外者無甚可稱述其最大事則設立東洋拓殖會社立韓國中央銀行全韓生計機關自是悉握於日本矣明治四十二年伊藤遂辭統監職曾禰代之而以日皇之命特命伊藤爲韓太子輔育長其年十月伊藤以私人資格游歷我滿洲月之二十四日抵哈爾賓驛韓人安重根狙擊之句三句遂卒重根者耶穌教徒曾學於美國者也既就逮日人鞫之不讞獄成得死刑問曷爲不逃曰吾爲光復軍一將官義不可逃問何欲曰吾已殲吾仇吾事畢一死外無他求也日人爲之起敬

第四　日本併韓記

一、進會建言

日本併韓之謀遠發自豐臣秀吉近發自西鄉隆盛彼其君臣上下四十年來曷嘗一日以茲事去懷抱即自統監政治既建以後徒以名實不相應故種種却顧不得騁其志彼其厭苦而欲一抉其藩也久矣蓋維勳元老山縣有朋伊藤博文井上馨翼與時相桂太郎及其閣僚密勿集議非一度蓋於兩年以前早已有所決茲事甚祕彼中報紙前此未嘗一言及合併協約發表後乃歷歷敍其始末若數家珍而特不欲發難於日本人蓋其前此所以語韓人者所以語我國人者所以語俄人者所以語全世界萬國人者皆曰扶持朝鮮之獨立保全其領土而尊重其主權口血未乾載書高可隱人而兩次用兵曰以義戰號於衆曰吾自始非有利人土地之心不甯惟是吾不忍坐視吾友邦之顛沛吾乃不惜糜吾數百兆之帑藏擲吾數十萬之民命以匍匐而救之也

吾友邦不治吾乃不惜使吾垂老元臣曠厥職而佐其理也夫如是故其言甚順而其所以自處者常綽綽有餘地而併合之舉則終不能以與此美譽相容故日本人羞出諸口今世所謂國際道德實有然也而幸也有一進會出而助之張目也初一進會首領宋秉畯列席於李完用內閣爲農商務部大臣去年七月秉畯與完用齟齬翩然辭職作汗漫游於日本而一進會長李容九入京伊藤遇刺後九日容九率會員三十萬人連署呈日韓合邦請願書於其政府及統監府統監曾禰荒助拒不受而合邦論已風起水涌於全韓秉畯逍遙日本不識何作容九與其會員則日日游說各郡稱道合邦之利其言曰合邦得請我韓民自今遂爲一等國民也以此相號召韓民信之者日益衆自上請願書後八閱月宋秉畯忽歸自日本越旬日而合併協約成或曰一進會

察韓國形勢知合併與不合併等亡耳不如合併猶可得增進人民樂利之一部也或曰一進會不慊於李完用內閣欲取而代之既不得則寧並此虛名之政府而破壞之以同歸於盡或曰一進會非有見於韓民之利害也亦非有所偏惡於韓政府也而知合併成則一進會員將有所獲焉皆勿具論要之**一姓代興法堯禪舜者則九錫文勸進表不可不成於先朝耆舊之手日本賞合邦之功則宋秉畯李容九宜在伊藤博文上也**

合併與日本輿論　當合併論之極昌於韓也而日本漠然若不措意全國報紙惟節錄一進會之請願書有時敘其游說各地之狀爲簡單之記事而已從不一置論其可否全國各報皆然各處集會演說亦不齒及如是者殆半年**蓋日人於對外政策嘗從先覺者之指導全國同一步武若軍隊然其訓練有素也**及時機將熟然後同時論者蠭起則大率商榷合併之條件及其

善後策而論合併之得失者蓋甚希蓋此爲數年前已決之問題今無取嘵嘵也（著者案日本報館之規律的行動我同業所當鑑之而自省也）

統監之更迭　今年五月統監曾禰荒助以病乞休日皇乃命陸軍大臣寺內正毅爲統監以前遞信大臣山縣伊三郎副焉七月十五日新統監寺內入漢城日惟從事於交際優游若無事韓廷大臣亦惟循例酬酢而絕大問題已暗解決於尊俎之間八月十六日韓首相李完用借慰唁東京洪水之名訪統監邸合併協約之內容遂決於是時李完用者當閔妃遇害時奉韓皇入俄使館以與日本爲難者也及日本置統監完用乃見賞於伊藤博文於是相韓者四年寺內之入也舉國知大變在即完用所親勸其避位毋以身當茲衝完用曰吾府怨於民久矣今欲避賣國之名更安可得託庇日本猶可苟全與其失職而坐受戮也不聽

日韓併合條約　明治四十三年八月二十九日日韓兩國同時併合條約發布其文曰（原文直譯）

日本國皇帝陛下及韓國皇帝陛下欲顧兩國間之特殊親密的關係增進相互之

著譯　十

幸福永久確保東洋之平和爲達此目的確信不如舉韓國併合於日本爰兩國間決議締結併合條約爲此日本國皇帝陛下命統監子爵寺內正毅韓國皇帝陛下命總理大臣李完用爲全權委員右全權委員會同協議後協定左之諸條

第一條　韓國皇帝陛下將關於韓國全部一切之統治權完全永久讓與日本國皇帝陛下

第二條　日本國皇帝陛下受諾前條所揭之讓與且承諾將韓國全然併合於日本帝國

第三條　日本國皇帝陛下約令韓國皇帝陛下太皇帝陛下皇太子殿下並其后妃及其後裔各各應於其地位而享有相當之尊稱威嚴及名譽且供給以充分保持之之歲費

第四條　日本國皇帝陛下約對於前條以外之韓國皇族及其後裔使各各享有相當之名譽及待遇且供給以維持之必要之資金

第五條　日本國皇帝陛下對於有勳功之韓人認爲宜特表彰者授以榮爵且給

以恩金

第六條　日本國政府因前記併合之結果全然擔荷韓國之施政凡韓人遵守該地所施行之法規者其身體及財產充分保護之且圖增進其福利

第七條　日本國政府對於韓人之誠意忠實以尊重新制度而有相當之資格者在事情所得許之限界內可登庸之使爲在韓國內之帝國官吏

第八條　本條約經日本國皇帝陛下及韓國皇帝陛下之裁可自公布之日施行之

明治四十三年八月廿二日　統監子爵　寺內正毅

隆熙四年八月廿二日　內閣總理大臣　李完用

與此條約同時發布者更有日皇詔書四通。其第一通則宣示合併之意。其第二通則李王家優遇之詔書冊封前韓國皇帝爲昌德宮李王。前太皇帝爲德壽宮李太王。以特恩許用殿下之敬稱也。其第三通則封前韓皇族李堈李熹二人爲公也。其第四通。則韓國境內大赦免租也。復有合併宣言。通告各國。則凡前此朝鮮與各國所結條約悉無効領事裁判權卽行廢止而關稅則十年後乃議改也。

朝鮮自此非復國家矣朝鮮自此無皇室矣朝鮮自此無政府矣朝鮮自此無國民矣朝鮮之主權者十年以前本王耳今亡而得王可無恨也獨其皇室財產能享有與否約中無明文各報所記或曰讓與日本或曰聽其自處分疑莫能明也惟韓皇室五百年來相傳之私產本至富蓋全國土地五之一隸少府云但蕪而不治日本設統監後早盡取爲國有矣自今以後仰新主所賚毋恤飢寒已耳韓皇族不下數十萬人今受爵者得二人焉餘則與齊民等也韓人祇能在韓地爲官吏且須合於日本政府所謂相當之資格而又在事情所得許之界限內也所謂一躍而進爲一等國民者果安在

嗚呼亡國之君主亡國之皇族亡國之人民如是如是也

或問曰日韓兩國中苟今後有一國不履行條約則將若之何答曰凡以兩國主權者之名締結條約苟後此有一國不履行約中義務者則對手國應提出抗議抗議不恤則可請第三國居間裁判裁判不服則開戰一切條約皆同茲軌今既名爲日韓兩國

條約由兩國主權者命全權締結而裁可施行則亦豈能外此原則而無如緣此條約之結果而兩締約國中之一國從此消滅則安從得抗議之主體安從得受裁判之主體安從得交戰之主體質而言之**則條約成立之一刹那頃即條約消滅於此一刹那頃也**何也凡契約皆以兩人格者雙方之意思互規定其權利義務關係人格消滅則意思消滅而權利義務關係自隨而消滅也問者曰**然則條約中所許與韓君民之權利果足恃乎日本食言奈何**答曰不足恃固也然日本爲政畧上起見吾信其於最近之將來決不食言也且日本亦何惜此區區者問者曰然則此直命令耳照詔耳非復條約曷爲以條約之形式定之以條約之名名之答曰今世文明國之文明舉動皆尊形式而尙名故雖滅人國猶出之以禮讓此非自日本作古也

合併前後雜聞　合併條約於八月十六日經寺內正毅與李完用議定十七日寺內以其結果電告日本政府十八日日本政府開臨時內閣會議二十二日開臨時樞密

著譯

院會議。既決以二十五日公布矣。韓政府忽以月之二十八日。爲韓皇即位滿四年之期。請開紀念祝賀後乃發。日人許之。是日大宴羣臣。熙熙若平時。而日本統監亦循外臣禮拜舞於其間。世界各國凡有血氣者。莫不驚韓君臣之達觀也。

合併條約發表後五日。日本冊封使稻葉某至漢城。李王李太王拜受印綬後。與勅使分庭抗禮。自陳願入覲。其妃嬪皆汲汲學日語。日不暇給云。大約本年以內。當昇東京中有巍巍賜第也。

一進會四年來到處游說。頻提出政見於政府。合併條約發表後一日。獨上一建白書於統監府。援刑亂國用重典之經義。請日本師子產治鄭孔明治蜀。識者謂不失爲朝鮮對症之藥。但不宜出諸韓人之口。且不勞韓人之教猱升木耳。越三日而一進會宣告解散。似一進會爲亡韓之特設機關。韓既亡則機關自可廢也。

合併條約發布之日。日本即下緊急勅令。廢韓國國號。名其地曰朝鮮。置朝鮮總督。以前統監寺內正毅任之。其副統監山縣伊三郎則任總督府民政長官。寺內總督即日布戒嚴令。禁止集會。今舉朝鮮全境。方若東溼也。

十四

列强對於日本併韓之舉咸視爲意計中事不以爲訝惟汲汲自護其既得權耳日本輿論於關稅十年從舊之條大有所不慊然日本政府方思交驩歐美列强頗懷專欲難成之戒其出此非得已也

朝鮮之亡郡縣長官海外學生頗有殉國者而韓廷達官不聞一人其地方農氓僑外商工亦復有毀家獻身謀光復者今報紙方傳其消息未審其進行若何然結果無可見五尺之童知之矣寗蹈東海而不帝秦君子哀其志而悲其遇而已

外史氏曰自菩孜瑪士條約以後朝鮮已不復得齒於國家之林此次合併所易者僅其名義耳實則卽微合併之舉亦安得云朝鮮未亡者雖然明知其亡不於今日而今日之事有心人聞之猶且欷歔流涕不能自勝此如有病人於此羣醫謂其不治戚黨早知無幸而及其死期之至固不得無所動於中也夫國必自伐然後人伐朝鮮苟非自亡則無人能亡之者斯固然也然四十年來欲得爲日本之所爲者非一國而穫其實者曷爲惟在日本此不能徒曰天幸而已夫以我之在朝鮮也積二千年之威而復臨之以大義名分事勢之順日本弗逮吾萬一也卽俄羅斯挾其廣

著譯　十六

士衆民奮之以先聲其能爲重於朝鮮亦倍蓰日本也而日本處至逆之境奮至綿之力以與此二强者爭雄長而得失之數乃反於其所憑藉雖曰乘一戰之威然戰事以外其所以致之者蓋亦有道矣吾嘗比次論之得八端焉日本之謀朝鮮也數十年間政策一貫自始即爲一定之計畫率而行之一絲不亂例如朝鮮閉關絕使之時一切諉責於我俄美諸國亦且移而與我交涉而日人始終不肯遷就甯含垢忍辱以求朝鮮之見許蓋早已灼見乎朝鮮非離我獨立則彼無所施其技也此其一也日本之在朝鮮失敗亦屢矣吾厄之俄人厄之朝鮮人自厄之乃至列强屢助其敵以厄之而彼曾不以此廢其初志如河流然或繞嶺以旋或伏地以行或挾沙石以下必至於海然後已其忍辱負重百折不回之概眞乃精誠所至鬼神避之此其二也見機至敏而赴之也至迅疾苟有絲毫可乘決不肯縱之使逸此其三也冒險邁往能爲他國所不爲之事其甚者如郵政局事件如閔妃事件常以霹靂手段使應之者不知所措而因以收其後效此其四也他國之謀韓者惟專肆力以操縱其宮廷即在宮廷中亦僅視現時勢力所在圖利用之而一切潛勢無暇兼及日本

則如水銀瀉地無孔不入無論何方面彼皆用力又善能察知黨派之同異離合或鬥之或糅之抑揚抗墜變動不居而壹以有利於己國爲鵠此其五也其人民輿論之勢力他國莫或屑意而日人則四十年經營不怠故能造出一進會等以供彼無形有形之機關此其六也他國所汲汲扶植者惟政治上之勢力彼則生計上之勢力與政治上之勢力同時猛進不休此其七也他國之主動者有若我之袁世凱有若俄之威爾拔不過一二人已耳彼則種種方面皆有人分途活動如一軍隊然上自將校下至小卒咸率其職共趨一切而游擊偏師出奇制勝者更所在而有此其八也信乎優勝劣敗之不誣而成功之有自矣

夫其於朝鮮則既已奏凱而歸矣而彼之挾此優勝之技以心營目注者豈直一朝鮮而已是故吾覩朝鮮之亡乃不寒而慄也

學者有志於道
須要鐵石心腸
人生百年　轉
盼耳　貴乎自
立　鄒忠介語

調查

中國對外貿易之大勢（續念二號）

茶圃

乙 水路通商口岸

水路通商口岸。六十有六。概皆富庶之區。交通甚便。其商業之發達。較之陸路市場。固不可同日而語也。據光緒三十四年之統計。陸路之貿易額。實二千七百八十六萬兩。僅占全國貿易額之二分八釐。至水路則九億八千五百六十九萬兩。殆占全國貿易額之九成七分二釐。故即謂我國通商。只有水而無陸。殆無不可。雖然、水路之貿易市場。亦大別爲二。一曰河港。一曰海港。其貿易之額。亦大懸殊。光緒三十四年河港之貿易。八億五千五百四十九萬兩。屬海港者。不過一億三千二十萬兩。雖我國海岸短而河流多。限於地勢。有以致此。然亦可爲我國航海術未能發達之一證矣。

海港之商埠十有一。大連旅順秦皇島煙臺威海衛青島三都澳厦門瓊州廣州灣及北海是也。大連位金州地峽之南。潮下之時。水深亦二十八呎。即俄人積年所經營爲東淸鐵道。關一不凍之港口。特費三千萬羅卜而築造者也。由大連可直通東淸鐵道。倉庫船渠防波堤起重機。無一不備。但開港日淺。且有浦潮營口之競爭。故至光緒三十四年。其貿易額仍不過三千二百萬兩。然交通既便。其將來之發展可操左券也。旅順則位關東半島之南端。大連之西南。扼渤海灣之喉咽。四面環山。形勢佳絕。惟港地狹隘。不足迴旋。且逼近大連。一切貿易。殆被吸收。故此地不適於商場。只足供軍港之用而已。秦皇島本渤海灣內唯一之不凍港。然以介在天津營口之間。北方之貿易。則爲天津所壟斷。遼河之商業。則爲營口所吸收。此其每年之貿易額。只得六七百萬兩。而絕無進步之原因也。煙臺爲渤海灣之關門。自大連青島開港後。沿海之貿易。則歸大連。內地之貿遷。則奪於青島。故昔年之貿易額四千餘萬兩者。至光緒三十一二年。一蹶而至二千七八百萬兩。若內地之鐵道大通。港灣之設備得宜。其商業之繁盛。或可恢復耳。青島者德國之所欲開闢以爲北方之香港者也。中關大港。食水十米突之汽船可來往自由。且山東鐵道發端於是。縱貫全省而達濟南府。以連絡天津浦口開封各地。築港以來。曾無幾時。而其貿易額已達三千一百餘萬兩。將來自濟南以連絡天津浦口開封之鐵道告成。則商務之興。直摩香港之壘。可斷言也。厦門者。其中有島。周圍三十五哩。其西南岸。正與鼓浪嶼相對。而成一小海峽。中國各港船舶出入。最稱安穩者。當推厦門爲首。惟厦門雖爲天然良港。然只能轉輸福建南隅之貨物。而不能兼收並蓄。包舉無遺也。瓊州只爲海南全島及雷州半島貿易之中心。然海南之面積。僅六百四十方哩。雷州半島亦不過一百六十方哩。住民既少。物產亦稀。其地貿易。無足觀者。北海則在廉州灣之南。中有沙洲。爲天然之堤防。故食水十七呎以下之汽船。即遭颶風。亦得碇泊。其地雖爲西江上流貨物之吞吐口。然自西江得通汽船以來。形勢一變。馴至今日。亦僅通欽州廉州鬱林高州四處之貿易而已。廣州灣則在雷州半島之東岸。灣內水深。雖可容巨舶。然灣外砂礁。橫亘數十里。一年之中。苦於濃霧者。恒居半載。且距世界交通之大道。既紆且遠。商業之不能發展。固其所耳。至威海衛與三都澳。皆適於軍港。而不利於通商。不復具詳。至於河港之商埠。則五十有五。在遼河者六。松花江四。鴨綠江二。白河三。小清河二。揚子江十有六。粵江十有五。錢塘甬江甌江閩江韓江黑龍圖們各一。其貿易最盛者。首推揚子江。據光緒三十四年之統計。其貿易額殆四億一千四百十五萬兩。其次則爲粵江。一億九千八百五十八萬兩。此外各江河。皆未足望其肩背也。

揚子江　揚子江者。發源於西藏。貫流東西而入四川。屬其流域者。凡九省。面積八十餘萬方哩。人口二億餘萬。沿其流域之商場。則爲重慶宜昌沙市長沙岳州漢口九江蕪湖南京蘇州吳淞上海萬縣湘潭及安慶等埠。其最著者。則爲上海。中國沿海航路。皆以此地爲歸宿。而揚子江流域之航路。亦總匯焉。各種商業機關。凡百製造工業。皆集中鱗萃。以上海爲根據地。每年與各國直接貿易者。三億乃至三億七千萬兩。中國對外貿易。此已占其過半之數矣。次爲漢口。此地爲南北交通之中心。即美國之芝加哥也。居民八十二萬。中國內地貿易之盛。無逾此地者。其每年之貿易額。一億乃至一億二千萬兩。是上海者爲外國貿易之總匯。漢口者爲內地貿易之中樞。揚子江流域其他各港。皆不過爲此兩地之附庸而已。

粵江　粵江者。合東西北三江而成。長亘二千哩。其開放之口岸。則爲廣東江門甘竹三水肇慶德慶梧州南寧龍州桂林惠州九龍拱北各埠。合香港澳門而計之。其數十五。各口商業之盛。首推香港。此地扼粵江之口。占東西兩洋交通之要樞。中國貿易之太半。殆歸其手。其他各埠不過仰其餘瀝而已。惜久爲英有。已非吾土。粵人近欲築港黃埔。以爲抵制。黃埔實據珠江之要津。且無風濤之險。他日若有成議。縱不能盡奪香港之利。然粵江流域之外國貿易。當可中分之耳。

遼河。　遼河發源於東部蒙古。併渾河太子河之二流。貫盛京之中央而入海。其沿岸商埠。則爲通江子鐵嶺新民府奉天遼陽及營口。其中奉天當滿洲交通之中心點。營口爲遼河流域之呑吐口。故其商業頗有可觀。其餘各埠。皆未臻繁盛。蓋遼河日漸淤積。稍大之船舶。即不利行駛。一年之中。氷結者四月。又不便於水運。且大連之築港既成。滿洲鐵道亦將告竣。內地之貨。可由鐵道以直輸大連。外洋之物品。亦可自大連而分配於鐵道所經之地也。

松花江　松花江沿岸之商埠有四。吉林哈爾賓三姓及齊齊哈爾是也。吉林在松花江之左岸。當南北滿洲交通之孔道。及北韓來往之要衝。其地產五穀煙草蔴藍人參家畜。尤富於材木。匪獨爲政治上之中心。抑亦工商業之總匯也。哈爾賓者。俄國於經濟上軍事上經營滿洲之根據地也。其地當西伯利亞與東清鐵道之交叉點。其街市之壯麗。不亞於大連。當光緒二十二三年之頃。尚僅一村落。今已儼然一文明之都府。商業之盛。爲北滿洲之冠。每年由鐵道運輸之貨物。約二千百餘萬鎊。由汽船輸入者。亦約三百八十餘萬鎊。其地勢既佳。而交通日便。其將來之發展。正未有艾也。至三姓與齊齊哈爾。則地瘠民貧。出産復少。非俟土地墾闢。人口增加。交通發達。而後則其能進步與否。未敢遽言矣。

黑龍江　黑龍江沿岸之商埠。僅一愛琿。愛琿者本中俄邊界之重要地。人口萬餘。貿易亦盛。然自拳匪之亂。此地已爲俄兵所蹂躪。且西伯利亞鐵道既成。中俄之交通經愛琿者絕少。故愛琿之貿易。有日漸衰微之勢。

圖們江　圖們江沿岸之商埠。則曰琿春。此地實界中俄韓三國之境。於俄領則可通海參威波士滑。於韓則可通元山慶源會寧。於滿洲則可通吉林延吉綏芬河。其地物産雖屬寥寥。然以交通頗便。故商業之前途。非無可望也。

鴨綠江　鴨綠江之沿岸。其商埠一爲安東縣。一爲大東溝。安東縣在鴨綠江之右岸。

爲汽船之終航點。一如營口之於遼河。且當安奉京義兩鐵道之連絡點。實爲滿韓貿易必經之途。現時之貿易額。雖年僅六七百萬。然將來鴨綠江流域及滿韓之間富源開發。戶口繁殖。則通商之盛。未可限量。至大東溝則只一木材之貿易場。未足言商港也。

白河　白河者發源於塞外。匯大運河子牙河及永定河之水以入大沽。長三百餘哩。水深十三呎乃至十八呎。沿岸商埠之最著者。則爲天津。此地位北清鐵道之中樞。爲津浦鐵道之起點。水陸交易之便利。北方商港。無與比者。直隸山西之全部蒙古之大半。陝西甘肅河南山東之一部。其貿易皆集中於天津。故其每年之貿易額。恒達八九千萬。只冬期結氷。動亙數月。外國貿易。頗形不便耳。

小淸河　周村鎭與濟南府者。小淸河沿岸之互市場也。周村鎭據濟南靑州二府之沃野。爲山東出入之孔道。河南山西直隸遼東之商賈。蠅集蟻附。商業之繁盛。實於山東首屈一指者也。濟南府者。內則爲山東全省陸路之總匯。外則可以通直隸河南江蘇諸省。今山東鐵道既成。津浦鐵路。亦指日竣工。將來貿易之繁興。比之周村鎭。未遑多讓也。

錢塘江　杭州者。錢塘江上唯一之互市場也。北自大運河。可直通天津。南自餘姚運河。而達甯波。物產豐饒。土地肥沃。每年之貿易額。千八百萬兩。乃至二千二百萬。唯近接上海。而乏海船之航行。卽極其量。亦不過爲錢塘江流域之大市場。終不適於外國貿易場之用耳。

甬江　甬江者合奉姚二江而成。經東鎭海而入海。其通商口岸只一甯波。此地瀕海。曩時外國船舶。絡繹不絕。故沿海貿易。殆歸其壟斷。及上海開放。其利漸失。然以富於人口。交通亦便。故至今之貿易額。每年仍二千萬兩乃至二千六百餘萬兩也。

閩江　閩江之通商口岸僅一福州。其物產之最著者。則爲茶漆與木材。惟以山林之學。未甚講求。製茶之法。仍守舊法。故輸出日減。以如此富庶之都市。而近年之貿易額。亦不過一千七八萬兩。惟擁有六十餘萬之人口。則閩江流域之貿易。皆爲其隸屬。亦固其所也。

第三節　輸出入之趨勢

我國之通商口埠。其業已開放者。統計八十有八。此後之開放。可決其有增無已。然外國貿易額能否與各通商口岸而增加。亦一極重要問題也。今撮舉之列如左表。

年次	口岸數	外國貿易額 海關兩
同治九年	一二	一二七、〇〇〇、〇〇〇兩
光緒六年	一九	一五八、四〇〇、〇〇〇兩
光緒十六年	二〇	二一七、五六七、〇〇〇兩
光緒二十六年	三二	三七〇、〇六七、一七八兩
光緒二十八年	三四	五二九、五四五、四八九兩
光緒三十年	三六	五八三、五四七、二九一兩
光緒三十二年	三六	六四六、七二六、八二一兩
光緒三十三年	四〇	六八〇、七八二、〇六六兩
光緒三十四年	四二	六七一、一六五、八八一兩

據右表而觀之。光緒六年。比之同治九年。其金額增加三千一百萬兩。於百分比例。實

增二成五分。光緒十六年比之光緒六年。增加五千九百餘萬兩。百分比例。實增三成八分。光緒二十六年比之十六年。增加一億五千三百萬兩。百分比例。實增七成一分。光緒三十四年比之二十六年。增加三億餘萬。實增八成一分。自同治九年至光緒三十四年。此三十八年間。增加五億四千四百萬兩。百分比例。實增四十二成。是我國之外國貿易。自同治九年以降。增加五倍有奇。其進步之速。比之外國。除日本外。實無與爭衡。雖然、我國乃銀貨本位國。銀貨自光緒十九年後。價值下落。其輸出入之貨物。逐歲騰貴。自不能以貿易銀額之增加。視爲貿易之長進。折計金幣。方爲定論。今據稅關報告。折算英幣如左。

年次	英貨折算
同治九年	四一、二七五、〇〇〇鎊
光緒十八年	五二、八七七、三四九鎊
光緒二十一年	五一、七〇三、〇九九鎊
光緒二十六年	五九、四一一、九八六鎊

光緒三十二年	一〇六、四四〇、〇〇〇鎊
光緒三十三年	一一〇、六八〇、〇〇〇鎊
光緒三十四年	八九四八〇〇〇〇鎊

就前表而論。雖以銀幣折算金貨。然同治九年以降。我國之貿易額。仍增二倍有半。其增加率比之德國。初無愧色。我國貿易之特徵。則在輸入超過輸出。今舉累年之輸出入額。及輸入超過額表之如左。

年次	輸入額 海關兩	輸出額	輸入超過額	輸入超過額對於輸出百分比例
光緒八年	七九、五〇四、二四三	六九、一二五、八六二	一〇、三七八、三八二	一五
〃〃十一年	八九、四〇六、八八三	六六、二一二、五七六	二三、一九四、三〇七	三五
〃〃十六年	一二八、七五八、二九〇	八八、八〇九、二八九	三九、九四九、〇〇一	四五
〃〃二十一年	一七二、八五三、一四五	一四三、二九三、二一一	二九、五五九、九三四	二〇
〃〃二十六年	二二三、七九一、八八八	一五八、九九六、七五二	六四、七九五、一三六	四一

〃〃三十一年	四四七、一〇〇、七九一	二二七、八八八、一九七	二一九、二一二、五九四	九六
〃〃三十二年	四一〇、二七〇、〇八二	二三六、四五六、七三九	一七三、八一三、三四三	七三
〃〃三十三年	四一六、四〇一、三六九	二六四、三八〇、六九七	一五二、〇二〇、六七二	五七
〃〃三十四年	三九四、五〇五、四七八	二七六、六六〇、四〇三	一一七、八四五、〇七五	四三

由是觀之。輸入超過額。自光緒八年至二十六年。其額一千萬兩。乃至六千五百萬兩。於百分比例。則一成五分。乃至四成五分。迨光緒二十六年後。其額一億一千八百萬兩。乃至二億一千九百萬兩。於百分比例。則四成三分。乃至九成六分。自有外國貿易以來。初無一年非輸入超過於輸出者。

我國爲新開之國。其輸入之超過輸出。原不足怪。且輸入之貨物。則合原價運費及保險費而計算。至輸出貨物。則只計原價。亦爲輸入超過之一原因。然輸入超過。乃至四成五成。甚且九成有奇。當別有他故。且我國素乏資本。一切鐵道製造工業。皆仰資本於外國。又外債之額。十二億三千六百餘萬圓。每年償還本利。約七千三百九十餘萬圓。是輸出宜超過於輸入。今適得其反。殊解人難索。今欲知金銀之輸出超過。能否補償貨物之輸入超過。列累年金銀輸出入之表如下。

金銀輸出入表	輸入額　海關兩	輸出額　海關兩
光緒十八年	一〇、六七二、五三三	二三、三九五、七七五
光緒二十一年	四七、二四五、七六八	一八、二〇一、八五九
光緒二十六年	四五、三八〇、三五七	二八、七〇五、〇六〇
光緒三十二年	二六、四三四、〇八二	四一、一八五、七八八
光緒三十三年	一五、四六九、五五九	四四、一〇八、六六四
光緒三十四年	二一、六三二、九三三	四五、四一五、五二八

如前表所云。光緒二十六年之輸入反超過輸出。是年以後。負擔鉅額之償欵。金銀始見輸出超過。其輸出之最多者。爲光緒三十三四年。比之是年貨物輸出超過額一億五千二百餘萬兩。亦不過一成九分弱。是貨物輸入超過之原因。仍別有在也。貿易之平衡。其原因本甚複雜。本不可遽執一二。遂下定評。至我國貿易之平衡。則殆由外人之投資。與移住民之匯欵。我國人之僑居海外者。無慮五百餘萬。每年匯回之欵。不下

七千三百萬兩。至外資之輸入。最近數年間。每年約二千七百萬兩。合二者而計之。可達一億兩。畧可補貨物之輸入超過而保輸出入之平均。雖然、於此有補償輸入超過之原因。於彼即有增加輸出之款項。即如駐劄我國之公使館領事館兵軍艦商船教會學校病院之經費。及外國旅行者之所費等。皆足補償輸入之超過。然在外本國公使館領事館留學生旅行之經費。軍器之購入。外債之本息支出。外國人匯回彼國之收益金等。則又足以增加輸出。海關調查此等之原因。列光緒三十年貿易平衡表如左。

出款	海關兩
外國貨物輸入額	三一〇、四五、四八八
正金銀輸入額	三七、〇〇一 一六五
外債及償金本息支出	四四、八一〇、四〇〇
在外本國公使館及領事館費	一三三一、〇〇〇
在外留學生及旅行者所費	三、〇〇〇、〇〇〇

外人匯回彼國之收益金	一六、〇〇〇、〇〇〇
外國公司所得水脚及保險費	六、七五〇、〇〇〇
軍器購入費	五、〇〇〇、〇〇〇
合計	四八三、七三四、九九三
入欵	海關兩
本國貨物輸出額	二三六、二〇五、一六二
正金銀輸出額	三三、〇四六、五三二
鐵道及鑛山建造費	二七、〇〇〇、〇〇〇
本國境堺貨物輸出超過額	四、〇〇〇、〇〇〇
本國之外國公使領事館費	五、〇〇〇、〇〇〇
外國兵營費	七、五〇〇、〇〇〇
外國軍艦及水兵所費	一五、〇〇〇、〇〇〇
外國商船及水手所費	二、〇〇〇、〇〇〇

外國船在本國修理費	一〇、〇〇〇、〇〇〇
外國教會病院學校費	六、〇〇〇、〇〇〇
外人旅行費	六、〇〇〇、〇〇〇
海外僑民匯回本國收益金	七三、〇〇〇、〇〇〇
合計	四二七、七五一、六九四
兩數比較出欵超過額	五五、九八三、二九九

日俄戰爭後。外國軍隊及軍艦之在中國者。逐漸減少。海關斟酌各種事情。自入欵扣除八百五十萬兩。表示每年貿易之平衡。舉最近三年間列出入款如左。

出款	光緒三十二年 兩	光緒三十三年 兩	光緒三十四年 兩
貨物輸入額	四一〇、二七〇、〇八二	四一六、四〇一、三六九	三九四、五〇五、四七八
外債本利支出	三八、五〇〇、〇〇〇	三八、五〇〇、〇〇〇	五一、〇〇〇、〇〇〇
各種之出款	三二、〇〇〇、〇〇〇	三二、〇〇〇、〇〇〇	三二、〇〇〇、〇〇〇
合計	四八〇、七七〇、〇八二	四八六、九〇一、三六九	四七七、五〇五、四七八

入款	光緒三十二年 兩	光緒三十三年 兩	光緒三十四年 兩
貨物輸出額	二三六、四五六、七三九	二六四、三八〇、六九七	二七六、六六〇、四〇三
正金銀純輸出額	一、三二五、〇五九	二一、四二七、六九三	一二、六一四、四三五
各種之入欵	一四七、〇〇〇、〇〇〇	一四七、〇〇〇、〇〇〇	一四七、〇〇〇、〇〇〇
合計	三八四、七八一、七九八	四三二、八〇八、三九〇	四三六、二七四・八三八
兩數比較出欵超過額	九五、九八八、二八四	五四、〇九二、九七九	四一、二八〇、六四〇

以上兩表。除光緒三十二年外。其輸入之超過額。乃四千一百萬。乃至五千一百萬兩。亦僅當輸出額之一成五分。乃至二成三分。若於輸出額中。加以輸出稅運費保險等費。則實可保出入之平衡也。

（正誤）　上期本文第十三頁十三行暖地當作腹地第十五頁第三行彼我下當加一當字第十六頁第三行此距當作北距

一息之運　與古今之運同
一塵之土　與天地之土同
一夫之心　與億兆之心同

薛文清語

法令

法部奏定法官分發章程

第一條　凡法官分發統由法部按照本章程辦理　第二條　分發人員分左之三種　甲　第一次考試錄取人員　乙　照法院編制法第一百七條免第一次考試人員　丙　照法院編制法第一百十二條免第二次考試人員　第三條　分發京師人員不論籍貫總以熟習官話爲限　第四條　分發本省人員准其自行呈請惟仍以地方以下各廳爲限　第五條　分發近省人員其配置方法由法部仿照吏部直州同以下各員專歸近省分發之例辦理　第六條　原有服官省分人員呈請仍留原省者應造具詳細履歷呈由法部查核確係人地相宜者准予分發　第七條　各員呈請願就現在流寓省分者應取具同鄉官印結呈由法部考驗確係熟諳該省語言習慣者准予分發　第八條　派考省分錄取人員除就近分發該省外其有援照第三條至第七條呈請分發者應由提法使查照各條所定分別考核詳由督撫咨

部辦理　合於第二條乙丙兩項資格在服官省分撥照第三條至第七條呈請分發者應由該省提法使查照前項辦理　第九條　分發人員除京師各廳及在外省就近分發外均由法部發給憑照其前條呈請分發他省者應俟法部核准後將憑照發由各該省提法使轉給該員自領到憑照之日起統照第十條所定憑限到省後繳由該省提法使詳由督撫咨部核銷　第十條　分發人員到省憑限分左之二種　一交通省分兩個月　一非交通省分四個月　遇有特別事故不在此限惟須取具所在地方官印結報由該管督撫咨部備查　第十一條　分發人員已有原官或升銜者經分發後未補缺以前照法官考試任用暫行章程施行細則第三十七條辦理

第十二條　分發人員係受學部考驗得有舉人以上出身並經學部帶領引　見者及曾經引　見之職官經法官考試錄取者均毋庸帶領引　見其僅受學部考驗得有舉人以上出身者及照法院編制法第一百十二條得免第二次考試者應由法部帶領引　見並將原領畢業文憑分別呈驗　第十三條　法官考試錄取應行引　見人員分別京外照法官考試任用暫行章程施行細則第三十八條辦

理　第十四條　本章程自奏准之日施行其未盡事宜由法部隨時酌改奏明辦理

憲政編查館奏定各省會議廳規則

第一條　各省督撫應於署內設立會議廳會議全省之行政事務　第二條　會議廳以本省督撫爲議長其下分設兩科　一參事科　一審查科　第三條　參事科以左列各項人員承充　一司道及府廳州縣官　一各局所總辦　一督撫奏設之幕職　以上各員均由督撫遴派　第四條　審查科以左列各項人員承充　一司道及府廳州縣官　一通曉法律人員或現任司法官　以上兩項人員均由督撫遴充　一本省士紳　本項人員由諮議局按照督撫所定員數加倍公推呈請督撫覆選派充如該局所公推者係諮議局議員應開去議員之職　第五條　兩科人員由各督撫酌量該省事務之繁簡規定額數惟審查科人員應於本章第四條所載三項資格中按照總額各選三分之一充任之　第六條　兩科人員除司道外不得兼充
第七條　兩科人員每屆三年遴選一次選定後由督撫開列各員銜名咨送憲政編查館暨資政院存案　第八條　兩科人員至少須過半數任在省城　第九條

參事科應辦事件如左　一凡　特旨交議事件及各部咨商事件遇督撫諮詢時由本科條議　一本省行政事件照章不經諮議局議決者由本科議決　一本省單行章程提交諮議局以前先由本科覈訂　第十條　審查科應辦事件如左　一本省諮議局議決議案呈請督撫核奪施行者應交本科審查　一行政審判廳未設以前所有行政審判事件暫歸本科處理仍俟此項法規規定後再行開辦　一關於本省單行章程規則及督撫衙門訓令等項經本科審查如有與　國家現行法令牴牾之處得呈請督撫核辦　第十一條　各省原設之憲政籌備處專辦籌備事宜其關於第九條所列各項悉劃歸參事科辦理　第十二條　諮議局議決案件經審查科審定應行公布或更正施行者呈請督撫照章辦理其尚待詳議者呈請交局覆議如該局所不應議決者即具理由書呈請行局聲明不交覆議　凡經該科審查之毋庸交議事件如諮議局尚有待申之義得由該科推選一二員到局以資質問　第十三條　會議日期由督撫指定分別召集兩科人員屆期到廳會議　會議時須有在省會員三分之二到會始得開議　第十四條　每開會時應行會議事件及其次序由

督撫宣布分交兩科人員辦理　第十五條　兩科會議以到會員過半數之同意為議決呈候督撫核奪施行　第十六條　兩科人員中如有對於本科會議事件與本身利害有關係者應即迴避不得與議　第十七條　所有每次應行會議事件除督撫認為應行秘密外得公布之　第十八條　兩科人員均為名譽職不支薪水惟通曉法律及本省士紳兩項人員得由督撫酌定公費　第十九條　所有會議細則以及常年會期之長短由督撫各就本省情形詳細具擬並將細則報明憲政編查館暨資政院存案

法令

西塞山前吹笛聲
曲終已過洛陽城
君能洗盡世間念
何處樓臺無月明

文牘

前駐藏幫辦大臣溫宗堯咨請川督代奏維持西藏大局摺

附英國藍皮書譯稿

爲咨請代　奏事竊宗堯一介庸愚仰蒙　朝廷恩遇畀以幫辦西藏至重至艱之任。方受　命之初。誠不自量其不才。惟欲捐竭頂踵。補救萬一。詎自抵藏受事以後。內察藏人之趨嚮。外偵鄰邦之舉動。雖事勢尚有可爲。而合以幫辦大臣之事權。實覺竭蹶無所措手。不敢辜　恩溺職。遂輒請避賢路。復蒙　朝廷矜許。准其開缺。諭令取道四川。籌商事件。遵即交卸起程。於五月二十二日行抵成都。當經電請軍機處代　奏奉

旨開缺駐藏幫辦大臣溫宗堯著另候簡用毋庸來京陛見著趙爾巽遵旨傳知欽此欽遵。伏念宗堯上叨　恩命駐藏十四閱月。祇以智力淺薄。曾無毫髮可爲報稱之事。惟於藏事向少講求。奉　命之日。乃急採購英國二十年來藍皮全書。詳攷該國與西藏歷來交涉之事實。及其應付之政策。審其用意委曲陰鷙。多爲世人所不及知。復

察藏人對英之情形。乃知中國今日治藏。實處極艱難極危險之地。而亦未始無可希望可恢復之機。宗堯既有知見。何敢緘默。蓋今日之論藏事者。皆曰英俄皆當防閑之也。皆曰英俄皆當干涉我也。皆曰藏人之意已不屬我而有專屬也。皆曰事機已到危急無可挽救也。宗堯證以英國藍皮書所載之事實。及西藏官民之向背。竊謂自我言之。則英俄誠皆外患。皆當防閑。而自英俄言之。則防英者俄。防俄者英。彼兩雄者各不相容。卽各自爲防閑。卽各有所忌憚。中國但當利用英俄之各自爲防閑。而速趁此各有所忌憚之時。急起直追。整理西藏之內政。恢復在藏之主權。與其分精力以防閑英俄。不如併精力以治理西藏。此非宗堯之讆言也。觀於藍皮書所載一千九百零三年二月十一號二月十八號。及四月八號。卽光緒二十九年正月十四二十一三月十一等日。英外部大臣三次致駐俄英使之文。內述與駐英俄使之辨論。俄使既申明英在西藏行事。俄國卽須設法保護俄國之權利。又申明西藏之局。如一旦大有更改。則俄國或須設法以保全在亞洲之權利。又申明俄國勿論如何。總以不干預藏事爲政策。但或爲勢所逼。須在別處另籌對待之方。英外部既申明英國無政治之陰謀。無霸佔西藏土地之意。又申明俄若在西藏有所舉動。則英之舉動。不特不讓於俄之舉動。抑且過之。俄若派兵進藏。英必效之。所派之兵力必較俄爲厚。又申明英國因見中國政府一則用延宕之手段。一則對於西藏只有微弱之權力。故起而直接自爲籌策。以上云云。皆秘密緊要之文件。英俄對藏之政策。及其各相防閑。各相要約證明之意。皆昭然若揭。英俄既各有所忌。而各交示其不敢妄動之意。英則直宣布其不得已而妄動之意。乃由中國手段延宕。權力微弱所致。由是觀之。中國不惟不必防閑英俄。卽英俄亦無防閑中國之意。不惟此也。假使中國能增加治理西藏之權力。彼英俄者方且歡迎贊助。若恐不及。此無他。蓋至於中國實在不能保有西藏之一日。彼西藏者又無獨立之資格。而必有所屬。屬英則大有害於俄之中亞細亞方面。屬俄則大有害於英之印度方面。至於其時。英俄必將出死力以競。一得其不得者。必不自讓。必於西藏之外。別有所取償。至其終極。不惟破壞英俄之交際。且將擾亂世界之平和。若是者。皆英俄所至不願。然則中國果能變延宕之手段。爲迅速。變微弱之勢力。爲強大。既以自保西藏之領土。且以兼保英俄之平和。論者所謂我當防閑英俄者。乃不必之事。其謂英俄

文牘 四

皆當干涉我者。則相反之事也。至謂藏人之意。已不屬我。而有專屬。宗堯在藏逾年。朝夕栗栗注意此事。蓋藏人凡分三級。一曰僧俗官吏。一曰喇嘛。一曰百姓。官吏則各不自量。咸有獨立自雄之心。至於不得逞。則又俯首帖耳以聽。向者英兵之入藏。即其官吏之倔强背約所致。英兵一來。其倔强者又恭順矣。比年番官之對駐藏大臣甚不謹矣。川軍至則已改觀。達賴革則羣屏息矣。喇嘛則迷信佛教。俄即因其迷信。故爲隆重佛教以誘之。光緒二十七年宣統元年。達賴兩次派遣喇嘛赴俄。俄皇召見禮遇至渥。凡此皆以牢籠喇嘛。故就喇嘛一種而論。向俄之心較熱。至於百姓。則蠢然無所知識。英之減賞退兵。不派政治代表。純取陰柔平和手段。所爲牢籠西藏百姓收拾人心之方法。蓋已極力羅致。西藏百姓。又不能不受其牢籠。而忘英兵入藏之當怨。由靖西至帕克里春丕一帶之民。以英兵駐紮之久。相遇之厚。無不移怨而感。三級人之性情向背若此。再考西藏之政體。則純全極端之專制。官吏之命令。雖至暴虐。無敢違者。喇嘛百姓。無不仰官吏之鼻息。而聽其號令。喇嘛向俄。百姓向英。中國但能增長權力制其官吏。則向俄向英。皆歸無效。但使事實屬我。即不必更究其意念之誰屬也。夫論者之謂事機危急。無可挽救者。乃以英俄之當防閑。而避其干涉。且不知藏人之意何屬。故覺無往而非荆棘也。今則英俄內容之政策如此。既不必防閑。且不致干涉。不惟有法挽救。其法且非甚難。顧其事機則眞危急耳。蓋英政府雖宣布無佔據西藏土地之意。然又不惜委曲牢籠者。其心何嘗須臾而忘西藏。特不欲操之過急。以傷藏人之心。且不欲彰露形迹。以招俄人之忌。我若仍前因循。再過數年。無所振作。則此數年之中。既不能保藏人之不全體受其牢籠。尤不能保英俄之不別爲權利互換之協約。不幸而有此變。乃眞無可挽救矣。故就今日中國治藏而論。實大有可爲之機。但須迅速敏活。急起直追。而後可爲。且需分別表裏。吾爲操縱在內之計畫。則當兼程並進。不可無一日千里之心。在外之形迹。則當鎭靜和平。不可無應付彌縫之術。不必遽改西藏之地爲行省。而不可不以治行省之道治之。不必强西藏之俗同漢民。而不可不以愛漢民之心愛之。施政之目雖繁。宏綱亦祇二事。宜宣威者不可假借。宜布德者不妨煦育。先定宗旨。而後合內外上下之力。貫徹實行。宗堯之愚。竊謂藏衛必永爲西藩。國家保持治理之道。亦較保持治理蒙古諸藩爲易。如或不幸。而如英外部之言。再示人以延宕微弱之現象。則他日之危。即有非臣子所忍言者。蓋推俄使保護亞洲權利須在別處另籌對待之一言。萬一藏衛有事。國家所憂。固不在西徼不毛之一隅。誠恐東南腹心之地。將受其影響也。至於治理先後之序。宗堯檮昧。不諳大計。愚管所及。則達賴既革。似當以呼圖克圖分任藏事。利用轉世迷信之愚。從此永廢達賴之制。番官向無固結之意。上無達賴。則各求樹幟。英俄雖欲網絡。適以養成角力均權之勢。眼前大事。似莫急於此者。此外練兵興學開礦墾荒通商殖民諸政。則當因時審力。循序進行。而非宗堯之愚所能懸籌妄擬者。除將英國藍皮書內關於英之對俄對藏之政策。摘要手譯。另冊開列外。宗堯感荷 朝廷高厚之恩。愧無涓埃毫髮之報。所有知見所及。擬合借用 四川提督軍門印信。咨請代 奏。爲此咨請 貴督部堂查核代 奏施行。須至咨者。 計咨譯件一冊

英國藍皮書譯稿

一千九百零三年二月四號即光緒廿九年正月初七日英國印度部大臣致印度總督電文

外部准俄國使署照稱俄政府接到可靠消息。謂英兵取道春丕向北前進。已至康巴阿華力克地方等語。此事有無根據。希電復。俄使照內又云。俄政府因注重於不使中國有擊亂之機。故視英國此舉爲有礙大局。或須設法以保護在藏之俄國權利云云。

一千九百零三年二月六號卽光緒廿九年正月初九日印度總督復英國印度部大臣電文

俄使所稱藏事可靠消息。實係毫無根據。不必置辯。現我欲急辦者。卽正月八號文內所載之事也。何光錫現已忽回亞東。約請維德（英員名）在彼處與之相見。以便和平商議界務等事。現我一面籌備進兵。一面答復駐藏大臣。謂我甚願和平商議云。

一千九百零三年二月十一號卽光緒廿九年正月十四日印度總督致英國印度部大臣電文

此間現接駐紮北京本國代辦公使寄到光緒廿八年十一月初六日中國外務部論藏事之照會。其第三節語意含糊。我須注意。又以有大臣進藏一事而論。據該照會。已令其卽速前往。則西歷二月底儘可行抵拉薩。惟稱西歷七月方到該處。此實爲中國

文牘　八

有意延遲之證據。鄙見以爲大局已急。宜及早行事。故欲再向政府提及。使其留意也。

一千九百零三年二月十一號即光緒廿九年正月十四日英外部大臣藍致駐

俄英使公文

俄使今日來署見我。與我談論本月二號其參贊璞君留在本署函內所指之事。我告俄使謂該函之詞意離奇。且近於恫嚇。查西藏爲密邇印度之國。俄使函內所稱俄政府因英在西藏行事或須設法以保護在西藏之權利一節。尤不可解。我告俄使曰。俄國對於英國分內應行之事。屢次興訟。自我觀之。實屬無謂。又曰。凡有關於英俄兩國之事。俄欲向我詢問。我必樂於奉告。但俄之言詞若無責備英國之形迹。則我之答復更易於著手云云。俄使勸我於俄國此次函內之措詞。不必介意太甚。該函不得視爲正式公文。不過就俄使署所接之電文載錄其大概而已等語。我於是告俄使曰。俄政府所稱得有可靠消息一節。業已查明。毫無根據。照內所載康巴阿華力克一處。亦經查明。無此地名。至於春丕係一山谷。與印境毗連。爲印藏往來常用之商道。哲孟雄與西藏交界之處。因立界柱。致生齟齬。我國出於無可奈何。派員前赴該處。要索藏人將界柱重立。俄使答曰。此項荒謬之謠言。係他人故意散佈。欲令英俄兩國不和。我兩國須不遺餘力設法以弭之。我實不見有何等緣因可令我兩國因西藏之故而生出齟齬之事。俄國對於西藏。並無政治上之陰謀。鄙意以爲英國亦無政治上之陰謀也。云云。我答之曰。汝若問英國有覇佔西藏土地之意否。我必能答曰無之。至若籠統宣佈我英國將來何以對待西藏一節。我之言論。即應出於謹愼。以免日後授人以詰責之柄。夫印度政府欲在西藏興商務一節。係順理成章之事。故凡有益於興商務之策。莫不籌之。云云。

一千九百零三年二月十八號即光緒廿九年正月廿一日英外部大臣侯爵藍

致駐俄英使公文

今日面晤俄使。與之重談本月十一號所論之西藏問題。我告俄使曰。前次談論之後。業以此事。向印度部詢問印政府於本月二號俄使署致英外部之公文。甚爲詫異。謂印度在西藏之利益。係具有特別之性質。云云。我復就中亞細亞之地圖。指告俄使曰。拉薩甚近印度之北界。惟距俄國在亞洲之屬地。其最近者亦在一千米之外（每米合中國三里三）

俄國若在英國屬土毗連之國•有所舉動•不能不令英國屬土之人民生疑•以爲英之權勢日退•而俄之權勢•則速進於嚮者所視爲在俄國勢力範圍之外之地也•

我又告俄使曰•英之於西藏•其關係之密切•遠過於俄•俄若在西藏有所舉動•則英之舉動•不特不讓於俄之舉動•抑且過之•俄若派兵進藏•英必效之•且所派之兵•其力必厚於俄之兵力也•

我又告俄使曰•以目前而論•我英不過欲令西藏之官員•遵辦光緒十六年約內所載之界務及商務兩事而已•英國因見中國政府•一則用延宕之手段•一則對於西藏•只有微弱之權力•與之交涉•徒勞無益•而此項界務商務問題•又不得不急於解決•以令我滿意•故我不能不陸續自爲籌策•以達此目的也•

一千九百零三年四月八號即光緒廿九年三月十一日英外部大臣侯爵藍致

駐俄英使公文

俄使今日告我曰•俄政府對於西藏•雖無所圖•但西藏之局面•若大有更改•則不能緘默•蓋西藏之局•一旦大有更改•則俄國或須設法以保全其在亞洲之權利•惟西藏雖

有大更改。俄國仍然不干預藏事。因俄國無論如何。總以不干預藏事爲政策也。但俄國或爲勢所逼。須在別處另籌對待之策耳。俄國注意於保全中國全國之土地。而視西藏爲中國之一部分。俄國盼望英國對於西藏之所爲。不致生出如此之問題云云。我答俄使曰。英國無佔据西藏土地之意。但西藏與印度毗連。英與西藏訂有約章。凡便於商務之事。我英應得享受。藏人若阻我享受此項權利。又不遵守約章。我英維持權利。係勢所必然之事也。云云。俄使然之。我又言於俄使曰。凡教化未開之國與教化已開之屬土毗連。教化已開之國應得操執地方之上權。若干今英之對待西藏。亦應操執此項上權也。惟不能由此而疑英國之對待西藏居心叵測也。

以上各件載於英國藍皮書第一千九百二十號俄國對於西藏之政策卽寓於此。於我國極有關係。故擇譯之

一千九百零四年四月十九號英外部大臣致駐英俄使公文

貴大臣近日與本大臣晤談之際。曾詢問敝國政府是否因藏人抗拒英兵進藏一事而改變其於去年十一月六號電告印度政府對待西藏之政策等語。查去年敝國政

文牘　十二

府。於致電印度政府。飭令榮可朋帶兵進藏時。決意不藉此舉佔据西藏。或干預西藏之事。又告以此次進兵。係專爲使藏人遵守約章起見。此目的一旦達到。英兵即行退出。又告以不願長留政治代表於西藏。至於要索便於商務之事。亦須不離乎該電所載之宗旨。云云。本大臣現能告知貴大臣者。敝國政府。今仍守此政策。惟敝國之辦事如何。須視藏人之舉動爲轉移。敝國不能任由將來事勢之無論如何變遷。而不改其政策也。但一日未有別國干預藏事。則敝國亦一日不欲吞併西藏。或爲其保護主。或掌握其內政也。

一千九百零四年七月念五號即光緒三十年六月十三日印度總督致印度部大臣電文

部見以爲此次之約。應作爲英與藏訂。由英之議約大臣榮可朋。與達賴喇嘛簽押。至於駐藏大臣。擬令其另簽一約。申明光緒十六年所訂之約。與光緒十九年所訂之通商章程。及認可英與藏所訂之約。此次英藏條約。可爲光緒十六年中英條約之補助。鈞意如何。祈示復。

一千九百零四年七月念六號卽光緒三十年六月十四日印度部大臣致印度總督電文

本月念五號電悉。停議英藏條約。由榮可朋與達賴或有代表人簽押。令駐藏大臣另簽一約一節。應准照辦。

一千九百零四年八月六號卽光緒三十年六月念五日印度總督致印度部大臣電文

我軍於八月三號（卽光緒三十年六月廿二日）進駐拉薩。敵軍並未再敢抗拒。百姓安靜。達賴喇嘛。逃往距拉薩數米之某寺。駐藏大臣來拜榮可朋。（卽英之議約大臣）聲言樂於助成和局。並以糧食餽送我軍。彼已代我收集軍糧二日。尚允陸續收集。廓爾喀國之代表人。亦派員拜會榮可朋。嗣又親來拜會。拉薩之山谷。有二三米之寬。種植蕃盛。軍糧甚足。

一千九百零四年八月十三號卽光緒三十年七月初三日印度總督致印度部大臣電文

敝處於昨日致電榮可朋云。軍糧萬一不敷用。致須強購時。汝可購至足用爲度。但不

得損傷寺廟之產業●並不准稍有刼掠之事●

一千九百零四年八月三十號即光緒三十年七月二十日印度總督致印度部大臣電文

敝處接榮可朋電云●我所索賠款●係每日五萬盧比●自英軍被攻之日起算●五月五號即光緒三十三年三月二日但爲數過鉅●鄙意以爲不宜堅索到底●但我若減輕賠款●或可在西藏之東境●添一商埠●此舉政府以爲然否●乞示復●賠款一事●有令我英大失民心之虞●我之對於此事●宜守退讓主義●而以便於商務之事●及鑛務權利代之●云云●查添開商埠及要索鑛權●係有違鈞部八月五號來咨第八節之意●惟榮可朋既倡此議●應否從之●希示復●

一千八百九十四年八月三十一號即光緒三十年七月念一日印度部大臣致印度總督電文

三十號電悉●英政府始終所欲者●係在得最大之利益●而負最小之責任●以賠款論●所擬之數目太鉅●鄙意以爲若令藏人出一可觀之數●其心已寒●而不敢再開罪於我矣●若以加增約載之權利代之●在目前似令藏人少吃虧●在日後或令我英有爲難●蓋難

保藏人不再違背之。無異乎其違背光緒十九年所訂之約章也。

至於添商埠。得鑛權。自表面上言之。似乎有益。但自實際上言之。非切實保護開鑛之人及貿易之人。與常通運道。不爲功。西藏政府對待我英之心。若仍前不改。吾恐多開一商埠。多得一鑛權。必令西藏政府與印度政府多添齟齬之事。時時需勞中央政府之補助及壓力也。

同日印度部大臣致印度總督電文

三十號電悉。榮可朋所擬減輕賠款添開商埠一節。其所指之商埠。是否爲目前之大貿易總匯。希示復。

一千九百零四年九月二號卽光緒三十年七月廿三日印度總督致印度部大臣電文

鈞部八月三十一號電謹悉。前擬向藏人要索在西藏東境開一商埠一事。此間已作罷論。但現在有機可乘而不之乘。恐後悔已晚耳。論該處貿易之大小。現時尙無所聞。

一千九百零四年九月五號卽光緒三十年七月廿六日印度部大臣致印度總

文牘 十六

督電文

九月二號電悉•仰查閱本部八月三十一號電文•便知中央政府對於榮可朋之條陳•如何見解•若有機會可乘•棄之絕不勉强•而可在西藏之東境•開一商埠•不妨爲之•若於已開商埠之外•因添開商埠•而令日後多事•及失去藏人之感情•則中央政府不願爲也•

一千九百零四年七月廿六號卽光緒三十年六月十四日印度部大臣致印度總督電文

除在江孜及噶大克兩處開設商埠之外•須令西藏政府允許二事•(一)如將來商務逐漸興旺•其情形足可添開商埠•西藏政府須與我商議此事•(二)西藏政府不得在現在已通之各道路上•限制貿易•

一千九百零四年九月十號卽光緒三十年八月初一日英國議約大臣致印度部大臣電文

英藏條約•於九月七號即光緒三十年七月廿八日在布達拉山簽押•駐藏大臣亦在場•所蓋之圖章•

一達賴之圖章由代理商上代蓋。一爲加布倫之圖章。一爲三大寺之圖章。一爲僧俗大衆公所之圖章。至於駐藏大臣。一俟奉到北京之命令。卽將附約簽押。駐藏大臣謂附約所載各款。彼意並不抗阻。云當簽約時。藏人和形於色。及簽押畢。加布倫等謂全藏之人。必遵守是約云。

一千九百零四年九月十二號卽光緒三十年八月初三日印度總督致印度部大臣電文

英藏條約於本月七號。在布達拉山達賴駐錫之處。簽押。駐藏大臣在場目擊其事。業經榮可朋直接報告鈞部在案。該約經中央政府核准後。加入下列之更改各節。（一）約首原議係用達賴名銜。現以代理商上及噶布倫三大寺並僧俗大衆公所之名字代之。（二）第五款首句。添入噶大克數字於江孜二字之下。（三）第六款載明賠款英金五十萬鎊。合盧比七百五十萬元。分七十五年繳清。每年應繳盧比十萬元。首次繳期係一千九百零六年正月一號。第十款原文有由商定之二員畫押字樣。現刪去二字。改爲由商定之員畫押。

約中所蓋用者•爲達賴之印•噶布倫之印•三大寺之印•及僧俗大衆公所之印•賠款每年攤繳盧比十萬元一節•係出於代理商上之所請•榮可朋心雖不願•惟爲急於簽押起見•故勉强從之•此係實情•故彼有懇請核准之意•鄙意以爲該約既定•不宜更改•以繳款論•日後藏人如財力充裕•願意多繳•亦不必限以每年十萬•論數目•我中央政府•若見藏人行爲恭順•謹守約章•亦可酌量減輕•而取償於方便貿易之事•但目前似不必有所更改也•以附約論•駐藏大臣•於藏約簽押時•既肯到場•一俟奉到中國政府之許可•亦必肯將附約簽押•現榮可朋定期九月二十號離開拉薩•倘居時附約仍未簽押•駐藏大臣•或能隨同我軍到江孜辦理此事也•

一千九百零四年九月十三號即光緒三十年八月初四日印度部致印度總督電文

九月十二號電悉•賠款之鉅數•已顯出爲難情形•若與第七款並觀•則爲難之處尤甚•（第七款言賠款清楚然後退兵）勢將令我佔据春丕七十五年•此與本部七月廿六去電之訓令•及中央政府對於退兵之宣佈不符•以賠款言•按尊處八月三十來電所言•即榮可朋亦稱數

目太鉅。現在能否告知藏人。照依尊處九月十二來電所擬辦理。謂藏人如能遵守約章。及能推廣方便於商務之事。我則將賠款減輕。而不致有礙於約章經已簽押之一事乎。

一千九百零四年九月十四號即光緒三十年八月初五日印度總督致印度部大臣電文

九月十三鈞電謹悉。鄙意亦以免有長佔春丕之形迹爲宜。現已將鈞部來電所擬各節熟商。有唐沙本洛者。（人名未悉爲誰）獻議於藏人。謂此次賠款。儘可在新訂條約所指之商埠。設立稅關。由英人代徵貨稅。以資挹注。藏人似有允許之意。此議經印度政府詳慎熟商。現擬依照新訂通商章程。在邊界之處。令進出印藏貨物。完納實落之關稅一次。如此則沿途各項不合理之徵抽。或可盡免。現已電告榮可朋。謂印度政府以此議爲然。惟未奉中央政府訓令之前。不得作爲定議。只宜詢探藏人之意。願否在西藏之東境。添開一商埠。及准我派員測量敝處於九月三號去電所指之路途。並設立上文所言之稅關。以酬報我之加恩減去賠款三分之一等語。藏人若願依議。則減輕賠款之事•可於將來換約時•由印度總督辦理•至藏人所允各事•亦可由印度總督開列•附於藏約之後•此附件亦可聲明藏人於賠款一事•每年或繳盧比十萬元•或不止十萬元•均聽其便•至於繳款之年數多少•亦可不必聲敘•如此則可以避開藏約所載久佔春丕一節矣•

一千九百零四年九月十六號即光緒三十年八月初七日印度總督致印度部大臣電文

鈞部九月十三電稱賠款之數目即榮可朋亦以為太鉅等因•鈞部若查閱九月七號敝處去電•當知榮可朋已改前議•謂所定之數目•諒藏人之財力足能交付云•

一千九百零四年九月十六號即光緒三十年八月初七日印度部大臣致印度總督電文

九月十四號電悉•中央政府甚不願所定賠款年限•有牽累後代藏人•而解脫此次肇亂之人•及肇禍之喇嘛寺之效果•中央政府更不願此次之賠款•具有常貢之形式•是故最緊要者•係將賠款定為能於短速期內繳清之數•尊處所擬減輕賠款之法•可為

引導中央政府更進一步之基礎•中央政府現諭令將賠款由七百五十萬元•減至二百五十萬元•可以關稅作抵•按照約章•我之佔据春丕•係或以賠款繳淸之日•或以商埠開辦三年•著有成效之日爲止•但此二事•無論何者居後•卽以何者爲退兵之期•倘現須變通辦理•自宜訂明我之佔据春丕•應以辦理關務三年•及開埠三年•著有成效•並於三年限內•統共繳過賠款五十萬元之日爲止•惟無論事情如何•我軍不得因欲加添既得之權利•而久留拉薩也•業可朋若能恪遵此項訓令•則可向藏商取尊電所擬權利之全數•或若干分•以爲減輕賠款之酬報•

一千九百零四年九月十八號卽光緒三十年八月初九日印度總督致印度部大臣電文

鈞部十六來電敬悉•賠款係應照敝處所擬減至五百萬元•抑係應照鈞部之意減至二百五十萬元•祈示復•

一千九百零四年九月十八號卽光緒三十年八月初九日印度總督致印度部大臣電文

敝處現接榮可朋於九月十四號由拉薩來電所云如下●中國外務部電飭駐藏大臣勿簽附約●

同日印度部大臣致印度總督電文

九月十八號電悉●賠款應定爲二百五十萬元以期速繳●

一千九百零四年九月廿三號卽光緒三十年八月十四日印度總督致印度部大臣電文

敝處於九月十四號電告榮可朋各節●現得榮可朋於九月十八號由拉薩復電●所云如下●鄙意以爲印度政府●不以所定賠款之數爲過鉅●所定之賠款七百五十萬元●分期七十五年攤繳若與三年之內淸繳者●比較其所值●則三年淸繳者之半數●已等於七十五年分期攤繳者之全數矣●七百五十萬之半數●約合三百六十萬●查印多爾國地在印度西北爲英屬土榮可朋曾充該處之辦事員每年之進款●尙且倍於三百六十萬元●況西藏乎●西藏除現銀一項短絀外●其餘無一項不遠富於印多爾者●我向西藏取償之款●若果在三百六十萬元之下●則此次所用之兵費●須由印度人彌補其不足●我將何以對印度人乎●若果

逼令西藏之人於三年之內繳足三百六十萬元。難保我不永遠留存一種知覺於藏人之心中。謂英人過於苛刻。種界將由此而生矣。蓋所賠之款。西藏政府。不令富足之喇嘛寺供給。而勒令貧苦之百姓分攤也。我所定之七十五年攤繳期限。係出於西藏人之甘願。至於鈞電所擬之辦法。亦付託廓爾喀國及布丹國之人商諸藏人。而藏人不肯樂從也。現藏人對於英人之感情。遠勝於前。而於我所定之賠款辦法。並無怨言。藏人於我派員由江孜測量至噶大克一事。亦已允從。且不特不抗阻。甚至委員陪護。我宜趁此時機以聯絡之。若再與之辯論。恐樂於了局之平和黨。反爲羣議所亂也。鄙意以爲此次所定之約。已減輕我英之責任不少。賀諸麥多那君。英軍統領之名亦復意見相同。我既佔据春丕。又得藏人之歸心。則駐紮江孜及噶大克兩商埠之英員與英商。可保平安。但退兵之後。萬一藏人因懷恨於賠款期速之故。起而與我爲難。則英員及英商所處之地位。堪虞矣。我自信我之所爲。已達負最小之責任。而得最大之權利之目的矣。我甚不願目前有所更變。致令滿意於現約之藏人。又復心亂也。一切更變之事。儘可於重訂通商章程之時爲之。現我行期伊邇。在藏逗遛。爲時不多。中央政府所擬更變之事•如此重大•恐不能辦成•惟有懇請從長計議而已•至於中國政府之對於藏約•直待事情進步至目前之地位•然後抗議其所爲係不合情理也•況且藏約未經簽押之前•我曾將約稿送交駐藏大臣閱過•簽約之時•駐藏大臣又復在場眼見其事•當時我與之以抄約一分•彼復自稱不見有可抗議之處•

一千九百零四年十月三號即光緒三十年八月廿四日印度部大臣致印度總督電文

榮可朋奉行中央政府之訓令•以議藏約•統言之•能得中央政府之嘉許•但論賠款一事•則其所得之效果•直與中央政府之訓令相背•按照中央政府對於此事之訓令•賠款之多寡•應視藏人於三年之內•其力量能繳多寡爲準•至於退佔春丕之事•應於賠款繳清之日•及商埠開設三年之久•著有成效之日行之•但榮可朋因從藏人之條議•將賠款展長期限攤繳•是其對於最要之一事•有違背中央政府之訓令矣•中央政府向來政策•係在於不干預西藏之內政•此次辦理藏人因背約而生出之亂局•所獲之效果•須與向來政策之意相符•自去年十一月六號以來•本部屢將此意報告尊處•中

央政府將於賠款之問題•計畫其事•最爲透徹•本部曾於九月十六號電懇尊處•將賠款由七百五十萬元•減至二百五十萬元•俟繳至五十萬元•我軍卽當退出春丕•榮可朋果能恪遵中央政府之訓令•則此節儘可辦到•但現因榮可朋已離拉薩•以致失此時機•殊爲可惜•惟中央政府不能因此而變易其方針•故其對於無論何項條議•有令英軍佔据春丕之時期•出於七月廿六號去電所指之期限之外者•一概拒而不納•將來換約之時•務將此改正•以符中央政府之決議•至若藏人萬一日後不肯按照攤期繳款•或出別項事端•致與條約有礙•屆時自應另行籌畫對待之策•但事情一日未到如此之地位•則代表員因不遵訓令所製造成之局面•中央政府卽不能輒予採納也•

一千九百零四年十月廿三號卽光緒三十年九月十五日印度總督致印度部大臣電文

敝處據駐紮江孜之商務委員報告•該處之西藏商務委員對於開埠之事•極表厚誼•並稱願由西藏政府出費•代我在於由江孜至帕克里之通道上建設郵舍•云云•惟我國業經按照光緒十九年條約第二款•在沿途建築站舍•可作郵舍•及商旅宿舍之用•

文牘 二十六

勿需再由藏人代設。但藏人與我如此切實交好。足證棠可朋立約之大效。目前藏人之對於我凡事均極心滿意足。

一千九百零四年十一月七號即光緒三十年十月初一日印度部致印度總督電文

十月六號尊函。及十月廿一號尊電均悉。減輕賠款一事。尊處擬於換約時向藏人聲明。所擬定之聲明格式。經本部核准。惟須敘明英兵駐紮春丕不須俟商埠切實開設三年而後退出。庶能使藏人遵守商埠章程。至於藏人允許立約。允許駐紮江孜之英國商務委員往來拉薩一節。業經中央政府批駁。鄙意以爲應由尊處告知藏人。略謂我雖不以此事載入約章爲急務。然甚感藏人允願立約之美意。云云。中央政府對於擬立之約。視爲可有可無之事。且視爲與其始終之宗旨不符。

一千九百零四年十一月十一號即光緒三十年十月初五日印度總督致印度部大臣電文

十一月七號鈞電謹悉。我已換約。一如中央政府之命辦理。並如鈞部所議致函於拉

薩之官吏以敦睦誼矣•

一千九百零四年十一月十一號即光緒三十年十月初五日英外務部大臣致

駐紮北京英使電文

爲西藏附約事•希告知中國政府•謂我國中央政府•現已決議派印度總督在印京與中國開議附約之事•

印度總督所簽押之減款聲明書作爲英藏條約之附件（一千九百零四年十一月十一號即光緒三十年十月初五日在印京簽押）

光緒三十年七月二十八日•即西歷一千九百零四年九月七號•英國所派之代表員榮可朋•與西藏之代表噶爾丹寺長羅生戛爾曾•暨噶布倫並色拉別蚌噶爾丹•三大寺之呼圖克圖•及西藏民教諸首領•所立之英藏條約•現經印度總督批准互換•並惠允飭將該約第六款西藏應賠補英國入藏兵費•由原定之七百五十萬盧比•減爲二百五十萬盧比•又復聲明該約所定之賠款初繳三年三期之後•英國所派佔守春丕之兵•可以撤退•惟該約第二款•所立商埠•西藏須按照第七款開妥三年•並須按照約

內各節一一認眞遵辦。印度總督嘧土爾簽押

上列之聲明書係於一千九百零四年十一月十一號由印度總督當堂簽押印度交涉司費禮夏簽押

印度交涉司致西藏代表商上噶勒丹池巴公文光緒三十年十月初九日

英藏兩國代表員於一千九百零四年九月七號會同訂定之英藏條約。業由印度總督批准互換。印度政府現飭本交涉司。將此事告知貴代理商上。本交涉司現寄送聲明書一件。並配送藏字譯文一件。係經印度總督當堂簽押。作爲英藏條約之附件。所言如下。一千九百零四年九月七號。英國所派之代表員榮可朋與西藏之代表噶爾丹寺長羅生戞爾曾。暨加布倫並色拉別蚌噶爾丹三大寺之呼圖克圖及西藏民教諸首領。所立之英藏條約。現經印度總督批准互換。並惠允飭將該約第六款西藏應賠補英國入藏兵費由原定之七百五十萬盧比減爲二百五十萬盧比。又復聲明該約所定之賠款初繳三年三期之後。英國所派佔守春丕之兵可以撤退。惟該約第二款所立商埠。西藏須按照第七款開埠三年。並須按照約內各節一一認眞遵辦等語。

印度政府之所以如此優待西藏。而將西藏應賠之款減爲二百五十萬。及其所以如此通融。將春丕讓還西藏者。因見自從英藏條約簽押以來。藏人之對於英國。其舉動均屬平和及合宜故也。印度政府之施此厚惠於西藏。係爲盼望藏人知感英國之慷慨。又爲印度與西藏爲鄰。兩國之利益無分彼此。甚願兩國永遠和好故也。查前者進藏議約之大臣榮可朋君。亦具此心。諒貴代理商上尚能記憶也。現該大臣因見西藏之人。嘉感其對待之慈和。又見西藏之人實心遵守其所定之約章。心甚悅服也。本交涉司尚有一言奉告。查本年九月間。英國之議約大臣。曾與西藏之代表員簽押聲明書一件。訂明駐紮江孜之英國商務委員。若因事前往拉薩。西藏政府准其前往等語。現印度總督雖深感西藏政府此番美意。但以爲其事不必列入約章也。

以上各件載於英國藍皮書第二千三百七十號英國對於西藏之政策。卽寓於此於我國極有關係故擇譯之

文

前農工商部侍郎唐文治咨請憲政編查館代奏

文牘　三十

奏派憲政編查館一等諮議官前農工商部左侍郎唐。爲咨呈謹請代　奏事。竊維國家籌備憲政。首先釐定官制。而勸業與巡警兩道。爲各省所應添設。要非一省所宜倍加。非特虞財力之虛糜。亦以謀事權之統一。查照奏定外省官制通則。江蘇應設之勸業及巡警道各一缺。業於本年春間。先後由江督蘇撫遴員試署。顧詳閱原奏。擬仿藩學二司之例。分別寗蘇。除現署二缺外。尙須各添一缺。文治竊以爲江蘇之名義。固統江寗蘇州言之。而全省無可析。猶皖省之稱安徽。亦指安慶徽州言之。而全省無不賅。江蘇督撫雖不同城。要非各自爲省。江蘇藩司雖設二缺。要以財賦甲於各省。特別增設。他省俱無此例。舊時官制。藩臬並重。江蘇臬司向祗一缺。仍與他省無所出入。即將來改設提法使。度亦不復析增。至提學使之分缺爲二。事在外省官制奏定以前。勸業與巡警道。係新章添設之缺。自宜遵照通則。每省各設一員。按之江蘇情形。未必迴異於他省。而該兩道所管之事務。本應綜全省而統籌。職有專司。斯地無分治。不必各存畛域。轉生隔閡。即以統馭之形勢論之。寗蘇地甚密邇。呼應本靈。淮徐稍遠。而不久即水陸交通。亦無慮鞭長莫及。此就政權分合言之。爲不宜寗蘇並設者一也。又查各省設勸業巡警道。多照章以糧道或守巡各道裁改。故一轉移間。款不虛糜。而事已畢舉。江蘇道缺凡七。無論蘇垣糧儲。甯垣鹽法。以及滬鎮兩關。淮揚及徐州各道。現在概仍其舊。即江安糧道一缺。久無所事。經端前督請裁而未果。今亦無人置議。目前試署之勸巡警兩道。全係增添。而無所裁併。所需經費。雖未規定。但照浙省辦法。兩道俸廉公費。與夫調查出巡等款。歲需銀三萬餘兩。加以勸業警務兩公所員薪工食額支活支等項。又不下六萬九千餘兩。計共每年需費銀十萬兩。江蘇定案時。或尚不止此數。向者本館奏核巡警道官制。原摺固嘗慮及應裁者尚未盡裁。而應設者先行遍設。各省財力拮据。有所不支。何況應裁者無一議裁。而已設者更須添設。民力竭矣。又安得有此財力乎。其實該兩道之職任。不過督率提倡。綜其大綱而已。至於實力奉行。全在各屬官紳團體。現時各廳州縣實業警務。類多無力舉辦。而徒臨之以官。空言倡導。已覺難期成績。若再各增一缺。恐奪民間自治教養之力。而上耗於員司。并舉公家九年籌備之費。而半糜於冗食。此就財用出入言之。尤不宜甯蘇並設者一也。文治稔知江蘇財政。外强中乾。已非一日。新定官制。固亟待推行。第有可以節省之處。冀爲國民稍紓擔負。幸而督撫原奏。聲明籌議就緒。再行請簡。是大局尚未全定。轉圜當易爲力。倘荷 本館採納。請罷●甯●蘇●並●設●之議。庶官制可期劃一。而財政亦少困難。江蘇全局幸甚。相應備文咨呈 本館察奪。代 奏施行。實爲公便。再文內係借用郵傳部上海高等實業學堂關防。合併聲明。須至咨呈者。

中國紀事

江督蘇撫關於借債築路之覆電　錫瑞兩督所主張借債築路一事。曾分電各督撫。徵集意見。茲得江督蘇撫覆電爰照錄如下。

江督張覆電　電敬悉。以交通爲振興庶政之本。血脈貫注。支體輕靈。誠爲良策。行政則速於置郵。國防則易於徵調。懋遷稱便。生產流通。而實業從此益進。外債息微。收爲我用。而外交又得均勢。是皆利之可言者。再窮其害。（一）借債修路。近已屢行。外人投資。我尚有故靳其求之迹。妥立合同。已多失算。財權諸事折扣。先著皆爲彼占。且豫料虧折。必須慮抵。既已指抵。何慮非實。又若我借彼債。欵初未交。定約日起。即照全數計息。存彼之銀。籌還我息。必較原息減釐。隨提隨扣。提用出之欵。還須寄存洋行。陸續支放。材料工匠。何國之債。先儘何國。是借欵雖鉅。無望流布民間。用料及上等執事。仍資彼族。吾國人所獲苦工之費。能得幾何。（二）關稅釐卡。抵債略盡。所借既多。勢將指抵丁糧。設有虧耗。利息不繼。間及抵欵。租賦正供。亦啓人干預。因租賦而牽連。催科賦字。叅以外人大局何堪設想。財政權之旁落。埃及覆轍。可爲寒心。夫路務之有虧耗。滬寗已其明証。(三)非常之原。黎民所懼。拒欵風潮。羣議未已。昨因津浦續債部電設法。飭購華股劄行諮議局籌勸據復痛駁。至謂無非取華人之財。附寄洋人名下助彼侵占路權之柄。所見如此。若竟與論紛呶。解說既難。壓抑不可。購地程工。均將橫生阻礙。(四)衆說既紛。人心震驚。奔走呼號。易滋暴動。以粵省開通最早。九廣路工。鄉民抵抗。枝節滋多。經路員會同地方文武幾費調停排解。差幸無事。洋員已有受傷者。前美公使洋人。佛山勘路。迭受圍毆。是皆已事。今將各路同時並舉。保護設有未周。外人以賫本所在藉口別生枝節。丁未戊申間。英人因粵省商船被刼。强涉西江緝捕權。覬覦之漸。似應慎防。綜此四端。愚慮良用惴惴。查美人先以西部諸地募墾。交通不利。畝値千元。迨借英欵造路。八年間放四千英里。地價驟增。鐵路公司終以辦理不善。官商交困。此道光十年至十七八九年事。至咸豐九年。又大舉通路。至同治十一年間。各公司賫本偏重路工。以至積壓不能周轉。一切損害。至十餘年不能復原。蓋彼國借欵而權自操。亦尙不無流弊。今我國論國勢民情。既屬迥異。借欵問題。更無妥法。茲事體大。尙望藎籌。

蘇撫程復電　佳電敬悉。九年籌備。館部訂章。或爲多國之陳迹。或係個人之理想。於中國財力民力。本不恰合。於各省風氣之不同。地位之迴異。更未嘗置意。是以立一法而未必能行。辦一事而未必有益。各省交通隔絕。情勢迥殊。若非急修鐵路。則全國血脈。無由貫通。全國人民。無由接洽。雖有良法。雖有治人。亦決無下手之處。藎見宏遠。至爲紉佩。竊謂普築鐵路。以利政治之推行。固爲重要簡單入手辦法。然入手之先着。及入手之後備。尤爲重要中之重要。不能不預爲籌議。築路欵項。非數萬萬不能舉。環顧歐洲各國。雖有餘資。又誰肯貸我重金者。惟美國富商。因受工業限制。失其生利之自然。皆思出其資本投之遠東。以長其生利事業。日俄協約成。華美感情增厚。故政府宜趁此時機與美協約。則將來借欵有百利而無一害。不特於路欵有益。且於國家大有關係。所謂入手之先着是也。築路借欵。養路斷不能借欵。若實業不興。而轉運物少。則鐵路建成之日。卽鐵路虧累之日。爲今之計。宜以外債爲築路之資。宜募公債興實業。以爲養路之資。並藉以爲將來償債之資。而後十年以後。鐵路陸續告成。不致再虞困難。此所謂入手之後備是也。抑更有進者。凡行一政必有人負其責任。用一款必有人爲之監督。尊電謂鐵路告成。則行政勢如破竹。倘使十年之內。政象不如今日。旣無主腦。又無羣力。內外棼亂。上下蒙飾。則雖鐵路告成。而政治之不能推行也如故。而況鐵路未必確有成。何也。無內閣負其責任。則政事擾雜。漫無主宰。不特將來之政治無所歸宿。卽目前築路。亦不識誰爲主持。無國會爲之監督。則以息借之欵。供濫用之需實效未聞。負累已重。徵之往事。可爲殷鑒。是以全所謂入手之先着。及入手之後備。實爲築路之重要問題。而責任內閣及召集國會又關係先着後備之重要問題也。世變日亟。誠不我待。弟擬與諸公熟商。挈銜入告。正譯發間。接安帥蒸電。有與鄙人相同之處。望併察酌爲幸。

江南又擬舉辦袁世凱式之公債票 自袁世凱在直隸創辦公債票之後。湖北倣而行之。安徽倣而行之。本報前曾已闢其謬矣。不謂踵其謬者復有湖南。今又有江南。未始非節省政費之結果也。

江督電云。竊甯省財政。從前出入。尙能勉强相抵。間有短絀。亦可設法騰挪。自奉提釐金抵還洋欵。撥補多屬虛懸。頓形竭蹶。加以近歲徵練新軍。舉辦文武學堂。推廣一切新政。及加撥海軍經費。崇陵工程。諮議局勸業會等項經費。爲數甚鉅。而大宗進欵。如銅元餘利等項。皆成無着。入欵銳減。出欵迭增。庫儲久空。應付無術。且水旱盜賊。意外用款。尤復層出不窮。支絀情形。勢難終日。人駿抵任以來。迭經竭力節減。惟縮寸盈尺。無補於事。大抵近歲用度。幾以甲年出款。預支乙年進項。羅掘既盡。益以稱貸。如丙午災振。所借正金銀行之款。尚欠五十萬。無力籌還。由財政公所展期轉借。上年江北遭水。今春各屬缺米。迭辦賑糶。復先後借用大清銀行。江安糧道。裕寗銀錢局。籌款共不下七八十萬。雖平糶虧耗。奉旨准予作正開銷。而正款既已無餘。則亦無從彌補。且軍餉新政。無一非急要之需。若不設法籌維。貽誤何堪設想。思維再四。惟有援照直隸湖北安徽成案。試辦公債票。以資挹注。而補積虧。現擬就江南財政公所。暨裕寗官銀錢局兩庫。歲籌銀五十七萬兩。作爲抵還之項。計可貸公債銀二百四十萬兩。酌定大票每張庫平銀百兩。小票每張十兩。各按甲乙丙丁戊己六字列號。分作六年還淸。第一年。按七釐週息。每年遞加一釐。至第六年一分二釐爲止。即以所籌之的款付逐年之本息。此項債款收入後。以一百九十萬兩抵還歷年借款。及濟餉需政費之不足。以五十萬兩籌付勸業會。爲振興實業之用。擬訂章程十六條。大致與直鄂皖各省辦法相同。總以補助度支。維持商民信用爲宗旨。據江甯藩司勸業道詳請奏辦前來。人駿查核所議各節。尙屬周妥。當此財力萬窘之際。舍此別無補救之方。合無仰 天恩。俯准照辦。甯省幸甚。除將章程咨部查核外。謹電陳伏乞代奏。請旨遵行云云。

熊希齡條陳指撥皇室財產

新簡奉天鹽運使熊秉三都轉希齡。於本月二十一日。呈遞封奏一件。聞係條陳皇室經費。畧謂皇室經費度支部將行訂定。惟我朝龍興丕基。其取給於皇上者甚鉅。豈額定之經費。所足敷用。臣忝列清理財政。自到奉後。於財政上大加採訪。如奉吉兩省八旗隨缺伍田約計有二百萬餘畝。本授之自上。今以移作皇室財產。於名義固屬甚正。若將以上兩省所有各地。概行丈放。招民交價認領。奉省地價較貴。每畝平均十兩。丈放一百萬畝。可得一千萬。吉省雖係新闢。近亦漸成熟地。每畝平均五兩。丈放一百萬畝。可得五百萬。提存銀行生利。年息四釐。每年亦可得六七十萬。且三省圈定未開大段森林。及沿江山荒之地。尙廣。亦可作爲皇室財產。即以前項歲生利息。爲經營資本。設置林官技師。按年採用。隨伐隨栽。十年之後。歲入源源無窮。實爲皇室可久可大之業。既經列爲皇室財產。按以公法。外人當重皇室之尊嚴。不敢侵犯。應飭下東督錫良選派廉明公正大員。加以內務府職銜。切實經理。以收成效云云。

江蘇諮議局發起國會請願　國會代表團前經兩次呈遞請願書。皆未獲報可。豈以人微言輕。不足以動　宸聽歟。本報前曾主張願海內之有聲望者。加入此團。今聞江蘇諮議局議長張季直殿撰。擬聯合各省諮議局議長。結成一請願團。倘能得各省贊同。則其力更厚也。爰亟錄其公啓如左。

敬啓者。國會請願兩次無效。羣望三請。近日敝省公論。以爲前次　諭旨。既斷再請之路。現資政院開。專達民隱。自不能援他奏事官之例。不爲上達。此次請願。擬向資政院陳請建議。以期必達。此第一步也。請願之人。就蘇言擬推舉以議長名義北上。此第二步也。請願之期。以十月底成行。十一月到院陳請。適爲畢本局之事。而尚在資政開院之期。此第三步也。以議長名義北上。各省能否贊同。或不盡能去。亦當轉托他省能去之議長爲代表。略成一議長之請願團。以結前二次代表團之局。而別開第三次請願之新面目。此第四步也。公論如是。謇不敢違。用敢馳告同岑。蘇省之公言。謇之微意。皆以此爲然。惟取各貴省之答覆爲進止。有直省過半數同者。亦即決行。蓋恐交通過阻之處。亦非函訊所能及也云云。 江蘇諮議局議長張謇謹啓

資政院分股議員名單 第一股股長趙炳麟。理事沈林一。第二股股長許鼎霖。理事孟昭常。第三股股長勞乃宣。理事顧棟臣。第四股股長莊親王。理事陳寶琛。第五股股長耆親王。理事雷奮。第六股股長陶葆廉。理事汪榮寶。

第一股議員 奎　公　壽　公　色郡王昭烏達盟　巴郡王　達　公　延侯爵　敬子爵　胡男爵　世珣　宜　純　奎　廉　劉道仁　文哲琿　趙炳麟　儼　忠　胡　駿　榮　厚　曹元忠　喻長霖　沈林一　宋振聲　李湛陽　李　榘　潘鴻鼎　方　還　余鏡輿　邵　羲　王　佐　陶保霖　李慕韓　王昱祥　劉志詹　范彭齡

第二股議員 順承郡王　盛將軍　博　公　陳懋鼎　趙椿年　毓　善　張緝光　李經畬　林炳章　胡礽泰　劉　華　章宗元　陳瀛洲　書　銘　劉春霖　許鼎林　孟昭常　夏寅官　馬士杰　江　謙　閎荷生　劉景烈　鄭際平　王廷揚　鄭　潢　易宗夔　王紹勳　李華炳　吳懷清　王璐南　萬　愼

吳賜齡 劉榮勳

第三股議員 潤貝勒 鐙公 貢郡王 希公爵 志公爵 李子爵 榮普 錫嘏 榮凱 顧棟臣 魏聯奎 文溥 勞乃宣 江瀚 王佐良 達杭阿 陳樹楷 李搢榮 鄒國瑋 康詠 張選青 陳國瓚 陳命官 彭運斌 盧瀛 米其光 張政 周廷勵 劉述堯 黃晉蒲 陳榮昌 張之霖

第四股議員 莊親王 振將軍 盈將軍 慶將軍 勒郡王 特郡王 司公 黃公爵 榮公爵 景安 吳緯炳 吳士鑑 陳寶琛 嚴復 李士鈺 席綬 羅乃馨 齊樹楷 於邦華 李國筠 陶鎔 黃象熙 文龢 陳敬第 胡柏年 黎尚雯 尹祚章 鄭熙嘏 李時燦 渠本翹 梁守典 楊錫田 李文熙

第五股議員 容郡王 罴公 燕將軍 多郡王 那公 存侯爵 劉男爵 成善 慶蕃 劉澤熙 王芳 吳敬修 郭家驥 周廷弼 徐穆如 桂山 吳德鎮 胡家祺 雷奮 汪龍光 談鉞 羅傑 湯魯璠 唐右楨 蔣鴻斌 陶毓瑞 李素 周鏞 高凌霄 黃毓棠 顧視高 牟琳

第六股議員 瀛貝勒 那親王 索親王 色郡王錫林郭勒盟純貝子 榮公爵墩 曾侯爵 定秀 何藻翔 陳善同 柯劭忞 汪榮寶 長福 陶葆廉 孫以芾 林紹箕 王鴻圖 王玉泉 慶山

中國紀事 十

籍忠寅 江辛 柳汝士 楊廷綸 陶峻 彭占元 張之銳 王用霖 劉緯 郭策勳 劉曜垣
王廷獻 馮汝梅

聞該院所編坐號。先宗室王公滿漢外藩各世爵。次宗室覺羅。次各部院。次碩學通儒納稅多額議員。又其次各省諮議局互選議員。蓋依院章分配。并非簽定云。

世界紀事

英國與阿片會議　美國倡議在海牙舉行第二次禁煙會。英國已允入會。惟約定會中不能以中英兩國所訂鴉片條約爲議題。

英國之同盟罷工　英國威路士之礦夫罷工者一萬二千人。雲遮士打之紡織職工。亦相約罷工。現達二十萬人之數。製絲工場七百餘所。其紡錘約四千五百餘萬皆已停歇。

英國與土國　英國各報皆謂土耳其有暫離英國之手。而歸於德國勢力之勢。非難駐土英國大使羅沙外交失策之聲。不絕於耳。

德國之近東外交　德國爲對抗布加利亞於土耳其羅馬尼亞兩國之締結同盟力爲斡旋。此舉實對俄法之巴爾幹政策加大打擊。

德帝之演說　德帝此次赴墺於維也納大受歡迎。德帝於席上演說。頗聳觀聽。其演說論及當時墺國合併波希二州之外交。俄國實蒙莫大之恥辱。德帝亦磨刃以須以表同情於墺國。蓋欲使墺人咸知德國是時對於墺國已爲兵力援助之準備也。

德探被捕 俄國軍隊於莫斯科操演。德國士官二人受秘密偵探之嫌疑致被捕縛。

德俄劃界 德國與俄國在恩曼及波羅的克之劃界問題。不日可以議決。

德國棄用汽球 德國陸軍鑒於法國之經驗。決議棄用汽球。因耗費甚巨。駕駛不便。且容易破壞之故。政府擬以購汽球之費訓練一駕駛飛船隊。

土國國債與法國 法國政府以土耳其與英國卡塞爾團體所訂借款契約。不啻藉英國之援助。掠奪法國之資金。此次英土所訂之公債契約。乃係草約。如至陽歷十月一號。仍不能與法磋商就緒。則即作爲實行。惟目下已可視爲定決。蓋法國政府決意不允減削前日所訂約之毫末也。又土耳其若加入三國同盟。或英國有助土自德國購買軍艦大砲之意。則法國政府。只有竭力阻止土耳其公債劵之流入法國市場云。

法土交情 法國政府。以土國現政府之青年土耳其黨一切政策。皆失於急激。頗有不信任青年黨政府之意向。故兩國政府之間。時有齟齬。

德墺土同盟 俄英法各國喧傳德墺及土耳其締結三國同盟。惟德國政府力辯爲謠言不足置信。

黑海艦隊大操　俄國黑海艦隊大操。所演各種陣法。皆以試抵禦土耳其一方面攻擊之能力。

葡國擴張海軍　葡萄牙海軍省現決擴張海軍。置設一造船所。可備二大船渠。建造排水量二萬五千噸之戰艦二艘。又於英國募集公債。即於該國造船所。定製裝甲巡洋艦六艘。水雷艇六艘。殖民地用之砲艦九艘。

葡國大赦　葡萄牙皇帝。對政治上及新聞條例之違犯者。發布大赦令。

荷蘭議會　荷蘭議會開院。所頒勅語。謂各殖民地日漸興盛。豫料經濟上之發達。可以永久。今擬修訂稅則。施行所得稅。勞働保險律。及內國行政之改革。又該國豫算。爲荷領印度虧損一億二千六百萬法格林。故須籌新稅。以資彌救云。

國際捕獲審驗所　各國關於萬國戰時捕獲審驗所條約之交涉。大有進步。審驗所行將置設。

布國內閣之辭職　布加利亞內閣與國王腓治男之平和外交政策。極不相容。遂至

世界紀事　四

總辭職。

羅派之勝利　紐約州之豫備選舉。羅斯福派大獲勝利。該派至占共和黨大會委員之過半數。羅氏得爲紐約州知事之候補者。該州咸望挽回共和黨之形勢。

中德美同盟之剖辯　美國國務省剖辯中德美同盟之不確。且言今回德國皇太子游歷中國。於美國政府所知之範圍內。實於外交上初無何等之意義。

美國之防備計畫　美國塔虎脫於美國議會提議支出美金二百萬元爲巴拿馬運河要塞築造費。又建造德列腦式戰艦二艘。以備緩急。且該運河未竣工以前。至少須每年繼續建造戰艦二艘。

朝鮮之行政組織　朝鮮總督府之新官制。其地方行政。則於現有之各道。置一道長。於任勅長官之下。恰如日本各府縣之制。然鑑於臺灣及北海道之實例。新闢地之地方分權。成績頗不良好。故一切官制。採用中央集權制度。

叢錄

江介雋談錄

野民

圓明園詞

王壬秋先生一字壬父。咸豐之初。計偕至京師。時樞相肅順好賢下士。重其才。奉爲上客。嘗游圓明園。躬覩其盛。未幾遘庚申之變。燬於火。同治辛未。先生重游廢園。感念疇昔。爲圓明園詞紀其事。又恐斯園故實或有未詳。復爲文序之。而託名於同游之長沙徐主政樹鈞。時人不察。遂謂此序實爲徐作。比聞其門人武陵陳伯弢大令銳具言如此。特錄之。以紀斯園之興廢焉。序云。圓明園在京城西。出平則門卅里。暢春園北里許。

世宗皇帝藩邸賜園也。聖祖常游豫西郊。次於丹棱沜。沜蓋片字加水或曰沂字沂淀水不流也 樂其川原。因明武清侯李偉清華園舊址。築暢春園。藩邸賜園。故在其傍。雍正三年。乃大宮殿朝署之規。以避暑聽正。前臨西山。環以西湖。湖水發原玉泉山。曰甕山。度宮牆東流入清河。水經注所謂薊縣西湖。綠水澄澹。燕之舊池者也。東流爲洗馬溝。東南合高梁之

叢錄　二

水。故魚稻饒衍。陂泉交綺。　高宗皇帝嗣位。海宇殷闐。八方無事。每歲締構。亭館園居。大駕南巡。流覽湖山風景之勝。圖畫以歸。若海甯安瀾園。江甯瞻園。錢唐小有天園。吳縣師子林。皆仿其制。增置園中。列景四十。以四字題扁者爲一勝區。一區之內。齋館無數。復東拓長春。西闢淸漪。離宮別館。月榭風亭。屬之西山。所費不計億萬。園地多明權璫別業。或傳崇禎末諸奄皆以珍寶窟宅於茲。乾隆間濬池發金銀數百萬。時國運方興。地不愛寶。　上心悅豫。殫精構造。曲盡游觀之妙。元明以來。未之聞也。每歲夏幸園中。冬初還宮。內廷大臣。賜第相望。文武侍從。並直園林。入直奏對。昕夕往來。絡繹道路。歷雍乾嘉道百餘年於茲矣。　文宗初。粵寇踞金陵。盜賊蠭起。　上初即位。求直言。得勝保曾國藩袁甲三三臣。既以塞程徐陸先朝重望相繼傾覆。始擢用前言事者。各畀重任。三臣支柱。賊不犯畿。然迭勝迭敗。東南數省。蹂躪無完土。　上閔蒼生之顚沛。慨左右之無人。九年冬。郊宿於齋宮。夜分痛哭。侍臣悽惻。大考翰詹以宣室前席發題。憂心焦思。傷於禍亂。然後稍自抑解。寄於文酒。以宮中行止有節。尤喜園居。冬至入宮。初正即出。時園中傳有四春之寵。皆漢女。分居亭館。所謂杏花春。武陵春。牡丹春。海棠春者也。然　上明於料兵。委權梱外。超次用人。海內稱哲。而部院諸臣無所磨厲。頗襲舊敝。晚得肅順。敢言自任。故委以謀議。先是道光二十年英吉利夷船至廣東香港求通商不得。又以燒煙起釁。執政議和。予海關稅銀千八百萬。英夷請立約廣督耆英與期十年。屆期而徐廣縉督兩廣。夷使至廣州。拒不許入。以受封爵。夷酋恨焉。志入廣州。咸豐元年。英吉利佛郎西米利堅各國。乘粵寇鴟張。中國多故。復以輪船直入大沽。台王僧格林沁託團練之名。焚其二船。盡擊走之。夷人知　大皇帝無意於戰。特臣民之私憤。乃潛至海岸。買馬數千。募羣盜為軍。半年而成。再犯天津。稱西洋馬隊。聞者恐栗。夷馬步登岸。我未陳而敵騎長驅矣。十年六月十六日。　上方園居。聞夷騎至通州。倉卒率后嬪幸熱河。道路初無供帳。途出密雲。御食豆乳麥粥而已。十七日。英夷帥叩東便門。或有閉城者。闖礮而開。王公請和。和議將定。十九日。夷人至圓明園宮門。管園大臣文豐當門說止之。夷兵已去。文都統知奸民當起。環問守衛禁兵。一無在者。索馬還內。投福海死。奸人乘時縱火入宮。劫掠。夷人從之。各園皆火發。三晝夜不熄。非獨我無官守。詰問夷帥。亦不能知也。初英夷使臣巴夏里已拘刑部。和議成。以禮釋囚。於是巴夏里與夷帥各陳兵仗至禮部訂約五十七條。予以海關稅銀三千六百萬。而夷人抵償圓明園銀二十萬。王公奏言。未敢斥夷。文豐與主事惠豐同死於園。不稱殉節。但言遭兵燹而已。十一年七月。 文宗晏駕熱河。 今上即位。奉 兩宮皇太后還京。垂簾十載。巨寇削平。而夷人通商。江海往來貿易。設通商王大臣以接夷使。然常言某省士民燬天主教堂。某省不行其教。某省民教構釁。日以難我。應之不暇。蓋岌岌乎華夷雜處。又忽忽十有一年。園居荒墟。鞠爲茂草。西山大寺。夷婦深居。予旅京師。惻然不敢過也。同治十年春。同年王壬父重至輦下。追話舊游。張子雨珊亦以計偕來。約訪故宮。因駐守參將廖承恩許爲道主。四月十日命僕馬同過繡漪橋。尋清漪園遺跡。積垣斷瓦零亂榛蕪。宮樹蒼蒼。水鳴嗚咽。由輦路登廓如亭。南望萬壽山。但見牧童樵子往來林莽間。暮從昆明湖歸。橋上銅犀臥荊棘中。犀背御銘。朗然可誦。明日訪守園者得董監。自言年七十餘。自道光初入侍園中。今秩五品。居福園門旁。導予等從瓦礫中循。出入賢良門。而北指勤政光明壽山太和四殿遺址。至前湖圓明寢殿五楹。後爲奉三無私殿。九州清晏殿各七楹。壞壁猶立。拾級可尋。董監言。東爲天地一家春。后居也。西爲樂安和。諸妃嬪貴人居也。洞天深處。皇子居也。清輝殿。爲　文宗重建。與五福堂鏤月開雲臺朗吟閣皆不可復識。鏤月開雲者。卽所謂牡丹春也。　世宗爲皇子。當花時迎　聖祖至賜園。而　高宗年十二。以皇孫召侍左右。　三天子福壽冠前古。集於一堂。　高宗後製詩常誇樂之。經其廢基。裴回愍焉。東渡湖爲蘇隄長春仙館藻園。又北爲月地雲居、舍衞城日天琳宇水木明瑟濂溪樂處。僅約畧指視所在。東北至香雪廊階前葦荻蕭蕭、廢池可辨。有老監奉茶自池畔出。訝客所從來。頗似桃源人逢漁郞也。渡橋循福海西行爲平湖秋月。水光溶溶。一瀉千頃。望蓬島瑤臺。島上殿宇。猶存數楹。惜無方舟。不達其下。流水潺湲、激石成響。董監示予此管園大臣文公死所也。西北至雙鶴齋。又西過規月橋。登綺吟堂。經采芝徑。折而東仍出雙鶴齋。園中殘燬幾遍。獨存此爲劫灰之餘。亂草侵階。窗櫺宛在。尤動人禾黍悲爾。雙鶴齋西爲溪月松風。翠柏蒼藤。沿流覆道。斜日在林。有老宮人驅羊豕下來。東過碧桐書院。地跨池東爲金鼇。西爲玉蝀、坊楔猶存。又東去。皆敗壞難尋。遂不復往。暮色沈沈。棲烏亂飛。揖董監出福園門。還於廖宅、廖澧州人。字楓亭。少從塞尙阿僧格林沁軍。亦能言行間事。感予來游。頗盡賓主之歡。既夕言歸。則禮部放榜日也。雨珊既落第南去。予與壬父每相過從。念言園游。輒惘惘不自得。壬父又曰。園之盛時。　純皇勒記。必殷殷踵事之戒。然　仁宗始罷南幸。宣宗尤憂國貧。秋獮之禮。輟而不舉。惟夫張弛之道。宜及嘉道時補　純皇倦勤之功。而內外大臣。惟務愼節。監司寬厚。牧令昏庸。諱盜容奸。以爲安靜。八卦妖徒。連兵十載。無生天主。教目滋繁。由游民輕法。刑廢不用故也。江淮行宮。既皆斥賣。國之所患。豈在乏財。又曰。燕地經安史戎馬之迹。爰及遼金近沙漠之風矣。明太宗以燕王舊居。不務改宅。仍而至今。地利竭矣。又園居單外。非所以駐萬乘。廢而不居。蓋亦時宜。予曰然。前年御史德泰請按戶畝鱗次捐輸復修園宮。大臣以侈端將啓。請旨切責讁戍。未行忿悔自死。自是莫敢言園居者。而比年備辦大婚。費已千萬。結彩宮門。至十餘萬。公奏朝廷。動用錢糧。婚以成禮。豈在華飾。若前明戶部司官得以諫爭。予且建言矣。又予聞慈安太后在　文宗時有脫簪之諫。關睢車舝之賢。中興之由也。又園宮未焚前一歲。媄言傳　上坐寢殿。見白鬚老翁自稱園神。請辭而去。　上夢中加神二品階。明日至祠諭祠之。末一祺而園毀。豈前定歟。子能詩者。達於政事。曷以風人之意。備繁霜雲漢之采。於是壬父爲圓明園詞一篇。而周學士潘侍郎見之。並歎其傷心感人。筆墨通於情性。余以此詩可傳後來。慮夫代遠年湮。傳聞失實。詞中所述。罔有徵者。乃爲文以序之。同治十年立秋日某撰。詩云。宜春苑中螢火飛。建章長樂柳十圍。離宮從來奉游豫。皇居那復在郊圻。舊池澄綠流燕薊。洗馬高粱游牧地。北藩本鎮故元都。西山自擁興王氣。九衢塵起暗連天。辰極星移北斗邊。溝洫塡淤成斥鹵。宮廷映帶覓泉原。渟泓稍見丹稜沜。陂陀先起暢春園。暢春風光秀南苑。蜺旌鳳蓋長游宴。地靈不惜甃山湖。天題更榜圓明殿。圓明始賜在潛龍。因回邸第作郊宮。十八籬門隨曲澗。七楹正殿倚喬松。軒堂四十皆依水。山石參差盡亞風。甘泉避暑因留蹕。長楊扈從且弢弓。純皇纘業當全盛。江海無波待游幸。行所留連賞四園。畫師寫放開雙境。誰道江南風景佳。移天縮地在君懷。當時祇擬成靈囿。小費何曾數露臺。殷勤毋佚箴驕念。豈意元皇失恭儉。秋獮俄聞罷木蘭。妖氛暗已傳離坎。吏治陵遲民困痡。長鯨跋浪海波枯。始驚計吏憂財賦。欲賣行宮助轉輸。沈吟五十年前事。厝火薪邊燃已至。揭竿敢欲犯阿房。探丸早見誅文吏。此時 先帝見憂危。詔選三臣出視師。宣室無人侍前席。郊壇有恨哭遺黎。年年輦路看春草。處處傷心對花鳥。玉女投壺强笑歌。金杯擲酒連昏曉。四時景物愛郊居。玄冬入內望春初。嬝嬝四春隨鳳輦。沈沈五夜遞銅魚。內裝頗學崔家髻。諷諫頻除姜后珥。玉路旋悲車轂鳴。金鑾莫問殘鐙事。鼎湖弓劍恨空還、郊壘風烟一炬間。玉泉悲咽昆明塞。惟有銅犀守荆棘。青芝岫裏狐夜啼。繡漪橋下魚空泣。何人老監福園門。曾綴朝班奉至尊。昔日喧闐厭朝貴。於今寂寞喜游人。游人朝貴殊喧寂。偶來無復金閨客。賢良門閉有殘甎、光明殿燬尋頹壁。 文宗新構淸輝堂。爲近前湖納曉光。妖夢林神辭二品、佛城舍衛散諸方。湖中蒲稗依依長。階前蒿艾蕭蕭響。枯樹重抽盜作薪。游鱗暫躍驚逢網。別有開雲鏤月臺。太平 三聖昔同來。寧知亂竹侵苔出。不見春花泣露開。平湖西去軒亭在。題壁銀鉤連倒薤。金梯步步度蓮花。綠窗處處留嬴黛。當時倉卒動鈴駝。守宮上直餘嬪娥。蘆笳短吹隨秋月。豆粥長飢望熱河。上東門開胡雛過。正有王公班道左。敵兵未爇雍門荻。牧童已見驪山火。應憐蓬島一孤臣。欲持高絜北靈均。丞相避兵生取節。徒人拒寇死當門。即今福海寃如海、誰信神洲尚有神。百年成毀何悤促。四海荒殘如在目。丹城紫禁猶可歸。豈聞江燕巢林木。廢宇傾基君好看。艱危始識中興難。已懲御史言修復。休遣中官織錦紈。錦紈枉竭江南賦。鴛文龍爪新還故。總饒結綵大宮門。何如舊日西湖路。西湖地薄比郇瑕。武清暫住已傾家。惟應魚稻資民利。莫教鶯柳鬥宮花。詞臣詎解論都賦。挽輅難移幸維車。相如徒有上林頌。不遇良時空自嗟。

夏午彝詩

桂陽夏午彝編修。壽田 菽軒中丞時哲嗣也。嘗執經湘綺老人門下。為詩弟子。詩才敏贍。宗法唐賢。克傳湘綺衣鉢者。今歲初春。邂逅白下。見其五古數首。毘盧寺云。耳聞魚山梵。眼見魚山寺。四百八十寺。腸斷一蕭字。尙無金粉色。況有龍虎氣。一烟冉冉升。一磬徐徐墜。千佛千碧眼。不見鍾陵翠。掃葉樓云。一琴三百年。碎於衣百衲。一僧抱此琴。瘦於松五鬣。掃松汲清泉。試說花乳法。未來雨前荚。過去霜下葉。不白髮泉在。山下有不白髮泉白盡不得鑷。江南初春誌別云。東風疾如馬。一日綠千里。新綠吹上樹。舊綠吹入水。江海波無窮。別意亦如此。江南有苔地。處處印屐齒。隔歲落花泥。晴來翹麀起。造語奇陗。神似孟郊。荆楚多才。于茲益信。

叢錄

十

禽言

秦中西安府鄜山。林木陰翳。產五靈鳥。日出輒鳴曰。太陽照行人。太陽照行人。日晡又鳴曰。斜陽明。早歸林。靈禽雅語。可入詩篇。廣東山中。長林森蔚。多產鷓鴣。毛羽作茶褐色。性怯。見人輒驚竄。碎首不顧。予嘗舟行清遠峽中。鎭日聞兩山鷓鴣聲不斷。若呼幾聲平及哥家四字。前人云格磔鉤輈者。似有微誤。

海外叢談

茶圃

普國鐵道之往復車票。普魯士國內之鐵道。其發給之往復車票。不問路程遠近。均於四十五日間。仍得使用。

地球可容之人數　地球上可棲息人類之面積。耕地二千八百萬平方哩。草原千四百萬平方哩。沙漠百萬平方哩。計耕地一平方哩。可住二百七人。草原則十人。沙漠一人。照此計算。人類生存之極度。可至六十億。約當現今人口之四倍。照現時人口增加之速率。二千七十二年後。則可達此極度。

倫敦之猶太人　居留倫敦之猶太人。現約十萬。乃至十二萬。僅於二十年間。其數增倍。

莫斯科之孤兒院。俄國舊都莫斯科之孤兒院。係俄帝卡查林二世所創立。其維持費。自古迄今。皆取給於骨牌稅。

人種與聲音。世界之國民中。聲音最雄壯者。爲韃靼人。其最低者。爲德國人。

珍奇禁酒會。瑞典之禁酒會。新定規則。凡沈湎於酒。顛倒途中者。警察得毆打之。以示懲警。

法國之殺人犯。　法國刑法規定殺人犯之罪。只處以十五年間之重禁錮。

俄國丁年　俄國男子。以滿二十六歲爲丁年。未成年之前。有將所入五分之四。呈交兩親之義務。

死者接吻。　睬路卑亞之風俗。凡死者殮葬時。其親戚故舊。必與死者接吻告別。此舉實爲傳播傳染病之媒介。故近來其國警察。對於死於傳染病者之家族。嚴禁其接吻。

世界唯一之大菌。　德國都城附近某村。發見一大菌。直徑三尺三寸。重量三十三磅。此菌僅於四十八時間長成。其生長力之速。世界無物可與比倫。

便士之生命。　英國銅幣。其中一種。名爲便士。此便士磨滅至不能使用時。其經使用者之手。已百五十五萬次。

三十五年間之在獄者。　德國某監獄新釋放一犯。此人二十歲時。犯强盜殺人罪。受三十五年間長期重禁錮者。一切自働車。自轉車。電氣鐵道。彼皆未嘗夢見。故出獄後見此等物。驚詫戰慄。一如三歲小孩。非得人携手援引。斷不敢由此道橫過彼道云。

荷蘭殖民地。荷蘭殖民地之面積。比其母國。約六十倍。
南美最古之大學。南亞美利加最古之大學。爲秘魯之利瑪大學。是千五百年（明孝宗弘治十三年）所建。其次則爲亞賓支拿共和國之克哈大學。乃千七百十三年（康熙五十二年）所建。
獨立祭之死傷者。每年陽歷七月四號美國舉行之獨立祭。歡呼慶鬧。舉國若狂。因此死傷者。自千九百三年至九年。凡三萬四千六百三人。當獨立戰爭。計前後七回。其死於戰役者。不過千七百十九人。今因慶祝獨立而死傷者之數。直過於獨立戰爭之死傷乃數十倍。
西班牙人之無學。西班牙之人口千九百萬人中。解識文義者。不過三成。
倫敦之自殺率。世界大都市中。自殺最少者。爲倫敦。法京巴黎。每年人口百萬中。平均有四百人之自殺者。至倫敦則僅有四十人。
英國內閣之長短期。過去二世紀間。英國內閣首相在位最久者。爲窪波爾彼之內閣。乃繼續二十年零三百二十六日。最短者爲威廉勃湼侯。僅以二日去職。

亞班尼亞之少女。亞班尼亞之少女。若年已及笄。其出門時。必將其所有金錢及一切貴重物品。置竹籠中。戴於頭上。蓋以自己理財之手段。誇示於求婚者云。

西帝成年期。西班牙國之皇室典範。定其國皇帝以十六歲爲成年。

世界最古之艷書。世界最古之艷書。爲三千五百年前埃及某貴爵。送埃及女王之求婚書。現此書仍藏之英國博物館。

軍人九百萬。統計歐洲各國現服軍務者。共九百五十萬人。若排直行。次以先後。使之徐行。其長可亘千五百哩。

法國之烟草專賣。法國之烟草專賣局。使役男工四千五百五十人。女工千五百人。一年之利息。約在一億六千萬圓以上。

吊唁電報一萬通。英國皇太后亞歷山大。當其先帝崩逝時。接受各處之吊慰電報。計一萬一千六百四十八通。至書簡則更倍其數。

文苑

遊戒壇看紅葉次日至潭柘　石遺

人境乏秋色。入山眺霜林。連邨僅微黃。出郭方沈吟。崖谷路屢轉。山氣漸蕭森。寒巒鬱衆木。夕暉恍未沈。豁然一呈露。世界變黃金。惜哉遲雨霜。渲染色不深。欲呼崔不雕。高唱瞻遙岑。

城中數葉紅。山中燦於火。有如覯陸渾。公言豈欺我。入門惟柿葉。丹赭勝花朶。古松雙臥龍。盤屈敵坎坷。戒壇以松勝。潭柘松亦可。水聲復潺潺。一夜竹間墜。

題瘦唐所藏乾隆二十九年搢紳錄　前人

昔讀公孫宏傳贊。得人極盛推武皇。是時漢興六十載。海內乂安民樂康。仲舒兒寬並儒雅。定令則趙禹張湯。安國當時能推賢。兩司馬氏大文章。應對嚴助朱買臣。滑稽枚臯及東方。篤行有石慶石建。質直汲黯治淮陽。奉使則張騫蘇武。運籌卜式桑宏羊。將率衛青霍去病。受遺金日磾霍光。歷數唐都洛下閎。延年協律調鏗鏘。其餘迺不可勝紀。西都賦序亦未詳。宗正劉德太常臧。侍從若虞邱壽王。史遷著書始作表。名臣將相

文苑　二

乃表彰班書公卿百官表下及都尉上奉常皆幷漢官諸舊儀職官作志茲濫觴厥後中葉稱太平唐玄宋仁遙相望然盧姚宋同平章燕許手筆推堂堂九齡韓休暫翺翔天寶終亂李與楊乃若韓范富歐陽慶歷聖德歌者唐四賢一否作者襄　本朝雍熙漢文景直邁文景軼夏商二三武丁漢孝武惟有純皇相頡頏武丁勇智員湯孫既撻荆楚伐鬼方來王來享彼氐羌六經表彰始孝武藝文一志何輝煌四夷通道出西域匈奴右臂勿云亡十全老人武維揚回部準部莫敢當布魯特逌葉爾羌帕米爾地寔高岡金川青海及衞藏阿里廓爾喀分疆北科布多喀爾喀山曰唐努海烏梁東自牂轕涓黼愼西南瀾滄至越裳武功震爍昭文治　四庫著錄開天閶其時三十有七載同天稽古羅文昌此錄在前僅八載濟濟多士方奉璋禹皋稷契坐巖廊臣朔彼時爲侍郎兼此數子言雖狂何至侏儒同一囊畫牙樹股紛引吭去年一本披道光　顧成廟號同孝實吏治人力方明歇傳贊仍可稽公孫招選茂異求循良講論六藝鳴笙簧梁邱夏侯望之輩王褒劉向足拜颺安都邴吉與魏相延年定國爲一行充國屯田老河湟治民趙韓尹嚴張龔王鄭台冠以黃未知今昔誰氏印豈有城社憑狐鼠豈有當道臥豺狼吁嗟死者不可作借才異代空徬徨

目力信不差矣。俄見梅行至台邊。方欲發音。陡聞台上下一片喧譁聲浪疊起。或罵澳奴。或詈國賊。或呼驅逐。或呼毆擊者。一時嘻笑怒罵鼓噪叫囂之聲紛然齊作。如狂風鼓濤。如驚霆震空。看客中雖有數人揚聲力爲排解。而不能止。衆女斯時駭極不知所措。因出望遠鏡遙窺其師。見梅顏色略變。而舉止閒靜鎮定如常。俟人聲略息。彼復至台前。續行演唱。而喧譁之聲復起。任汝歌者自歌。彈者自彈。其悠揚悅耳之音已沉於人聲鼎沸中。但見梅唇吻合張。而調箏按拍者指臂動搖而已。喧聲少息。時梅方欲對衆有言。不意衆人遽將橘皮蔗楂諸物一齊拋擲上臺。勢如驟雨。柯連士加見之急避入臺內。梅畧一揚手令止。時忽有人飛來一碟。中其額角。血涔涔下。一時劇場秩序大亂。管臺者急忙將幕閉上。女此際憤不可遏。不禁切齒罵曰。若輩蠢才。聵聵乃爾。人方爲汝輩捐生命。破家產。謀進軍械。共逐奧人。同享自由之福。奈何毆辱志士乎。是時人聲擾攘。女雖言之。無人聽聞。惟姚珍娜在其肩後。聞之甚悉。

第十四回　題函封少女中詭謀　冒嫌疑至友排急難

女此時不覺氣倒椅上。少頃顧姚曰。如此敗興。料汝亦不願更看。不如歸休。姚曰。吾亦甚悔此來。樂趣誠不敵煩惱之多也。兩人遂喚左什花攜各物同回。女沿途自怨自艾曰。吾實不當違命到此。觀此紛紜。若使彼知之。當愈增其悲憤。吾幾與衆人之謾罵者相等矣。言竟不禁長吁不已。大抵人之感情。至爲變幻。往往因外界之激刺而喜怒忽易其常。在識力素定之人。猶不能免。况垂髫之女子乎。衣士梯梨今晚見其所歡受此奇辱。一旦頓忘前郄。而轉自悔前此怨恨之不情。使梅此時能一歸來。將情事剖白。則渙然冰釋。自然相得如初。不幸梅竟不返。遂使讒人得乘間而搆之。幾至貽悞全局。凡事一不慎。卽墮入危境。世途嶮巇。可畏也已。衣士梯梨旣抵寓。默然無言。仍時時長吁不已。姚見其狀如此。知其愛師之心正熾。知毀梅今猶非其時。乃僞以好言安慰女曰。帕高利士斷不至受重傷。姑娘且安心。萬勿徒急成病。至轉以增師之痛耳。且帕高利士名播寰宇。天下人無不愛之重之。只此區區美倫毀人之。甯足損其毫末乎。言罷。扶女歸寢。女得人譬解。心亦少慰。益視姚爲良友。次日晨起。姚至姥姥前請受課。姥姥曰。汝今日可暫休息。預備夜間跳舞。帕高利士與辣公子將於今夕讌客也。姚曰。吾將從此出而應世耶。姥曰。然。今夕爲貴游讌集。而汝則爲第一次應世。須格外愼重將事。姚聞之喜不自勝。姥姥不知底裏。謂其所喜者。爲得人垂盼也。姥姥曰。汝昨云求我准汝一事。汝所欲者。究爲何事。今可具言。姚曰。無他。今日午後。吾欲借衣士梯梨往志亞電兀公園一遊耳。姥姥曰。汝既欲往。亦無不可。但吾須自帶汝去。汝可往問衣士梯梨彼若僱馬車。吾即同往。我不過略占車中一位。固無須增費也。姚於是急來見女與商。見女正手執一紙書。遂從旁窺視。乃梅之函。畧謂今日又因事不能來。可勿盼望。且囑其勿因聞昨夜之謠傳。致擔憂驚云云。姚俟其閱函畢。乃以出遊請。女曰。吾倦嗜臥。無意出遊。且甚厭塵囂也。姚曰。終日枯坐。最足悶損人。縱少有牢愁。亦宜善自排遣。今日假期。若汝不去。便爲虛度矣。女見其言辭懇切。亦欲借郊原景物。一破胸中壘塊。因曰。既如此。可命左什花賃一馬車來。是日將晡。各人早餐晚膳。遂相將出門。乘車向公園來。至園門下車。步行流覽。見園中古樹表道。奇花繽紛。四周短松蔭籬。淺草鋪茵。輕風徐來。纖塵不生。兩人徐行撲蝶爲戲。而鮑姥姥隨後而行。若監督然。行至一叢樹下。駐足少憩。時有婦女小孩到此嬉遊。姚告姥姥曰。師娘。我等欲往對面馬路邊樹陰下散步。聊避喧囂。不審師娘肯許否乎。姥姥曰。有何不可。汝等至彼。可望見遊人馳馬也。三人於是說說笑笑行過對面樹陰中。鮑姥姥坐于鐵椅上。姚珍娜携女往來散步。因此樹林內可以瞭望馬路。此處爲今日梅與柯氏同遊所必經之地。欲使女見之。以激動其怒。是日女本無心玩景。而姚故意指東畫西。令其四顧。姥姥時呼姚至前警戒。姥姥謂姚曰。我看衣士姑娘。已有倦容。可以歸矣。卽汝亦宜少休息。略養精神。爲明夜跳舞地。姚留戀景物不肯遽回。曰。乞師娘再寬假幾時。我性好遊。往往終日無倦。可毋須休息。至于明晚跳舞事。固絕無妨礙也。姚言罷。遂走至衣士梯梨身旁。問曰。姑娘有所覩乎。說話時遠遠望見一車馳來。姚曰。彼來者高車駕雙馬。亦何麗都也。少頃。車來署近。認得車中爲辣公子。姚遂鼓掌笑曰。辣公子來矣。女遙望果然。不覺亦欣然色喜曰。或者帕高利士亦在車中。旣而又自釋曰。斷乎無此事。師曾有書告我。今日無暇到我寓。豈反有暇來此遨遊乎。吾今已倦。不如歸休。姚旣至此時。安有回理。一味故以言語延宕。旋又遙指曰。又有一車過處。車中人皆他顧何也。汝見之否。女以扇遮額曰。日光射目。遠視殊不明了。忽聞道傍一人喚其友曰。沈麥高彼凉血奴竟敢公然與奧人同車出遊。殊可恨也。此時車正過其傍。兩人皆翹首而望。女吃一驚。見梅適坐其中。傍坐美人。

衣裳修楚。認得確是柯連士。加不禁悲呼。幾乎傾跌。姚急至前扶住。少頃女心神畧定。長吁一聲。謂姚曰。可以歸休。恐姥姥嗔汝。彼呼汝已三次矣。兩人乃相携至姥姥處。女强笑曰。師娘日色西沉。可以歸矣。姥姥曰。然。遂呼御者駕車馳歸。姚沿途暗窺女貌。見其容色不變。談笑自若。但時鬪其手握扇子有聲。姚知其心中恨極。只不肯以狀示人耳。迨抵寓。歸房卸妝畢。亟來至女房。見女在房中散步。遂慰女曰。我極佩服姑娘大度過人。彼如此負義。竟能容忍而不校。且吾從來見姑娘有怒容。只昨夜衆人毆辱師時。姑娘偶現慍色耳。姑娘愛師之心。可謂極矣。女不答。姚遽前以手抱其頸而泣啜曰。姑娘。吾甚憐汝。女怫然曰。吾薄命人。有誰憐也。姚曰。今日事吾甚爲汝不平。汝何不向師爭之。女曰。人不愛我。爭之何益。姚曰。人言嘖嘖。頗難入耳。鮑姥姥諸弟子每在樓上閒話。談及帕高利士時。輒笑謂一師而有兩師娘也。女勃然怒曰。兩師娘之言。究何所指。姚此時見女目光如炬。頰紅如熾。知其心中盛怒。遂直言曰。彼意蓋指柯氏與姑娘也。女聞言。亟將姚之手撥開曰。勿再胡言。安有一夫兩妻之律。汝不知吾爲梅之訂婚婦乎。姚假意不信曰。恐未必確實。女曰。汝若不信。有信物在此。吾遇汝于馬些兒之前一夕。彼曾以指環贈我。訂百年之約。寧有僞耶。姚又連連搖首曰。所言殊不類。我記得彼夕猶聞彼撻汝。而汝哭之甚哀也。女曰。此非汝所知。彼卽於是時向吾述愛慕之意。願訂偕老。此事突如其來。故吾初亦疑之。以爲彼懼吾知其隱情。女言至此。姚僞爲不解其言者曰。彼有何隱情。懼爲汝知。因憶及女在劇場時曾微露端倪。復進以言探之曰。得毋卽私運軍械之事乎。彼殆恐汝出首。故賺汝訂婚以求汝爲之秘密乎。女錯愕色變曰。汝何以遽能料及此。當時吾語彼謂已盡悉其謀。蓋英商約定軍械全數準於三月十五日在氈路亞交納。由該處蒙以馬料。轉運入境。吾聞之甚悉。梅之誘我以甘言。僞訂婚媾。殆以是故耶。然細察之。彼一向待我情意甚眞摯。吾亦無間言也。姚曰。携外寵白晝駕車出遊。毫無顧忌。尙得謂爲愛汝耶。今夕又宴之於哥花旅館。尙得謂之敬汝耶。彼目中猶有姑娘在耶。女曰。信誓旦旦。物在手而言在耳。或不至如是之甚。姚曰。汝信也可。不信也可。吾明晚且受僱往跳舞。爲柯氏壽。我之親愛姑娘。吾不忍盡言。吾勸姑娘勿終受人欺誑。而强自慰藉也。女聞姚言至此。不禁憤懣塡膺。幾乎暈倒。姚急扶之入內室榻上。將息。遂託故仍至外室。姚出後。女臥而籌思。姚珍娜語語深入吾心

外交報特別廣告

庚戌年

外交報 十年紀念 增刊兩册

本館延定留學外洋法政專家撰著國際法學論說並於正月臘月各增一册逐五發行全年三十四册自辛丑至庚戌適屆十年共三百册預訂全年本埠四元五角外埠五元二角外國六元零售每册一角六分補購辛丑壬寅癸卯甲辰百册減爲十元外埠加郵費八角陝甘雲貴四川等省郵費加倍補購壬寅全份本埠四元外埠四元五角癸卯全份本埠四元三角外埠四元八角甲辰全份本埠四元外埠四元五角乙巳全份本埠四元二角外埠四元八角丙午丁未戊申每年各全份本埠各四元五角外埠各五元己酉全份本埠四元八角外埠五元五角外國六元二角歷年零册一角六分 ●上海外交報館 在四馬路盤錦里口商務印書館內

●第二十三號即二百八十九期八月二十五日已出 要目列下 ●論說 論法律上之膠州灣（留學日本中央大學法科大學部無錫孫觀圻撰） ●譯論 論最近十年之英國外交 論美國外交政策 論美與英德交惡之關係 ●外交大事記 路政交涉 礦政交涉 ●世界大事記 西洋之部 英新外部次官之歷史 英將製新式戰艦 英屬南非聯合之紀念日 德外部大臣之更替 德之外國貿易 德之財政 德製軍艦之計畫 普魯士兩院閉會 匈牙利總選舉發表 美之對黎 美欲投資於土 美上院通過三大法案 美議會閉會 美於禁烟公會提出議案 美關稅之收入 美共和黨之內訌 葡國改訂商約 葡內閣總辭職 墨西哥土人叛 ●英國藍皮書（英俄對藏政策）

●第二十四號即二百九十期九月初五日已出 要目列下 ●論說 論今日中國對於國際投資之可危（法政畢業生武進王倬撰） ●譯論 論俄人經營滿蒙 論日俄協約 論日韓合邦二則 論美國政略之新氣象 ●外交大事記 要事彙誌 ●世界大事記 東洋之部 日韓合邦與各國 日本水災 西洋之部 英與俄之親交 俄相將至遠東 俄皇注意海軍 班王與教皇之衝突 班國戒嚴 英國擴充陸軍 美與非律賓之自由貿易 革島近事 土國通告列强 與義之對土 ●國際法 國際法規與實際政策 ●日英外交小史（續二百八十八期） ●英國藍皮書 續前期

錕源呂宋煙發售廣告

雪茄以呂宋製者爲最佳本號在上海開設十餘年專由小呂宋自設烟廠加工監製運售上海各埠氣味醇和均稱無上妙品久蒙賞鑒家稱許惟是世風不古冒僞日多本號經奉

道憲示禁冒襲貨眞價實中西人士惠顧格外克己以鼎歡迎茲將

憲示列下庶購者不至魚目混珠焉

欽命頭品頂戴　賞戴花翎江南分巡蘇松太兵備道蔡　爲

給示曉諭事據錕源號稟稱向在公共租界河南路第一百三十二號門牌開設錕源呂宋烟號素以誠信相孚並在小呂宋埠合資設立製烟廠兩家均已歷有年所一名合盛隆廠英名晤美利那由廠創製呂宋烟二種如金象牌星妹牌一名合成隆廠英名其利山脫創製呂宋煙二種如新妹牌墨妹牌另有煜記廠英名拍當修創製呂宋烟五種有仙馬牌船妹牌金妹牌紅馬牌鳳皇牌等經立有合同歸錕源號一家經理銷售以上諸牌呂宋烟確係各自苦心研究加工製造並無冒襲情事蓋欲得中西人士爭相樂購藉以挽回利權冀免漏卮外溢業已向美政府掛號註冊求請保護在案誠恐推行上海內地各口一經暢銷中西商人皆思漁利或行仿做以擾利權或串冒牌以損名譽種種奸計防不勝防叩求恩准註冊給示保護並乞諭飭縣廨一體立案以保利權而維名譽等情到道據此除分行縣廨一體立案外合行給示曉諭爲此示仰該商賈人一體知悉自示之後毋得假冒前項牌號銷售致干查究其各遵照毋違切切特示

宣統二年八月初九日示

總發行所上海河南路一百二十二號錕源呂宋煙店啟

剏辦合肥惠政學堂王君揖周讃証自來血有自服自效之神功

五洲大藥房主人鑒僕體素健任事不畏煩難不辭勞苦丁未之冬創辦私立惠政學堂距今已歷四學期去歲秋因伏暑致病月餘始起覺精神遠不如前四肢酸軟私心深慮不能勝任後常至鉅康隆周君斗青處聚談遇友人李君德三來購 尊製自來血大瓶一打并稱道其靈效不可比喻復見北鄉高塘集務本學堂壽春孫擎舫君致斗青書託其轉謝 尊處函中盛稱自來血功效之神且速無異仙芝僕遂深信卽於鉅康隆購取小瓶半打每日照服果然未及旬日强健如初樂甚噫海內古今補品其於斯爲盛矣特肅蕪箋以鳴謝忱手此順頌 利祺 合肥王揖周頓正月念六日

小瓶 一元二角 每打 十二元

大瓶 二元 每打 二十元

託局函購原班回件諸君光顧請認明商標全球爲記每瓶內附有精工五彩認眞劵一張方不致誤

總發行所上海四馬路老巡捕房對門五洲大藥房抄登

人造自來血乃人身之活寶

人生百體所賴以生長者血也如血多則百體強壯血少則百體衰弱設遇血虧則百體自枯是故凡人不能無血

血者誠乃人身之活寶也

然吾人欲究身壯力健之術者必以多血爲適宜若近今之衛生家雖常服各種補品而未得十分健壯者何也其故因我國理化未精藥物一道素鮮研究故自古迄今總未發明不知以多血爲要義噫

此則吾身不強之由來也邇者神州睡獅抖擻初醒努力鼓盪我同胞之熱血奮振我同胞之精神能壯民力強國勢之人造自來血已經及時出現

無庸疑義速請嘗試

故再行謹告同胞凡有心虧血虛破金吐血面黃肌瘦頭暈眼花耳聾腎虧陽萎精枯四肢無力下足酸軟身虛腳腫胃弱脾薄以及婦女經水不調白帶赤帶頭痛腰酸五勞七傷諸虛百損之症者服之自然**壯心經多血液**其中實有絕大之能力也我同胞凡購服自來血請將下列服法試驗之自能奇功立見幸勿輕視蓋**須先試驗究有功效若何**

可用小針刺破皮膚出血一滴滴在白紙上待服過七日之後再用前法將前者滴血之紙與七日後滴血之紙兩相比較後者之色必紅於前此則**最易最明之確証也**倘能多服**則血愈紅而人之體力愈健**

又如腎虧耳鳴眼花者連服數日眼目自覺清爽耳鳴耳聾自可並除此即顯明有補腎之功效又如年老血衰或壯年勞傷過度體質虛弱而無血色者自必畏寒驟遇冷風即發寒噤者服之半月之後**血氣漸充體質自固**雖遇寒風**亦不覺寒冷矣**

又有明見之確証如久患爛瘡而不易收口者自服自來血之後則瘡內之**肉刺日漸增紅**如能常服收口亦易如婦女之經淡白者服到一月經水當即增紅**如患冷經痛經亦能並除**

凡患破金吐血者服之補血則可以之止血則不可然患吐血之人血愈虧少若不培補則體質愈弱病勢日重尤宜常服以補之當時雖無止血之功然久服之心經壯**而吐血之患可以除根也**

如腳氣水腫者步履蹇滯亦血虛不充之故須連服旬日則腫自消而步自健矣又**如患瘧疾者**服之旬日**立可除根**不發以上一切功效皆最易試驗者也

● 小瓶一元二角大瓶二元**每打**小瓶十二元大瓶二十元託局函購原班回件海內諸公如蒙惠購請認明全球商標爲記內附五彩認眞券一張值洋一角方不致悞

● 總發行所上海四馬路老巡捕房對門青花石三層大洋房五洲大藥房幷南北兩京以及各埠大藥房均有經售

幾將喪生

南京姜君嘗爲血毒之犧牲得韋廉士大醫生紅色補丸之奇效其妹月信不調血薄氣衰亦得是丸而全愈

姜君潤之爲南京德元綢緞莊之東翁因血不潔爲庸醫所誤致成險症茲將其所述之詞錄左云○余三年前左腹股間偶患橫痃醫士祇用敷藥外擦全愈內實未痊以致應出之膿轉流入血貽害全體受毒無窮蓋自瘡口收後越數星期即患重病頭痛頸暈嘔吐手足四肢遍身疼痛腦筋失調眼甚疲輭目光頓減受此困狀歷有年餘其勢日重一日甚至瘋癱在牀不

南京姜君潤之服韋廉士大醫生紅色補丸而獲全愈

能起立種種疾苦筆難盡遞雖延多醫試服各藥不過暫愈一時未能永除後患一日在榻間偶閱新聞報紙見載有韋廉士大醫生紅色補丸治疾之奇功遂決意嘗試之未幾即顯功效夜能安睡胃口增進痛苦大減如此良藥接連服之腦筋有力面容康健目有精彩無何諸疾全消矣自愈之後今迄　載有餘身體常享康強之樂回憶當時受此險症之攻擊幾將喪生何幸而得此韋廉士大醫生紅色補丸之救援竟復我固有之精力也舍妹月信不調血薄氣衰身體虧弱亦服韋廉士大醫生紅色補丸而得十分

全愈由是而知此丸不第爲醫治男子各疾之良方亦爲醫治婦科諸症之聖藥余願將是丸在余　家所奏之奇功登諸報端俾世之人咸知其妙用也　大凡輭弱不潔之血實爲男女老幼致病之原由韋廉士大醫生紅色補丸所生調紅長力之新血醫治天下各種疾病亦如醫治姜君與其妹之疾者不知凡幾矣茲將其所已治愈各疾略列於下　血薄氣衰　身體衰幾　少年漸喪　陽萎不舉　胃不消化　肝經失調　背骨疼痛　山林癡氣　風濕骨痛　脊尻酸痛　左癱右瘓　跳痺瘋病　腳氣衝心　乾澀鮮黴　此外婦科各症如月信不調氣鬱不舒幼女發身老婦經絕等症是丸爲專門之聖藥也　韋廉士大醫生紅色補丸中國各處藥局凡經售西藥之處均有出售如內地無從購買可逕向上海四川路八十四號韋廉士醫生藥局中國總發行購買或向重慶白象街分行函購亦可價銀每一瓶大洋一元五角每六瓶大洋八元遠近郵費一律不取

謹防假冒

認明真樣

能治疾者真韋廉士大醫生紅色補丸也

國風報

大清郵政局特准掛號認為新聞紙類
日本明治四十三年二月十三日第三種郵便物認可

每月三期逢壹日發行

宣統二年九月初一日

年第念肆期

定價表 費須先惠逢閏照加

項目	報資
全年三十五冊	六元五角
上半年十七冊	三元五角
下半年十八冊	三元五角

零售每冊	二角五分
本國郵費	每冊四分
歐美郵費	每冊七分
日本郵費	每冊一分

廣告價目表

一面	十元
半面	六元

惠登廣告至少以半面起算如登多期面議從減

宣統二年九月初一日出版

編輯兼發行者　何國楨

發行所　上海福州路　國風報館

印刷所　上海福州路　廣智書局

分售處

北京桐梓胡同　廣智分局
廣州十八甫國事報館
廣州雙門底聖賢里　廣智分局
廣州十八甫廣生印務局
日本東京中國書林

國風報

各省代理處

- 直隸 保定府西大街 萃英山房
- 直隸 保定府 官書局
- 天津 府署東 原創第一家派報處
- 天津 浦東小關大行 公順京報局
- 天津 鄉祠南曾報處 李茂林
- 天津 東馬路 羣益書局
- 奉天 省城交涉司對過 振泰報局
- 奉天 天圖書館
- 盛京 昌圖府北大街 振泰報局
- 吉林 省城板子胡同 文盛報房
- 山東 濟南府芙蓉街 維新書局
- 河南 開封府城北書店街 茹古山房
- 河南 開封府西大街 文會山房
- 河南 開封府西大街 大河書局

- 河南 開封府西大街 教育品社
- 河南 開封北書店街 總派報處
- 河南 武陟三官廟街 永亨利
- 河南 彰德府 茹古山房
- 陝西 省城內竹笆市 公益書局
- 陝西 省城 萃新報社
- 山西 省城翦子巷 文元書局
- 山西 省城 書業昌記
- 貴州 崇學書局
- 雲南 城東院街沙臘巷口 天元京貨店
- 安徽 廬州府神州日報分館 陳福堂
- 漢口 黃陂街 昌明公司
- 安慶 府龍門口 萬卷書樓

國風報

各省代理處

- ▲蕪湖　徽州碼頭　科學圖書社
- ▲四川　成都府學道街　輪文新社
- ▲四川　成都　正誼書局
- ▲四川　成都會府東街　華洋冬報總派處
- ▲四川　成都南紗帽街　安定書屋
- ▲湖南　長沙　羣益圖書公司
- ▲湖南　常德府　申報館
- ▲南京　城夫子廟　啓新書局
- ▲南京　城淮清橋　莊嚴閣
- ▲南京　城花牌樓　崇藝書社
- ▲南京　城花牌樓　圖南書社
- ▲江西　省城洗馬池　開智書局
- ▲江西　廣信府文昌宮　益智官書局
- ▲江西　南昌萬子祠裱畫巷內　廣益派報社

- ▲福州　督署後　教科新書館總派報處
- ▲廈門　關帝廟街　新民書社
- ▲溫州　府前街　日新協記書莊
- ▲溫州　瑞安太平石街　廣明書社
- ▲蘇州　圓妙觀西察院巷口　瑪瑙經房
- ▲揚州　古旗亭街　經理各報分銷處
- ▲常熟　常照派報處　朱乾榮君
- ▲常熟　寺前街　海虞圖書館
- ▲常熟孚記書莊
- ▲星加坡南洋總滙報
- ▲澳洲東華報
- ▲金山世界日報
- ▲紐約中國維新報
- ▲香港　中環砵甸乍街　致生印字館

國風報第一年第二十四號目錄

前朝鲜皇帝今李王

諭旨

八月二十六日　上諭湖南長沙府知府員缺緊要著該撫於通省知府內揀員調補所遺員缺著劉華補授欽此　上諭楊文鼎奏特參庸劣不職各員一摺湖南署桃花坪通判大挑知縣王文臣屢被控告聲名甚劣署會同縣知縣大挑知縣蔣亮熙操切任性物議沸騰前署龍山縣知縣試用知縣盛弼事多廢弛禁烟不力署道州知州正任湘潭縣知縣杜鼎元顢頇粗率不洽輿情靖州直隸州州判郝國忠收受賭規聲名頗劣巴陵縣主簿張四維辦事疏忽署巴陵縣典史按司獄隆永昌管獄不慎平江縣典史劉輝廷性嗜賭博辰谿縣黃溪司巡檢王之賓收受規費不知檢束均著即行革職調署興寧縣本任湘陰縣知縣李光卓年力就衰人尚謹飭調署嘉禾縣正任清泉縣知縣魯藩事理欠明措施亦未妥協益陽縣知縣張正性情迂拘難勝繁劇署益陽縣知縣正任辰谿縣知縣王紹鈞辦事疲輭不知振奮均著開缺又片奏在任候補道寶慶府知府潘清精力衰邁難期振作等語潘清著開缺以原品休致餘著照所議辦理該部知道欽此監國攝政王鈐章軍機大臣署名

二十七日　上諭陸潤庠著充東閣大學士徐世昌著充體仁閣大學士欽此　上諭安徽布政使著連甲補授欽此　上諭度支部奏關道玩誤要欵據實糾參一摺蔡乃煌於辦理欵項罔利營私居心狡詐不顧大局著先行革職並著張人駿程德全飭令該革道將經手欵項勒限二個月悉數繳清倘逾限不繳再行從嚴參辦欽此　上諭江南蘇松太道員缺著劉燕翼調補林景賢著補授江蘇常鎭通海道欽此　上諭順天府奏援案請賞米石各摺片現在節近寒令近畿一帶貧民生計維艱所有朝陽安定西直等內外三處粥廠共恩賞粟米一千二百石藍靛廠粥廠恩賞粟米三百石賚善堂暖廠恩賞粟米三百石同仁粥廠恩賞粟米三百石廣仁堂恩賞粟米三百石敬節會善堂恩賞粟米一百五十石均著加恩賞給由順天府具領發交該處員紳妥爲散放仍著俟各處敎養局開辦後另行變通辦理王恕園等處粥廠業已改設敎養局習藝所所有米石仍著照案賞給以惠窮黎欽此監國攝政王鈐章軍機大臣署名

九月初一日　上諭前經降旨以本年八月二十日爲資政院第一次召集之期爾議員等各能遵守定章將開院以前應有事宜妥行準備茲據奏報成立秩序謹嚴朕心

實深嘉悅欽惟我兼祧　皇考德宗景皇帝慨念時艱深思政本仰承慈訓俯順人情毅然宣布德音預備立憲開千古未有之創局定百世不易之宏規凡我臣民同深悅服朕承　先朝付託之重御極伊始即以實行憲政爲繼志述事之大端迭論內外臣工按照籌備淸單次第舉辦而資政院爲上下議院之基礎尤爲立憲政體之精神經畫數年規模已具中外觀聽咸在於茲今當開院會集之初朕特命軍機大臣暨參預政務大臣將各項案件妥愼籌擬照章交議爾議員等其各泯除成見奮發公心上爲朝廷竭協贊之忠下爲民庶盡代議之責弼宏功於未竟垂令範於將來朕與億兆臣民實嘉賴焉將此特諭知之欽此　上諭黑龍江呼倫道員缺著宋小濂補授璦琿道員缺著姚福升補授欽此監國攝政王鈐章軍機大臣署名

初二日　上諭此次驗看之學部考驗遊學畢業生吳乃琛刁作謙羅忠詒朱公釗劉冕執席聘臣沈覲扆張嘉森江古懷周啓濂均着賞給法政科進士林葆恒着賞給文科進士劉慶綬方擎張修敏辟宜琪沈玉楨均著賞給醫科進士俞同奎何育杰盧公輔均著賞給格致科進士葉可樑汪果陳訓昶凌春鴻崔潮劉先振梁資奎均著賞給

農科進士張景光嚴恩棫李葆勳孫多鈺諸翔趙世瑄鍾偉林天民董如奉黃曾銘謝培筠朱天奎高勝儒廖炎黃瀛元季新益屠密胡驤王蔚文方時簡韓楷孫昌潤韓振華楊壽桐辭楷劉國珍羅聽餘唐在賢趙建熙彭炳均著賞給工科進士楊德森吳鼎昌劉崇侃均著賞給商科進士劉吉祺翁敬棠楊景斌余紹宗徐維震邵長光廖世功楊彥清金泰徐造鳳朱斯芾林祖繩何陶嚴式超張嘈梅詒穀周翰張友棟余名銓張競勇郭秀如魏斯炅馮斯欒周澤春伍學澧郁華馬有畧吳灼昭郁應和蕭增秀沈鴻仇預辭天眘祝撰望雷震但燾汪汝梅徐觀巫德源董森榮陸余和治龍靈于瀚清辭良陳文中陳希曾段世垣馬光誐尹耕莘劉啓晴周秉鈞柴宗榮馬有恒鄭蘄金元潤黃翼杜雲程王毓芳姚震陸家鼐金其堡高巨瑗葉培新孫世偉熊彥李堯楷吳鐸郭章鋆程家潁楊同衡石福鍐周大鈞李燿忠張丙星辭光鍔童顯漢鄧更劉孝純陳鴻慈吳懿陳彥彬玉潤彭繼昌郭夔臣方庚源盧柱生陳國鏞經家齡歐陽啓勳黃中塏蕭鴻烈趙恆默劉大魁袁鳳曦晏才傑馮霈屈爔胡光晉胡薰淩肇倫胡傳思雷寶森駱繼漢周端何蔚邱開駿啓彬鍾銑郭恩澤夏嵩廖恩煦徐元誥胡懌黃寶森熊華鄺

維楨高國燦馬柱孔紹堯洪達江忠章李廷斌張鴻鼎余若泉徐金熊蔣瑩英徐麟祥李柯羅仁博潘光祁沈復成祚李維翰黃謇梁同愷馬英俊劉蕃黃耀鳳任秉璋蔡元康葉瑞棻周達壽胡國臣光昇徐受中鄒延棻邱冠棻劉炤張振鏞鄒樹聲王懋昭潘大道劉健張天宋劉傑夫何超張德憲謝正權楊耀卿張福照陳履潔周鴻熙莊浩鄭汝璋范潤書田煜璠張淑皋王曉東光晟陳藻周衡李培業袁本貴何宗瀚汪炳南陳襄廷宋仲佳鄭憲武俞仁愈申鍾嶽謝家鴻孫鍾韓殿琦唐士杰龍圖楊拱姚潤仁錢崇岡滕驥徐藻楹陳英孫德震瞿翔李昀夏國賓王光鼎孫景賢江文藻鍾寶華高贊鼎葉大榮王邦屏黃德馨張蓋臣沈秉誠劉鏡清黃紹儁王鍾駪張德潢蔣義明吳秉成盧尙同馬光裕邵箴黃宗麟蕭露華張耀陳翶陳佑清王英灘趙從懿錢鴻鈞羅家衡李國珍嚴愼修周英雷光曙程鵬年黃永孚徐炳成趙家璧陳煦黨積齡葉諄然李盛曾楊勉之李鶴經黃鳳翔楊悌陳福民歐陽景東黃甲丁鑑修熊兆周俞道暄陽光球曾彥岳秀華李惠人李鍾韋榮熙濂洪榮圻倪啓瑞袁家普程愚王邕關和鈞林瑩李世恩胡善思吳玉成田汝翼曹光涵漆運鈞殷汝熊蔣邦彥鄭隆驤均著賞給法政

科舉人阮鑑光曹位康張廷霖郭登瀛許壽嵩張萬生王海鑄蘇壽松李培鑾陳榮鏡王鑄均著賞給文科舉人王麟書汪行恕蔣履曾戴棣齡鮑鑅均著賞給醫科舉人彭清鵬顧寶瑚金曾澄周步瑛朱叔麟黃以仁黃際遇朱文熊胡樹楷張邦華鄧瑞槃均著賞給格致科舉人張明倫劉安欽鄒植張正坊郭寶慈岑兆麟朱顯邦楊熙光杜慎媿王澄清葛勗忠楊侶鵬瞿祖熊嚴少陵吳錫忠胡光普吳燮許文光黃公倪紹邁雯均著賞給農科舉人祝長慶楊剛秦銘博何壽彭武濬源李宣諫孫慶澤何長祺孫嘉祿諸人龍韓榮昌萬嘉璧方興楚施霖錢均張大椿王道昌鄔肇元姚履亨陳佐漢劉導王靖先李邦燦張繼業邵文鎔梁元輔均著賞給工科舉人吳在章范季美唐在章周錫經薛宜璘竹騮李徵汪廷襄程承邁錢懋勛劉桐葉昌熹祝毓瑛楊汝驤陳日平董元春章家駿張競立李涵員袁枬何焯時劉石蓀周蓋臣張金燦趙之邵張清槐謝霖吳會英顧時濟朱其振黃傳綸黃如棟張家玉李作賓杜士炯后大經孫壽恩劉光笏楊蔭喬曹楨冀鼎鉉張國棟郝文燦周寶鑾張冕光胡源鴻黃行藻蔣道南李協中均著賞給商科舉人欽此　上諭調署伊犁副都統兼塔爾巴哈台參贊大臣科布多

辦事大臣錫恒由內務府司員外任道員受　先朝特達之知擢授科布多辦事大臣到任數年於一切創辦事宜慘澹經營規模畢具保障邊疆深資得力乃以積勞成疾遽爾溘逝軫惜殊深加恩著照都統例賜恤任內一切處分悉予開復應得恤典該衙門察例具奏賞銀一千兩由廣儲司給發准其入城治喪靈柩回旗時沿途地方官妥爲照料該大臣有無子嗣著該旗查明具奏候旨施恩以彰勞勩欽此監國攝政王鈐章軍機大臣署名

初三日　上諭開缺湖南岳常澧道熙楨着仍以道員記名簡放欽此監國攝政王鈐章軍機大臣署名

初四日　上諭青州副都統英瑞奏因病懇請開缺一摺英瑞著准其開缺欽此　上諭青州副都統著秀昌補授欽此監國攝政王鈐章軍機大臣署名

初五日　上諭督辦墾務署綏遠城將軍信勤奏因病懇請開去差缺回旗調理一摺信勤著准其開去差缺欽此監國攝政王鈐章軍機大臣署名

初六日　上諭資政院奏廣西禁烟展限諮議局全體辭職照章覈辦一摺著該撫仍

照上年公布辦法妥速辦理並飭令諮議局迅赴召集照章議事欽此　旨綏遠城將軍著堃岫調補並著督辦墾務事宜欽此　旨烏里雅蘇台將軍著奎芳補授欽此
上諭河南提法使著和爾賡額補授欽此　上諭此次引見游學畢業考列優等之庶吉士錢崇威著授職編修並加侍讀銜出洋供差期滿之庶吉士章祖申著授職編修
進士館游學畢業考列優等之度支部主事章圭瑑著仍以主事留度支部儘先補用
欽此監國攝政王鈐章軍機大臣署名
初七日　上諭陸潤庠著充稽察欽奉　上諭事件處欽此　旨京口副都統著慶祺
補授欽此監國攝政王鈐章軍機大臣署名

論說

中國外交方針私議

滄江

近二三年。以英法俄日四國協約之結果。我國位置日益岌岌。於是國中聯美聯德之說驟興。上自政府。下逮輿論。併爲一談。此其利害。蓋非可一言而決。必也內察我國之實力。外審列強之態度。然後我之所以自處者。乃可得而論也。吾故就各方面普徧觀察。作爲私議。以質愛國君子。

一 現世界弱國之位置

二 列强對於中國之壓迫

三 美國德國之態度

四 中美同盟論及中德同盟論

五 列國同盟之先例及其效果

論說 二

六　中國因同盟所得之利益如何
七　中國無同盟國其所損失如何
八　中美德同盟之影響如何
九　今日中國之外交方針
十　外交與內治

一　現世界弱國之位置

國於今日之世界者。不可以無外交。然弱國之外交政策。與強國之外交政策。不能無異。我國今遂儕於弱國之林耶。吾安忍言。雖然。吾卽諱言弱而弱之實又安可揜。故欲定我國之外交方針。非先明現世界弱國之位置焉不可也。

今世界殆無復容弱國自存之餘地。弱國所以能暫存者。以介於列強之間。而競爭未有所決耳。是故經列強一次戰爭之後。而弱國之位置必一變。經列強一次協商之後。而弱國之位置必一變。戰爭者。競爭之極而勝負已決者也。協商者。各得其所欲而休息競爭者也。兩者外形雖不同。而其結果皆自競爭以歸於無競爭則同。彼弱國者徒以爲列强競爭之客體（能競爭者謂之主體所競爭者謂之客體競爭之客體亦稱爲競爭之目的物）而保其殘喘。苟能利用此時機發憤爲雄。脫離競爭客體之地位。而自躋於競爭主體之林。斯最上也。若猶未能。則當期競爭之繼續。而毋使其休息。何也。一休息則吾之運命定也。又當使其競爭常出於平和。而毋致交戰。何也。既交戰則勝負必有所決。勝負決則競爭隨而息。而吾之運命亦隨而定也。

（說明）所謂經列强一次戰爭而弱國位置一變者。如格里米亞戰爭後之巴爾幹半島諸國。日俄戰爭後之朝鮮。其顯例也。所謂經列强一次協商後而弱國位置一變者。如俄普奧協商後之波蘭。維也納會議後歐洲中原諸小國。伯林會議後之巴爾幹半島諸國。及最近之沙摩亞埃及摩洛哥。其顯例也。

夫列强競爭之不已。其結局則戰爭與協商二者必出於一。此固權操在人。非弱國所得而禁之也。雖然。列强相互之關係。常積久而極複雜。欲一旦悉耦俱無猜。而爲圓滿之協商。爲事蓋非易。而以今世戰術戰器日新月異之故。雖列强固憚於用兵。徒恃此二者乃得弱國以暫安圖强之餘地所最可懼者則弱國自進而迫列强使不得不出於協商或自進而迫列强使不得不出於戰爭也所謂迫列强使不得不出於協商者其原因多由內治蓋以失政之故境內常生擾亂致外人生命財產之在我境內者恒不得保障而禍亂或且殃及其鄰於是凡與彼有關係之國不得不胥謀所以自保毋寧捐棄小嫌而協商以處辦之也所謂迫列强使不得不出於戰爭者其原因多由外交蓋彼弱國者方爲列强所競爭之客體故對於競爭者之兩造決不容以身加入其一加入其一則均勢破均勢破則戰爭或遂緣之而起也是故吾欲懸此義以爲弱國應付外交之一原則若此原則不謬則我國之外交方針可得而繼論也

（說明）以內治不修之故而招列强之協商處辦者如埃及於一八八二年招英

法之協商波斯於一九〇七年招英俄之協商朝鮮於中日戰役後日俄戰役前招日俄三次之協商是其例也此外尚多不遑枚舉以弱國加入競爭者之一方而釀成戰爭者如波蘭以聯俄之故而惹起北方戰爭（俄與瑞典之戰）巴爾幹半島之斯拉夫民族以聯俄之故而惹起格里米亞戰爭（俄與突厥之戰）我國及朝鮮以聯俄之故而惹起日俄戰爭是其例也下方更詳論之

二 列強對於中國之壓迫

列強之相壓非一日也然疇昔皆人自爲戰若其最近協以謀我咄咄可畏者尤莫如英法日俄之四國蓋以協商結果而使弱國位置一變之徵也其濫觴蓋起於光緒二十四年之英俄協商次則光緒二十五年之英日協商次則光緒二十八年三十一年兩次之英日協約次則光緒三十三年之日法協約日俄協約及同年之英俄協約最近則宣統二年之日俄新協約就中除光緒三十三年之英俄協約兼及他問題外自餘則皆以處分中國爲目的者也語其內容則不外互相尊重其在中國所已得之權

利。毋。或。相。侵。而。未。得。之。權。利。則。持。機。會。均。等。主。義。毋。或。壟。斷。質。而。言。之。則。此。四。國。權。力。所。已。及。之。地。期。於。無。復。撓。其。權。者。而。權。力。所。未。及。之。地。則。共。逐。失。鹿。憑。高。材。捷。足。之。先。得。也。天下可畏之局蓋未。有。甚。於。此。者。矣。

（說明）光緒二十四年英俄協商。其內容則英國認俄國在長城以北有敷設鐵路權。俄國認英國在揚子江流域有此權也。三十三年之英俄協約。凡分三項。一爲關於波斯者。二爲關於阿富汗者。三爲關於西藏者。兩次英日協約。則除中國問題外。尚有戰時中立攻守同盟等條件。其餘諸協約。則皆以各尊重在中國之既得權爲鵠者也。

夫英、與、法、世、仇、也。其、與、俄、亦、百、年、來、常、有、違、言、者、也。日、與、俄、則、蘊、怒、而、新、喋、血、者、也。今、乃、以、此、四、國、握、手、而、爲、一、致、之、行、動。此、事、理、之、甚、不、可、解、者、也。是當從兩方面觀察焉、乃、能、解、之。

其一則同利共趨也蓋此四國之在泰東其位置畧同等英法通我最早庚申之役已爲聯軍英人既有香港及南洋海峽殖民地而全國通商口岸大率由彼爲政商務占我國對外貿易總額之過半其勢之張不俟論也法則踞安南視滇桂爲囊中物而進覬黔蜀俄日則國境本與我毗鄰俄以屢次密約之結果日以兩次戰勝之結果其權之行於滿蒙者日進無已故以既得權論之惟此四國獨爲優越而迥非他國之所能逮其各思保而勿失宜也此四國所以能爲一致行動之第一原因也

其二則同患共捍也欲悉此中癥結則不當徒局於泰東問題而當參伍錯綜以觀泰西之國際政局夫近數年來協約之盛行惟英實執其牛耳抑彼英人者常以有名譽之孤立自豪於天下（英人向未嘗與他國結同盟）乃忽於最近十年間一變其態度自進而爲世界外交之中樞者何也彼蓋有所敵也前此之敵在俄而今茲之敵在德日英同盟之初結其時英國方有事於南非洲而俄勢駸駸東下英獨力不

能制之乃委其義務之一部分於日本雖然日英同盟約中固言有兩國聯軍與日本戰者英當出而相援及日俄戰起而俄亦有其同盟國焉曰法據一九〇二年之宣言法應有援俄之義務法援俄則英勢不得不援日是日俄方以自動而鬬於東英法旋以被動而鬨於西也則攘臂以爲漁人者方大有人在矣英人有憂之乃於日俄宣戰後不及二月遽降心以就世仇之法舉數十年來互爭之藤蔓一埽而空之結所謂英法協商者自茲歐洲外交之局始驟變矣夫並世諸國中能爲英患者莫如德其蓄志謀英者亦莫如德英德不兩大此稍明時局者所能知也而法者又德之仇讎也俄者又德之仇讎之友也俄之敗於日也德人見其仇之友不復可恃而亟思所以蹶之挾德奧意三國同盟之力以蹶一法法之不支明也法不支而德遂霸歐洲中原德霸歐洲中原英其殆矣故英既已親法更進而親俄於是英俄協商起**英俄法三國協商隱然與德奧意三國同盟對抗而在此則主之者爲英在彼則主之者爲德** 此現在歐洲國際政局之分野犁然可見者

也。日本以强英之聲援得有今日其惟英之馬首是瞻亦固其所然日俄新隙其芥蒂尚未易弭也。乃無端而有美國提議滿洲鐵路中立一事。使兩國共其利害兩國爲自衞起見**不得不同敵一美**此日俄新協約所由成立也。由此言之則此四國中各有其友焉各有其敵焉英日友也。俄法友也。英法之敵曰德日俄之敵曰美日不必友法俄而以英之故不得不友之法俄之於日也亦然日不必敵德而以英之故則難與爲友英法不必敵美而各以日俄之故則難與爲友此四國所以能爲一致行動之第二原因也。（參觀本報第十七號著譯門歐洲最近外交事情）

三　美國德國之態度

若夫德國美國之位置則與彼等異德建國僅四十年當其羽翼未就而他國早橫絕四海矣美建國雖較先於德然向守門羅主義與人無爭故此兩國在中國既得之權利校彼四國者瞠乎其後德犯天下之不韙僅攘得區區之膠州以爲經營東方之發軔而北限於日俄西南限於英不能展其驥足美雖有飛律濱然不與大陸毗連且有

英之香港橫障其間欲進不遂又列强莫不挾强大之債權以臨我而美富力號稱甲天下乃於我各項公債未獲嘗鼎一臠其居常怏怏可知也是故彼六强國對於中國之態度試以鄙夫求富貴之心事喩之英法俄日譬則已致身通顯而猶思進取者也其患失之心過於患得德美譬則甫受一命而方始熱中者也其患得之心過於患失是故德人於光緒二十五年雖嘗與英日兩國共結協商旋託詞而悔遯美人於光緒三十四年雖嘗與日本結日美協約然約文惟認機會均等不認特殊利益其意蓋可見矣

（說明）光緒二十五年英德日三國共結協商宣言保持中國現狀英首倡之日本次贊之而德亦贊之英之意蓋以防俄也翌年團匪變起俄兵占東三省英日約德共抗議德人曰協商只言中國未言滿洲遂不加入抗議夫滿洲爲中國領土之一部其誰不知而德人乃爲此舞文者其意別有在也蓋德人十餘年來常以慫恿俄人經營東方爲事一則知俄日英之在東方必有短兵相接之時俄既有事於戰爭則法失其同盟之援而法可以逞也一則俄勢既張德亦可藉均勢

之名別有所要索於我而不至自爲戎首也

要而論之各國對於我國之態度有最通行之兩語焉其自現在的方面消極的方面言之則曰**維持現狀**其自將來的方面積極的方面言之則曰**機會均等**雖然同是此兩語也而各國所以解釋之者亦自有異英法俄日所謂維持現狀者妨已國既得之權有所損也德美所謂維持現狀者妨他國未得之權有所進也英法俄日所謂機會均等者指己國特殊利益地域以外爲適用之範圍也德美所謂機會均等者無論何國之特殊利益皆不承認而以中國全境爲適用之範圍也是故英法俄日之政策畸於守者也德美之政策畸於攻者也英法俄日不汲汲於攻我則似英法俄日之愛我德美爲我攻英法俄日則似德美之愛我英法俄日果愛我乎哉德美果愛我乎哉是則惟我所自審矣

（說明）各國前此關於中國之宣言皆曰保全領土開放門戶及日俄戰爭後則將保全領土一語改爲維持現狀將開放門戶一語改爲機會均等此中消息最宜細參保全領土一語本毫無價值前此日俄屢次協商日韓屢次條約皆有保

全韓國領土之語。今則何如。若維持現狀。則詞更泛矣。機會均等一語。在國際上爲新出現之名詞。一八八四年。歐洲列國以瓜分非洲之故。經柏林會議。公約創建公果自由國。使比利時王兼王之。而此公果條約。規定列國在公果之生計政策。應採機會均等主義。此卽機會均等一語所由來也。今以我堂堂獨立之大帝國。乃僅得比於廢置如棊之公果。耗矣哀哉。

四　中美同盟論及中德同盟論

吾之於英法俄日也。畏偪既日甚一日。而此偪我者。復各有其敵。我誠能籠致其敵以爲吾友。則偪我者庶幾有所憚而不敢逞。此中美同盟論中德同盟論之所由興也。此同盟論果倡諸自我耶。抑倡諸自美自德耶。吾不敢斷言。默察全國人之心理上。而政府有若失乳之兒。徬皇索母。溺水之夫。呼號望援。其急切之情。殆不可掩。下而國民則全國報館。皆鼓吹同盟論。萬口同聲。自日俄新協約成立後。益甚囂塵上。而士大夫之奏議談說。尤稱道之不容口。則謂此論全倡自我可也。**雖然。我果爲主動**

者乎抑仍爲被動者乎吾猶不能無疑我國外交家之伎倆外人知之稔矣蓋威偪與利誘皆能奏效而施之貴得其宜昔俄使喀希尼巴布羅福之疊奏凱旋（喀希尼實第一次中俄密約者也巴布羅福定東清鐵路合同者也）各國豔羨之已久德國前此藉口二教士之見害突占我膠州復以團匪之變强我最高貴之　賢王爲謝罪使其傷我感情者非一度今殆悔其失計數年以來所以啗我政府者殆惟力是視美國則向守門羅主義於新大陸以外之政治問題絕少過問以致著著落人後其在泰東之發言權甚形薄弱今殆亦悔之亟思買我驩心爲補牢之計若庚子償款之退還若滿洲鐵路中立之提議若錦愛鐵路之借款其最顯著者也然則我國人之倡此論其或亦彼有術以致之雖然孰倡孰和可勿深論要之此問題已印於吾國多數人之腦識中或非久而便成事實此則稍關心時局者所能知也吾此私議卽以此問題爲鵠而欲平心諦觀以論其利害得失者也

抑卽此問題中亦尚有許多條理焉就同盟之主體言之將於美德兩國中擇聯其一耶抑並聯其二耶若擇聯其一則取美耶取德耶若並聯其二則將中美德三國合署

論說 十四

一同盟條約成三國同盟之形耶抑中美同盟中德同盟各自爲約中國雖有兩同盟國而德美未嘗因此而生特別之關係耶就同盟之目的言之將爲普通親善之同盟耶抑爲攻守同盟耶若爲普通親善之同盟則以何者爲兩造應履行之義務耶若爲攻守同盟將僅有消極的中立義務耶抑並有積極的應援義務耶就同盟之形式言之其盟約將公布耶抑祕密耶或布其一部分而祕其一部分耶凡此等問題吾竊料倡同盟論者亦未必一一計及然緣此等種種差異而所生之影響自有大差異固非可忽而不省也吾於下方將擇要論之

(說明)以一條約而規定三同盟國之關係者如德奧意三國同盟是也(但此同盟之公牘亦分爲德奧盟約德意盟約與意盟約之三件不能遂謂爲合署一條約惟三約中所規定之權利義務略用同一之文句耳)以甲國與乙丙兩國各結同盟而乙丙兩國不緣此而生關係者如日本既與英結英日同盟及日俄戰役方酣又與韓結日韓攻守同盟是也普通親善之同盟者如維也納會議後之神聖同盟一八七二年之俄德奧三帝同盟是也攻守同盟者如德奧意三國同盟俄法同盟英日同盟皆是也其中復有消極積極之別消極的攻守同盟者如第一

次日英盟約聲言兩同盟國中甲國起戰事乙國中立非有第三國加入戰爭則無應援義務是也德奧盟約凡德奧兩國除與俄國戰爭外皆同此例積極的攻守同盟者如第二次日英盟約聲言兩同盟國中無論何國有戰事立須互援是也德奧盟約凡遇德奧兩國與俄國戰爭時即同此例盟約公布者如德奧意盟約日英盟約是也祕密者如中俄密約是也布其一部分而祕其一部分者如俄法盟約是也

五　列國同盟之先例及其效果

列國並立而有競爭爲競爭之豫備或以自強或以弱敵有時覺獨力之不足也而同盟起焉中外古今歷史中其同盟故實之可考見者以百數而性質亦各各不同今請條舉其種類而取其適切於今之時勢者論其得失

（第一）以平和爲目的之同盟　尋常聘問通好不名同盟既曰同盟必其締盟國之交加厚而有以示別於非締盟國也既厚薄示別則其視一般之非締盟國或非締

盟國中之一二國必有隱含敵意者故欲求絕對的以平和爲目的之同盟殆不可得茲所謂平和者謂其締此同盟之本意非專爲戰爭預備云爾其種類有三

(一)政治上之同盟　復分爲二

(甲)親誼關係之同盟　如我國春秋時齊晉之合諸侯其目的非常爲戰爭之預備特以此結親交以示別於會外之諸國是其例也古希臘各市府之同盟亦然雅典斯巴達德巴迭爲盟主其資以戰爭之時少而平和之時多也

(乙)政見關繫之同盟　維也納會議後俄普奧三國所結神聖同盟專以維持專制政體防革命黨之蔓延蓋目的純在內政也此外不見其例

(二)宗教上之同盟　歐洲當宗教改革時新教國與舊教國對立分結同盟是其例也然緣是釀成戰爭已不得謂之平和矣十字軍時代耶穌教之對回教亦同

(三)生計上之同盟　我國葵邱之會其盟詞云凡我同盟之人毋曲防毋遏糴以生計上條件著諸載書此其最古者也然其範圍甚狹不足論

生計上同盟最顯著者關稅同盟也近世德國統一前之關稅同盟實其適例

英日同盟其中亦含有生計上同盟之意義蓋彼此互尊重其東亞大陸所得生計上之特殊利益實此盟約中之一要素也

前此中俄密約其中一部分亦可稱爲生計上之同盟蓋俄之東清鐵路華俄銀行所以得有種種特權實自此密約來也

今茲我國人所渴望之中美同盟其必含有生計上同盟之性質殆無疑義蓋同盟之目的强半在借債而美之欲得於我者必在生計上之特權也

（第二）以戰爭爲目的之同盟　凡同盟之約束堅明而强有力者必其攻守同盟也故考同盟之先例以平和爲目的者蓋寡以戰爭爲目的者常多以戰爭爲目的之同盟其分類亦得有種種今避繁複僅列一二標準以研究之

（一）同盟國之兩造有一爲見脅强從者　可分爲三

（甲）以一强國脅數弱國者　如春秋時晉楚所屬諸國戰國時秦以連衡策所刼諸國頻尼克之役羅馬所役意大利諸國拿破侖第一所役歐洲大陸諸國是也

(乙)以數強國脅一弱國者　如春秋時晉齊秦諸國脅鄭漢景帝時吳楚諸國脅濟北是也

(丙)以一強國脅一弱國者　如日俄戰爭時日本與朝鮮結攻守同盟是也

(二)同盟國之兩造皆以自由意志締盟者　普通之同盟大率皆屬此種然因各國境遇不同故其同盟動機亦各各不同試臚舉之

(甲)數國爲自衛起見結守勢同盟以抗一強國者　如春秋時蔡侯鄭伯及漢東諸國結同盟以距楚戰國時六國合從以擯秦滑鐵盧之役全歐聯合以禦法是也

(乙)一小國與他小國相聯結攻勢同盟以踣一強國者　如一八六四年普魯士與撒諦尼亞(此其王後爲意大利皇帝)結同盟以伐奧是也

(丙)一小國欲得他強國之後援進而加入同盟以自重者　如一八五五年撒的尼亞乘俄突戰役英法援突拒俄時加入英法同盟是也

(丁)以數國相聯圖削滅一國者　如南宋時結蒙古以滅金十八世紀末俄普

與三次結盟以滅波蘭。七年戰役。一七五六年至一七六二年　與俄英法結盟以謀分普是也。

而三者結果各異。

(戊)兩強相仇而各引他強國以自助者　如現存之德意與同盟及俄法同盟是也。

(己)一強敵一強而懼其敵有援乃預結一同盟使其敵之同盟有所憚者　如第一次英日同盟是也。

(庚)兩強國以同一之政策處分一國而懼第三國撓之乃結同盟爲聲援者　如第二次英日同盟是也。

(辛)以一弱國爲數強國競爭之客體而擇一強與結同盟者　如波蘭畏瑞典與大利之偪而與俄結波斯畏俄之偪而與英結繼復畏英俄之偪而與德結緬甸畏英之偪而與法結朝鮮畏我之偪而與日結繼復畏日之偪而與俄結我不忍於甲午之敗而與俄結皆其例也

以上所舉種種同盟先例其所生之效果布在方策稍有史學常識者當能知之無待。

縷述而我國人今日所渴望之中美同盟中德同盟屬於何種類讀者當能自得之矣今除以平和爲目的之同盟不必論復除脅從之同盟不必論其以兩造自由意志締結之同盟則正外交政策優劣之所攸分也吾嘗循繹諸國緣同盟所生之效果而得同盟政策之四原則焉

(甲)積極的原則

(一)兩國有同等之實力者可以結同盟　有同等實力則我固有所待於彼彼亦有所待於我其相需甚殷彼我固能互相福彼我亦能互相禍其敬憚甚至如是則相當之權利義務必出乎其間

(二)兩國有同一之目的者可以結同盟　其目的無論爲進取爲自衛但既畧己同一則進焉有同舟共濟之思退焉有兎死狐悲之懼其相待自能近於眞誠而相傾相賣之隱謀可以少殺

(乙)消極的原則

(三)凡弱國非爲進取起見不可與強國同盟　弱國與強國同盟則其實力固懸殊其目的亦未必同一在理宜爲厲戒者也然苟爲進取起見借以自重則時或收奇效如撒的尼亞兩次與英法及普結盟日本與英結盟是也夫其國旣能進取則已不弱矣

(四)凡弱國方爲數強國所爭者不可與爭我之國結同盟　數強爭我相嫉必甚舉足左右輕重斯生愈益其妒以揚其波則彼諸強或遽起而互相搏擊或有一焉遂爾屈伏怨我者務蹙我於死地惠我者索償無饜時兩者皆非我福也

吾所立以上之四原則若不繆則吾將據之以論中美同盟論中德同盟論之得失焉

(未完)

論說

學者須要有廉隅牆壁
方可擔負得大事
朱子語

著譯壹

銀行業務論

明水

銀行種類不一。故其業務亦各異。如貯蓄銀行。則專以便人蓄積爲業。農工銀行。則專以便於農家工肆爲業。勸業銀行。則專以獎興實業爲業。不動產銀行。則專以抵押房屋地皮爲業。此其尤彰明較著者矣。自餘類此匪可殫述。而近今銀行一學。已成專科。其所論者則以普通商業銀行爲主。其貯蓄農工勸業等。皆指爲特別銀行。附論於普通之後。非重此輕彼也。誠以普通之業。其範圍甚廣。而特別之業。其範圍甚狹。且於普通銀行講求既明。則特別者亦將不言而喻也。故今所論。亦效茲體。其言銀行業務者。實專指普通之商業銀行而言之耳。

普通商業銀行。其業務不一。而以存款拆息放款三事爲大宗。此近今東西各國銀行之通狀也。我國欲興銀行。果亦以此三者爲主。抑或別有更要者否。今勿具論。要之必

具此三事然後謂之爲銀行否則票號耳兌換錢店耳於一國生計機關未足爲輕重也欲知其故則明乎三者之效用自能得之請以次陳其崖略焉

第一　存款英名Debolit.日名預金

存款者各戶所存入銀行之款也凡經營商業必宜預集資本此盡人所能知者銀行亦商業之一其不可不有資本與他商同惟銀行以外之商業所恃以孳殖者限於其所集之資本而銀行不然於資本外復得此存款焉以周轉於無窮故他種商業之資本則賴以經營事業者也銀行之資本則賴以創立信用者也他種商業資本愈厚則事業愈益擴張銀行資本愈厚則信用愈益確實信用愈益確實則存款愈多而獲利愈博此銀行所以別於他種商業而存款亦惟銀行爲有之也難者或曰衆人以款存諸銀行銀行非可任意使用也既不能任意使用則利何有焉應之曰不然、存款之法雖濫觴於寄託然今日存款之意義則存戶自初卽以其所有權移諸銀行許銀行以運用利殖之權變寄託之關係而爲貸借之關係者也夫如是、則銀行何不可任意使用之有銀行既能任意使用則是款入銀行卽變爲銀行之資本借衆人之力以爲己力存款之大有造於銀行也。夫復何疑。

上所言者存款之性質。及其與銀行業之關係也。今請進論其種類。存款可分爲三種。一曰長存。英名EixedDeposit日名定期預金 二曰浮存。英名Current Occount日名當座預金 三曰特約存款。英名Special Dposit日本用此名以不知吾國所通用者維何故沿襲之又日人有分存欵爲四類者一曰定期預金二曰當座預金三曰通知預金四曰預金手形預金而此所謂特約存欵者即包第三第四兩種之存欵而言之也。是也。然衆人之存款於銀行也。實有三因。因各不同。故存款亦生種種之別。三因維何。

一金額不多。不便於使用。或其額雖甚巨。而所有者不能經營產業。又或其資金之性質。不許運用他途者。

二資金所有者因其事業之情狀。及市面盈虛消長。不能確知。而苦於無運用之良途者。

三日中所收得之金錢。及與銀行融通所得之期票折息款項與夫日中當支用之零星款項。苟自存之則水火盜賊在在堪虞。且收支之時多寡眞僞動輒煩勞不如以之存入銀行。使銀行代掌出納之事。又欲託銀行代收期票支票及其他款項、者。

因第一第二之故而存款者。則爲長存。或爲特約。因第三之故而存款者。則爲浮存。或爲特約。蓋長存之款項。偏於固定。浮存之款項。偏於流通。特約則位於其間。而第一第二之性質。多爲固定者。第三之性質。多爲流通者。故各有所宜也。至於利息則長存與特約較厚。浮存較薄。或竟有不給息者。此何以故。長存與特約。其收回存款皆有一定之期。銀行不必特備一款。以應其支取。可直將所存款項貸之於人。以獲較厚之息。或編入浮存準備金中。或爲日常支銷之用。皆任銀行之便也。若夫浮存則不然。何時取還本無一定。有朝存而夕取者。有今日存而明日取者。銀行不能不隨時預備一款。以應付之。而無從容放出之餘地。銀行自身已無利可獲矣。若更給重息與存戶。是自困之道也。故今歐美各國。凡浮存款項概無利息。日本則以生計發達。尚在幼稚。國人知利用銀行者尚少。存款亦不及歐美之多。故浮存亦給微息。以爲獎勵。一以廣招徠也。

存款種類。及某種款項。必爲某種存款。既已若是矣。然猶有二事當知者。則直接存款。

與間接存款也直接存款者何存戶挾其所有之見金存入銀行者是也間接存款者何存戶初非挾其所有之金而以拆息貸借所得諸銀行者不即支取而還以存諸銀行者是也二者之別頗爲重要何以言之蓋生計尚未發達之社會交易之資惟有實幣無所謂支票期票更無所謂拆息也故其存款於銀行也亦然不問其爲長存爲浮存一是以見金爲主而銀行放款之額亦不外資本金之一部與此直接存款之合計斷無有能超此合計額以上者何也銀行資力僅有此數也然在生計發達與夫商工業勃興之社會則決不如是彼其銀行以所集資本金中之見金及此直接存款爲基礎而可營數倍以上之拆息放款彼果操何術以致此哉則以所拆息所放款之金錢不即交與拆息放款之人而以撥數方法編入其浮存款項中也故由此撥數所生之浮存款項常當直接存款之數倍而占存款中一大部分也既有此法則銀行交易益大金融益活潑而見金益可節省展轉相生爲利無窮良法美意無過於此夫人之所以日富我之所以日貧其原因雖多而有此法與無此法既已判若霄壤況吾並直接存款之機關今尚無之則日即涸竭豈待智者而決哉撥數者、日本名爲振替、蓋以甲數撥入乙數中、或消債務、或生債權、皆不過於賬簿中一舉手之勞、而可得也、如有甲某、持一期票、向銀行拆息、共拆得銀一萬元、照例銀行當以見金萬元、交與甲某、惟甲某持此萬元、取攜不便、不如即存入銀行、而於己之浮存賬簿中、進一來數、隨時支取也、又如乙某、向銀行借得欵萬元、在理銀行當即以萬元與之、然乙某亦可不取見金、而使銀行於己之賬簿中、進一來數、隨時支取也、又如甲乙兩人、同與某銀行來往、甲借乙欵萬元、至期甲不必以萬元與乙、但屬銀行於甲某存欵賬簿中、撥出萬元、而於乙某存欵賬簿中、撥入萬元、而甲乙兩人之債權債務、可立消也、此撥數之大要也、下文當更論之、恐讀者讀至此處、不解何意、故不嫌駢枝、先述其意於此、

各種存款中。尤有一最要之義焉。則浮存款項之本能也。夫浮存也者。不問其爲直接浮存爲撥數浮存。要之存戶隨時皆可支取。故在生計上其所盡之職務。實爲一種完全交易之媒與支應之具也。存款即通幣之語。彼美國哈尖敎氏於西曆千七百九十年前既已言之矣。其言曰。

凡銀行借款於顧客。其最初之形式。要皆賬簿上之信用耳。故銀行既允假若干款項於借主。則於此借額中任借主之便。或須紙幣。或須實幣。隨時可以支取。然實際上借主絕少自來支取者。多以所發支票。交與債主。使債主往銀行取之。然債主亦絕少往銀行支取。復以其票交與債主之債主。以爲常。若遇直往銀行收款者。則亦不過於賬簿上。撥甲數爲乙數而已。如是輾轉相通。信用盛行。而遂爲一種貨幣矣

云云此意甚晦恐讀者不易瞭然此記者不文之過也觀下文自明

今更詳言存款所以即爲通幣之理。蓋浮存款項之存戶。當支用之時。或取見金。或出支票。本聽其便。若用支票。是以存戶對於銀行之債權。移諸他人耳。而代表此債權之支票。即有代表見金之效。得此支票者。可以輾轉流通。若更以爲自己之存款存入銀行。則其效益大。蓋我又可發支票於人也。而發此代表見金之支票之人。與夫受取此代表見金之支票之人。苟同在一銀行往來。固可行之。即彼此不同在一銀行。亦可行之。不過畧爲繁複而已。請爲例以證明之。譬有甲乙兩人同在匯豐銀行交易。甲某本有存款在匯豐。今因欠乙某一千元。到期應交。則甲某或往匯豐。在自己存款項下。取出一千元。交與乙某。本無不可。然專爲此事往匯豐。又由匯豐取回。然後交之於乙。奔走頻繁。費時失事。甚無謂也。爲甲某計。不如逕出千元支票。與乙。使往匯豐取之。而已可省僕僕之勞。而乙某得此支票。或轉支別人。或存諸匯豐。均聽其便。若以之存入匯豐之時。匯豐亦不必取甲之千元以交諸乙也。但於甲賬簿中除去千元。而於乙賬簿中加入千元。一撥數間。而甲乙兩人之債權債務立淸。此同一銀行之說也。若甲乙

著譯 八

兩人不同在匯豐交易。甲在匯豐。乙在正金。則將以何法通之乎。曰、是不難。甲出匯豐支票與乙。乙往存之正金。然持匯豐支票以存於正金者。一日之中。非第乙一人已也。又持正金支票以存於匯豐者。亦大有人在也。正金則日終檢點其所得匯豐之支票。持往匯豐。以易取其行之支票之在匯豐者。設有不足。然後匯豐與正金以見金爪足。數尾與顧客絲毫不相干涉也。譬如某日、正金得匯豐支票十張。共銀五千元。而其日、匯豐得正金支票十二張。共銀五千二百元。則兩數相抵。正金尚短匯豐二百元。而此二百元之數尾。應由正金交見金與匯豐。此不同一銀行之說也。然於多數銀行之間。各行皆收得他行之支票。他行亦收得本行之支票。則往返交換。其事亦繁。故又有一法焉。每日定一時刻。同集一處。以交換之。則各行皆不勞而事集。此期票交換所所由起也。其法每日至所中。將各行期票支票之額。某銀若干。某行應爪某行數尾若干。當塲算決。夫如是則見金受授之額大減。而見金之用。亦隨而節約。若於交換所外。更有中央銀行。以爲之樞紐。則各行皆有存款。便亦可行賬簿撥數之法。而實幣竟可一文不動也。

存款爲交易媒介支應之具。其便利蓋無有加於此者矣。夫以賬簿中舉手之勞。既甚省事。又無危險。而凡百債權債務。立即消滅。天下美妙之事。當於此首屈一指。加以通幣中能如存款之流通迅速者。實不多見。故不獨優於見金。實將駕紙幣而上之也。

存款爲一種之通幣。其便利妥適不僅如右所言而已。復有一絕要之性質焉。則應於需要之數而具自然伸縮之能也。徵之美國之實例。凡紙幣流通額減少之時。存款必增加。紙幣流通額增加之時。存款必減縮。常使交易媒介物無過不及之差。此統計所證明也。則其福利之及於社會全體者。豈有涯哉。無惑乎美國銀行學鉅子丹巴氏之言曰。

比來美國存款之發達。令人可驚。用是之故。紙幣發行額。或增或減。幾無研究之價値。即令美國政府將所發紙幣悉行償却。各國立銀行亦盡收還其紙幣。使吾美全國竟無一枚爲。然吾美決不因此而生通幣缺乏之感。可斷言也云云。

由此觀之。今日存款之勢力。其磅礴深厚。豈可言哉。又不徒美國爲然矣。而美其尤盛者耳。

右所述者。存款之本能也。請更得進論其效用。雖復多端。然舉其最要者。約有四事。一曰節約貴金屬也。二曰疏通金融也。三曰使通幣適應於社會之需要也。四曰省商工業家之勞費也。請以次陳其大要。

第一 節約貴金屬 銀行之直接存款。純用見金。故於節約貴金之道。似有未盡。（紙幣暫措不論）然既有撥數存款。爲銀行創出之交換媒介物。可以代貨幣之用。故實幣益得節約。此其理蓋人所易知也。然欲確知存款節約貴金之利。果有幾何。則莫如取各國銀行存款總量。與其支應準備金總量。兩相比較。其所餘之差額。即其標準也。何也。其社會所用之交換媒介物。既需此數。苟非有他物以代之。則人民求得此物。其勞費當幾何。而保存授受等之損費。又須幾何。反面觀之。則彼之所損。即此之所益矣。

試以英國證之。該國各銀行存款總額。據西曆千九百零三年所調查。約八萬三千四百萬鎊。而其支應準備。以最高之百分三十計之。相差五萬八千餘萬鎊。若悉用金幣則以周年三分息起算。合爲千七百五十萬鎊。然如利用存款。則五萬八千萬鎊之獲得。費並每年千七百五十萬鎊之利息。皆可節省。緣是所生之利益。又巧曆所能算哉。

不特此也。凡使用實幣。不免喪失。不免磨損。且授受不便。搬運維艱。故其保存運送等費。通而計之。其額乂豈得云小。一有存款。則百費皆無。其功用不亦偉歟。

第二　**疏通金融**　銀行以其所集之資本金。與直接存款。爲之基礎。而創出撥數浮存之法。使交換媒介物。澤而不枯。此銀行最有利於公衆之事也。然其所以能致此者。則亦有道存焉。蓋銀行吸收餘裕方面之資金。使變爲自己之資本。而供給於資金缺乏之商工業家。所謂以羨補不足。而一國金融。斷不憂其澁滯也。況銀行資本過於潤澤。於應付拆息放款外。尚有餘力。則彼爲利殖起見。自不能不分散之於各地。或分行或他行。或銀行經紀。必從種種方面以發放其饒多之金。當是之時。不僅有銀行之地其金融爲之疏通也。及窮鄉僻壤。皆承其餘波而綽有餘裕。各地利息可得平均。其增進一般生計之利益爲何如也。

第三　**使通幣適應於社會之需要**　存款中之大部分。則撥數存款也。而撥數存款。則銀行所創出之通幣也。故撥數存款。於商業消長。如影隨形。商業盛則拆息借款者多。拆息借款者多則撥數存款亦自不得不多。商業衰則拆息借款者少。拆息借款者少。則撥數存款亦自不得不少。故能應於社會之需要。以爲伸縮。所謂存款之彈力是也。

且也凡通幣有過不及者則百物市價必生變動縱其影響或大或小不能一定然一部之動搖在所不免故欲得物價之平準必先求通幣之平準銀行存款旣能應於社會以爲伸縮則其足以防物價之變動何待多辯

第四　省商工業家之勞費　銀行雖廣利公衆而直接受其益者則商工業家也何也彼其性質不能不與銀行相親也故甲欲託銀行管見金以避水火盜賊之患乙欲託銀行代收各款而掌其出納之事以省衡鑑之勞丙欲得利息丁欲得融通雖其目的各各不同而其有賴於銀行則一也使無銀行則商者工者皆縛手縛脚而欲游刃有餘難矣此其事可想像得之故不多贅

要而論之存款效用其美滿圓妙有非尋常意計所及者故其國能廣興銀行又能廣吸存款則其國必昌其國而無銀行或有之而無術以吸收存款則其國必憔悴此自然之勢無可逃避者也此之論生計者當於此首加之意也然利用存款各國有優有劣卽在一國之內亦各地有優有劣如英美兩國比諸歐陸各邦其存款發達甚相懸絕故言商工之盛必舉英美言富力必舉英美有以也夫

(未完)

著譯弍

海上之英國

璱齋

國家與海權之關係

一國之盛衰。原因不一。而交通權之存亡。其一端也。能保守而擴張之者。其國必富且强。反是則貧且弱。此古今之大較也。不觀於腓尼西人乎。彼天勃拉士河畔一極微弱之國民耳。然東自波斯灣之沿岸。西越直布羅陀之海峽。遍開殖民地。遂掌握地中海之海上權。而國勢大張。希臘繼起。藉撒拉米之海戰。及亞歷山大大帝之遠征。攘奪地中海之交通權。遂舉腓尼西人之殖民地包舉囊括。且遠涉波士腓勒之海峽。沿黑海之海岸。拓地經商。國力彪𦁤。莫之能敵。及羅馬帝國之勃興。亦以壟斷地中海沿岸之貿易權。至建設亞非利加北岸之新羅馬殖民地。交通權與國家之關係。徵之歷史。固已瞭然。此近世歐洲各國所以力征經營。惟恐或後也。歷史家律達爾之言曰。世界文

著譯

明之進步必歷三階級一曰江河文明二曰內海文明三曰洋海文明今日者即洋海文明之時代也故惟能掌握海上之權力者即能壟斷世界之貿易權

英國海上權之發達

今日創定殖民之霸業。操縱世界之貿易者。非英國耶。英人之心思智慧。無以遠逾於他國。然其所以能致此者。亦由其掌握東西兩洋之交通權而已。英國植海權之基礎。實始於千六百五十一年之航海條例。航海條例者。實專爲攘奪荷蘭之權力而發布者也。當時之荷蘭。東西兩半球之商業。皆爲其所提挈。其從事貿易之船舶。數逾二萬。合英國法國西班牙葡萄牙意大利丹麥波蘭瑞典俄羅斯之所有。皆不足與抗衡。然航海條例之規定。凡輸入英國及愛爾蘭之物品。及亞細亞與亞非利加一切生產物。非英國及英國殖民地所有之船舶。不許運載。其船長及水夫之過半數。須用英人。由歐洲各國運送貨物之船。其輸入英領殖民地者。亦用此例。於是荷蘭大困。幾無以爲國。蓋荷蘭者。非業製造之國。只轉運他國物品。以逐什一之利者也。荷蘭不能忍。遂與英宣戰。然荷蘭雖爲偉大之商業國民。至海軍勢力之發達。則遠在英人下。故千六百

二

五十三年。僅一大海戰。而荷蘭已勢窮力絀。與英請和。爲城下盟。舉其從來海上所有之權力。拱手而授之英國。

雖然、英國一舉而勝荷蘭。仍不能稱霸海上也。蓋當時之法蘭西。實在路易十四指揮之下。野心勃勃。睥睨一世。其尤深惡而敵視者。厥爲英國。故英國不欲得志於海上則已。如其欲之。則不可不與法一決勝負。適其時西班牙有王位繼承問題。英法互爭擁立。遂啓戰端。路易十四一敗塗地。卒訂烏列希條約。割地而外。更許英國占領西班牙之直布羅陀乃米諾架二島。此戰爭者。陽則爲英法皇室爭西班牙之王位。陰實英法兩國爭大西洋之海上權。蓋西班牙皇帝查路士二世死而無子。法則主張立路易十四之孫。英國則主張立墺地利之皇子。然果如法議。則西班牙必至爲法之屬國。英國之貿易。必大受其禍。故英國爲維持大西洋及亞美利加之權力。而必不能不以死力爭也。

其後英法復有墺地利王位繼承之爭。此戰爭者。純爲殖民地之戰爭。是役也。英與普聯。海陸並進以攻法。法益不支。狼狽萬狀。英遂挾其戰勝國之力。以訂巴黎條約於法則奪其亞細亞之領土。於其同盟之西班牙。則占領其北美之殖民地。於是東西兩洋之海上權益根深蒂固。確乎其不可拔。綿延以至今日。仍莫敢與之爭衡。

現世英國於海上之勢力

英國既爲海上之霸王。其貿易之繁興。與殖民地之膨脹。殆一日千里。其殖民地約廣三千萬幾路米突。(一米突約當中尺三尺三寸。幾路米突者即一米突之千倍)世界殖民地三分之二。在其掌握。日出沒處皆見國旗之諺。早已膾炙人口。無煩縷述。惟其貿易之數。則日新月異。頗有足紀者。據千九百七年之統計。於英倫蘇格蘭愛爾蘭三島。從事貿易之船舶。凡千二百萬噸。殆占全世界船舶噸數之半。合日本美國船舶之噸數。僅足當其十二分之一。卽近年來德國之運送業。異常發達。然較之英國。亦不過五分之一而已。至其輸出入之增加。尤爲突飛之進步。千九百七年之頃。已達九億二十萬噸。及昨年統計。其貿易總額。更達九十八億圓。以全國人口平均計算。每人之輸出額。實九十五圓。比之美國則二倍强。比之德國則二倍弱。輸入之數。一人平均百二十五圓。足當德國二倍。美國三倍而有餘也。

然此偉大之商業。與此星羅棋布之殖民地。非有至強極大之海軍力。不足以資保護也。故英國時持二强標準主義。以建造軍艦。擁有百四十萬噸之海軍。分之爲本國中國澳州大西洋地中海東印度六大艦隊。擇要分屯。以資防守。故始終保持世界第一位之海軍。而莫與匹敵。此固由其國力之充實。有以致此。抑亦事勢相迫。非此無以自存也。雖然世界各國之海軍。至千九百年之終。而形勢一變。其東隣之北美合衆國南方之德意志。及遠東之日本。皆蔚起勃興。而成爲三大海軍國。將來英國之二强標準主義。果能保持與否。其海上權之究能永續維持與否。誠爲影響世界全體之一大疑問。而有研究之一値者也。

北美合衆國之海軍

三十年前之北美合衆國。初不知海軍之爲何物者也。至千八百八十三年。美國海軍羅治士始設一軍艦委員會。以研究海軍。提議建造戰鬭艦二十一艘。裝甲巡洋艦七十艘。水雷砲艦五艘。水雷艇二十艘。以爲美國海權之防護。當時美國政府自念造艦製砲鑄鐵製械之廠。四者無一。只有憂慮徬徨。而悔從前之失計。卒竭力所及。以建造四艘之巡洋艦。及美西戰爭。益悟海軍之重要。遂銳意經營。不遺餘力。試調查美國之海軍費。當千八百九十二年。其費不過五千萬圓。即至九十七年。亦僅七千萬圓。及美西戰爭後。一躍而爲一億六千萬圓。迨九百七年。直增至二億四千萬圓。此後擴張仍日加而無已。是前後十年間。美國之海軍費。幾增二萬萬圓矣。迨前二年。大統領羅斯福於聯邦議會。發表意見。謂本年固須卽造戰鬥艦四艘。然雖有艦隊。非有習練之水夫。修艦之船塢。製造武器之材料。供給石炭之良港。一如有身首而無手足。何以自存。故吾爲太平洋憂。爲太平洋危。只有急起直追。從速建設。否則臨渴掘井。雖悔何追。國民之腦根。受此激刺。輿論益表同情。政府持之益力。故今日雖只有四十萬噸之軍艦。而此後擴張之程度。實未有艾也。

日本之海軍

日本之海軍。當中日戰爭之役。僅有三千餘噸之海防艦。而爲陸軍之附屬品。及有三國干涉還遼之舉。始恍然大悟。知非有海軍。則外之不足以禦侮。內之不足以保疆。於是停辛茹苦。併力經營。凡百犧牲。皆所不恤。馴至今日。其實具戰鬭力之戰鬥艦已有十四艘合其他裝甲巡洋艦及水雷艇而計之已三十七萬四千餘墩比之美國幾無愧色且邇來造船術之進步迅速異常昔日軍艦皆成於外國船廠自千九百五年以後已能自製其最新之戰鬬艦四艘裝甲巡洋艦六艘皆竣工於本國造船廠即此一事足知日本之海軍羽翼已成矣

德國之海軍

然日美海軍之勃興皆不足爲英懼盖英美之利害雖時有衝突然彼此皆無可啓戰之動機萬無決裂之恐至日本現爲英之同盟國更無俟言其公然對英國而表敵意以擴張海軍者只一德國而已德國威廉二世深謀遠慮日圖海軍之振興即位無幾即離海陸軍而爲二一爲行政部一爲軍令部置海軍大臣以統轄之德國海軍至是乃始獨立其後向議會要求一億圓之軍費以建造鐵甲艦十艘裝甲巡洋艦十二艘及數艘之水雷艇當時海軍思想未能普遍故贊成者尚寡及南非問題與英國搆爭幾至決裂德帝復痛論海軍之握要謂當日議會若容其要求則今日之海權商業何至微弱至此於是舉國國民大爲感動翌年德軍之海軍同盟會其會員一躍而至二

十萬人及千九百年之海軍大擴張案議會以滿場一致採納其議此擴張案者卽於千九百二年造三十八艘之鐵甲艦十四艘之裝甲巡洋艦三十四艘之普通巡洋艦九十六艘之水雷艇者也英國受此激刺不能自安遂亦極力擴張以爲之敵德國更於千九百六七八三年間修正此案決造大戰鬥艦三十八艘大巡洋艦二十艘小巡洋艦三十八艘水雷艇百四十四艘皆期以千九百十二年全工告竣此大海軍國之勃興古今實未見倫比於是英國遂竭其力之所能至以求壓倒德國海軍之法而謀以自存將來兩國海軍之消長卽各國國際關係變更之始矣

英國保持海權之政策

德國海軍之經費其每年支出則一億六千萬圓其費於製造軍艦者殆八千萬圓以上至英國則幾倍其數爲三億一千萬其軍艦製造費則與德等亦七千五百萬以舉國人口平均計算英國之負擔額每人大約七圓比之德國幾爲三倍英德競爭英人於經濟上負擔之苦遠在德上故英人既不能禁德人之擴張復不能不自爲擴張以爲之敵進退維谷故腐心併力以求免此製艦之競爭以保持其海上固有之權力其

對待德國之政策有三一爲與德協商限制製艦之數然此實英人之妄想萬無實行之一日蓋今日海軍之國非僅英德各國皆以擴張海軍爲先務若稍落人後何以保權力之平衡且德人於感情上利害上皆欲得英而甘心故寧犧牲身命亦必攘奪英人海上之霸權而後已此英國製艦限制之議所以屢商於德而屢見拒也第二則爲先發制人之策英國軍人社會之議則謂羅馬曾擊喀賒治英國曾擊荷蘭今日之德國卽昔日之英國羅馬持滿必發英國實首當其衝幸今日德國之海軍羽翼未成乘此時機一決勝負則先發制人或得一當不然將遺噬臍之悔或來養虎之憂然英國以商業立國一有戰事其經濟界之紊亂不可勝窮故戰爭者英國人大多數所不敢主張又可斷言也第三則爲釜底抽薪之策英國統一黨之政見謂德國以莫大之款擴張海軍其軍費所出皆由商業若行保護政策增加關稅則德國商業必大困斃其軍費之源泉亦必涸竭故可不傷一矢不折一鏃而德國之海軍可盪掃而空此策之可行與否雖未敢遽言然此策之前提則保護政策之果適用於英國與否又當爲一絕大問題耳要而言之今日之德國誠爲英國唯一之勁敵英國深知其意故近則與

著譯 十

俄法和親東則與日本同盟西則力結美國凡百舉動不外欲使德國孤立無援即有野心而不敢妄動然英之外交政策果能制德與否此問題解決之日即世界權力行大革命之日可豫決也

法令

資政院議事細則

第一章　召集及開會　第一條　議員欽遵　上諭指定之召集日期於上午九點鐘齊集資政院　第二條　議員到院之始須在議員簿註到其由各省諮議局互選之議員應併將執照交驗　第三條　議員到院滿半數以上時議長副議長即行就坐　第四條　議員坐位以宗室王公世爵外藩王公世爵滿漢世爵宗室覺羅各部院衙門官碩學通儒納稅多額者各省諮議局互選議員爲序　第五條　議長命祕書官以抽籤法勻分總議員爲六股其有零數則由第一股依次遞加一員議長副議長不在各股議員之列　第六條　各股議員分定後由議長副議長奏請開會遵照院章第八條辦理　開會時由軍機大臣或　特派之親貴大臣恭讀　諭旨宣布本期應議事件

第二章　開議中止散會及展會　第七條　開議時刻通常以下午一點鐘爲始至遲不得逾半點鐘其逾時到院者應俟議事中止後議員再入議場時一同入場　第八條　屆開議時議長就坐報告文件之後宣告開議其未宣告以前無論何人不得就議事發議　第九條　會議之時議長遇有必要情形得酌定時刻中止議事　第十條　議事日表所載議事已畢由議長宣告散會若議事未畢已屆下午五點鐘議長得宣告展會　第十一條　議員到會不滿總數三分之二以上者議長得酌定時刻命祕書官計算員數若計算二次數仍不滿者卽宣告展會　第十二條　會議之時議員離坐至不滿總數三分之二以上者照前條辦理　第十三條　議長宣告散會及展會之後無論何人不得就議事發議

第三章　議事日表　第十四條　資政院應議事件及開議日時須記載於議事日表　第十五條　議事日表由祕書廳編製呈議長副議長覈定　第十六條　議事日表記載之次序如左　一欽奉　特旨交議事件　二軍機大臣各部行政大臣具奏請　旨交議事件　三覈議各省督撫與諮議局異議或諮議局互相爭議事

件　四參政院自行提議事件　五各省人民陳請合例可採事件　第十七條　遇有緊急事件經議長認爲必應從速開議或議員提起倡議聲請從速開議者議長得聲明理由改定議事日表　第十八條　議事日表所載某時應議事件若其時刻已屆議長得停止他項議事改議此項事件　第十九條　議事日表所載事件屆時不能開議或開議不能完結者議長得改定議事日表前項開議不能完結事件應記載於下次議事日表之首　第二十條　議事日表所載事件業經議畢議長得酌加議事日表　第二十一條　議事日表須先期登載官報並由祕書廳將表內所載各種議案刷印分送

第四章　會議◉第一節　提議及倡議　第二十二條　議員欲就各項事件提議應具案附加案語得三十人以上之贊成會同署名提出於議長交祕書廳刷印分送

第二十三條　會議之時議員對於議案提起修正之倡議非有三十人以上之贊成不得作爲議題　除本細則別有規定外議員提起倡議得三人以上之贊成即可作爲議題◉第二節　三讀　第二十四條　法律案之議決須經三次宣讀其軍機

法令 四

大臣各部行政大臣商請或議員十人以上聲請經到會議員三分之二以上可決者得省略之 每屆宣讀議長得命祕書官朗讀議案或省畧之 第二十五條 初讀應於分送議案二日以後行之其緊急事件不在此限 第二十六條 初讀之際軍機大臣各部行政大臣政府特派員或提議議員應說明該議案之主旨其聚議各省事件應由議長或命祕書長代爲說明 各議員對於議案若有疑義得聲請軍機大臣各部行政大臣政府特派員或提議議員說明之 第二十七條 初讀已畢議長應將各該議案付該管股員審查 第二十八條 股員審查之報告經議員討論大體以後卽議決應否再讀 第二十九條 凡議決不須再讀之議案卽行作廢 第三十條 再讀應於初讀二日以後行之但議長得諮詢本院縮短時日或與初讀同日行之 第三十一條 再讀之際議員得提起修正議案之倡議 議員得於再讀以前豫將修正案提出 第三十二條 股員報告之修正案不俟議員贊成卽可作爲議題 第三十三條 議長得更改逐條審議次序將數條歸併或將一條分晰付之討論其有議員提起異議者俟有贊成員得不用討論卽諮詢本院決定之 第三

十四條　再讀應將議案逐條議決之　第三十五條　再讀已畢議長得將議案付該管股員令整理議決修正之條項及字句　第三十六條　三讀以再讀之議決案爲議案　第三十七條　三讀應於再讀二日以後行之但議長得諮詢本院縮短時日或與再讀同日行之　第三十八條　三讀之際應議決全體議案之可否　第三十九條　三讀除改定文字外不得提起修正之倡議其議案中有互相矛盾事項或與現行法律有互相牴觸事項經議員提起倡議必須修正者不在此限

◉第三節　討論

第四十條　凡就議事日表所載議題欲發議者應於開議以前豫將本人姓名及贊成反對之意知會祕書廳　第四十一條　祕書廳據前條知會之次序記載於發議表呈報議長　議長當討論之始據發議表指令反對者及贊成者依次交互發議其不應指令者知會作爲無效　第四十二條　豫行知會之議員全數發議完畢以後未經知會之議員亦得聲請發議　第四十三條　一方議員發議未畢而他方議員發議已畢者未經知會之他方議員亦得聲請發議　第四十四條　議員未經知會聲請發議者應起立自報姓名或號數經議長允許方可發議　第四十五條

議員聲請發議有二人以上起立者議長應指令先起立者發議若同時起立則由議長指定　第四十六條　議員因展會及中止議事發議未畢者得於下次討論之始續行發議　第四十七條　凡發議者應登議臺其言極簡捷或特經議長允許者不在此限　第四十八條　軍機大臣各部行政大臣及政府特派員之發議無論何時議長應允許之但不得中止議員之演說　第四十九條　軍機大臣各部行政大臣及政府特派員除演說答辯應登議臺外得就本坐起立發議　第五十條　討論不得出議題之外　第五十一條　議員不得就一議題發議二次其質疑應答及聲請議長整理秩序者不在此限　第五十二條　股員長及報告員得數次發議說明審查報告之主旨　第五十三條　軍機大臣各部行政大臣政府特派員或提議及倡議之議員得數次發議說明議案及提議倡議之主旨　第五十四條　凡被議不合資格及應行懲戒之議員得數次發議自爲聲辯但不得預於表決之數　第五十五條　會議之時不得朗誦說帖其因引證將文件朗誦者不在此限　軍機大臣各部行政大臣政府特派員及股員長報告員得朗誦案語及報告書　第五十六條

議長副議長欲自預討論者應改就特設議坐　議長因討論離坐者由副議長代理職務　議題業經表決之後議長應復還原坐　第五十七條　討論終局由議長宣告之　第五十八條　發議者雖未全數完畢若議員提起討論終局之倡議得二十人以上之贊成者由議長諮詢本院決定之　第五十九條　討論之際非贊成反對各有二人以上發議之後不得提起討論終局之倡議其一方有二人以上發議而他方無聲請發議者不在此限　第六十條　討論終局以後有未成議題之修正案由議長報告之其贊成員未滿定額者得詢問議員有無贊成並將應否再行討論付之表決若決定不須討論者即就原案取決　第六十一條　請付審查之倡議雖在討論終局以後亦得提起但不得涉及本議題之可否　第六十二條　討論終局以後軍機大臣各部行政大臣及政府特派員有就本議題發議者作爲再行討論　第六十三條　議題未經討論以前質疑紛出不易完結者議員得提起即行討論之倡議經二十人以上之贊成由議長諮詢本院決定之　第六十四條　凡在議場發議者彼此稱謂均用敬辭　第六十五條　議事規則若有疑義由議長決定之●第四節

修正　第六十六條　軍機大臣各部行政大臣得就交議事件隨時提出修正案或奏明撤銷　第六十七條　議員提起修正議案之倡議應具案提出於議長　第六十八條　議員所提出之修正案應在股員會提出修正案以前取決　第六十九條　就一議題提出數種修正案其表決次序以與原案相差最遠者爲首其有議員提起異議者俟有贊成員由議長諮詢本院決定之　第七十條　議員提起修正議案之倡議業已成立者非經本院允許不得撤銷　一議員所撤銷之倡議他議員得照第二十三條第一項之規定續行提出　第七十一條　修正案全體否決者應就原案取決　第七十二條　修正案及原案雖皆不得議員過半數之贊成而本院決定不可作廢者議長得特令股員參酌具案交付會議◉第五節　表決　第七十三條　議長副議長及議員均有表決權其不在議場者不得加入表決　第七十四條　屆表決時議長宣告應行表決之問題　議長宣告應行表決問題以後無論何人不得就議事發議　第七十五條　屆表決時議長應令以爲可者起立表決其表決若有疑義或議員提起異議者應令以爲否者起立反證之若仍有異議或議員提起

異議得十人以上之贊成者議長應命祕書官點唱議員姓名或號數令再行起立表決　議員對於點唱之結果提起異議得二十人以上之贊成者議長得以記名或無記名法令爲表決　第七十六條　議長認爲重要或經議員二十人以上之聲請者得不用起立法以記名或無記名法令爲表決　第七十七條　記名表決者以爲可之議員用白色票以爲否之議員用藍色票各記本人姓名投入票匭　第七十八條　無記名表決者以爲可之議員用白球以爲否之議員用黑球投入球匣並將本人名刺投入名刺匣其球數與名刺之數不符者應再行表決　第七十九條　點唱姓名號數或用記名無記名法表決者應封閉議場禁止出入　第八十條　表決已畢議長宣告議題表決之可否　第八十一條　議員不得聲請更正表決◉第六節豫算會議　第八十二條　豫算案由議長付豫算股員審查限三十日以內告竣第八十三條　豫算股員審查既畢由股員長將報告書提出議長交祕書廳刷印分送卽行會議　第八十四條　豫算會議不必經三次宣讀　第八十五條　豫算案關涉法律案者應俟法律案議決後交付會議　第八十六條　豫算案內遇有緊要

事件經軍機大臣各部行政大臣商請不付審查者由議長諮詢本院決定後卽行會議　第八十七條　豫算會議應先議大綱後及各項　第八十八條　豫算會議遇有更須審查事件議長應再付豫算股員審査　第八十九條　議員提起修正豫算案之倡議非有三十人以上之贊成不得作爲議題　第九十條　豫算額數非經軍機大臣各部行政大臣提出修正案後不得決議增加◉第七節　決算會議　第九十一條　決算會議準用第八十三條第八十四條之規定　第九十二條　決算會議經決算股員審査後行之　第九十三條　前會期提出之決算案得於次會期續行審査　第九十四條　決算案內遇有違法及不當之支出經本院議決後咨行該管衙門區處◉第八節　祕密會議　第九十五條　資政院遇有左列事項得開祕密會議　一議長副議長或議員十人以上之提議經本院議決停止公開者　二軍機大臣各部行政大臣商請停止公開者　三本細則別有規定者　第九十六條　前條規定之提議由議長令旁聽人退出議場後取決可否　第九十七條　祕密會議之速記錄不准印行其經本院允許者不在此限

第五章　議事錄議決錄及速記錄●第一節　議事錄及議決錄　第九十八條　議事錄記載之事項如左　一資政院開會停會閉會之事項及年月日時　二開議中止展會散會之月日時　三軍機大臣各部行政大臣政府特派員到會者之姓名　四資政院欽奉　諭旨事件　五議長及股員長報告事件　六會議之議題　七作爲議題之倡議及倡議者之姓名　八議決之事件　九表決可否之數目　十資政院認爲重要之事件　第九十九條　議決錄記載議場之議決　第一百條　議員對於議事錄及議決錄所載事實提起異議者議長應令祕書長答辯　議員於祕書長之答辯仍有異議者議長得諮詢本院決定之　第一百一條　議事錄及議決錄應由議長副議長祕書長或其代理之祕書官署名畫押●第二節　速記錄　第一百二條　速記錄以速記法記載議事　第一百三條　議員之發議業經議長令其撤銷者不得記載於速記錄　第一百四條　議員之演說得於編製速記錄以前訂正文字但不得更改其主旨若因訂正而他議員提起異議者議長俟有贊成員諮詢本院決定之

法令 十二

第六章　具奏　第一百五條　院章第十六條第十八條第二十一條第二十三條第二十四條第五十一條規定之具奏事件經本院議決後由議長副議長照各本條分別具奏　第一百六條　前條規定之外應行具奏事件議長副議長得隨時具奏

第七章　質問及建議◉第一節　質問　第一百七條　議員依院章第二十條欲行質問者應具說帖得三十人以上之贊成由議長諮詢本院決定之　第一百八條　質問事件由議長副議長咨請答覆之後軍機大臣各部行政大臣應酌定日期以文書或口說答覆　第一百九條　議員對於答覆之理由提起倡議者非有三十人以上之贊成不得作爲議題◉第二節　建議　第一百十條　資政院於議決案以外若有建議事件得具案咨送內閣會議政務處覈辦　第一百十一條　資政院建議事件未經內閣會議政務處覈辦者不得於本會期內再行建議

第八章　受理陳請　第一百十二條　各省人民陳請事件應由本人繕具說帖詳記年歲籍貫職業住址署名蓋章並取具同鄉議員保結呈遞於祕書廳　第一百十三條　法人陳請事件由代表人署名蓋用法人印章照前條辦理　第一百十四條

凡有陳請事件若遇資政院業經閉會而院內現無同鄉議員者得取具同鄉京官保結照第一百十二條第一百十三條辦理　第一百十五條　陳請事件之說帖遇有左列各項情節不得收受　一陳請更改　欽定憲法者　二對於　乘輿用不敬文辭對於政府及資政院用侮慢文辭者　三干預司法及行政審判者　四專用總代表之名義而法律上不認爲有法人資格者　五不合陳請之名義及體裁者

第一百十六條　祕書廳收受說帖之後卽摘錄陳請事由及呈遞日期並本人姓名籍貫職業及出具保結員之姓名列爲陳請事件表連同說帖呈由議長付陳請股員依次審查　陳請事件表每一星期由祕書廳刷印分送各議員一次　第一百十七條　議員提起倡議請將某項說帖從速審查者議長諮詢本院決定之並限定日期付陳請股員審查　第一百十八條　陳請股員應將審查之結果報告於議場其分類如左　一應交會議事件　二毋庸會議事件　第一百十九條　應交會議事件陳請股員應將詳細理由特別報告　第一百二十條　毋庸會議事件若一星期內議員不提起倡議請交會議者卽以陳請股員會議決定之　第一百二十一條陳

請事件之說帖交會議者毋庸朗誦其議員提起倡議聲請朗誦者議長得諮詢本院決定之

第九章　告假及辭職◉第一節　告假　第一百二十二條　議員因事不能到會至三日以外者應將事由及日數知會祕書廳轉陳議長　假期屆滿仍不能到會者應照前條續假　第一百二十三條　議員告假每次不得過七日會期中統計假限不得過五十日如逾此限經本院議決除名者由議長副議長奏明辦理◉第二節辭職　第一百二十四條　議員辭職應具辭職書提出於議長　第一百二十五條閉會之後議員有提出辭職書者由議長議副長決定於下次開會之始報告之

第一百二十六條　欽選各項議員有辭職者由議長副議長具奏請　旨補選

第一百二十七條　各省諮議局互選議員有辭職者由議長副議長咨行各該省督撫以候補議員選充

第十章　議場秩序及懲戒◉第一節　議場秩序　第一百二十八條　議場秩序由議長整理之　第一百二十九條　議場內不得挾帶危險器械及零雜物件　第

一百三十條　議場內不得吸煙或任意咳唾　第一百三十一條　會議之時除參考外不得閱讀書籍及報紙　第一百三十二條　會議之時無論何人不得喧譁妨礙演說及朗誦　第一百三十三條　散會之際非議長離坐之後不得離坐　第一百三十四條　議長鳴號鈴時無論何人均須肅靜◉第二節　懲戒　第一百三十五條　議員中遇有應行懲戒事件除院章及本細則別有規定外議長得付懲戒股員審查經本院議決後卽行宣告　第一百三十六條　應行懲戒之議事須開祕密會議　第一百三十七條　前條之會議應行懲戒之議員不得與議其經議長允許到會聲辯者不在此限　第一百三十八條　議員提起懲戒之倡議非有二十人以上之贊成不得作爲議題　第一百三十九條　前條之倡議應於懲戒事件發覺後三日以內提起之　第一百四十條　議員爲不敬或無禮之演說者除照院章第四十六條區處外議長得於議場譴責或令自陳謝辭　第一百四十一條　不服議長之區處或命令者議長得認爲應行懲戒事件付懲戒股員審查　第一百四十二條關於懲戒事件之言論議長得酌量禁止公布

第十一章　停會及閉會◉第一節　停會　第一百四十三條　資政院欽奉特旨停會在會議時刻者由議長恭讀即行停止議事宣告散會其不在會議時刻者議長應令祕書官恭錄刷印傳知各議員　第一百四十四條　停會日數算入會期之內　第一百四十五條　停會之後再行開議者仍接續前次會議之議事◉第二節　閉會　第一百四十六條　屆閉會時由軍機大臣恭讀　上諭宣布於議場

第一百四十七條　屆閉會時所有議案及建議陳請事件尚未議決者均即止議但得於次會期再行提出　第一百四十八條　屆閉會時遇有重要事件經軍機大臣各部行政大臣咨請或得其同意者議長得令該管股員接續審查於次會期報告之

第十二章　附則　第一百四十九條　本細則自宣統二年八月二十日起爲實行之期　第一百五十條　本細則有提議修正者以不背院章爲限得經總議員三分之二以上之可決由議長副議長奏明辦理

資政院分股辦事細則

第一章　分股　第一條　資政院照院章第三十三條之規定分總議員爲六股其數如左　第一股　議員三十四人　第二股　議員三十四人　第三股　議員三十三人　第四股　議員三十三人　第五股　議員三十三人　第六股　議員三十三人　第二條　分股於召集日行之其臨時會仍接續前會期所分之股　第三條　各股設股長一人整理本股事務由各該股職員互推　第四條　各股設理事一人襄理本股事務由各該股議員用無記名法互選以得票最多數者爲當選人票同則取年長者年同則以抽籤定之　前項之互選以股長爲管理員　管理員於互選之日將當選人姓名報告議長　第五條　股長有事故時由理事代理職務

第二章　股員　第六條　資政院股員分爲二種　專任股員　特任股員　第七條　資政院於開會之始選舉專任股員定額如左　豫算股員　二十四人　決算股員　二十四人　稅法公債股員　十二人　法典股員　十八人　陳請股員　十二人　懲戒股員　六人　第八條　專任股員之選舉由議長指定日期及各股平均額數令各股議員同時用無記名法就總議員中選舉之以得票多數者爲當選

人票同則以抽籤定之　前項之選舉以股長爲管理員　管理員於選舉之日將當選人姓名報告議長　第九條　當選數股者爲本股之當選人　第十條　本股外當選數股者依其股之次序爲當選人　第十一條　專任股員有缺額時由該股議員照第八條之規定行補缺選舉　第十二條　專任股員非有正當理由不得辭職　第十三條　資政院爲審查特別事件得議決選定特任股員　第十條　特任股員通常以六人爲額但視所付事件得由本院議決增至十二人或十八人　第十五條　特任股員由議長就議員中指定之

第三章　股員長及副股員長　第十六條　專任及特任股員設股員長副股員長各一人由各該股員用無記名法互選以得票最多數者爲當選人票同則以抽籤定之　前項之互選以首坐股員爲管理員　管理員於互選之日將當選人姓名報告議長　第十七條　股員長整理股員會之事務維持秩序副股員長輔之　第十八條　股員長有事故時由副股員長代理職務　股員長不在分科股員之列

第四章　分科　第十九條　專任股員除懲戒股員外均得分爲數科如左　豫算

股員之分科　第一科　股員八人掌審查度支部所管豫算事件凡京內外衙門豫算事件不在各部所管之列者皆屬之　第二科　股員五人掌審查外務部海軍處陸軍部理藩部所管豫算事件　第三科　股員五人掌審查吏部民政部法部所管豫算事件　第四科　股員五人掌審查禮部學部農工商部郵傳部所管豫算事件

決算股員之分科　第一科　股員八人掌審查度支部所管決算事件凡京內外衙門決算事件不在各部所管之列者皆屬之　第二科　股員五人掌審查外務部海軍處陸軍部理藩部所管決算事件　第三科　股員五人掌審查吏部民政部法部所管決算事件　第四科　股員五人審掌查禮部學部農工商部郵傳部所管決算事件

稅法公債股員之分科　第一科　股員六人掌審查稅法事件　第二科　股員五人掌審查公債事件

法典股員之分科　第一科　股員九人掌審查關於公法事件　第二科　股員八人掌審查關於私法事件

陳請股員之分科　第一科　股員六人掌審查東三省順直山東山西河南陝西甘肅新疆蒙古回部人民陳請事件　第二科　股員五人掌審查江南安徽江西浙江福建湖北湖南四川廣

東廣西雲南貴州西藏人民陳請事件 第二十條 各科股員因審查事件有不足者得以他科股員兼任 第二十一條 各分科中不得有半數以上之兼任股員

第二十二條 各科股員及兼任股員由股員長指定報告議長

第五章 審查長 第二十三條 各分科中設審查長一人整理分科會之事務由各該科股員用無記名法互選以得票最多數者爲當選人票同則以抽籤定之 前項之互選以各科首坐股員爲管理員 第二十四條 管理員於互選之日將當選人姓名報告股員長轉報議長 第二十五條 審查長有事故時得委託該科股員代理職務

第六章 額外股員 第二十六條 專任及特任股員得於該股員中選定額外股員其職務如左 一草具審查報告書案語或說帖 二草具修正案 三關於軍機大臣各部行政大臣協議事件 四調查特別事件 第二十七條 額外股員長以專任或特任之股員長充之整理額外股員會之事務 第二十八條 額外股員由股員長指定之

第七章　會議◉第一節　股員會　第二十九條　股員會開議之日時由股員長指定之　股員會不得與資政院同時開議其經本院允許者不在此限　第三十條　股員會非有股員半數以上到會不得開議　第三十一條　股員長應將開議日時報告議長咨請軍機大臣各部行政大臣及政府特派員到會發議　第三十二條　各種股員得在股員會就同一事件數次發議　第三十三條　股員長自預討論之時由副股員長代理職務　第三十四條　議長得於股員會開議之時到會發議　第三十五條　凡股員外之資政院議員政府特派員外之各部院衙門官對於股員會審查事件有意見者經股員長之允許得到會發議　第三十六條　股員會之議事以到會股員之過半數議決之可否數同則由股員長決定　第三十七條　股員會之開議中止展會散會均由股員長宣告之　第三十八條　股員會禁止議員以外之人旁聽如有祕密事件亦得禁止議員旁聽◉第二節　分科會及額外股員會　第三十九條　分科會開議之日時由審查長指定之　分科會不得與股員會同時開議其經股員會允許者不在此限　第四十條　分科會非有股員三分之二

以上到會不得開議　第四十一條　分科會之議事以到會股員之過半數議決之可否數同則由審查長決定　第四十二條　審查長應將開議日時報告股員長轉報議長準用第三十一條之規定　第四十三條　各科股員得在分科會數次發議　第四十四條　股員長得於分科會開議之時到會發議　第四十五條　分科會禁止本科股員以外之人旁聽其經審查長允許者不在此限　第四十六條　分科會之開議中止展會散會由審查長宣告之　額外股員會準用第二十九條第三十條第三十一條第三十二條第三十三條第三十四條第三十六條第三十七條第三十八條之規定

第八章　審查及報告

第四十七條　凡股員之審查以本院所付事件爲限　第四十八條　各科股員應遵本院議決之審查期限分任審查　第四十九條　各科股員審查既畢由審查長報告其主旨於股員長卽行開股員會　第五十條　各科審查長應於股員會報告本科之審查事件併說明之　第五十一條　股員會審查畢時由股員長作報告書提出於議長　第五十二條　股員長應於議場報告股員

會之審查事件併說明之　第五十三條　股員長經股員會之議決得委託股員報告其審查事件　第五十四條　除議長認爲祕密事件之外股員會應將報告書刷印分送於各議員　第五十五條　股員會無故遲延報告之時得由本院議決改任股員　第五十六條　在股員會以少數被黜之意見如得到會股員三分之一以上之同意得附股員會報告提出說帖於議長

第九章　會議錄及參考文書　第五十七條　股員會之議事以速記法記載之

第五十八條　股員會議錄記載之事項如左　一到會者之姓名　二表決之數目　三議決之主旨　四其他重要事件　第五十九條　會議錄中經股員長認爲必須删除之言論得删除之　第六十條　會議錄有錯誤時各股員得自請更正　第六十一條　會議錄由股員長副股員長署名畫押移交祕書廳存案　第六十二條　股員長依股員會之議決得聲請議長咨行軍機大臣各部行政大臣將參考文書檢送到院　各股員審查既畢應將前項文書分別送還各衙門　第六十三條　議員求閱會議錄及參考文書者以不礙審查事件爲限股員長應允許之但不得攜出

院外

第十章　附則　第六十四條　本細則與資政院議事細則同日實行　本細則之修正準用資政院議事細則第一百五十條之規定

文牘

江蘇巡撫程德全奏議覆御史趙炳麟等奏確定行政經費等摺

奏爲遵　旨議覆事。竊臣准內閣咨開欽奉　諭旨御史趙炳麟奏請飭議確定行政經費一摺。著在京各衙門各省將軍督撫將九年籌備單內所開各條。某年某事需款若干。從何籌定。分年列表詳議具奏等因欽此。又奉　諭旨湖北布政使王乃徵奏籌備憲政。酌分緩急一摺。著在京各衙門各省督撫。歸併御史趙炳麟條陳一併議奏。欽此。臣循繹該御史該布政使各原摺。莫不兢兢致意於財政之困難。而以分別緩急。爲籌備之實行。以振興實業爲裕民之要。率立言雖各有繁簡。用意皆具有根源。如該御史原摺內稱將九年籌備事項。需款若干。從何籌定。分別列表。交資政院核議施行等語。持論最爲簡捷。臣遵即督同司道籌核。按年列表。另摺具陳。至該布政使原摺所陳各節有足資研究者。其論現在籌備之弊也。曰不出於敷衍。即出於搜括。其論變通籌備之法也。曰範圍有廣狹。條理無更改。其論實行籌備之方也。曰以核節之數。與籌得之款。通盤計算。以定次第。臣竊謂敷衍之與狹小範圍。內容雖殊。而形式不免相似。搜括之與籌款。名詞雖異。而取之於民也則同。今欲不搜括而有籌得之款。不敷衍而有狹小之範圍。則在主其事者知識能力有以副之。此非條文可以限制。亦非法律所能剖析者。臣謹就江蘇籌備數大端言之。巡警則機關不備。教育則節目多疏。陸軍尚擬緩成鎭之期。審判尚未覩建廳之實。以言範圍。則已狹小甚矣。然而財力尚且不支。來年預算入不敷出者至四百餘萬兩。其故何哉。蓋行政範圍之廣狹。與行政經費之贏絀。決非定式之比例。若不從整理財政入手。但欲核節政費以濟財政之窮。臣知雖極核節。而財力終必不支。即使九年籌備事項。一概取消。而國家之窮困亦必不稍蘇。是可斷言者也。凡事祗審其應辦不應辦。款祗審其應用不應用。不應辦之事停止。可耳。應辦之事擴充之。惟恐不足。反是則藉範圍狹小爲名。而仍不免蹈敷衍之實也。不應用之款刪除。可耳。應用之款廣籌之。猶恐不濟。反是則以核節爲名。而終無籌款之實也今日百姓困窮非擔負過重之故乃生利無術之由該布政使原摺謂種種稅率難以即行乃就一時情勢言之非就普通法理言之至欲移消耗之款供生發之用則爲根本之計無過於此臣到蘇以來迭經督飭司道議興實業籌辦工廠並將實業進行方法交諮議局核議分年列表如限進行總期生計富饒以備將來籌款著手之處至九年籌備事項有宜斟酌變通者臣已另摺詳陳抑臣更有進者宣統三年預算已經報部地方之財現祇此數而籌辦之事迭出不窮筦政務者但促其辦事而不問費之何由來筦度支者但責其節費而不問事之何由舉既無責任內閣之擔系遂無各部組合之商量此掣彼牽各行其是馴至勉强應付不惜枝枝節節而爲之明知事重費艱萬難相副而部臣姑以是責之疆臣疆臣姑以是責之州縣簿書之催促文告之往來相望於道而實行者百不什一豈惟力有不逮抑勢有不能焉卽如憲政編查館奏定內外各衙門每屆六閱月將籌備成績臚列奏　聞內外臣工明知竭蹶應付不足以言成績然莫不遵章如限爲之奏報於是形式粗具而精神全非文告雖工而實效安在此內外臣工宜共爲內疚不遑者矣夫籌備而期以九年非欲備有九

文牘　四

年之文告已也倘非責任內閣以掌其樞紐非各部聯合以互相討究則緩急次第誰爲之主張而政務與政費從何而調濟將來財政日窘一日政務日棻一日臣恐不待九年而國事之潰決已不可問矣所有遵　旨議覆各緣由是否有當謹恭摺具陳伏乞　皇上聖鑒訓示謹　奏

江蘇巡撫程德全奏九年籌備豫計經費摺

奏爲九年籌備預計經費恭摺具陳仰祈　聖鑒事竊臣准內閣咨奉　諭旨飭議御史趙炳麟湖北布政使王乃徵條陳憲政確定經費變通原案各摺謹遵　旨併案核議業於奏覆摺內聲明九年籌備事項需款若干列表另摺具陳在案伏查憲政編查館單列事項各省督撫所應籌備者有如官制、財政、戶口、選舉、審判、教育、巡警、並地方自治凡八事官制官俸尚未確定蘇屬巡警道業經設置其餘章制應俟館部釐訂頒行始能籌議清理財政上年設局開辦照章五年蕆事諮議選舉係甯蘇合力籌辦調查戶口由州縣就款開支以上四事需費較輕均計歲約六七萬兩節經次第舉辦尚能勉副程期目前最切要最繁重之事誠如趙炳麟原摺所舉巡警、審判、教育、自治四大端。查蘇省巡警。限於財力。未能驟議擴充。省城警務公所。及常年警費。除協撥農工商局禁煙公所外。歲需十六萬九千五百餘兩。宣統四年以後。遵照 奏定薪餉章程。進求完備。歲需二十五萬五千七百餘兩。商埠巡警。上海舉辦在先。歲需二十七萬二千二百餘兩。各屬城鎮鄉巡警。遞年設備。假定預算約需三百四十九萬餘兩。查省城商埠警費。由各司關籌撥。及其他雜捐各款。歲祇四十三萬餘兩。各屬警費據宣統元年查報之數。歲祇七萬餘兩。自本年起。迄宣統八年止。應續增三百五十一萬二千餘兩。司法獨立。以籌設各級審判廳爲先務。省城商埠。期限已屆。固不容視爲緩圖。卽各府州廳縣審判事宜。亦應賡續布置。現擬地方初級城治各設一所。地方分廳同城者合設一所。鎭鄉審判。先就詞訟素繁之處。酌量建設。蘇屬五府州及所屬三十七廳縣。應設各級審判廳七十八所。除高等審判廳經費。擬由甯屬協籌外。計需建築開辦費五十九萬七千六百兩。常年費二百十七萬四千四百兩。又省城模範監獄費十八萬七千六百兩。各屬改良監獄費四十一萬兩。共三百三十六萬九千六百兩。目前可指之款。僅有停止陸軍速成學堂經費。歲約三萬二千兩。將來可裁之款。僅有省

文牘 六

城發審待質改過各局所。及各屬原有司法費歲約十三萬二千餘兩。自本年起迄宣統八年止。應續增二百七十三萬七千餘兩。教育籌備事目首以簡易識字學塾爲主要。約需二百五十八萬三千兩。學部奏定四項。教育師範一項。約需三百七十三萬七千兩。普通一項。約需四百二十萬七千二百兩。實業一項。約需三百九十二萬五千三百兩。專門一項。約需一百四十五萬一千八百兩。此時稅法未定。經費未分。地方財政。無從措手。茲就各項按年折算。除已設立者不計外。應續增一千五百九十萬餘兩。原有省城學費。亦約通籌。每年尙應另增三萬數千兩。以上三事。飭據各主管司道分別事項列表預計。共需二千六百二十八萬六千餘兩。原有經費。卽使全屬可恃。而應籌之數。尙需二千二百餘萬兩。至於地方自治範圍彌廣。更難逐事估計。前據江蘇諮議局呈送預計通州自治經費表說。所列衛生實業善舉及各路工程各款。應續加一百餘萬元。通州自治。設備較早。歷年用欵。已逾十數萬元。續加之數。迺至十倍。各屬方里戶口。雖廣狹衆寡不齊。而自治尙在萌芽，則需款更當繁鉅。現僅籌辦城區。不特館章所載事項。未能憑虛擬議。卽議事董事各會員薪水用費。亦隨時隨地而殊。更無確數之可計。此外尚有農工商部提倡實業各項。造端宏大。祇能察酌就地情形。徐圖進步。無從列表擬辦。又陸軍部新軍成鎮一項。開辦費應需二百二十萬餘兩。薪餉常費應增七十一萬七千餘兩。業已追加預算咨部查核。蘇屬四府一州之地。歲入統計不及千萬。經常解協各款。十去其六。本省行政。已覺竭蹶萬分。財力盈虛。祇有此數。而籌備之程限。又復相迫而來。既非彌縫補苴所可圖功。亦非撙節收縮所能濟事。臣通權熟計。按照各館部規定事項。併力兼營。但求略具規模。亦非歲入有二千萬不可。以視現在收額不足。殆將及倍。蓋總計數年後所不能盡之事。而責其驟舉於一時。預擬數年中所不可必之款。而求其籌定於頃刻。皆非空言所能解決者也。惟是憲政更始。經緯萬端。財政之支配。固當有因時損益之方。功效之期成。仍應策循序進行之績。籌備案中有宜斟酌變通者。臣已另摺詳陳。上備 聖明採擇。除列表分咨查照外。所有九年籌備預計經費緣由。理合恭摺具 奏。伏乞 皇上聖鑒。

署理兩廣總督袁樹勛奏審判廳成立需時請訂清理積案暫行章程摺

奏爲審判廳成立需時請 旨敕訂清理積案暫行章程俾利推行而免窒碍恭摺具陳仰祈 聖鑒事。竊維先聖之治天下。明愼用刑而不留獄。蓋古者民風樸愿。在上具哀矜勿喜之情。在下守畫地爲牢之信。無所留獄。即無所謂積案也。自以刑齊爲政策。而民不知恥。於是乎積案滋焉。臣歷官各省。久任牧令。深知缺分愈繁。則積案愈夥。而粵省積案尤甲於天下。每縣收押人犯少或數十人。多或以百計。其因提審無期。坐致瘐斃者。不可勝數。節次派員分赴各州縣幫審。並改良監獄看守所辦法。業經分別 奏咨在案。顧療病者貴救其本。治流者貴清其源。積案之多。雖半由州縣之不能隨到隨審隨結。而推其故。亦實由我國文網之密。積習之深。有不能不釀成此現象者。蓋我國案經上控。承審官例有應得處分。故工於趨避者。每多懸案不結。以杜人民上控之門。此爲積案原因之一。粵人好訟。且有專藉搆訟爲陷人之計者。故圖告不圖審之風極盛。在地方官未經質訊。自不能速將控案了結。又不能不先將被告扣留。然原告一日不到。則此案一日不結。此爲積案原因之二。向來問刑衙門。係以訊供爲斷案之據。而以用刑爲取供之方。自奉禁止刑訊之明文。如仍刑訊。則顯違禁令。如不刑訊。

則無以得供。於是因無供而不結案。因不結案而押及未定罪之人。並押及與此案關繫之人。此爲積案原因之三。粵東省城商埠各級審判廳。限於年內成立。其高等一廳。原有管轄全省之權。凡從前州縣積習。理宜一律廓清。惟查試辦章程。高等審判廳祇能受理曾經府廳州縣斷結不服依法上控者。其積久未結之案。尚無直接清理之權。當此審判廳未經徧設之際。爲期尚有數年之久。而人民所最疾苦者。則以此案懸不結爲尤甚。臣疊與該主管各員再三討論、並據奏調廣東審判廳籌辦處會辦道員梅光義籌議辦法。擬俟高等審判廳成立後。札飭各州縣每月將候審所收押人數呈報高等審判廳。以便體察情形。隨時派委該廳推事前往。審理各該州縣積案。此項推事。卽名爲出張推事。所有一切責任。皆由此出張推事負之。一切手續。卽參照新章爲之。其大要約有二端。一依法院編制法之規定。該法官除有不職情事外。不以案經上控而受處分。俾承審者無所顧慮。庶斷案可期迅速。一依審判通則之規定。公判時原告人無故不到者。經被告稟請卽將控案註銷。被告人無故不到者。經審判官查明。卽將案情判決。則圖告不圖審者。無所施其技。而訟案可期速結矣。至口供一層。在從前採糾問主義時代。斷案自以取供爲必要。然查各國訴訟法。皆採彈劾主義。重証據而不從口供。已成通例。蓋取口供與廢刑訊。兩者實不相容。欲取供則不能不用刑訊。欲廢刑訊則不能不舍口供。此必然之勢也。現在審判已設專官。又有警察以資補助。刑罰亦日就輕微。則對於証據確鑿之犯人。雖不加拷問。亦自可據以定案。以上數端。於審判廳尙未徧設之前。斟酌推行。於吏治民生。不無裨益。由道員梅光義稟請察核　奏咨前來。臣詳加考核。於審判前途。極有關係。惟事關刑律。擬請　旨敕下法部。於全國審判廳未及徧設以前。特訂淸理積案暫行章程。頒行各省。或由各省斟酌情形。自訂此項單行規則。俾利推行。而免窒礙。庶冤滯稍伸。而成效可覩。芻蕘之見。是否有當。除分咨查照外。理合恭摺具陳。伏乞　皇上聖鑒訓示。謹　奏。宣統二年八月初三日奉　硃批法部議奏欽此

浙江巡撫增韞奏遵　旨倂議御史趙炳麟等奏請定行政經費並附抒管見摺

奏爲遵　旨籌定行政經費。並參酌近今情勢有確不可緩者。附抒管見。恭摺覆陳。仰祈　聖鑒事。竊臣先後接准內閣咨開宣統二年四月十九日軍機大臣欽奉　諭旨御史趙炳麟奏請飭議確定行政經費一摺。著在京各衙門各省督撫將九年籌備單內所開各條某年某事需款若干。從何籌定。分年列表詳議具奏等因欽此。又六月初二日軍機大臣欽奉　諭旨湖北布政使王乃徵奏籌備憲政酌分緩急一摺。著歸併御史趙炳麟條陳。一併詳議具奏等因欽此。幷刷印各原奏咨行到浙。仰見甄采羣言。折衷至當。上以維憲政於不敝。下以覘財盈力之虛。凡屬臣民。同深忭舞。當經分飭主管官署按照原奏所開各項分年分款詳細籌定。茲據各司道等造具各表詳覆前來。伏惟預備立憲必從清理財政入手者。良以凡百要政無一不與財政息息相關繫。一或紊亂。而政令所至。阻力橫生。良法新猷。廢於中道。憂時之士。至以國用困難。歸咎立憲。救弊之策。遂以限制行政號爲理財。棄本揣末。臣竊惑之。方今九年籌備。在在需款。司農則仰屋而歎。各省爲無米之炊。財竭事棼。縱具萬能。亦將窮於因應矣。顧以爲理財之道。初不一致。有前此所本有而用之不當者。有前此所本無而因事發生者。理之得其道。舉所有新政而勵行之。未必便爲病民。理之不以其道。舉所有新政一律罷之。恐不足富國而適以速亂。詳繹趙炳麟摺中之意。重在籌的款以辦新政。王乃徵摺中之意。重在就現有之款。辦應辦之事。立論不同。用意則一。臣在浙言浙。謹就現辦情形。及各款之已籌定者。爲我

皇上縷晰陳之。查籌備單開各項。自以趙炳麟原奏所稱需款較繁者。亟應分年籌定。一曰。巡警。浙江省巡警經費自宣統二年至一律完備之年。每廳州縣城鎮鄉長警額數。平均二百名。合官長巡士薪餉及一切費用。常年共需銀一百五十五萬五千餘兩。較之趙炳麟原定巡士五百名之數。尚未及半。所費僅及三分之一。然此項經費。驟視亦殊駭聽。聞其實警額以逐漸增加。款項以次第籌畫。今年已定之款。來年無俟另籌。而城鎮鄉開辦又不同時。籌及城治者。於鎮鄉無與。籌及鎮鄉者。於城治無與。既無疊牀架屋之嫌。亦可免竭澤焚林之患。現在已經籌定者。計將新約賠款內提出房捐費十一萬一千餘兩。又撤裁弓兵等費一萬餘兩。仁錢巡警費七萬三千三百餘兩。各廳州縣自籌之款十九萬四千餘兩。此後按年加籌。不至茫無把握。惟各屬自籌之款。均經官紳稟報有案。其中有無苛細雜捐。容

臣隨時隨事督同各司道研究商榷。妥愼辦理。其宣統三年以後。每年需款遞加之數。已詳於逐年表內。至巡警之設。在精不在多。在精神之數。不在形式之鋪張、長警二百名。操練得宜。確足敷用。若多而不精。非徒糜財。且以滋擾。原奏謂非五百人不敷分布。殆不盡然。一曰審判。自憲政編查館奏定法院編制法。并司法區域分劃暫行章程。有地方審判廳。府直隸州各設一所。初級審判廳。廳州縣各設一所之規定。而高等分廳以下各級廳數皆可大減。廳數既減。法官隨之。原奏所指廳數。及至小省分應設法官一千五百餘員。未免過多。浙省今年省城商埠各級廳成立。計設高等廳一。地方廳三。初級廳五。宣統五年府廳州縣城治各級廳成立。計設地方廳八。初級廳七十四、宣統七年鄉鎭初級廳成立。姑按每三州縣有一繁盛之鎭埠計算。合七十八廳州縣。應設鄉鎭初級廳二十三。加之每三州縣計設一地方分廳。亦應設地方分廳二十三。再於距省僻遠處酌設高等分廳一。預計至宣統八年全省審判廳一律成立。常年需銀一百二十五萬兩。原奏謂需百萬以外。確有相近之估算、蓋司法離行政而獨立。費用加增。自出於勢不容已。然各級廳成立以後。亦確有正當之收入。相爲對待。如訴訟狀紙費。係法部奏定登記事宜費。係法部編制法中所規定。減輕實刑推廣罰金。又係現行刑律所規定。今以極少之數假定之。每年可得銀四五十萬兩。再加入預算案已有三十四萬兩。計已得全數之半。況此項經費之支出。臨時仍可核減。頃准度支部議定宣統三年暫按六成給發。將來卽按八成計算。所不敷者僅二三十萬耳。且審判制度推行愈久。收入愈多。徵諸世界年鑑。各國成例。可以逆知。至宣統三年以後每年逐款遞加之數。亦詳於逐年表內。一曰教育籌備單開宣統八年國民識字義者須得二十分之一。此指簡易識字學塾而言。浙省人民。據通行之世界年鑑所載。約一千一百萬人。識字者二十分之一。須得五十五萬人。據光緒三十四年教育統計。學生已達六萬餘人。較三十三年增加二萬餘。今以每年遞加二萬。預算學生人數。至宣統八年。可達二十二萬人。而原有識字者尚不在內。簡易學塾合二年畢業及一年畢業者。平均按一年半畢業。預計至宣統八年。可畢業四次。每次八萬二千五百人。四次卽敷三十三萬人之數。現距開辦之期不過半載。而各塾詳報成立者已七百餘所。計有二萬二千餘人。逐年加增。預計三十三萬畢業人數。約有過無不及。又據各屬報告。合特設附設改設各塾平均計算。連開辦費每所需銀七十兩。計全省應設二千餘所。所需經費僅十四萬兩。即籌教育普及。逐年擴充。加至一倍。計識字義者約又十分之一。亦不二過十八萬兩。蓋課程單簡。教員不多。需款本少。原奏謂欲得識字義者二十分之一。每省應籌百餘萬之教育經費。殆未深考。至此項經費所出。上年業有批定議案。各屬由賽會戲儒田暨租賓興公款等項下自行籌措。現又清查公款公產。化無用爲有用。無虞不敷。即有時必須國庫補助。爲數亦微。此外各項教育經費。逐年開辦。本爲有著之款。又不在清單之內。無庸列算。一曰自治。自治經費本由各屬自籌。無待國家補助。浙省籌辦之始。謀行政之統一。促自治之進行。即由司庫撥給九萬餘兩。設立各廳州縣自治研究所。及籌辦城鎮鄉自治事務所。而一切應行預備事件。均能提綱挈領。不少棼亂。實賴於此。至自治會成立以後。應需開辦經費。業有上年批定議案。先行清查公款公產。爲開辦之基礎。亦確有預備。屆時必能一律成立。其將來用款多寡。當由自治會遵照章程。就地籌措。原奏自治範圍廣大。需款尤繁。殊不知自治事業與他項行政不同。但使一律成立。則地方財政。可聽自謀發達。此時不必代爲限定也。以上四項。除自治經費。無庸籌定。其餘或本有專支。或已籌的款。或有正當之收入。而事未舉辦。徐待將來。或有附屬之增加。而事待推行。尚為虛算。總冀分年籌備。如期告成。不至以款竭而廢事。此外如調查戶口。試辦預算。需款本不過鉅。且已籌有定款。將來又無須增加。釐定官制。應俟館部諸臣辦理。所費無從預計。至王乃徵原奏各節。大率根源財政。以民心國本為斤斤。誠亦不為無見。其深痛之語。則曰以搜括之財。行敷衍之源。其扼要辦法。則曰就款辦事。曰裁減海陸軍費。夫搜括與敷衍。其說無範圍。無從置議。惟就款辦事。實趨於消極主義。揆諸現今情勢。殆有不合。以吾國歲入一省以千萬計。耗於賠款及籌還外債。居其大半。軍備所需。又去其二。計本省行政費。幾十之二三耳。即此二三百萬之款。而舊有之支出。絲毫不可減。所餘幾何。以之舉辦新政。非挂一而漏萬。即因陋而就簡。今年以無款而不辦事。來年又以無事而不籌款。因果相生。長此終古。勢不將已辦之事。全行墮壞不止。此可長太息也。方今海陸大通。所恃以立國者。惟海陸軍耳。戰勝之機。不在衝鋒。而在預備。安危之策。不在制人。而在不為人所制。我國徵兵制度。尚未完全。海軍亦在籌辦。今即急起直追。事事已落人後。原奏謂宜以次酌減軍費。此專就財政以立言。世變紛紜。岌岌乎其不可待。準以現今財力。謂宜俟充裕時。次第舉辦。不知十年二十年間。能達此希望否也。天下事當權其大者遠者而操縱之。無益之費。不急之需。雖錙銖亦當撙節。若大局所繫。卽傾國以經營之。豈復有所惜悋。語曰。有備無患。又曰不戰而屈人之兵。今各國支出軍費多寡不同。而視一切行政費獨居多數。亦此意也。總之趙炳麟王乃徵所條奏者。大要新政宜次第舉辦。而時以民窮財竭爲憂。臣獨以爲無政事則財用不足。吾國非無財也。無理財者也。財之棄於地者農林礦產遍地皆是。財之棄於人者工藝製造。盡人可學。而士夫鄙而不爲。其應取於民者。印花本正當之稅。而至今尚未推行。外國之財產稅所得稅營業稅。皆入欵大宗。而吾國不能仿辦。果使機關齊備。法律完全。一切仿而行之。行政經費綽綽有餘裕矣。不此之圖。日日言愛民而民困更甚。日日言籌款而欵集無時。痛哭唏噓。何裨危局。此臣所以獨伸己意而不敢苟同者也。抑臣更有進者。立憲之制。斷自 先朝。凡此九年籌辦之事宜。尚非完全之預備。若並此偏而不舉者。不能克底於成。更何立憲之可望。比者諸臣建議。力陳其難。萬一搖惑 聖聽。 朝廷徒受反汗之名。薄海無救

文牘 十八

危亡之困。鄰邦訕笑。後患何窮。伏乞　宸衷獨斷。力破羣疑。毅然決然。期以必赴。財政縱極艱窘。凡有可以稍裁節者。悉數移作籌辦憲政之用。並懇　簡派度支部大臣出洋考察各國財政事宜。俾回國整頓。益有把握。前者五大臣出洋考察政治。而立憲政體以成。近者兩貝勒出洋考察海軍。而軍政日有進步。誠以取彼國之成規。爲改良之張本。事半功倍。成效昭然。區區愚忱。曷勝大願。是否有當。伏候　聖裁。除將各表分咨外。所有遵　旨併議緣由。理合恭摺具陳。伏乞　皇上聖鑒訓示。謹　奏。

中國紀事

監國攝政王資政院開院訓詞　本監國攝政王。自奉詔攝政以來。時局艱難。夙夜驚惕。諸王大臣等。同心匡弼。仰承遺訓。將憲政籌備各事。次第施行。茲居資政院成立。舉行第一次開院之禮。得以躬蒞盛典。聿觀厥成。曷勝欣悅。方今世際大同。文明競進。舉凡立國之要端。在政治通達。法度修明。尤在上下一心。和衷共濟。資政院爲代表輿論之地。各議員等皆朝廷所信任。民庶所推崇。必能殫竭忠誠。公襄大計。擴立憲之功用。樹議院之楷模。豈惟中國前此未有之盛舉。亦實於國家前途有無窮之厚望者也。各議員其共勉之。

資政院奏定公費　資政院奏定議員公費一事。日前已與軍機會同出奏。擬定各議員於常年會期。每員共支六百元。每會期計共十二萬元。此外各員旅費。除在京者毋庸支給外。應以省分之遠近。爲多寡之等差。最遠者定爲八百元。最近者定爲一百元。每常年會期。計共六萬元。其餘外藩王公。業經理藩部奏蒙恩准。照例馳驛來京。此項旅費。即毋庸支給。至總裁公費。應比照各部堂官。折衷計算。擬定爲總裁年支一萬元。副總裁年支五千元。秘書廳經費。自秘書長以至書記各薪俸。亦力戒浮濫。守衛經費雜費及預備費。亦經核實估計。酌中釐定。統計全院各款經費。每年共支銀三十萬元。如遇臨時會期。除議員旅費。應比照常年會期辦理外。其公費則照常年會期減半支給。又開會費用。擬每一臨時會。定爲經費十三萬元强云。

電咨督撫派員入資政院旁聽 憲政編查館。通電各省。謂資政院應議事件。與各省不無關係。各省亦可趕派一員來京。以便與政府特派員接洽。並得各主管衙門陳述意見。開院時亦准到院旁聽。如無相當人員。或無陳述事件。不派亦可。此亦溝通內外之一法也。

資政院決議桂省禁烟爭議事件 廣西諮議局。於去年常會期時。由張撫鳴岐。提出禁烟議案交議。當經決議。限宣統二年四月。通省一律禁絕。因張撫以桂省財政支絀。一時難於籌抵煙餉。劄交覆議。當由該局再議。決定分區分期施禁。曾經張撫公布施行。並奏咨在案。日前有臨桂等十一廳州縣土膏店。以該區禁限將屆。恐礙營業。飾詞縢禀張撫請予展限。張撫不察。遽予批准。劄交常駐議員協議。桂局以此案係上屆議決事件。業經公布施行。不應交常駐議員協議。照章駁覆。張撫入　覲。魏藩景桐護理撫篆。仍堅持展限之說。又電致政府。代求展限。對於各議員。尤爲强硬。各議員以行政官專制。均欲辭職。電請資政院核辦。魏護撫亦電致政府。自請議處。日昨有　旨交資政院核議。資政院以此事爲奉　旨交議事件。特派出審查員審查此事。爰於初四日開議。時議員中有爲桂撫辯護者。爲汪榮寶雷奮二人所折駁。衆均贊成汪雷之說。遂通過決議。令桂撫仍照諮議局前議嚴禁。電致桂省議員。切勿辭職。並將資政院辦法電魏護撫查照。此爲資政院開院第一次和解督撫與諮議局紛議事件。而諮議局卒獲勝利。亦可見輿論之漸有價值矣。

全國預算案之奏報　度支部編製全國預算案。經己告竣。出奏。當移交政務處會議後。再交資政院。聞入不敷出者共三千六萬餘。茲探得出入各款目。分錄如下。

歲入項下　田賦四千八百一十萬一千三百四十六兩　鹽茶課稅四千六百三十一萬二千三百五十五兩　關稅四千二百一十三萬九千二百八十七兩　正雜各

稅二千六百一十六萬三千八百四十二兩　釐捐四千三百一十八萬七千九百零七兩　官業收入四千六百六十萬零八百九十九兩　捐輸各欵五百六十五萬二千三百三十三兩　雜收入三千五百二十四萬四千七百五十兩　公債三百五十六萬兩　統計二萬萬九千六百九十六萬二千七百念二兩但此項係合臨時收入在內

歲出項下　行政總費二千六百九十二萬一千二百七十四兩（並包括皇室經費在內）交涉費四百萬一千三百零八兩　民政費二千二百四十六萬零七百六十一兩　財政費二千五百一十六萬一千八百五十五兩　典禮費七十九萬九千七百九十七兩　教育費一千六百一十四萬九千五百四十兩　司法費六百八十三萬五千三百二十五兩　軍政費九千七百四十九萬八千六百五十七兩　交通費五千六百七十萬三千二百六十四兩　工程費五百零八萬七千三百九十四兩　官業支出七百六十九萬六千三百六十一兩　償還外債五千一百六十四萬零九百六十二兩　邊防費一百二十三萬九千九百零八兩　公債費四百四十七萬二

千六百一十三兩　統計三萬萬三千三百零五萬八千三百六十四兩

郵部聲明鐵路公司性質之用意　郵部前因浙路總理湯壽潛被革後。浙省人士、紛紛電請挽留。因特奏明鐵路公司。與普通公司情形不同、畧謂商部前訂公司律。載總協理應由股東選派開除。獨於各路公司之總協理。則有公舉後由部札派者。有由部奏派者。有奏請特加京秩派辦路局者。委任顯有攸分。且於奏設浙贛皖閩各路摺內。均聲明如集股造路逾越期限。由部奏請撤銷差使等語。可見選舉雖由股東。而任免仍操之國家。公司律第七十七條。所稱總辦或司理人等。由董事局選派。及由董事局開除。係專指商業性質。無關官治之公司而言。路政關繫國權。何得妄爲比附。此次浙路總理湯壽潛。業奉明降諭旨褫職。不准干預路事。而浙省公司。尙復牽引該律。要請增輼代奏。其爲誤會。已可概見。相應請旨飭下各督撫。轉飭各公司。以辦路雖屬公司。仍爲國家關繫。不能將普通公司律傅會牽合。藉滋口實云云。

津浦鐵路借欵之無藝　津浦鐵路借入英金四百八十萬磅之借約。已由中央鐵路有限公司。德華銀行。及華政府之代表等。三面簽押。該欵年利五釐。三十年以後贖回其價現尚未定。以各省增入之欵作抵。否則卽照前次辦法。

按津浦鐵路借款。第一次英金五百萬磅。曾於一千九百零八年三月三十號起。在倫敦柏林兩處分募。復於一千九百零九年六月十六號。添募英金二百萬磅。合之此次。已達英金一千一百八十萬磅之數矣。其耗費殊可驚也。

詹天佑爲粵路事約法三章 日前粵路公司電請詹丞堂天佑回粵。主持路事。詹丞堂以身秉數差。又粵路迭起風潮。不敢遽允。特請示於郵部。各堂以決行止。意欲預爲約法三章。一則凡粵路所有股款。須速一律交出。統歸公司總收支處。妥爲存放生息。旁人不得越俎過問。二則凡關於全路支款用人。以及工程購料各事宜。應歸其隨時主持。股紳不得干預掣肘。三則全路興革各事。均自擔其責任。勿許旁參末議。縱有欠當之處。亦須俟屆一年期滿。刋布報告時。始准任憑公衆評論。如平日有敢仍前造謠反對者。各股紳應卽協力維持。查明嚴懲云云。凡此數端。若股紳信從認可。事權既一。整頓自易。或能補救於萬一也。

京漢鐵路贖回後一年收支總數 郵部奏報京漢鐵路。自光緒三十四年冬間。向比公司贖回後。計西歷一千九百零九年分。收支大數。全年客貨進欵。共銀一千一百一十一萬元有奇。行車修路經常支欵。共銀三百九十一萬元有奇。應付利息及提存公積。共銀三百五十五萬元有奇。實得餘利銀三百六十四萬元有奇。比較上年餘利。計多銀五十八萬元有奇云。

定期裁撤驛站 驛站向歸陸軍部管轄。每歲報銷一百七十餘萬兩。前徐世昌掌郵部時。本擬裁撤。嗣因陸尙蔭昌未蒞任。事遂中止。現蔭尙查知此事。以西北各驛站每年所得。約在四百萬兩之譜。及咨各省確查。則謂有閏之年。所得二百八十餘萬兩。無閏祇二百十七萬兩。實收則一百七十萬兩。每年作正開銷。似此積弊已深。不如裁撤改歸郵部寄遞。日昨因特飭軍乘司。調查驛站數。及已設文報局。自今年起。至第五年止。陸續裁撤。所有文件。盡歸郵局寄遞。

奏定考試法官取中員額 此次考試法官。在京報考人數。共有二千八百八十餘人之多。其由各直省咨送未到者。尙有二百六十餘名。然查直省本年開辦省城商埠各級審判檢察廳。約需推檢不過六百餘員。似此則應考人數。多於員額數倍。法部各堂特公同商議。擬就應需員數。於考生內。酌取十成之二。以爲本屆錄取名額之標準。若優卷過多。所錄員額。亦不得過十成之三。經已具奏奉 旨允准矣。

世界紀事

英國海軍擴張策　英國海軍大將巴利斯科卿獻議於首相。謂政府如欲保英帝國之安寧幸福。於明年度所建造德列腦式戰鬭艦五艘。外當即準備再造同式之戰鬥艦七艘。且謂英國若於三國同盟之軍艦數不早爲之備。則英國之地位。誠爲危險。并須置設有力艦隊於極東及地中海。以占優勢。庶足保護各殖民地及印度各地之英國商業。至擴張海軍之費用。可取給之公債云。

愛爾蘭自治運動　愛爾蘭議會之代表者。爲愛爾蘭自治問題。於兩年間醵金二萬鎊。

澳洲關稅之發達　澳大利亞本年秋季之入口稅。所增之數。比之較算。超過三倍有半。

德國水兵增員　千九百十一年度德國海軍豫算。決增水兵三千名。

英員偵探軍事之罪證　前德國所獲之英國士官二人。現經審訊。確犯偵探軍事秘

匈國募集公債　匈牙利現募英金二十兆鎊之國債。德國已允籌助。全歐各報皆謂此舉足見德國財力之充裕。

海法會議之結果　比利時所開之萬國海法會議。於海上衝突及海難救助二事。各國委員之意見一致。已決訂條約。惟此約適用於殖民地與否。頗有異議。頃英德美意大利荷蘭及日本。已決不令殖民地加盟。

土布之國交　土耳其政府關於克列特問題。聲言得列强之保障。大表滿足。又希臘政府對於該島事件之態度。亦守沈默。

土國公債與德國　德國銀行。於土耳其新公債之募集。引受六百萬鎊。

土國首相歸國　土耳其首相曾爲外債協議。滯留法國。現募債計畫。全然失敗。遂作歸計。

埃及國民黨之愛國　埃及國民黨近在比京召集會員。討論國事。其演說異常激烈。皆痛詆英國治埃及之政策。應駁斥羅斯福在英時評論埃及之演說。

紐約之人口　美國紐約發達極速。其最近人口調查。計該市之人口共四百七十六

叢錄

江介雋談錄

野民

散原精舍詩

義寧陳伯嚴吏部散原精舍詩。上下凡二卷。牢籠兩宋。自闢軌塗。集西江之大成。為一代之作者。古近各體。靡不兼善。摘錄數首于此。飲海水一滴。可知味矣。五古讀漢書蓋寬饒列傳聊短述云。五帝官天下。傳賢貿君權。韓氏爲易傳。大誼明其然。次公稱引之。摩切世主前。酒狂中感激。道窺天地先。當時坐大逆。大辟遂加焉。擬以萌求禪。列剖無由緣。自剄北闕下。衆庶莫不憐。千載去寥寥。迂怪誰復傳。激昂鄭昌頌。悱亹王生篇。議者執金吾。今則譽汝賢。十一月初二夜大雷電樓望有作云。劃諕一樓奇。景物煥天眼。晴湖鏡匳開。雲岫屏風展。雁鶩時點綴。龜魚共游衍。霜堤禿後株。黃綠作深淺。塔影臥寒漪。孤艇月中顯。靈輝醉魂夢。酒椀恣偃蹇。初夕逼霾曀。雷電下掃卷。文豹號萬仞。金蛇繞百轉。破山燒大浸。勢與坤軸撼。飈海旋一螺。震眩保餘喘。誰謂眞仙都。夜叉門黯蹤。乖陽乘駮陰。天人氣相演。彊鄙果兆亂。過師塞船聲。時萍鄉醴陵之变有匪亂江南調軍二千方過九江境跳梁膺壓卵。千里念蹂踐。豈儒稽災祥。寧以智自免。雞鳴起欠伸。悲笳在城版。七古崝廬牆下所植花盡開甚盛感歎成詠云。崝廬完完冠小山。幽築適當墳右。偏倚樓原阜靜眼底。指畫空泣瀧岡阡。女牆外環隙尋丈。豁如臥釜形橢圓。畦分一角糞瓜菜、餘皆花竹滿其間。常年寒食在花下。或蕊或盡或開殘。那際茲時花競發。暄風暖日搖空天。紅白桃株最瀲灩。火齊瓔珞光屬聯。雲烘霞起籠四野。中來縞袂攜手仙、海棠兩叢凝雪色。垂鬟嫣立嬌且嫺。游蜂浪蝶不得嗅。相與蕩漾靈吹還。歷歷阿爺手布列。始盈榧耳今齊竿。生世糜軀殉黔赤。娛老未及持觴看。祇移大竹飽煙雨。宵辰頗聽摩琅玕、孤兒瞠視眩今昔。掩藹酸涕增泬瀾。嗚呼。安得追攀魂魄流賞久躑躅。然後鳴佩扶蓋從飛鸞、爲子培題姚雲東文字飲卷子云。十牛鳴地懸奧區。續續岫嶺銜舳艫。潑墨蒼林蔭古色。醜枝盡靡雲氣纚、世間眞有仙村在。著此二三山澤癯。搜攬怪迂吐光景。野服污酒閒投壺、有託而逃適已適。定忘漢魏游黃虞、我返西山數椽屋。陂長壑暝聊可摹、楓根命酌亦徑醉。但欠素侶相嬉娛。樵老牧兒躑躅下。挽繩弛擠同朽株。絮語城中頃搆難。變起倉卒駭汗趨杯酒。爭言易與耳。縣尹頸血凝盤盂。人聲雨聲亂白晝。祇廟一炬天模糊。流傳里耳雜眞濫。刺入肝膈增微吁。卻念使君好腰脚。追陪尊俎奔泥塗。空誇安施噤不得。舉足左右成賢愚。偪處險巇古未有。坐對官燭掀髭鬚。猥出晝本指勝地。萬態弄眼鑹斸渠。公手濁醪腹詩書。把臂荒傖眞吾徒。老藤挂石蛇所都。沸蜩木末聽笙竽。擺落臏尾揚輕裾。亭子誓索魑魅居。強公同憂緩須臾。馱醉更族宗武扶。溪風浴筆滿意緒。掃盡百道松聲無。廬旁被雹災聊記之云。城東飛雹如酒椀。城西雹大如鵝卵。擊碎夏屋千玻璃。毀瓦破垣更無算。其時雞犬皆夜驚。滿城官吏走且喘。況當焚殺牧師後。豪酋隊艦爭射眼。魂翻夢悸夫何誰。各指彈石恣蹂踐。可憐婦孺啼號極。匿案戴盆冀自免。天災人禍不虛應。好事聞之亦煩懣。我來山中視廬宅。牆角摧落可三版。他餘花樹罨傷殘。不及松株被蟲翦。蕩蕩臥對西山高。姑置占驗容偃蹇。五律月夜云。一片柳稍月。還爲居士來。砌蟲秋自滿。園鵲夜相猜。閒坐成滋味。殘編且闔開。遙憐照烽燧。海雁亦飛回。江夜云。默默昏昏意。重重窈窈山。余誠不自揆。收取大江還。老雁穿雲出。長魚擺月閒。宵殘波浪白。斗柄插華鬟。雨中尋青溪云。衣鬢明秋漲。閒心無與同。片山雲雨上。孤棹管絃中。沙鷺飢相聚。風枝靡盡東。冥尋拂靈境。元氣白濛濛。七律春晴晚步塘外作云。飯了晴雲壓女牆。遲遲負手步橫塘。水深魚樂客知否。草暖蜂游春未央。野色侵尋惹衰鬢。夕陽杳靄生微涼。何當花發柳鶯囀。一餉盤龍不入香。樓望醉吟次韻伯弢云。鏡面淮流烟水昏。四山寒色暗空尊。偶開書帙敬謝客。無數酒船橫繫門。上樹黃雞諳早暮。齊竿白鳥見孤翻。高樓一笑煩長笛。莫聽江聲互古奔。五絕壬寅長至抵嵴廬謁墓云。天乎有此廬。我拂蒼松入。壁色滿斜陽。照照孤兒泣。又幾日酹春風。兒歸又長至。茫茫五洲間。餘此呼籲地。又國家許大事。長跽難具陳。端傷幽獨懷。千山與嶙峋。又貧是吾家物。寧敢失墜之。江南可憐月。遂爲兒所私。十一月十四夜發南昌月江舟行云。晨席張大談。夜城曳微醉。負手江茫茫。一片鷗皃地。渡湖至吳城云。飭眼望湖亭。烘以殘陽柳。中興數人物。都在啼鴉口。七絕雨中題嵴廬壁云。西山游屐草烟荒。祇飽松聲百道長。可似涪翁臥雙井。吟魂破碎永思堂。（永思堂在雙井涪翁先墓側）雨晴看廬後桃花云。幾株吐盡空山色。秀竹初松掩映之。惹向樓頭問晴雨。暖蜂鬭酒獨來時。過樵舍云。老我江湖何所悲。巨綃東釣恐無期。一年六度過樵舍。微許沙頭鷗鷺知。開歲逾七日與次申對門居各杜門不相往還戲爲一絕云。車雞馬狗屬何誰。爆竹聲中食蛤蜊。咫尺門前有江海。分調湩酪聽彈棊。

童茂倩駕部詩

合肥詩人。康熙中有李丹壑編修（孚青）。咸同間有徐毅甫孝廉（子苓）。皆能芟棄凡近。自成一家。光緒中則有童茂倩駕部（挹芳）。駕部雖藁草無多。中年以後。輟不復作。而所爲詩。沈摯樸厚。于唐之權載之爲近。亦類其爲人。蓋駕部固方直以禮自守者也。錄其七古酒器歌云。醉骨吟魂閟山足。春草年年成慘綠。野老攜鋤劚新雨。松徑陰森山鬼哭。忽驚地坼幽宮開。黃腸祕器盡成灰。中有一物獨完好。形製不類樽與罍。嗅之往往有酒氣。土花蝕斷龍蛇字。斯人已逝物空存。毋乃珍祕遺同志。攜歸拂拭供案頭。對之不覺雙垂涕。青春有酒不解飲。黃泉沽取嗟無地。謫仙歸去無酒客。百尺高樓醉秋月。北斗倒挂南斗斜。酒旗曉向杯中沒。斯器直與球圖尊。湯盤孔鼎安足論。縉紳處士莫浪語。此中恐有劉伶魂。五古孤雲云。孤雲生遠岫。落落淩青冥。涼風日夕起。飄蕩如江萍。江干有晚稼。雨稀苗不青。殘月挂高柳。桔槔村外鳴。紹古詞云。羅衣不冬禦。華燭無晝明。覩物識衰謝。非君獨寡情。朱顏日以變。白髮日以生。盛時儻未見。誰信曾傾城。

濮青士觀察詩

楊君壽彤近以其舅氏溧水濮青士觀察文暹遺詩數首見示。錄其雜感五古云。薄暮人事絕。孤燭寒可親。試理兒時書。宛若逢故人。語語愜心骨。情味亦何眞。半生罕聞道。撫此涕淚頻。太行多攉鶫。天漢無通津。曼衍以窮年。莊叟徒云云。又保安驛斷句。好花媚孤驛。微雨過前山。意境均似白傅。濮公嘗官南陽守。晚年僑居濟南。宣統元年卒。年八十矣。

藝蘅館隨筆

令嫻

今夏溽暑逾恒。蔵吾所居濱海。賓客以休伏至者絡繹。每夕飧罷。家大人與諸客席草譚讌。往往至夜分。吾輙隨侍。記其有興味者。類錄之得如干條。

楹聯彙錄

楊澹川侍御先生深秀。戊戌六君子之一也。籍山西聞喜縣。在都寓聞喜會館。榜其門云。何居。我未之聞。見似人者。而喜。憤時嫉俗之意。可見一斑。

彭剛直公游泰山題聯云。我本楚狂人。五嶽尋山不辭遠。地猶鄒氏邑。萬方多難此登臨。確是泰山。確是湖南人語。確是軍興時所題。一若前人詩句專爲我而設。集句至此。可謂天衣無縫。

廣州城中粵秀山。有三君祠。張文襄督粵時所建也。祀虞仲翔韓退之蘇子瞻三君。皆謫宦而以文學顯者。文襄題聯云。海氣百重樓。豈謂浮雲能蔽日。文章千古事。蕭條異代不同時。祠之風景與三君之人格。皆能寫出。

叢錄　二

常熟翁相國自戊戌罷歸後。閉門謝客者數年。薨逝時撰聯自挽云。朝聞道。夕死可矣。今而後。吾知免。夫相國晚自號松禪。學道有得。不以榮辱攖心。然其憂讒畏譏之苦衷。亦可見矣。

廣州荔枝灣某氏園有何蝯叟題一聯云。無奈荔枝何。前度來遲。今太早。又搖蘇舸去。主人不飲。客常醺。可稱俊語。蓋蝯叟曾兩度至粵。皆不值荔枝時節。而某氏園一水亭。爲舟形。名曰蘇舸。聯語皆紀實也。

番禺葉南雪先生衍蘭。詩古文詞書畫。皆名其家。以軍機章京告歸。主講越華書院二十年。足跡不入官府。榜聯於院之講堂云。吾亦澹蕩人。常時不肯入官府。名豈文章著。諸君何以答。昇平其瀟灑出塵之節概。與篤學善誘之盛心。皆見。

粵城南珠江之央。有孤島曰海珠。上有雙忠祠。祀張忠武關忠武。皆粵人以名將死事者也。祠有聯云。無命復何如。徒令上將揮神筆。未捷身先死。長使英雄淚滿襟。用成語眞天造地設。

有集詞句題西湖游船者云。雙槳來時。有人似桃根桃葉。畫船歸去。餘情付湖水湖煙。

亦是天然絕對。

西湖飛來峯下有冷泉。有人題一聯云。泉自幾時冷起。峯從何處飛來。後有續題者云。泉自[火幾]時冷起。峯從住處飛來。又有續題者云。泉自冷時冷起。峯從飛處飛來。機鋒語至可喜。

廣州光孝寺。爲虞仲翔故宅。在唐爲法性寺。禪宗六祖大鑒禪師落髮受戒於此。六祖在黃梅座下。僅一舂米人。稱爲行者。尚未列於比丘。及受衣鉢南下。至粵城入法性寺。値印宗法師講涅槃經。時有風吹旛動。一僧曰風動。一僧曰旛動。議論不已。師在窗外聞之、曰非風動非旛動。仁者心自動。大衆駭然。宗曰。行者定非常人。久聞黃梅衣鉢南來。莫是行者否。師告以實。印宗於是爲師剃髮。自居弟子。後乃於此建風旛堂。堂有聯云。風動也。旛動也。一池清水濺然。西土耶。東土耶。古木靈根不二。蓋堂前有池。池畔有菩提樹一株。相傳梁天監元年。有智藥三藏自西竺移植來者。且云百七十年後。當有肉身菩薩在此樹演大乘法。度無量衆。聯語所謂靈根不二者此也。菩提樹至今猶存。數年前粵吏有議毀寺以爲學堂者。家大人移書力爭之得免。

顧亭林常舉二語示學者曰、行已有恥。博學於文。番禺陳蘭甫先生澧最喜書之。大人云。今世學者最宜服膺。

曾文正善爲楹聯。求闕齋日記所載已甚多。其尤佳者數聯云。不爲聖賢。便爲禽獸。莫問收穫。但問耕耘。又、天下無難事。天下無易事。終身有樂處。終身有憂處。又、勉強行道。莊敬日強。又、禽裏還人。靜由敬出。死中求活。淡極樂生。

曾文正挽其弟貞幹聯云。功名百戰。總成空。淚眼看河山。憐余季。保此人民。奠此疆土。慧業三生。磨不盡癡心。說因果。願來世再爲諸弟。並爲勛臣。天性語至可誦。

曾文正之薨。輓聯極多。具見榮哀錄。然佳者實寥寥。蓋題目本難也。有歐陽兆熊一聯。當壓卷。聯云。平生風義。兼師友。萬古雲霄。一羽毛。次則李文忠左文襄郭筠仙侍郎三聯。文忠聯云。師事近三十年。薪盡火傳。築室忝爲門生長。威名震九萬里。內安外攘。曠世難逢。天下才。可謂大氣包舉。文襄聯云。謀國之忠。知人之明。自愧不如元輔。同心若金。攻錯若石。相期無負平生。蓋文襄晚年屢與文正齮齕。此亦懺悔語。道其實也。筠仙侍郎聯云。論交誼。在師友之間。兼親與長。論事功。在宋唐以上。兼德與言。朝野同悲。惟

我最考初出以奪性爲疑實贊其行考戰績以水師爲著實主其議艱難未預負公多蓋筠老與文正關係最深宜其翔實而沈痛

陳蘭甫先生有挽其友某大令聯云生爲循吏沒必有可傳亟宜記載少與齊名老不復相見是用悲傷老辣肅括是經生語

紀文達侍 南齋 高宗偶御一鼻烟壺鐫山水畫絕工舉示文達曰此地有崇山峻嶺茂林修竹文達應聲曰若周之大寶赤刀天球河圖 高宗亟賞之

臨桂王幼霞侍御鵬運曾贈南海先生一聯云天子非常賜顏色先生有道出羲皇時以爲工切

南海先生在檳榔嶼僦居一廢園署聯於山亭云一臥滄江驚歲晚獨憑欄檻俯崔嵬因 家大人以滄江爲號遂書以相贈書法雄奇瓌寶也

家大人嘗書一聯贈某君應某疆吏之聘某君豪於飲時號酒龍聯云明朝還訪二千石一日須傾三百杯

家大人嘗贈某報館總撰述一聯云萬事不如公論久微言惟有故人知又贈某君一

叢錄　六

聯云苦遭白髮不相放長恐青山與世新

江孝通年丈逢辰贈吳季淸世丈德浦聯云上有加餐食下有長相憶直如朱絲繩淸如玉壺氷

曹箸偉世丈泰年十八署聯於齋云我輩耐十年寒供斯民熖席朝廷具一副淚聞天下笑聲　家大人見而奇之遂與定交

文苑

以蒲桃酒送堯生侍御媵之以詩用山谷韻　　弱甫

西風力將殘暑除鳥語隔簾勸讀書想當閉門草疏罷還向學海探驪珠一壺助君味道腴殷紅琥珀色不如祇憐不共故人醉相思空寄鄱陽湖故人謂昀老也

用山谷韻奉贈仙嶠舍人　　前人

窈窕絕世不自姝萬里一囊猶抱書月明夜夜養光彩誰人剖此胎中珠膏沐六籍之華腴勝韻逸氣今誰如平生別有歎味處相忘不獨惟江湖

若海用山谷詩韻送西洋紅蒲桃酒賦詩謝　　堯生

苦吟四海一潘博臥病茂陵思箸書牀頭酒作紅玉色醉我金莖千露珠燕山秋高青不腴游心與山安所如君當九月菊花節我正扁舟星子湖

八月一日集瘦广戲用前韻訂九日之約　　前人

瘦公丈室若明鏡知有小囊能檢書焚香得句破禪律心在耳璫明月珠京西九月秋

味腴黃菊將花人淡如婦云有酒可供客遲君載我甕山湖

柬瘿公若父　前人

長安閉門如穴居出門得客如得書瘿广書叢集佳客潘郎寫句荷轉珠綠陰蒲桃懸
碧腴秋風吹人葉不如葉生去飲惠山水楊子今歸彭蠡湖

堯生侍御詩來用山谷韻要九日之約余正小病鍵戶勉答一章仍山谷韻　瘿公

瘁秋十日了無事稺男昵我慵課書敲門索詩驚睡午剖腹安有明月珠朝來鏡裏顏
不腴丈室維摩病何如荒龕九日開菊酒恐汝扁舟已五湖

堯公將爲廬山之游用山谷韻送之　前人

匡廬秋色天下無楊子約遊頻寄書知君裹糧逐玄鶴胷有照夜連城珠高吟會劃山
色腴桐帽櫻鞵各自如我被山靈笑塵縛空憐一櫂甘棠湖（舟泊九江曾汎櫂甘棠湖望廬山）

堯老贈詩有知有小囊能檢書之句怦然動念戲答仍前韻　前人

江東病隱長安居祇乏紅兒閒侍書山妻苦勸節鶴俸爲我明歲買量珠吳孃昭質何

芳腴。曼睩明眸雪不如。欲喚。小。紅。載。詩。去。伴我。吹。簫。汎。石。湖。

玉甫南歸書來道與叔問同舟妻及鄙人有沈細敦篤之譽慙感者再因拈山谷韻亦成一章

前人

葉。生。力。疾。就。婦。居。泊。船。潯。陽。還。寄。書。喜聞同濟得鄭谷。譽我韞玉兼沈珠。冷。紅。比。竹。詞。之。腴。脫手。投。懷。錦。不。如。想君。青。鬢。謝。朝。組。卅年高躅傾江湖。

文苑　　四

八聲甘州　感秋

麐棱

莽風煙四起。弄蒼波歸情正闌珊。歎西風汾水。零丁雁影。人字書殘。莫唱庭花舊恨。且唱月灣灣。歌舜秋香裏。吹夢人間。同是新亭杯酒。到謝郎心目。獨灑河山。想西湖楊柳。衰極不堪攀。問何時滄浪東下。聽數聲煙笛泊魚灣。歸休也。采芙蓉去。一棹江南。

滿江紅　題王彂甫前輩尊慈秋燈課詩圖

前人

還我青燈。奈不似兒時味深。回頭看畫中丫髻。霜雪盈簪。乳燕生來工學語。慈烏終古帶酸音。對夜窗涼夢暈如煙。無處尋。　春暉逝。秋露侵。感同病。淚沾襟。檢刼餘殘稿。一例銷沉。紙背西風燊底雨。卌年彫損蓼莪心。料墓門猶倚白頭人。慈母吟。

令吾柔腸寸裂。彼勸吾改轍。得毋欲離間我二人之恩愛乎。顧我待之至厚。彼亦何忍出此。若謂爭寵。而師意弗屬。就令計行。於彼實無所利。彼間我何爲。況彼所述者。皆世情諳練老于閱歷之言。殆所謂逆耳而利於行者耶。雖然。梅善那固一堂堂奇男子。且熱誠愛國。今將圖大功彰大信於其國人。甯肯辜負牀頭人耶。以理推之。又可信其必無也。女將兩方面言詞情事互相思維。疑團莫釋。陡觸及適間同車晝游之事。與跳舞上壽之言。便覺種種惡感情。深印于腦中。萬難解遣。乃歎曰。薄倖郎棄我矣。連歎數聲。不禁淚如泉湧。哽咽欲絕。却說姚此時探得眞情。步出外室。暗自計算軍械於十五號在氈路亞起卸。一日竣事。兩日至拖頓。沿途躭延。約須一日。依此預算。彼黨人定約於廿日接收矣。且各械蒙以馬料。輸運入境。無怪當日衣士梯梨在酒肆門前。聞言禾稿而失驚。輒僞爲悞踐蘿蔔苗而失足者。但此馬草彼蓄詭言販運往何處者。吾又一時忘却。奈何。於是搔首蹙額。尋思久之。忽喜曰。是矣是矣。乃運赴第四師團者。即記此數節。覆保沙可赦吾罪。膺上賞矣。尚聞房內女在床上啜泣。知其必不出來。若回己房。又妨鮑姥姥干涉。於是坐于衣士梯梨書案前。隨手取案上女所常用之書箋。急急草一密報。擬寄往警察總署。寫畢。墨漬未乾。不敢取案上吸水紙印之。恐留字跡。敗露此事。乃携向燈前烘之。既竟。忽而面有難色。因無遞此信之術。原來鮑姥姥防範徒衆甚嚴。既不許私自出門。亦不許私寄書函。門前有閽人監守。勢難越雷池一步。姚珍娜因此籌思煩爲焦灼。久之忽得一計。乃將筆蘸飽。并將信封固。携入內室。詣女榻前相懇曰。吾欲寄友一書。但鮑姥姥立法之嚴。汝所知也。若吾私寄。恐或遭詬責。姑娘日有書札往返。敢煩代筆書此封皮。且代爲命人郵寄。未知肯代勞否。女曰。此有何難事。吾非病不能興也。遂起身就榻前小几坐下。曰。寄與誰者。姚曰。寄往美倫城莫希利打街十七號杜律桃君也。女曰。諾。汝須緩緩說來。我寫方不至有錯誤。姚遂逐一將人名地名緩緩細說一過。女照書於封皮上。乃以手按鈴。姚曰。請姑娘手交與左什花以免多方詰問。女頷之。婢入。女取一佛郎授之。曰。速將此書寄去。以餘錢購郵票回左什花應諾。持信徑去。姚又婉言勸慰女一番。乃自回房安歇。當夜姚珍娜既歸房。自思今日之事。對於衣士梯梨。誠爲有負。然吾爲一時救死計。則亦安知其他。旋又默思後此宥過獎功之事。不禁心中暢然。意滿喜而不寐。直至天破曉時。始一覺沈沈睡去。至八句鐘。聞鐘聲急起。盥漱畢。左什花代其挽好時髻。乃至鮑姥姥房中裝束。鮑姥姥又指示進退儀節。演習一番。至薄暮。鮑姥姥始携之同往哥花旅店。先於傍室坐下。其廳事即爲筵宴之所。有門可通。見筵席已經陳設。杯盤匙叉銀光燦然。未幾梅與辣柯三人先後繼至。堂外列樂隊。先奏與樂一通。三人始入席。酒數巡。堂內洋琴鼓動。鮑姥姥遂率姚珍娜入。姚珍娜從容趨至筵前。一鞠躬。隨抖擻精神。迴旋曼舞。眞具有翩若驚鴻婉若游龍之態。舞畢。端立筵前。諸人齊鼓掌贊歎。而辣斯時尤興高采烈。時向柯連士加道其渴慕之忱。柯亦羨彼豪華。屢申謝悃。梅善那則兩面應酬。姚偸眼視梅。見其神色局促不安。若深不喜辣招之來。恐洩漏此事於衣士梯梨也者。而姚覩此情形。則愈益揚揚得意。迨至辣命之出。乃出。既出。偶悞趨別門。錯入鄰房。此房只有一客獨酌。畧與數語。遂復出來。一見姥姥。頓現忸怩不安色。曰。偶不仔細。誤入鄰房。姥姥曰。吾已見之。吾料彼客定贊汝曰美而豔也。姚曰。然。姥姥不復言。即携之歸。既抵寓入門閉。姥姥遽厲聲問曰。汝與彼人作何語。姚至此始知悚懼。祇得默不作聲。姥姥復嚴詰曰。姚珍娜。汝以我爲可欺耶。吾經歷世事已多。豈便信汝小妮子之詭辭。彼人向汝作何語。汝須從實說來。且以其名告我。言畢。遂以一手握其臂。挈之登樓。姚此時不覺股慄。然仍堅不肯說。既至房中。左什花便來伺候。姥姥謂左什花曰。今晚姚珍娜甫出。便識得一男子。與之私語。視我同行。直如無物。吾詢其名。尙敢隱諱不言。姚此時戰戰兢兢告曰。師娘吾不敢隱。實不知其名。叫我如何揑造。姥姥咆哮曰。汝猶敢逞刁抵飾乎。因顧左什花曰。衣士姑娘。今夕當不要此賤婢作伴。汝且將彼鎖禁一空房中。絕其飲食。明日帶彼來見我。使彼一夜熟思。明日或肯以眞情相告。言畢。復怒目視姚曰。汝一日不說。吾一日斷不輕饒也。左什花乃帶姚入空室。自外扃之。姚在內痛哭。怨曰。天乎。吾進退維谷。何不幸如斯也。鮑姥姥嚴厲。固言出必行。然我安敢對之說出彼人。爲保沙使來囑我。暫寄身於此。以俟後命。此次實是杜律桃累人。何爲從門隙招我。我又不敢不往。吁。天乎。安得衣士梯梨出爲說情。使吾得逍遙事外乎。當夜姚囚於房中。無食無眠。只有涕泣而怨杜律桃之悞已而已。密報去已兩日。大禍將發。次日星期二。下午四句鐘。辣地士奇公子。不動聲色。走入衣士梯梨房中。時女已臥牀兩日不起。神氣沮喪。辣公子徑至牀前。握其手曰。吾甚喜此來。獨汝一人在此。因汝爲梅君之訂婚婦。吾欲有言相質問也。女愕然曰。梅之訂婚婦一語。君何所聞而云然。公子曰。吾語汝。乃因前夕吾招梅君及一女伶同宴。樂甚。吾對梅君有言。辣言至此。畧頓。曰。此事吾雅不欲傾吐。恐致少間女郎情愛。女促之曰。君曾作何語。盍使我聞。君既已言之。亦不能復隱矣。公子曰。彼女伶乃曾與梅君舊有情愫者。吾嘗笑謂梅曰。君能以意中人相讓。足徵雅量。梅君言其所屬意者非彼。別有一意中人在。將來必娶之。蓋此人即暗指女郎也。女聞言霍然而起。病態盡失。曰。然則彼女伶今已非梅之意中人。而爲君將來之嘉耦乎。辣曰。然。女曰。是足爲君賀矣。辣公子不暇答此。其容若有大不豫之色者。悄聲問女曰。吾有要事欲質之女郎。現意國有青年黨。欲於雲利士林拔地兩省倡亂。謀傾覆奧政府。聞梅君亦預其謀。女郎爲其訂婚婦。定知底蘊。未審能有確証。可表其非黨人否。女聞而駭然曰。欲求証明梅非青年黨之實據乎。辣曰。吾非懷疑派之人。且梅君素與吾友善。情好無間。致因此而爲社會所詬。使彼爲黨人。斷不如是。但人言藉藉。未能以空言弭謗。故欲求一確實之證據。以杜彼輩讒慝之口。且以謚吾友善之素心也。女曰。君於梅之心迹既知之甚明。而又操政界之實權。則片言重於九鼎。即公子一人。已足表明梅善那之非黨人而有餘。何必更他求也。辣曰。吾於梅君。寧不能深信而代言之。但茲事體大。政界諸人衆口交攻。幾於指鹿爲馬。吾欲爭之。故苦苦搜求梅之確實不叛之憑據。以證明吾言之非妄。不然。恐不足以拯梅君之命而服衆人之心。故特來詳詢於女郎也。女曰。梅與君爲患難至友。今彼蒙此誣衊。君無論如何設法。當以保全梅之性命爲是。辣曰。然。吾國法律。非証據確鑿。不能輕入人罪。若使有一綫生機。吾甚願竭全力保之。女郎且細思。何術可以白其無罪乎。女乃握腕緺眉思之甚久。迄未有得。曰此亦甚難題。未易解決。旋又凝神。將腦海搜索殆遍。久之忽憬然曰。有矣。辣喜而問曰。女郎所憶得者何耶。願迅以告我。女曰。凡美倫人稱爲愛國志士者。必不吸煙捲。君所知也。今我能使君目擊梅吸煙捲。此事可執以爲不叛之證據乎。辣曰可矣。吾知彼黨人皆視煙捲如鴆毒。不肯一沾唇。梅果吸煙。是絕妙證據。但吾前者曾以煙捲奉之。彼猶却我。使我不敢再奉。女郎之言果屬誠然乎。女曰。如君不信。且細嗅此室。煙捲餘味尚存。辣畧嗅曰。誠有煙味。女乃啓笥將煙捲取出。曰。我等抵美倫時。本携有一百枚。今僅存此數耳。君得毋疑我自吸者乎。辣曰。吾固弗疑女郎自吸。但吾奉此差。全軍皆爲屬目。不得不愼重將事。若梅君吸煙。能令吾親見之。則吾爲辯護。尤可言之鑿鑿。女曰。此亦非難事。梅君今夕必來。來則必吸烟。君今夕可候於甬道中。若見我房燈火通明。請輕輕扣扉兩聲。我卽啓扉。彼時定見梅啣煙捲於口矣。公子聞言。喜形於色。曰。女郎之言誠懇。句句可信。但此爲公事。將來回報。必須令人無可指駁。方好。今女郎所言。猶有未善之處。必須使我親見。而女郎又未嘗預爲彼警告者。方足以折服衆論。不然。從權一吸。便可以免罪而贖命。誰歟不能。是適授人以隙而求信反召疑也。吾甚願天賜良好機會。使我得確證。以爲吾友解厄。而我又不至貽賣國之譏。則公義私交。洵屬兩盡矣。女曰。若是則請公子於今夕七時十五分前到此。先隱身於內室。定然可見。辣聞之。甚喜。乃出時表一閱。曰。今已六時半。想再閱少時卽將來矣。吾便在此守候。不必往返奔馳矣。女曰。君留此亦可。請君入內室暫坐。吾將房門洞開。君可自內瞭望。俟彼回時。我方由內室出迎。可無虞我與彼交語漏洩事機矣。方言論間。已聞外室履聲橐橐。女急取煙捲數枚趨出。心中突類怔忡。距忐忑不止。見梅步入。卽與爲禮。乃曰。師久不回。想煙癮發作矣。或照例吸一枚乎。梅曰。甚妙。吾已兩日不知煙味也。梅坐下。手接一枚。亟燃吸之。

女曰。君若早回。此時應吸盡兩枚矣。梅曰。然。但吾事冗。無暇早來。言至此。女恐其說出軍事。急與梅一接吻。使梅不能畢其辭。女曰。既欲吸烟。便宜痛吸。以療烟癖也。乃梅正吸煙至興味濃酣時。忽聞女寢室中一書墮地聲。梅驚駭曰。誰在彼。時女驚惶失措。口中只說出一我字。梅曰。室中或有賊。不然。誰能偸進此室。即起身走入寢室。將及門限。一偉男子衝出。梅亟一躍而退。注視乃識爲辣公子。梅曰。嘻。吾謂爲誰。原來是吾友辣君。因何暗藏於此。一回首。又見女匍匐於地。容顏慘戚。梅面色陡變。且驚且訝。又疑又憤。女顫聲告曰。是吾之策。然吾爲此實無他意。特欲救君之命也。辣曰。其言誠然。因吾欲一見君吸煙。以證君非青年黨。女郎特爲畫此策也。梅此時仍疑信參半。瞪目佇視。若不遽信一吸煙便可證己之無罪者。辣見此狀。亦微慍曰。吾以昏夜伏于暗室。實冒瓜李之嫌。梅君心中宜亦若未能驟釋然。我之所以爲此者。確有証據。以救吾友。吾實告君。君爲黨人所累。簿錄有名。家叔今日垂詢於我。我察君之言行。必不與叛黨往還。曾經在家叔前力保。故不即行出票捕逮。我勸君宜即日出游。以遠嫌避禍。蓋軍律已頒。人心危疑。趁此爲時尚早。迅速出走。爲是。勿再淹留。自貽伊戚。梅聞是言。頓然失色

謹贈書目提要

函索即寄　不取分文

上海商務印書館出版

初等小學堂用書目錄第一

修身類

學部審定 修身教科書	十册	每册一角
學部審定 修身教授法	十册	每册一角
修身第一册掛圖	二十幅 已裱 未裱	每份 六元 [illegible]元
簡明修身教科書	八册	每册六分
簡明修身教授法	一至四册	每册八分
女子修身教科書	八册	每册八分
女子修身教授法	一至三册	每册一角

國文類

學部審定 國文教科書	第一册 二至十册	每册 一角半 二角
學部審定 國文教授法	第一册 二至五册 第六册 七至十册	每册 四角 三角 三角半 四角
簡明國文教科書	第一二册 第三四册 五至八册	每册 八分 一角 一角二分
簡明國文教授法	一二册 第三册	每册 三角 二角
學部審定 簡易國文教科書	六册	每册六分
最新作文教科書	第一二册	每册五分
最新作文教授法	第一册 第二册	每册 五分 七分
學部審定 女子國文教科書	前四册 後四册	每册 一角 一角二分
學部審定 女子國文教授法	一至三册	每册三角
教科實用掛圖	彩色八幅 單色八幅	每套 二元 五角
女子國文讀本		每册一角半
學部審定 國語教科書	四册	每册一角半
初級習字範本	二册	每部一角半
習字帖	第一册 二三四 五至十	每册 一角 八分 一角

歷史類

中國歷史教科書	二册	每部三角
簡明 中國歷史教科書	二册	每部一角半
學部審定 中國歷史讀本	二册	每部二角半

地理類

學部審定 中外地理教科書	四册	每部五角
學部審定 簡明中國地理教科書	二册	每部一角半

錕源呂宋煙發售廣告

雪茄以呂宋製者爲最佳本號在上海開設十餘年專由小呂宋自設烟廠加工監製運售上海各埠氣味醇和均稱無上妙品久蒙賞鑒家稱許惟是世風不古冒僞日多本號經奉　道憲示禁冒襲貨眞價實中西人士惠顧格外克已以副歡迎茲將　憲示列下庶購者不至魚目混珠焉

欽命頭品頂戴　賞戴花翎江南分巡蘇松太兵備道蔡　爲

給示曉諭事據錕源號稟稱向在公共租界河南路第一百三十二號門牌開設錕源呂宋烟號素以誠信相孚並在小呂宋埠合資設立製烟廠兩家均已歷有年所一名合盛隆廠英名晤美利那由廠創製呂宋烟二種如金象牌星妹牌一名合成隆廠英名其利山脫創製呂宋煙二種如新妹牌墨妹牌另有煜記廠英名拍雷修創製呂宋烟五種有仙馬牌船妹牌金妹牌紅馬牌鳳皇牌等經立有合同歸錕源號一家經理銷售以上諸牌呂宋烟確係各自苦心研究加工製造並無冒襲情事蓋欲得中西人士爭相樂購藉以挽回利權冀免漏巵外溢業已向美政府掛號註册求請保護在案誠恐推行上海內地各口一經暢銷中西商人皆思漁利或行仿傚以擾利權或事冒牌以損名譽種種奸計防不勝防叩求恩准註册給示保護並乞諭飭縣廨一體立案以保利權而維名譽等情到道據此除分行縣廨一體立案外合行給示曉諭爲此示仰該商賈人一體知悉自示之後毋得假冒前項牌號銷售致干查究其各遵照毋違切切特示

宣統二年八月初九日示

總發行所上海河南路一百二十二號錕源呂宋煙店啟

上海外交報館今遷四馬路畫錦里口

庚戌年

外交報 十年紀念 增刊兩册

本館延定留學外洋法政專家撰著國際法學論說並於正月臘月各增一册逢五發行全年三十四册自辛丑至庚戌適屆十年共三百册預訂全年本埠四元五角外埠五元二角外國六元零售每册一角六分補購辛丑壬寅癸卯甲辰百册減爲十元外埠加郵費八角陝甘雲貴四川等省郵費加倍補購壬寅全份本埠四元外埠四元五角癸卯全份本埠四元三角外埠四元八角甲辰全份本埠四元外埠四元五角乙巳全份本埠四元二角外埠四元八角丙午丁未戊申每年各全份本埠各四元五角外埠各五元己酉全份本埠四元八角外埠五元五角外國六元二角歷年零册一角六分 ●上海外交報館 在四馬路畫錦里口商務印書館內

●第二十三號即二百八十九期八月二十五日已出 要目列下 ●論說 論法律上之膠州灣（留學日本中央大學法科大學部無錫孫觀圻撰） ●譯論 論最近十年之英國外交 論美國外交政策 論美與英德交惡之關係 ●外交大事記 路政交涉 礦政交涉 ●世界大事記 西洋之部 英新外部次官之歷史 英將製新式戰艦 英屬南非聯合之紀念日。 德外部大臣之更替 德之外國貿易 德之財政 德製軍艦之計畫 普魯士兩院閉會 匈牙利總選舉發表 美之對黎 美欲投資於土 美上院通過三大法案 美議會閉會 美於禁烟公會提出議案 美關稅之收入 美共和黨之內訌 葡國改訂商約 葡內閣總辭職墨西哥土人叛 ●英國藍皮書（英俄對藏政策）

●第二十四號即二百九十期九月初五日已出 要目列下 ●論說 論今日中國對於國際投資之可危（法政畢業生武進王倬撰） ●譯論 論俄人經營滿蒙 論日俄協約 論日韓合邦二則 論美國政略之新氣象 ●外交大事記 要事彙誌 ●世界大事記 東洋之部 日韓合邦與各國 日本水災 西洋之部 英與俄之親交 俄相將至遠東 俄皇注意海軍 班王與教皇之衝突 班國戒嚴 英國擴充陸軍 美與非律賓之自由貿易 革島近事 土國通告列強 與義之對土 ●國際法 國際法規與實際政策 ●日英外交小史（續二百八十八期） ●英國藍皮書 續前期

外交報館

二十世紀大著作名家童君愛樓實驗自來血保証書

明州童君愛樓著作等身生平擅長詩文書畫小說戲曲等一切撰作大江南北久噪文名歷在本埠各譯局各報館秉筆多年海內文學界中莫不知有此君其爲文莊諧並作獨闢町畦實爲近今二十世紀著作家中有數人物因其朝夜著作操勞過甚以致心血大衰精神困憊時患喘咳百藥無功今讀其來書知其服本藥房自來血後其病如失精神倍增仍能深宵著述不知勞倦深讚本藥房自來血有起衰扶弱之功今特將其惠書照登於下藉見自來血大有功於人之以思慮致疾云云○五洲大藥房主人雅鑒今啓者鄙人向以筆墨餬口歷在廣學會山西大學堂譯書院萬國商業月報館字林滬報娛閒日報文娛報鶴鳴報春申諸處辦事多年自顧不文著書至數百萬言一人精神有限終日埋頭窗下竟成了肺喘之症近更書寫稍久神志易昏不能如舊時深宵著述莫知苦辛鄙人亦稍諳醫理念小恙之來多由心血暗耗致陽氣飛越成神衰咳喘痰多內熱之症服多方均不見效後自去秋八月間服貴藥房自來血後不覺喘平痰少仍得耐勞蓋由補血而得能若此也心感之餘爲作此書聊伸謝悃幷告學界諸君之抱有同病者即頌財安

厲本埠大馬路德仁里六弄志強學堂內童隱頓

海內諸公如蒙惠購請認明全球商標每瓶內加附五彩認眞劵一張值洋一角方不致誤小瓶一元二角大瓶弍元每打十二元二十元託局函購原班回件

總發行所上海四馬路老巡捕房對面五洲大葯房抄登

人造自來血乃人身之活寶

人生百體所賴以生長者血也如血多則百體強壯血少則百體衰弱設遇血盡則百體自枯是故凡人不能無血 **血者誠乃人身之活寶也** 然吾人欲究身壯力健之術者必以多血爲適宜若近今之衛生家雖常服各種補品而未得十分健壯者何也其故因我國理化未精藥物一道素鮮研究故自古迄今絕未發明不知以多血爲要義噫 **此即吾身不強之由來也邇者神州睡獅抖擻初醒努力鼓盪我同胞之熱血奮振我同胞之精神** 無庸疑義速請嘗試 **能壯民力強國勢之人造自來血已經及時出現** 故再行謹告同胞凡有心虧血虛破金吐血面黃肌瘦頭暈眼花耳聾腎虧陽萎精枯四肢無力手足酸軟身虛肌羸胃弱脾薄以及婦女經水不調白帶赤帶頭痛腰酸五勞七傷諸虛百損之症者服之自然 **壯心經多血液** 其中實有絕大之能力也我同胞凡購服自來血請將下列服法試驗之自能奇功立見幸勿輕視蓋 **須先試驗究有功效若何** 可用小針刺破皮膚出血一滴滴在白紙上待服過七日之後再用前法將前者滴血之紙與七日後滴血之紙兩相比較後者之色必紅於前此則 **最易最明之確証也** 倘能多服 **則血愈紅而人之體力愈健** 又如腎虧耳鳴眼花者連服數日眼目自覺清爽耳鳴耳聾自可並除此即顯明有補腎之功效 又如年老血衰或壯年勞傷過度體質虛弱面無血色者自必畏寒驟遇冷風即發寒噤者服之半月之後 **血氣漸充體質自固** 雖遇霜風 **亦不覺寒冷矣** 又有明見之確證如久患爛瘡而不易收口者自服自來血之後則瘡內之 **肉刺日漸增紅** 如能常服收口亦易如婦女之經淡白者服到一月經水當即增紅 **如患冷經痛經亦能並除** 凡患破金吐血者服之補血則可以之止血則不可然患吐血之人血愈虧少若不培補則體質愈弱病勢日重尤宜常服以補之當時雖無止血之功然久服之心經壯 **而吐血之患可以除根也** 如腳氣水腫者步履蹇滯亦血虛不充之故須連服旬日則腫自消而步自健矣 又 **如患瘧疾者** 服之旬日 **立可除根** 不發以上一切功效皆最易試驗者也

● 小瓶一元二角大瓶二元 **每打** 小瓶十二元大瓶二十元託局函購原班回件海內諸公如蒙惠購請認明全球商標爲記內附五彩認眞券一張値洋一角方不致悞

● **總發行所上海四馬路老巡捕房對門青花石三層大洋房五洲大藥房幷南北兩京以及各埠大藥房均有經售**

生產之危

上海有爲其母深感韋廉士大醫生紅色補丸之功使之疾病全愈而得康強之樂者

世有無數婦女因生產之後身甚輭弱常受腰背疼痛周身骨痛失血善怒腦易激觸精神委頓面無血色身體消瘦諸般之慘苦者韋廉士大醫生紅色補丸正爲此種疾病之要素也蓋是丸之質能生稠紅康健之新血又能使身軀長力腦筋堅強實可稱爲婦科中傑出之聖藥天下再無他藥可與韋廉士大醫生紅色補丸並駕齊驅而得如是之大名者矣近來中華婦女讚揚韋廉士大醫生紅色補丸之功亦如歐

虞君潮勛之母爲韋廉士大醫生紅色補丸所治愈

羅巴美國澳國等婦女自昔至今共抱熱腸稱道弗衰以證其妙用試觀虞君潮勛之母感激是丸愈疾之恩命其子親作證書囑登報俾欲使同病者咸獲其益也虞君籍隸浙江慈谿縣現爲上海美公司譯員茲將來書照錄如左云○余母吳氏二年前因生產之後驟患血崩血管內之血幾乎傾倒而盡以致身體轉弱不能起床雖延名醫診治服藥調理日加沉重試服諸多補劑轉使胃部轉弱不能受食觀其情形殊甚可慘腹常絞痛腦不安甯睡夢昏迷困苦難堪後聞韋廉士大醫生紅色補丸爲治此症之靈丹遂購而試服之三瓶以後漸奏功效接連再服胃口增進腦筋滋補夜能酣睡氣力復原迄今身體甚佳毫無疾苦余可爲韋廉士大醫生紅色補丸之鐵證韋廉士大醫生紅色補丸爲天下婦女最有裨益之妙劑也爰書數語以代余母聊表感激之忱

韋廉士大醫生紅色補丸爲婦科獨門之聖藥固己得天下極大之名譽矣然是丸亦曾治愈男女所患無數各疾茲將其所已治愈諸症略列於左即如 失血虧弱 血薄氣衰 少年斵喪 陽萎不舉 肝經各病 胃不消化 腦筋衰弱 脚氣衝心 風溼骨痛 臀尻酸痛 瘰癧癰疽 乾溼癬癩 皮膚諸症 山林瘴氣 發熱病後 紅白痢疾等症是也韋廉士大醫生紅色補丸中國各處商店藥局經售西藥者均有出售如內地無從購買或疑有假可逕向上海韋廉士大醫生藥局中國總發行函購或向重慶白象街分行函購亦可價銀每一瓶大洋一元五角六瓶大洋八元遠近郵費一律在內

丸藥真樣

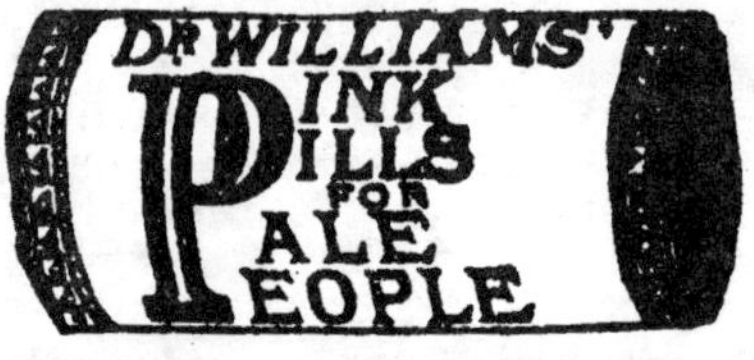

謹防假冒

爲己身之疾病當認明韋廉士大醫生紅色補丸之真僞